Paul Schubring

Altichiero und seine Schule

Paul Schubring

Altichiero und seine Schule

ISBN/EAN: 9783743326491

Hergestellt in Europa, USA, Kanada, Australien, Japan

Cover: Foto ©ninafisch / pixelio.de

Paul Schubring

Altichiero und seine Schule

Altichiero und seine Schule.

Inaugural-Dissertation

zur

Erlangung der Doktorwürde

der

philosophischen Fakultät der Universität Leipzig

vorgelegt von

Paul Schubring
lic. theol.

Leipzig
Karl W. Hiersemann
1898.

Lebensgang.

Ich bin am 28. Januar 1869 in Godesberg bei Bonn geboren. Mein Vater, der erste evangelische Pfarrer dieser Gemeinde, starb kurz nach meiner Geburt; meine Mutter, eine geborene Diesterweg, siedelte 1870 nach Bonn über, wo sie eine höhere Töchterschule gründete, welche sie noch heute leitet. Ich besuchte bis 1887 das Bonner Gymnasium, studierte dann in Greifswald, Halle, Bonn und Marburg Theologie und schloss diese Studien mit den beiden theologischen Examina vor dem Konsistorium in Coblenz und mit der Erlangung der Licentiatenwürde durch die theologische Fakultät in Bonn ab. Nach Ableistung des Dienstjahres ging ich nach Bari (Unteritalien), um dort anderthalb Jahre an einer scuola internazionale als deutscher Lehrer zu arbeiten. Nachdem ich an einer archäologischen Exkursion durch die Peloponnes und zu den Inseln des ägäischen Meeres unter Leitung von Prof. Dörpfeld—Athen teilgenommen, übernahm ich in Frankfurt a. M. die Stelle eines Vikars an der dortigen deutsch-reformierten Gemeinde, entschloss mich aber nach einem halben Jahr zur Aufnahme eines neuen Studienganges und ging nach Leipzig, wo ich seit 1895 Kunstgeschichte und Geschichte studiert habe.

Meine Lehrer in Leipzig waren die Herren Proff. und Docenten: Brockhaus, Buchholz, Götz, Lamprecht, Marcks, Schmarsow, Schreiber, Seeliger, Steindorf, Studniczka. Ich nahm teil an den Seminarübungen der Herren Proff. und Docenten: Brockhaus, Buchholz, Lamprecht Schmarsow, Schreiber, Seeliger und Studniczka.

Herrn Professor Schmarsow sage ich für seine vielfache Hülfe und Unterstützung meinen besonderen Dank.

Paul Schubring,
lic. theol. cand. min.

Inhalt.

Litteratur.

Biondo da Forli († 1463): Italia Illustrata. Basel 1531.

Michele Savonarola (c. 1440): de laudibus Patavii Muratori Scr. XXIV.

Itinerario di M. Sanuto per la terra ferma veneziana nell' anno 1483
ed Rawdon Brown 1847 (torchi del semin. d. Pad.)

Notizie di opere di disegno publ. dal Cav. Morelli Bassano 1800 (c 1500).

Vasari, le vite etc. III (ed. Mil.)

---

d'Arco, Carlo: delle arti di Mantova. Mantova 1857.

Bernasconi, C.: Studj sopra la storia della pittura Italiana dei secoli
XIV e XV e della scuola pittorica Veronese. Verona 1864.

Biancolini, G.: Notizie storiche delle chiese di Verona I—IV. Verona 1752.

Brandolese, P.: Pitture etc. di Padova. Padova 1795.

Burckhardt, J.: Der Cicerone.⁶ 1893.

Carli, Aless.: Storia della Città di Verona I—V. Verona 1796.

Cipolla, Carlo: La chiesa St. Anastasia di Verona.

Crico, Lorenzo: lettre sulle belle arti trivigiane. Treviso 1833.

Crowe-Cavalcaselle: Storia della pittura in Italia Firenze IV, 1887.
Deutsche Ausg. v. Jordan II, 1869.

Documenti inediti interno al Petrarca. Padova 1878.

Federici: Memorie Trevigiane. Venedig 1803.

Festschrift zu Ehren des kunsthistorischen Instituts in Florenz. Leipzig 1897.

Foerster, E.: Die Wandgemälde der S. Georgenkapelle in Padua. Berlin 1841.

Foerster, E.: Dasselbe bei Schorn, Kunstblatt 1838.

Gattaro, Andrea: Istoria Padovana (bei Muratori Scr. XVII)

Gonzati: La Basilica di S. Antonio di Padova I—II. Pad. 1852.

Gualandi, M. H.: Mem. orig. ital. Ser. VI.

Guida di Padova 1842.

Guida di Padova ed P. Selvatico 1869.

Guida dei monumenti pagani e cristiani riguardanti l'istoria e l'arte esistenti
nella provincia dell' Umbria per Marino Guardabassi Perugia 1872.

Knudson: Masaccio. Kopenhagen 1876.

Laderchi, opuscoli VIII. Modena 1860.

Lanzi, storia della pittura Italiana.

Leo: Geschichte Italiens (in „Europäische Staatengeschichte"). Hamburg
1829.

Maffei: Verona illustrata. Verona 1731.

Meyer, A. G.: Lombardische Denkmäler des XIV. Jahrhunderts. Stuttgart 1893.

Meyer, A. G.: Oberitalienische Plastik im Trecento. Repertorium für Kw. XVII.

Monumenti dell' Università die Padova. I u. II.

Moschini, G.: Della origine etc. della pittura Padovana. Padova 1826.

Mugna, Pietro: Ricordi di Padova ossia la basilica di S. Antonio. Padova 1870.

Müntz, E.: les précurseurs de la renaissance. Paris 1882.

Müntz, E.: Jacobo Bellini; Gazette d. b. a. XXX.

Neumann, Carl: Die Marcus-Kirche in Venedig. Preuss. Jah:b. 1892, 612ff.

Neuwirth, J.: Mittelalterliche Wandgemälde und Tafelbilder der Burg Karlstein in Böhmen. Prag 1896.

l'Orti: di alcuni antichi veronesi guarrieri. Verona 1842.

Pietrucci, Napol. Biografia degli artisti Padovani. Padova 1858.

Pozzo, conte del: vite dei pittori . . . . . veronesi. Verona 1718.

Rosetti: Il forastiere illuminato. Padova 1780.

Rosini: Storia della pittura Italiana. Pisa 1839.

von Schlosser, Julius: Ein veronesisches Bilderbuch etc. Jahrb. d. Samml. d. östr. Kaiserhauses XVI, 144 ff.

von Schlosser, Julius: Giusto von Padua etc. ib. XVII, 1896.

von Schlosser, Julius: Tommaso von Modena etc. ib. XIX, 1898.

C. Schnaase: Geschichte der bildenden Künste des Mittelalters ² 1876, VII.

Schmarsow, A.: Melozzo da Forli. Stuttgart 1886.

Schmarsow, A.: Martin von Lucca. Breslau 1890.

Schmarsow, A.: Die Kapelle dell' Assunta im Dom zu Prato. Repertor. XVI, 159.

Schmarssow, A.: Masaccio-Studien I—IV. Kassel 1895—1898.

Supino, J. B.: Il camposanto di Pisa. Florenz 1896.

Thode, H.: Franz von Assisi und die Anfänge der Kunst der Renaissance in Italien. Berlin 1885.

Tikkanen: Der malerische Styl Giottos. Helsingfors 1885.

Voigt: Die Wiederbelebung des klassischen Altertums. 1880.

Zannandreis, D. (geb. 1768): Le vite dei pittori, scultori e architetti Veronesi (ed. G. Biadego). Verona 1891.

I. Einleitung.

Oberitalien ist altes Kulturland. Nicht nur ragen die erhabenen Zeugen entschwundener Römerherrlichkeit noch heute in Verona und andernorts auf, auch in geistigem Sinn scheint die antike Kultur hier nie vollständig abgebrochen zu haben. So viele Stämme und Völker auch die fruchtbare Poebene durchkreuzt, besiedelt und verlassen haben, so stark namentlich der Einbruch der Longobarden mit dem Trotz der Eingeborenen zusammenprallte, nie vermochte eine fremde Macht die Spuren jener alten hohen Kultur ganz zu verwischen. Wir wissen, dass die longobardische Invasion ein Drittel des Bodens den alten Einwohnern abnahm; diese Zahl scheint mir typisch auch für das geistige Verhältnis jetzt und später. Dazu wurde das Land stets in Atem gehalten durch die deutschen Krieger, die jahrhundertelang mit fast ermüdender Regelmässigkeit ihre neuen Könige an die märchenhafte Fruchtbarkeit der roncalischen Felder geleiteten. Toscana blieb von diesen Durchzügen oft verschont; aber es gewann auch nichts aus der Reibung mit andersgearteten Stämmen. Zu einer Zeit, wo in Deutschland Fürsten und Könige noch ohne feste Residenz waren, stand in Pavia schon längst das Königskastell, das zwar ungefähr unter jedem Kaiser einmal abbrannte, sich aber immer wieder und immer schöner aus der Asche erhob.

In ganz eigenartiger Weise wirkt dieser besondere historische Werdegang auf die Ausgestaltung der künstlerischen Gedanken im Gegensatz zu Toscana.

Betrachtet man die Kunst des XIV. Jahrhunderts in Florenz auf ihre Grundstimmung hin, so darf man sagen, dass sie den kirchlichen Charakter nie abstreift. Florenz ist Republik; und die aus der bürgerlich-demokratischen Lebenssphäre herauswachsende künstlerische Darstellung hat sich noch nicht von der kirchlichen Fixierung der Wahrheit losgelöst. Diese Abhängigkeit teilt der Künstler mit jedem florentinischen Bürger; aber sie ist nicht drückend, nicht beengend, sie ist organisch erwachsen;

1

die Kirche bietet neben dem nationalen Ideal der Republik die grosse
Idee an, in der das Mittelalter überhaupt sein allgemeineres Empfinden
unter Verzicht auf lokale oder gar private Interessen auszulösen ver-
mochte. Ein neues, unmittelbares, persönlicheres Ideal fehlte; es mangelte
in dieser Demokratie an den entscheidenden Persönlichkeiten, die mit
festem Griff und starker Faust sich emporschwangen und sich selbst als
Mittelpunkt ihres Kreises hinzustellen wagten, und damit dem traditionellen
Bürgerleben ein in jeder Beziehung anders geartetes Hofleben an die
Seite stellten. Nicht überall war es so ebenmässig bürgerlich geblieben, wie in
Florenz. In Lucca ragt die prächtige Herrschergestalt Castruccios
hoch hervor; in Siena halten immer neue Kriegshelden das ganze Leben
in kriegerischer Spannung und romantischem Zauber. Vor allem aber
ist Oberitalien das Land, das fast ebensoviele Städte, wie Fürstensitze
aufweist. In Mailand, Mantua, Verona, Padua, Ferrara lebten Fürsten-
geschlechter, sich gegenseitig befehdend und untereinander sich mordend,
aber lebenskräftig genug, um immer wieder neu zu erstehen und jedenfalls ihre Umgebung in Atem zu halten. Trotz aller Gewaltherrschaft
und zügellosen Freiheit ist dieses Fürstenregiment dem Land in mehr
als einer Hinsicht zu gute gekommen; nicht zum wenigsten hat die Kunst
in diesen Helden der starken Faust und des kecken Handelns Männer
zu verehren, die ihr Aufgaben und neue Aufgaben schufen. An diesen
Höfen wurden die Gedanken von der Befreiung des Menschen aus den
Ketten der kirchlichen Bevormundung, wie sie Dante und Petrarca zuerst verkündigt hatten, am ehesten allgemeiner erfasst; an Stelle des
blass und alt gewordenen, unpersönlichen, kirchlichen Ideals tritt die
Persönlichkeit des Herrschers in den Mittelpunkt der Interessen. Die
Kirche wird eine Dienerin, indem sie die Fahnen der Ausziehenden
weiht und den heimkehrenden Sieger segnet; äusserlich durch die Gunst
der Grossen vielleicht glänzender als vorher, muss sie sich doch nach
dem mächtigeren Willen richten. Man kann noch nicht von einer Wirkung
der antiken Schriftsteller auf das Selbstbewusstsein ihrer Leser reden;
denn ihre Kenntnis bricht sich nur allmählich Bahn; aber es ist kein
Zufall, dass gerade in Oberitalien, Padua und Treviso die ersten Heim-
stätten humanistischer Regungen sind. Hier sind die Vorbedingungen
für die unbefangene Aufnahme der antiken Gedanken gegeben.

Wie weit die träge Masse an diesen neuen Gedanken und Anschauungen teilnahm, lässt sich schwer sagen; die Quellen verraten so

etwas bekanntlich nur zufällig einmal. Für uns ist das aber auch nicht so wichtig, die wir vor allem der künstlerischen Entwicklung nachgehen wollen. Die Auftraggeber für die Kunst sind unbedingt auf den Fürstensitzen zu suchen; ihre Herren haben mit Stolz und Freude die Kunst aufgefordert, sie durch ihre monumentale Sprache zu feiern und zu verewigen. Das kommt vor allem in den Bauten dieser Zeit zum Ausdruck. Die Auftraggeber für die Architekten Toscanas sind meist die Orden. Ausser Stadtpalästen werden Kirchen und Klöster gebaut; und wenn es eine Familienstiftung gilt, so baut man eben auch ein Kloster, wie die Acciaiuoli die Certosa bei Florenz, oder sichert sich eine Chorkapelle in den grossen Ordenskirchen. Auch die Gilden verbinden ihre Hallen mit einer kirchlichen Stiftung. Ganz anders in Oberitalien. Der Tyrann ist der Auftraggeber. Das flüchtige Glück momentaner Gewalt sucht er durch feste Burgen und Schlösser festzuhalten, vor deren Mauern ebensosehr die Feindschaft der neidischen Nachbarn wie die Unzufriedenheit der eigenen Unterthanen sich beruhigen sollte. Ezzelino beginnt mit dem Palast in Padua, Bernabò und Giangaleazzo Visconti erbauen ein Kastell von Pavia, „die herrlichste Residenz der damaligen Welt"[1]); Cangrande in Verona und die Gonzaga in Mantua, vor allem die Este in Ferrara stehen würdig daneben. Zu der Entwicklung der Architektur haben diese meist in fortificatorischem Interesse angelegten Bauten wenig beigetragen. Aber in ihnen findet eine neue, nicht von der Kirche, sondern von dem mächtigen Individuum gewollte Kunst ihre Pflege.

Eigenartig entwickelt sich unter solchen Bedingungen die Skulptur[2]). Die Kunst der Campionesen dient den Herrschern in Mailand und Verona, um sie in den Grabdenkmälern zu verherrlichen. Mehr oder weniger kirchlich dekoriert, betonen doch die Grabmonumente der Scaliger und Azzo Viscontis[3]) vor allem die Person des Toten, der hier ruht, und dies steigert sich schliesslich dahin, dass in Bernabò Viscontis Reitergrabmal die Gestalt des Verstorbenen fast die einzige Rolle spielt[4]). Aber nicht nur den Gesamtcharakter solcher Fürstendenkmäler bestimmt

[1]) Burckhardt, Geschichte der Renaissance in Italien[3] p. 7.
[2]) cf. zum folg. A. G. Meyer: Lombardische Denkmäler im XIV. Jahrhundert, und dessen Aufsatz Repert. XVII.: Oberitalienische Plastik im trecento.
[3]) Abbildung des letzteren bei Meyer l. c. p. 1, 27 u. 28.
[4]) cf. Meyer l. c. p. 98.

1*

ihr persönlicher, rein irdischer Zweck; auch in die Details, in die Reliefs
dringt ein historischer Charakter ein. So in dem Relief: Versöhnung
der Guelfen und Ghibellinen in Brescia und in den Reliefs an Cangrandes arca, wo die Eroberung der vier Städte Belluno, Feltre, Padua
und Vicenza dargestellt ist; oder es sei an das berühmte Krönungsrelief
in Monza erinnert.

Gewiss finden sich auch in der toscanischen Bildnerei jener Zeit
hier und da persönliche, historische Darstellungen. Ich erinnere nur an
den Sarkophag Heinrichs VII in Pisa, 1315 von Tino da Camaino
gearbeitet, der den Kaiser in portraitmässiger Treue in liegender Stellung
trägt; aber die Reliefs erzählen keine Episoden aus seinem Leben, sondern
stellen die Apostel dar.[1]) Auch die Reihe der Professorengräber knüpft
ja unmittelbar an die Thätigkeit der hier Bestatteten an, wobei aber
nur der Typus des Berufs, nicht einzelne persönliche Momente dargestellt werden. Das letztere dagegen ist der Fall bei Guido Tarlatis
Denkmal im Dom von Arezzo, das 1330 von Agostino di Giovanni
und Agnolo di Ventura vollendet wurde.[2]) Hier spricht sich ein entschiedenes biographisches Interesse aus. „Die reichen kriegerischen
Scenen sind in den durchaus malerisch gehaltenen Reliefs schlicht und
anschaulich geschildert, voll genrehafter Züge und von fleissiger Ausführung.[3]) Wie neu und ungewohnt aber diese Aufgabe für die Künstler
war, erkennt man daraus, dass sie die Reihe der Reliefs architektonisch
nicht einzugliedern wissen, sondern sie sehr äusserlich auf einer grossen
rechteckigen Tafel zusammenstellen. Guido Tarlati, der Stadtherr von
Arezzo und Parteigänger Ludwigs von Baiern[4]) lässt sich sehr wohl den
oberitalischen Gewaltherrschern an die Seite stellen; möglich, dass die
toscanische Kunst, hätte sie mehr derartige Persönlichkeiten zu verherrlichen gehabt, ähnliche Wege gegangen wäre, wie die oberitalienische;
so aber bleibt das Denkmal in Arezzo ein vereinzeltes Gegenstück zu
den vielen Monumenten Oberitaliens.

Mit dem Stoff wechselt auch die Auffassung; es gilt nicht mehr,
möglichst deutlich in Stein auszudrücken, was der Priester sagt oder die
Legende vorschreibt; sondern frisch und selbst erlebte Scenen des All-
tagslebens, die man mit dem Auge geschaut hat, wollen dargestellt sein.

1) cf. Cicerone ⁶II 339.
2) cf. Cicerone ⁶II 340.
3) cf. Cicerone ⁶II 340.
4) Schnaase ²VII 422.

Das Symbolische tritt zurück, das Wirkliche vor. Die Freude an der Erscheinung wird rege; das Interesse an liturgischer Tadellosigkeit erkaltet. Jeder Künstler ist also gezwungen, die eigene Erfindung wiederzugeben. Und hat er diese an profanen Stoffen geübt, so begnügt er sich auch bei den kirchlichen nicht mit der konventionellen Darstellung. In die heiligsten Scenen dringt das Alltagsleben ein. An der arca di S. Agostino in Pavia fehlen die vier Werkelmeister nicht, die sich an ihr abgemüht haben [1]); die Relieftafel an der arca S. Pietro martire in S. Eustorgio in Mailand versetzt die tre magi mitten nach Mailand hinein und lässt sie genau so stehen und gehen, wie der Künstler sie erst neulich im Volksschauspiel gesehen. Alles wird lockerer, lebendiger. Auch die Tierwelt wird aus der Zwangsjacke conventioneller Stylisierung befreit; am Nordportal von St. Maria maggiore in Bergamo gibt's eine tolle Jagd von Hunden und Hasen; aus den heraldischen steifen Löwen vor den Portalen ist eine kleine Familienscene zwischen der Löwin und ihren Jungen geworden[2]). Die spröde kirchliche Vortragsweise weicht dem gefälligen Erzählerton; statt der sachlich korrekten, unpersönlichen Sprache eine liebenswürdig naive Auffassung. Die an historischen Darstellungen selbständig gewordene Freiheit der Erfindung arbeitet auch das kirchlich traditionelle Schema unwillkürlich in der Lust am Fabulieren um.

Damit ist der springende Punkt gefunden, an dem Oberitalien für die Weiterentwickelung der Kunst, namentlich im Gegensatz zu Toscana bedeutsam wird; und zwar handelt es sich nun nicht mehr um den künstlerischen Vorwurf, sondern um die künstlerische Anschauung. Nicht der Mensch in seiner ethischen Bedeutsamkeit ist das, was den Künstler beschäftigt, sondern der Mensch im Zusammenhang mit seiner stets wechselnden Umgebung. In den bunten, wechselnden Bildern eines reich bewegten Fürstenlebens mit all der Fülle manchfaltigen Prunkes, mit dem Gegensatz zwischen dem reichen Genuss im Frieden und der harten Entbehrung im Krieg übte sich die Erfindungskraft, schärfte sich der Blick des Künstlers. Er sah nun den einzelnen Menschen nicht mehr allein, eine für sich bestehende, festumschlossene Grösse; sondern der Mensch mit seiner Umgebung, als Teil eines grossen Ganzen interessiert ihn.

Um dies aber wirklich darzustellen, bedarf es nicht nur des guten

---

[1]) Meyer l. c. p. 34.
[2]) Meyer l. c. p. 58.

Willens, sondern einer langsamen Gewöhnung und Erziehung. Auch diese hat der Künstler gefunden. In der Architektur, die zu dieser Zeit noch immer die führende Kunst bleibt, spricht sich das allgemeine künstlerische Empfinden jener Zeit am frühesten aus, um dann in den beiden anderen Künsten weiter zu klingen. Wir müssen, um uns dies klar zu machen, noch einmal zurückgreifen.

Neben dem oben erwähnten Schloss- und Burgbau steht nämlich eine rein kirchliche Architektur, die in Venedig ihren Mittelpunkt hat und sich von dort über Padua, Vicenza und Verona ausbreitet. Es ist die Zeit, wo der gothische Styl auch in Italien einbricht; dies geschieht zuerst hier an der Nordgrenze, früher als in Toscana und Umbrien (mit der einzigen Ausnahme von S. Francesco in Assisi). Diese Architektur folgt freier als die Profanarchitektur der Burgen, die von praktischen Rücksichten abhängig ist, dem künstlerischen Sonderwillen jener Zeit. Es ist ja bekannt, in welchem Sinn man überhaupt nur von einer „italienischen Gothik" reden darf, wie das Raumgefühl der Italiener immer wieder über den constructiven Hochdrang der Gothik siegt und wie die Freude an der Decoration und Inkrustation, wie sie sich namentlich in dem prachtliebenden Venedig entwickelt, immer wieder die konstruktive Bedeutung der Einzelglieder verdunkelt, die Façaden nicht als organischen Ausdruck des Kircheninnern auffasst, sondern als ein selbständig vor dem Hauptbau aufgestelltes Prunkstück ansieht. Oberitalien nimmt aber auch innerhalb der italienischen Gothik wieder seinen besonderen Platz ein. Die oberitalienischen Kirchenbauten des 13. und 14. Jahrhunders zeigen nämlich ein ganz bestimmtes Streben nach malerischer Wirkung und farbiger Pracht, die durch den Backstein für diese Gegenden besonders nahe gelegt wurde. Am deutlichsten tritt diese Freude am bunten, farbigen Spiel, an dem Wechsel dunkler und heller Partien in dem dekorationsfrohen Venedig auf, dessen besondere Terrainverhältnisse ja von vornherein die monumentalen Baugedanken, wie sie in der toskanischen Architektur sich offenbaren, zurücktreten liessen. Alles Regelmässige, Ordnungsmässige, durch die Verhältnisse und die Wucht Wirkende ist hier aufgegeben zu Gunsten einer buntfarbigen Unregelmässigkeit, die sich aber dadurch, dass kein Gebäudekomplex sich als plastisch streng abgeschlossener Einzelbau gegen seinen Nachbar abhebt, in einer höheren malerischen Einheit wieder zusammenfassen lässt [1]). Den höchsten Triumph derartigen Bausinns er-

---

[1]) cf C. Neumanns schöne Bemerkungen Preuss. Jahrb. 1892 p. 737 ff.

reichen die Venetianer in der Façade von S. Marco. C. Neumann hat (l. c. p. 744 ff.) nachgewiesen, dass dieselbe trotz aller im Kriegsglück der Jahrhunderte eroberten Einzelteile, die oft so wenig zu einander passen wollen, dennoch unter einem einheitlichen künstlerischen Grundgedanken zusammengefasst werden kann, indem von der überhöhten Archivolte des mittleren Portals aus mit stärkerem und schwächerem Schwung sich die Accente der Bauglieder verteilen und durch das Zusammenwirken der Zierteile, wie der Kuppeln, das Ineinandergreifen der einzelnen farbigen oder architektonischen Dekorationen ein malerisches Ganze entsteht, das so einheitlich wirkt, dass man von dem Styl, nicht den Stylen der Marcuskirche reden muss.

Wie stark aber dieser Bau auf die Umgegend wirkt, kann man daran erkennen, dass er in Padua z. B. sogar den strengen Typus der Ordenskirchen zu sprengen droht; in S. Antonio wird eine Verbindung des Franziskanerkirchentypus mit dem der Lagunenstadt versucht[1]), das Kuppelsystem übernommen und sogar überboten, und auch für die Westfaçade, wie Essenwein nachgewiesen hat[2]), eine dreibogige Vorhalle geplant, die dann freilich nicht ausgeführt ist. Nicht weniger deutlich spricht sich in der Veroneser Architektur jener Tage die Vorliebe für farbige, malerische Wirkung aus; der in dieser Beziehung reichste Bau ist St. Anastasia, nach 1290 begonnen, aber erst 1422 vollendet[3]). Wenn in diesen Ordenskirchen der Franziskaner und Dominikaner die Rücksicht auf die Predigtgemeinde ein für Massen berechnetes Langschiff forderte, so finden wir dagegen in der 1319[4]) umgebauten Kirche S. Fermo Maggiore das Bestreben, sich dem Centralbau zu nähern, in dem sich der Sinn für das Malerische nicht nur im Dekorativen, sondern im Gesamtaufbau verrät. Durch die enge Verbindung der Chorpartie mit dem campanile, von dem die Westfaçade nicht durch einen langen Mittelbau isoliert wird, entsteht ein lebendiges Zusammenwirken der einzelnen Bauglieder, die sich für die Fernansicht zu einer Bildeinheit zusammenschliessen. Nicht von der Façade aus überschaut man die Besonderheiten dieser architektonischen Gruppenbildung, die Chorpartie ist das Entscheidende, in ihr kommt der lebhaft sich steigernde Rythmus und das bunte Spiel geschlossener und

-

[1]) cf. Mothes Baukunst des Mittelalters in Italien 459 ff.
[2]) cf. Essenwein Mitt. d. K. K. C. C. 1863 p. 105 u. die Rekonstruktion auf Tafel III ib.
[3]) cf. Mothes l. c. 476 f.
[4]) cf. Mothes l. c. p. 483.

geöffneter Glieder oft überraschend zum Ausdruck. Wer von der Façade des Santo in Padua enttäuscht ist, der suche den Anblick der Ostpartie von der Strasse oder vom chiostro aus zu gewinnen, um dadurch reichlich entschädigt zu werden. Die Freude am bunten Wechsel und farbigen Schein äussert sich gleichfalls an den Fronten der Paläste. In Venedig bemüht man sich, die geschlossene Mauerwand aufzulösen, nicht im konstruktiven Sinne der nordischen Gothik, sondern in dekorativer Zierlust, die sich in Arkaden und Loggien, in Balkons und reichen Fensterrahmen geltend macht. Die C'à d'oro ist hier das unübertroffene Beispiel. Konstruktiv solider wurde auf dem Festland gebaut; die Häuserfaçaden in Padua und Verona öffnen sich meist in einer spitzgiebeligen loggia des oberen Stocks; die festen Teile werden durch bunten Schmuck belebt, sei es mit dem Ornament verschiedener Marmorlagen, sei es durch Sgraffito-Schmuck. Die Freude am malerischen Spiel von Licht und Schatten ist der durchgehende Grundzug dieser Bauperiode.

Wir dürfen von vornherein annehmen, dass mit einer derartigen Vorliebe für bunten Schein und malerisches Zusammenwirken eine Abneigung für eine reine, in sich selbst abgeschlossene Plastik verbunden war. In der That sehen wir den Bildner äusserst selten selbständig auftreten; er arbeitet im Dienst des Architekten und wird in dessen Baugedanken hineingezogen.

Während wir im 13. und 14. Jahrhundert in Toscana eine hohe Blüte der Skulptur finden, die recht eigentlich als Vorkämpferin für die Malerei auftritt, vermag Oberitalien keinen selbständigen Beitrag auf diesem Gebiet zu geben. Die Skulptur wird hier von den Schwesterkünsten gewissermassen erdrückt. Sie schliesst sich im Aufbau ihrer Denkmäler an die Architectur an und lernt von dieser malerische Gruppierung und lebendige Zusammenwirkung der einzelnen Glieder. Dabei tritt natürlich die plastische Ausarbeitung der einzelnen Gestalt völlig zurück. Die Hauptmonumente der Skulptur jener Zeit sind in kompliziertem Aufbau komponiert, so die arca des S. Pietro martire in Mailand, die des S. Agostino in Pavia und vor allem die Scaligergräber.

Die plastischen Teile namentlich der letzten Monumente werden fast ganz auf architektonisch wirkende Glieder reduziert; Tabernakel mit Figuren stehen an Stelle tragender Pfeiler und die Reiterfigur eines Mastino II. oder Cansignorio wirkt mehr wie eine bekrönende Kreuzblume, denn als plastische Vollfigur. Aber die reiche Fülle zierlicher

Einzelglieder wirkt in reizvollem Spiel des Vor- und Zurücktretens, des Lichts und Schattens wieder wie ein malerisches Ganze.

Das Durchgehende ist auch hier wieder nicht die Ausgestaltung der einzelnen Figur zu plastisch-isolirter Bedeutsamkeit, sondern ihre Unterstellung unter den Gedanken des ganzen Aufbaues.

Eine gleiche Abhängigkeit von der Architektur verrät die Skulptur bei dem bescheideneren für Frontalansicht berechneten Nischengrab, das in die Wand eingelassen ist. Der Sarkophag[1]), welcher auf Konsolen schwebt, trägt in der Regel Eckfiguren und die Gestalt des Toten, darüber wölbt sich ein Spitzbogen mit quadratischer Einfassung. Die Innenfläche des Bogens gehört dagegen der Malerei an, welche hier ein Madonnenbild oder dergl. anbringt. Von vornherein ist für ein derartiges Nischengrab die Schauseite gegeben, und die einzelnen Teile wirken dabei nicht für sich, sondern gemeinsam als malerisches Bild oder malerisches Relief. Die Bildeinheit ist das Wesentliche; ihr ordnen sich die einzelnen Teile im Interesse der Gesamtwirkung unter.

Und wie entwickelte sich nun die Malerei selbst? Sie stand in Verona schon zur Stauferzeit in Pflege.[2]) Unter Friedrich II. werden 1239 die ritratti nella Sala in Verona neu und besser hergestellt, und 1298 vermacht der Bischof Bonincontro seine ancona sul vetro von der Hand des Poia pittore der Gattin des Alberto Scaliger, Verde. Die erhaltenen Reste von Fresken in S. Zeno und dem Dom, namentlich dem Baptisterium führen uns leider nur ganz ungenügend über die wichtige Zeit des beginnenden trecento hinweg. Teilte Verona zu einer Zeit, in der das isolierte Toscana an zwei Orten gleichzeitig einen ungeheuren künstlerischen Aufschwung in der Malerei erlebt, das Geschick Venedigs, für diese Periode noch in der alten Tradition befangen zu bleiben? Man nimmt es bisher so an, und wenn man sich Turones Altarbild (Verona, Museo Nr. 355), eine Dreieinigkeit mit vier Heiligen vom Jahre 1360 ansieht, möchte man dem zustimmen. Auch andere Reste deuten auf einen tiefen Stand. In der cappella del rosario in St. Anastasia zu Verona finden wir eine beata vergine mit Domenico und Pietro martire, zu deren Füssen Mastino Scaliger und seine seit 1327 mit ihm verbundene Gattin Taddea da Carrara im Zeitkostüm knieen; ein ähnliches Bild mit ritterlichen Adoranten findet sich in St. Maria antica hinter dem

---

[1]) Cicerone [6] II 82.
[2]) cf. z. folgend. Maffei, Verona illustrata III 255 ff. Auch Carli, storia di Ver. passim.

Altar, wo Alberto und Mastino della Scala vor der vergine knieen. All diese Fresken verraten noch nichts von einer künstlerischen Neubelebung wie wir sie in Toscana sahen; das alte byzantinische Schema liegt zu Grunde, wenn auch die Gewandung einfacher und freier wird. Über Einzelfiguren kommt man nicht hinaus; interessant ist nur, dass so früh schon höfische Adorationsbilder vorkommen.

Hat es an grösseren Aufträgen gemangelt, oder fehlte es an künstlerischer Kraft, sie zu bewältigen? Für die zweite Hälfte des trecento können wir das Gegenteil durch künstlerische, für die erste wenigstens durch litterarische Urkunden beweisen.

Diente die Skulptur dieser Zeiten und Lande der Person des toten Herrschers, so sollte die Malerei den Festsaal des lebenden schmücken, wo sich die Kämpfe der Gegenwart in der Bilderschrift der Vergangenheit dargestellt fanden. Das früheste derartige Denkmal war wohl in dem von Azzo Visconti 1339 gegründeten Palast zu finden[1]), wo das punicum bellum, d. i. in Wirklichkeit die Geschichte von Aeneas und Dido dargestellt war[2]) und in einem Saale im Gefolge einer Gloria die Helden der Vorzeit Hercules, Hector, Aeneas, Attila, Karl d. Gr. und auch Azzo und Cangrande selbst gemalt waren.[3]) 1380 erbittet sich Giangaleazzo von Ludovico Gonzaga aus Mantua vier bis sechs Maler für Geschichts- und Jagdbilder im Kastell zu Pavia.[4]) Am prächtigsten ist zweifellos

[1]) cf. Julius von Schlosser Jahrbuch der Sammlungen des allerhöchsten Kaiserhauses XVI, p. 178.

[2]) cf. Gualvanei de la Flamma opusculum de rebus gestis Azonis vice-comitis. Muratori Scr. XII 1011.

[3]) Hier finden wir zum ersten Mal ein humanistisches Thema in der Malerei, und zwar schon vor der Mitte des 14. Jahrhunderts. Wir werden dem gleichen Stoff noch öfter hier begegnen in Denkmälern aus dieser Zeit, während die erste Darstellung dieses Themas in Florenz m. W. erst sich bei A. d. Castagno in der Villa Pandolfini findet. Bis dahin herrschten hier die systematisch-allegorischen Cyklen. Nur von Giottino erwähnt Vasari Fresken in Rom, Pal. Orsini: „nella sala di uomini famosi."

[4]) cf. Calvi. notizia sulle vite e sulle opere de' principali architetti, scultori, pittori che fiorirono in Milano durante il governo dei Visconti e degli Sforza Mil. 1859 II p. 92 und Julius von Schlosser l. c. p. 179. Die wieder-entdeckten Fresken im Pal. Borromeo sind erst ca. 1430 entstanden; Abbildung l'art 1882, 81 ff. Ebenso sind die Fresken aus dem Leben der Longobarden-Königin Theodolinda in S. Giovanni in Monza erst aus dem 15. Jahrhundert. cf. Fumagalli und Beltrami: la cappella detta della regina Teodolinda nella basilica di San Giovanni in Monza e le sue pitture murali. Milano 1891.

Verona, wo Cangrandes starker Wille auch den schwächeren Nachfolgern
die entscheidende Stellung in Oberitalien gesichert hat. Der Fürst liess
seinen palazzo mit Darstellungen von trionfi und Allegorien, Musenbildern
und Merkurgestalten ausschmücken.[1]) Wir wissen, dass Cansignorio seinen
1364[2]) erbauten Festsaal durch Altichiero und Avanzo ausmalen lässt,
wo von Medaillons umrahmt der Kampf um Jerusalem nach Josephus
auf zwei Wänden dargestellt war.[3]) Neben Verona ist Padua die wichtigste Stätte. Von Cansignorio entleiht Francesco I. da Carrara dessen
Hofkünstler Altichiero und Avanzo zur Ausschmückung seines Palastes,
wo sie nach Savonarola die Gefangennahme Jugurthas und den Triumph
des Marius dargestellt haben sollen auf Grund von Petrarcas: de viris
illustribus. „Imperatores miris cum figuris cumque triumphis, auro opti-
moque cum colore sunt depicti."[4])

Alle diese Werke sind verloren gegangen; wir können aber aus der
litterarischen Tradition jedenfalls auf die Grösse der Aufträge schliessen,
die eine dauernde Kunstübung voraussetzen; und dann zeigen sie uns,
dass diese Malereien nicht der kirchlichen Sphäre angehörten, sondern
der mythologischen und historischen. Dürfen wir nicht annehmen, dass
diese neuen, durch keine Tradition gebundenen Vorwürfe den Maler zu
freier Erfindung, treuer Beobachtung des Lebens, ferner zur Bewältigung
von Massendarstellungen geführt haben?

Wir sind zum Glück nicht nur auf Vermutungen angewiesen. Es
haben sich Freskencyklen erhalten, die uns die künstlerische Eigenart
jener Zeit vollauf erschliessen und Rückschlüsse auf die verloren gegangenen Werke gestatten. Es handelt sich um die Cappella S. Felice
in S. Antonio und die Cappella S. Giorgio bei derselben Kirche Paduas.

---

1) Über den Schmuck des Palastes Cangrandes cf. Murat. Scr. XVIII 2
und von Schlosser l. c. p. 180.
2) cf. Biancolini, delle chiese di Verona I, 95.
3) Vasari ed. Mil. III 633.
4) Savonarola. de laud. Patav. Murat. XXIV. 1169.

II. Die Fresken in der Cappella S. Felice in S. Antonio in Padua.

Die Cappella S. Felice [1]) bildet das rechte (südliche) Querschiff der Kirche San Antonio von Padua, die im Jahre 1256, also fast gleichzeitig mit dem Frari in Venedig gebaut wurde. [2]) Seit 1310 war das nördliche Querschiff der besonderen Verehrung des heiligen Antonius geweiht und hier sein Sarg niedergesetzt; [3]) das südliche, das durch zwei ziemlich niedrige Rundfenster an der Südwand beleuchtet war, wurde 1292 von Ita del Sale dem heiligen Michael geweiht. Am 12. Februar 1372 schloss Bonifazio Lupi mit dem Architecteu Andriolo aus Venedig einen Vertrag über die Errichtung einer Familienkapelle in diesem südlichen Querschiff des Santo, [4]) die zugleich die Grabstätte seiner Familie werden sollte.

Der Auftraggeber Bonifazio, Sohn des Rolando de 'Lupi di Parma, etwa um die Wende des Jahrhunderts geboren, ist eine jener Rittergestalten, die dem erstgeborenen Bruder das Anerbenrecht auf dem väterlichen Stammsitz überlassend, in die Welt ziehen und mit dem Schwert in der Faust das Glück auf die Probe stellen. [5]) 1360 finden wir ihn von den Correggios aus Parma vertrieben auf Florenz' Seite gegen die Pisaner ziehend; er begibt sich dann 1372 in den Sold Francesco da Carraras nach Padua, der ihn zu Gesandtschaften nach Bologna und Ungarn benutzt. Als es gilt, Treviso im Bund mit Ungarn gegen Venedig

---

[1]) Abbildung der Kapelle bei Chapui: le moyen-âge monumental et archéologique Tafel 8 und bei Gonzati la basilica di San Antonio I, 174. Photographie der Stirnseite Fiorentini Padova.

[2]) Abbildung des Grundrisses und der Totalansicht mit der alten Façade bei Essenwein Mitt. d. K. K. C. C. Wien 1863. Tafel III.

[3]) cf. Essenwein l. c. pag. 75.

[4]) Crowe Cavallcaselle It. A. IV 145.

[5]) cf. Gonzati l. c. II, p. 93.

zu halten, mit dem 1373 wieder einmal ein erbitterter Salzstreit aus-
gebrochen war, zieht Bonifazio mit Francesco Carrara, wird gefangen
genommen, nach kurzer Haft aber wieder befreit. Bei dem Kampf der
Genuesen gegen Venedig 1379 kämpft er bei Chioggia mit. 1383—84
schliesst er mit Leopold von Oestreich den Vertrag, der den Carraresen
die Herrschaft über Treviso sichert. Schon 1377 hatte er in Florenz
ein Hospital di S. Giov. Battista in der via San Gallo mit 24000 fior.
Baugeld und 700 fior. Jahresrente gestiftet, das er dem Schutz der arte
di calimala unterstellte. Seine letzten Lebensjahre waren durch das
Unglück seiner neuen Heimat getrübt. Denn als 1387 Verona in die
Hände des mächtigen Giangaleazzo gefallen war, hatte auch Paduas
Stunde geschlagen. 1388 muss es sich an Mailand ergeben und sein
greiser Fürst sarb 1393 als Gefangener des mächtigen Gewaltherrschers.
Diese letzte Schmach hat Bonifazio nicht mehr erlebt; er war schon 1389
gestorben und ruht in der von ihm erbauten Grabkapelle. Der Umbau
der Kapelle fand 1372—82 statt. So lange geht die bei Gonzati Doc.
CII abgedruckte Baurechnung. Bis 1503 hat die Kapelle seinem Schutz-
heiligen weiter angehört; damals mögen die Renten ausgeblieben sein
jedenfalls wurde der heilige Felix ihr neuer Patron, dessen Namen sie
noch heute trägt. Andriolo vermauerte die beiden Rundfenster der Südwand und brach dafür in die Westwand der Kapelle ein schmales, hohes,
spitzbogiges Fenster ein. Die in 3 Jochen eingewölbte Kapelle öffnet
sich mit 5 gothischen Bogen nach dem Innern der Kirche und trägt
an der äusseren Oberwand 5 Tabernakel mit den Figuren des Jacobus,
Petrus, Paulus, Martin und des Täufers.[1]) Das rotweisse Plattenmuster
des Grundes schliesst nach oben in Spitzgiebeln ab, zwischen denen die
Baldachine der Tabernakel in die Höhe ragen. Die jetzt darüber be-
befindliche Brüstung für die Orgelbühne ist eine spätere Zuthat der Renaissance. Die 6 Säulen aus rotem brocatello-Marmor, welche die Bogen
tragen, haben korinthisierende Kapitelle; die Archivolten sind reich verziert; in den Zwickeln sitzen vier mächtige durchbrochen gearbeitete
Eisenbuckel. Den 6 Säulen der Eingangswand entsprechend sind der
breiten Rückwand 6 Säulen vorgelegt, auf denen wiederum 5 Bogen
aufsetzen, deren äusserste rechts das Grabmal des Stifters Bonifazio Lupi,
links das einer verschwägerten parmesanischen Familie[2]) einrahmen.

---

[1]) nicht der Stifter wie Crowe-Cavalc. l. c. It. Ausg. IV 146 schreiben.
[2]) Hier liegen Guilelmo, Rolando, Marsilio und Pietro de' Rossi di Parma
begraben; unten am mittelsten Bogen das Grab der Bartolomea degli Scrovegni,

Der untere Teil der Ost- und Westwand ist ca. $2^1/_2$ m. hoch durch Kirchenstühle mit tabernakelartiger Bedachung verdeckt; sonst sind sie bis auf das Fenster der Westwand architektonisch nicht gegliedert. Ein steinerner Altar mit fünf gothischen Figuren, von denen vier von Andriolo ausgeführt sind,[1]) stand auch ursprünglich am heutigen Platz in der Mitte der Kapelle, war aber lange nicht so hoch wie jetzt, wo sieben Stufen zu ihm heraufführen; infolge der Erhöhung[2]) ist das hinter ihm befindliche Fresko halb verdeckt. Decke und Wände der Kapelle sind ganz mit Freskenschmuck bedeckt. Wie aus dem Votivbild an der Fensterwand zu ersehen ist, war S. Jacopo magg. der Patron des Stifters. Ihn sollten die Bilder der Kapelle vor allem verherrlichen. Eine Lupa war es, die einst ihr Schloss dem Heiligen geweiht; nun begehrte der Enkel der Lupi den Dank des Heiligen und seinen Schutz. Zugleich war aber die Kapelle als Grabstätte der Familie gedacht; an der Rückwand rechts befindet sich das Grabmal des Bestellers, links ein anderer Sarkophag. Über den beiden Sarkophagen ist eine Pieta und die Auferstehung Christi gemalt, als Ausdruck der besonderen Hoffnung des Entschlafenen; zwischen beiden Särgen nimmt eine grosse Kreuzigung die drei inneren Bogen der Südwand ein. In Bezug auf den Maler steht nur so viel urkundlich fest, dass in der von 1372—82 sich hinziehenden Baurechnung (cf. Gonzati Doc. CII) unter dem Jahr 1379 sich ein unten abgedruckter Passus findet, nach dem Altichiero 792 Ducaten als Schlusszahlung für seine Malereien in dieser Kapelle und der Sakristei bekommt. Was er gemalt hat, ist ebenso wenig gesagt als wie es feststeht, dass die heute in der Kapelle hefindlichen Fresken schon 1379 alle vollendet gewesen wären. Beginnen wir nun mit der Prüfung der ganzen Ausmalung.

Die drei, die Decke bildenden Kreuzgewölbe sind durch zwei breite spitzbogische Gurte von einander geschieden. Die Rippen der Gewölbe tragen einfachen Bandschmuck, weiss und schwarz auf rotem Grund.

---

der Gattin des Marsilio da Carrara und Schwester des Eurico Scrovegni, der die Arena Kapelle baute; sie starb 1333 in Brescia. cf. Gonzati la basilica di S. Ant. di Pad. II 35 und 37.

[1]) cf. Cicerone II 345c. Der zweite Heilige links S. Felice ist aber neueren Datums; nur die Madonna, Jacobus, Petrus und Paulus sind alt und urkundlich von Andriolo (cf. Gonzati Doc. CII.).

[2]) Die Erhöhung ist wohl durch den gegenüberliegenden, gleichfalls erhöhten Altar der Antonius-Kapelle veranlasst worden; letzterer ist wahrscheinlich zwischen 1470 und 1532 (cf. Essenwein l. c. p. 77/78) erhöht worden; darnach erst dürfte das Gleiche in der Felice Kapelle geschehen sein.

Die Füllung der Zwickel wird durch Marmorimitation mit gezacktem Rand begrenzt. Der Marmorstreifen selbst trägt zwischen grünen Porphyreinlagen durchbrochene Marmorbuckel, Knäufe, die sich perspectivisch rund herauswölben. Auf dem blauen Sternengrund liegen dann je vier Medaillons, mit Filigranrahmen in Vierpässen; im östlichen Joch Propheten, im mittleren die Evangelistensymbole, im westlichen die lateinischen Kirchenväter, als Brustbilder. Aber diese Gestalten sind nicht mehr in einer Frontalansicht gegeben, sondern bewegen sich frei in dem Rahmen, bald nach rechts schauend und die Schulter herauskehrend, bald die Schriftrolle vor sich haltend. Das aufgeklebte Flächenbild ist also aufgegeben; der Himmel scheint sich wirklich zu öffnen, in den Ausschnitten werden die frei sich bewegenden Gestalten seiner Bewohner sichtbar. Am frappantesten ist diese perspektivische Anordnung bei den lateinischen Vätern, sie werden in ihrem studio gegeben; sie sitzen hinter der scrivania, die wie eine Brüstung vor ihnen steht. Wir stehen hier also schon am Anfang jenes Bemühens, dass die feste Decke zu sprengen und das flache Bandornament durch ein plastischeres abzulösen sucht.

Ein gleiches Bestreben macht sich auf den breiten Gurten zwischen den Jochen bemerkbar. Hier befinden sich je 10 Heilige in Halbfiguren in gestreckten Vierpässen. Auch diese Gestalten sind nicht in Frontalansicht gegeben; zwischen ihnen sind wieder jene durchbrochenen Buckel angebracht, hier noch grösser und noch plastischer herausgewölbt. Sie sind eine Nachahmung jener goldenen Buckel auf der Stirnwand der Kapelle. Auch in den Bogenzwickeln der beiden Längswände unter der obern Freskenreihe befinden sich Brustbilder von Heiligen, hier auf Goldgrund, sonst aber in derselben freien Weise behandelt, wie die oben erwähnten. In die beiden äussersten Zwickel der Südwand ist die Verkündigung verteilt, der Engel sowol wie Maria in einem kleinen Tabernakel, „im Gehäuse", dessen Raumanspruch sich geltend macht. Alles weist darauf hin, dass die Zeit der Flächendekoration vorüber ist; das erhöhte Rahmenprofil schliesst eine abgschlossene Fläche ein, in der die Tiefendimension angedeutet wird.

Ein noch viel ausgebildeteres Streben nach Raumtäuschung finden wir aber unterhalb der beiden Sarkophage. Hier begegnet uns auf jeder Seite eine gemalte Bogenarchitektur mit vergittertem Fenster; der Bogen steht aber nicht in Frontalansicht, sondern drängt nach einwärts, nach der Mitte der Kapelle zu, grade als wenn er sich zu einem niedrigen

Chorumgang öffne. Der Künstler kam dabei nur mit dem von rechts und links in die Kapelle eindringenden Zug der Gläubigen gerechnet haben, (die Mitte wurde durch den Altar besetzt); seine Raumtäuschung erweitert den wirklichen Raum der Kapelle da, wo unwillkürlich der Zug der Eintretenden anprallt. [1])

Soviel über die dekorative Ausstattung der Kapelle. Wir betrachten jetzt die einzelnen Fresken. Auf die acht spitzbogigen Lünetten (je eine an den Schmal-, je drei an den Längswänden) und den in drei Kompartimente zerlegten unteren Teil der schmalen Ostwand ist die Jacobuslegende verteilt, die demnach aus elf Bildern besteht. Die Legende berichtet, [2]) dass Jacobus, der Bruder des Johannes, zuerst in Spanien missioniert habe, dann aber wegen mangelnden Erfolgs mit 7 Schülern nach Judäa zurückgekehrt sei. Einst habe ein Zauberer Hermogenes seinen Schüler Philetus zu Jacobus gesandt, um die Lehre des Apostels zu bekämpfen; dieser aber habe ihn so sehr von der Wahrheit seiner Worte überzeugt, dass er sich bekehrte und auch seinen Lehrer Hermogenes umzustimmen suchte. Vergebens sucht dieser seinen früheren Schüler durch Zauberkünste zu fesseln; Jacobus befreit ihn durch ein Wunder. Da befiehlt Hermogenes den Dämonen, den Apostel mit Philetus gefesselt zu ihm zu bringen.

Diese Erzählungen liegen dem Fresko der östlichen Lünette, links vom Eintretenden zu Grunde. [3]) (Abbildung 1.)

Ein hoher Kirchenbau, in dessen Inneres wir bis zum hohen Chor blicken, läuft in zwei Seitenflügeln nach rechts und links aus. Im linken Flügel steht der Zauberer Hermogenes, der seinen Schüler Philetus absendet, um mit dem Heiligen zu disputieren. Dicht umstehen die Freunde den Philosophen und lauschen gespannt. Selbst Vorübergehende werden aufmerksam; ein Mann in knappanliegender Tracht mit dem Mantel über der Schulter hält im Vorübergehen inne und horcht mit seinem Gefährten auf die seltsamen Ratschläge. Der Schüler macht die Ergebenheitsgeberde des Gehorsams. Der Zauberer denkt viel zu gering über den Gegner, um selbst in den Redekampf mit ihm einzuwilligen. Das mittlere Compartiment zeigt die Disputation im Innern der Kirche. In dem tiefen

---

[1]) Der unter dem Grabmal der Rubei (links) liegende Löwe ist so beschädigt, dass ich mich nicht darüber zu entscheiden wage, ob er schon in diese Zeit hineingehört.

[2]) cf. Jacobus de Voragine, legenda aurea ed. Graesse p. 421 ff.

[3]) Phot. Fiorentini Padua. Einzelne Köpfe bei Förster Taf. IV.

Langschiff, das mit dem hohen Chor abschliesst, hat sich die Schaar der Andächtigen um die Kanzel des Heiligen zusammengefunden, eine feierliche Reihe ernstwürdiger Gesichter nebeneinander gereiht auf der rechten Seite, während links Frauen und Männer Grund und Gegengrund, den sie vorgebracht hören, lebhaft weiter austauschen. Auf den Emporen der Seitenflügel lauschen je zwei Zuhörer nachdenklich dem Streit im Innern der Kirche. Der junge Philosoph steht grade vor der Kanzel des Heiligen. Mitten in der Predigt hat er denselben unterbrochen und ihm seine Gegengründe an den Fingern hergezählt; aber die Geberde des Heiligen beweist, dass jeder Einwand sofort zurückgeschlagen wird. Es ist eine lebendige Scene; das Für und Wider streitet in den Köpfen der Redner und Zuhörer; die Kraft der Rede und die Gewalt der inneren Überzeugung ist deutlich fühlbar; man erlebt die Hitze des Streite smit. Im rechten Seitenflügel beschwört Hermogenes die Dämonen, die durch die Luft herabgeflogen kommen und die Schüler des Hermogenes in die Flucht jagen. Der Zauberer hält in der Rechten noch halb zugeklappt das Buch, dem er die Beschwörungsformel entnommen hat. Er blickt zu den Dämonen auf und befiehlt ihnen mit erhobener Linken, Jacobus und Philetus zu ihm zu bringen.

Dies der Inhalt des ersten Lünettenbildes. Zunächst überrascht, dass die Scene der Rückkehr des Philetus zu Hermogenes nach der Begegnung mit Jacobus fortgefallen ist; ich glaube, sie wäre dem Vorgang auf der linken Seite allzuähnlich geworden. So verteilt sich jetzt der Stoff wie Exposition, Höhepunkt und Umschwung zu neuen Angriffen. Dabei ist die eigentliche Hauptscene in die Mitte verlegt, in das Innere des tief nach hinten sich ausdehnenden Mittelschiffs der Kirche; die beiden Nebenscenen dagegen spielen mehr im Vordergrunde in den seitlich ausladenden offenen Flügeln. So fällt der architektonische Aufbau mit dem der Handlung zusammen. Während ferner die Seitenscenen in ihrer Wirkung sich bis auf die Strasse erstrecken — hier auf die Vorüberwandelnden, dort auf die fliehenden Schüler — spielt die Hauptscene im festen Rahmen des Kircheninnern, das durch breite Pfeiler von den Seitenteilen getrennt ist. Hoch wölbt sich der Eingangsbogen über der Versammlung, und ebenso hoch ragt in der Tiefe Absis und Querschiff. In diese monumentale Architektur hat der Künstler die zahlreiche Gemeinde sehr geschickt eingeordnet. Die beiden Reihen der Zuhörer führen den Blick in die Tiefe; es sind nicht übereinander gereihte, sondern hintereinander angeordnete Figuren, nur ein Zuhörer kauert im

Vordergrund, die andern lassen den Durchblick in der Mitte frei, sodass die Gestalt des Philetus klar hervortreten kann. Der Apostel dagegen ist durch den erhöhten Platz auf der Kanzel ausgezeichnet. Wir finden hier also ein deutliches Bestreben, das Verhältnis von Raum und Figuren organisch zu gestalten; das alte Schema des reinen Gestaltenbildes, wie es die toskanische Kunst ausgearbeitet hatte, bei dem die Gestalten durchaus vorherrschen, ist verlassen; der Künstler sucht wirklich einen Schauplatz, die hohen Verhältnisse einer Kathedrale zu geben, in deren weiträumigen tiefen Hallen sich der Vorgang abspielt. Seine Figuren fassen kaum ein Drittel der Bildhöhe, also ein kleinfiguriger Styl. Der dadurch entstehende freie Raum über den Gestalten wird durch Architektur ausgefüllt. Diese ist mit perspektivischem Interesse gegeben, das freilich noch nicht fehlerfrei ist. Das Hauptschiff der Kirche steht in Frontalansicht, die Seitenbauten setzen in stumpfem Winkel an und stehen dann mit der Vorderwand wieder parallel zur Bildfläche. Den architektonischen Linien folgt die Anordnuung der Gestalten. So s. B. lässt sich eine feste Linie verfolgen vom rechten Zuschauer auf der loggia, bis zu dem Kopf des Philetus im linken Abteil, die durch die Köpfe der beiden Disputanten im Hauptbild geht. Eine andere verbindet den Zuschauer auf der linken loggia, den Kopf des disputax und den des vordersten rechten Zuschauers. Es ist dieselbe Linie, die das obere Ende des Pfeilers am linken Abteil mit dem Fusspunkte des entsprechenden rechten Pfeilers verbindet. Der Augenpunkt liegt mit Rücksicht auf den tiefstehenden Betrachter ziemlich hoch, etwa in der linken Hand des Disputax. Wir sehen an dem allem: es wird hier mit höchstem Bewusstsein gearbeitet, ein Neues versucht, wenn auch noch nicht vollkommen erreicht. Die Architektur in sich ist noch recht trecento-mässig, Holzbau, Stangengerüst, ohne tektonische Durcharbeitung.

Die intensive Erregung, die in der Disputation zwischen den Gegnern herrscht, bemächtigt sich der ganzen Versammlung, bald mühsame Zurückhaltung, bald heftige Erregung veranlassend; hier tiefes Nachsinnen, dort befremdetes Kopfschütteln. Es ist eine Spannung, die gewaltsam ausbrechen möchte und doch nicht die festen Kirchenmauern durchbrechen kann. Gegenüber diesem höchsten Druck wirken die scenisch und inhaltlich freier sich entwickelnden Scenen der Seitenteile wie eine Entladung und Befreiung; durch die Vorhallen bis auf die Strasse drängt es von innen heraus.

Den Dämonen, die Jacobus greifen sollen, befiehlt der Apostel, [1]) vielmehr den Zauberer selbst zu fassen und ihn gefesselt zu ihm zu bringen; dann lässt er ihn durch Philetus lösen und schenkt ihm Leben nnd Freiheit, worauf dieser innerlich überwältigt, seine magischen Bücher dem Apostel ausliefert, der sie ins Meer versenkt. Als der Hohepriester Abiathar dermassen den Einfluss des Apostels wachsen sieht, lässt er ihn gefesselt zu Herodes Agrippa führen, der seine Hinrichtung befiehlt. Auf dem Gang zur Richtstätte heilt Jacobus einen Paralytischen und bekehrt durch dies Wunder noch den Schreiber des Hohenpriesters Josias, der, nachdem ihn der Apostel getauft, mit ihm zugleich hingerichtet wird.

Diese Vorgänge finden sich auf den beiden folgenden Lünetten an der Südwand dargestellt.

Das zweite Bild [2]) schildert den Befehl des Jacobus an die Dämonen den Zauberer zu ihm zu führen; von dem Wunder überzeugt, wirft dieser all seine Zauberbücher weg und empfängt die Taufe von dem Heiligen. Die Disposition ist ähnlich wie auf der ersten Lünette. Auch hier ein Kirchenbau mit offenem Mittelschiff, das durch einen zierlichen Giebel mit Rosetten und gotischem Rahmenwerk geschmückt ist. Der Mittelbau wird von zwei sehr dünnsäuligen Stangentabernakeln flankiert, die einen Aufsatz mit Gallerie tragen. Vor dem linken Tabernakel steht Jacobus im hellroten Mantel, in die Luft blickend und mit der Rechten jene drastische Geberde des Herbeiwinkens machend, die noch heute in Italien üblich ist. Die Dämonen tragen den Zauberer herab und fliegen mit ihrer Last auf Jacobus zu. Ein zweites Mal steht der Heilige inmitten der Kirche und tauft den vor ihm knieenden, bekehrten Ketzer. Vor ihm lodern im Feuer dessen Schriften auf; Philetus, der Schüler mit dem Kopftuch des Scholaren, rührt mit dem Stab im Feuer, es zu schüren. Von rechts drängen Zuschauer neugierig herbei. Auch hier eine sehr lebendige Schilderung, gute Beobachtung natürlicher Situationen, und fleissig saubere Ausführung, obwohl das Bild wegen Lichtmangels kaum zur Geltung kommt.

Die etwas grössere Mittellünette der Südwand zeigt eine ganz andere Anordnung; auch hier zwei Scenen, die aber beide im Freien spielen. Links steht ein Stadtthor, dessen Unterbau sauber ausgearbeitete Rustica mit vertieften Rahmen trägt — ausgesprochene Steinarchitektur

---

[1]) Jacobus de Voragine l. c. p. 423 f.
[2]) nicht photographiert.

im Gegensatz zu dem Holzbau der ersten Lünette. Aus dem Thor drängt ein Menschenzug hervor; Soldaten stossen den gefesselten Heiligen vorwärts; der Henker schreitet nebenher; sogar die neugierigen Kinder fehlen nicht. Da kniet plötzlich jener Schreiber des Hohenpriesters vor dem Heiligen nieder; Hermogenes steht dabei und zeigt auf das Wunder. Auf der rechten Bildhälfte ist die Enthauptung dargestellt. Jacobus ist schon hingerichtet, Hermogenes wartet noch auf den tötlichen Streich. Weit holt der Henker zum wuchtigen Hieb aus. Im Vordergrunde steht ein junger Edelmann im leichten Mäntelchen über seinem knappen Wams. Ein Spalier von Soldaten schliesst mit Schilden und Lanzen diesen Vorgang nach links ab. Diese Scene ist an den Abhang eines burggekrönten Berges verlegt; sie drückt schwermütige Feierlichkeit aus.

Damit sind die Thaten des lebenden Heiligen erschöpft, die folgende längere Reihe ist den Wundern nach seinem Tode gewidmet.

Die Bilder beziehen sich alle auf das Schicksal der Leiche des Apostels in Spanien. Die Legende berichtet,[1]) dass die Jünger des Apostels den Leichnam heimlich geraubt haben und auf einem Kahn mit ihm geflohen seien, den ein Engel nach Spanien an die Küste steuerte, wo das Schloss einer allerseits gefürchteten und wegen ihres Unglaubens bekannten Herrin Lupa lag. Ein Fels höhlt sich von selbst zum Sarg für den Heiligen; als die Jünger aber die Schlossherrin um einen Begräbnisplatz bitten, lässt sie diese gefangen nehmen. Ein Engel befreit sie; die verfolgenden Reiter stürzen von einer Brücke in den Fluss. Lupa bewilligt nun den Bittenden scheinbar den Begräbnisplatz, weist ihnen aber zum Transport der Leiche zwei wilde Ochsen zu, deren Wildheit sie vernichten soll. Durch das Zeichen des Kreuzes zahm gemacht, ziehen die Tiere den Sarg mit dem Leichnam mitten in den Schlosshof hinein; da ist endlich auch Lupa überwältigt, sie weiht ihr Schloss dem Heiligen und stiftet grosse Reichtümer.

4. Lünette: Die Überführung der Leiche nach Spanien.[2]) An felsiger Bucht liegt das Schloss der Gräfin Lupa.. Es ist ein mächtiger Bau, wohl als Octogon zu denken und am ehesten den Castellen Friedrichs II. in Apulien, besonders Castel del monte zu vergleichen. Achteckige Türme stehen zwischen den acht Mauern des Baues, deren

---

1) l. c. p. 824 f.
2) Abbildung bei Foerster Taf. III; Gonzati I 180 u. Crowe-Cavalc. It. Ausg. IV. p. 148.

vorderste geöffnet ist und den Blick in den Schlosshof frei lässt. Eine Wendeltreppe führt in den rechten Turm, an deren runder Wand sich das einfallende Licht fängt. Der Oberbau des Kastells ist wieder mit gotischer Zierarchitektur geschmückt. Die roten Türme selbst sind durch Ringsäulen gegliedert und hell beleuchtet an der Vorderfläche, während der Hof matteres Licht erhält. Eben ist das Boot gelandet, in dem noch der Engel sitzt, welcher das Steuer lenkte. Drei Schüler betten die Leiche des Meisters in den Sarg und fassen mit fester Hand das Leichentuch, um die geliebte Last vorsichtig einzulassen, während zwei andere in dem Schlosshof vor der Herrin erscheinen, die mit ihren Dienerinnen anf der Treppe steht und im Begriff ist, hinaufzusteigen. Es ist keine feierliche Audienz, die sie gewährt; mitten im Gang hält sie an, um zu sehen, was es da unten gebe. Sie stützt sich mit der Rechten auf ihre Zofe, die recht nonchalant die Arme auf das Geländer auflegt, während eine andere Dienerin betroffen die Arme kreuzt. Mit der Linken scheint die Herrin eine abweisende Bewegung zu machen. Die massive Architektur des Thores, das in der trecento-Kunst an Mächtigkeit des Aufbaues kaum seines Gleichen haben dürfte, rahmt die letzte Scene abschliessend ein, die sich wirklich innerhalb des Hofes abspielt, während der Sarg mit dem darum Beschäftigten im Vordergrund steht.

Die beiden folgenden Scenen[1]) sind durch das Fenster der Westwand geteilt; sie stellen die Ergreifung und Einsperrung der Jacobusschüler dar. Beidemal ist die Architektur sinngemäss in die Halblünette eingeordnet. Lupa überwacht von einer oberen loggia selbst die Ausführung ihres Befehls. Mit grosser Natürlichkeit ist der Soldat, der die Jünger wegführt, hingestellt; er schreitet nach hinten zu und zieht seine Opfer nach sich; auf der andern Seite drängt er nach vorn und stösst die Verhafteten in den Kerker, durch deren Gitter ihre Köpfe sichtbar werden. Es fällt auf, dass das Schloss Lupas in diesen Bildern ganz anders dargestellt ist, als in der vierten Lünette. Unten offene Arkaden, hohe lancettförmige Bogen, zu denen rechts eine kleine Treppe hinaufführt, wie wir sie in späteren Bildern diesr Schule noch öfter finden werden. Der Oberstock ist durch eine loggia ausgeschmückt, in der Lupa mit ihrem Gefolge steht. Der Figurenmassstab ist ein grösserer, die Farben sind heller und wärmer. Die gleiche Eigenart verrät auch das Fresco auf

---

[1]) Keine Abbildung.

der anderen Fensterhälfte, das fast ganz zu einem Architekturprospekt geworden ist. Hier muss eine andere Hand thätig gewesen sein.

Das sechste Bild[1]) bietet dem Künstler die grösste Freiheit zu voller Entfaltung einer weiten Landschaft in welche wieder mehrere Vorgänge verteilt sind. Ein Engel befreit die zwei Jünger, und die beiden zur Verfolgung ansgesandten Reiter stürzen von der zusammenbrechenden Brücke in den Fluss. Eine weite Gebirgslandschaft zieht sich um den Strom, steile graue Felsen treten dicht an die dunkelblaue Flut heran. Die Brücke ist eingestürzt, ein Pferd hat sich überschlagen, seinen Reiter abgeworfen und liegt seitlings auf dem Boden, alle viere von sich streckend; mühsam sucht sein Herr sich am Brückenkopf festzuhalten. Der andere, der in den Fluss gestürzt war, hat sich schon wieder auf das Tier gegeschwungen; er drückt ihm die Sporen in die Weichen, um es das steile Flussufer hinaufzuzwingen. Mit weit vorgebeugtem Hals und eng zusammengepresster Hinterhand macht das Tier die verzweifelsten Anstrengungen, hinaufzuklimmen, während sich sein Reiter mit den Schenkeln eng anklammert und sich an der Mähne zu halten sucht. In schönem Gegensatz zu der verzweifelten Anstrengung dieser Reiter steht die Ruhe der Geretteten, die vom Engel befreit sind und sich in Sicherheit fühlen. Die drei Scenen sind sehr geschickt angeordnet. Aus dem Dunkel, in dem die linke Seite der Lünette liegt, führt der Engel die Jünger heraus; im Vordergrund begiebt sich das Wunder an der Brücke, im Hintergrund rechts schliesst die Erzählung. Dabei bleibt freier Raum, sodass die Scenen sich nicht gegenseitig stören.

7. Lünette: Die zahmen Stiere.[2]) Die Stiere haben ohne wild zu werden den Leichenwagen mitten in den Schlosshof hineingezogen. Eine grosse Menge umsteht den Sarg. Lupa steht oben auf ihrem Balkon höchst betroffen von dem Vorgang; mit ihr sind die andern Schlossbewohner ans Fenster gelaufen, Kinder klettern über die Brüstung und tanzen um den Wagen. Welche Fülle von Gesichtern, Mienen, Stimmungen weiss der Künstler in dieser Masse darzustellen! Von der ruhigen Gelassenheit des alten Mannes bis zur neugierigen Aufregung des Kindes im Mutterarm! Und mitten in all dieser Unruhe und Erregung, dem lauten Schelten und dem dumpfen Erwarten steht der Sarg mit dem Heiligen in seiner ewigen Ruhe — ein mächtiges Motiv feier-

[1]) Keine Abbildung.
[2]) Ohne Abbildung.

licher Stille in der lebhaft bewegten bunten Menge. Die Komposition dieses Bildes geht mit der der früheren zusammen. Aber auch hier wieder weicht die zierlich feine gothische Architektur des Palastes von der Art ab, wie die andere Lünetten Architektur, sei es Kirchen-, sei es Thor- und Kastellbau wiedergeben. Auch in den Farben finden wir hier wärmere Töne; es fehlen die tiefen schwarzen Falten der Gewänder, die schwarzen Pupillen. Das Bild dürfte daher noch von dem — sagen wir: Jacobus-Meister entworfen sein; die Ausführung gehört aber einem andern an. Bemerkt sei noch ein kleines rundes Vordach über Lupas Haupt auf der loggia; wir finden dergl. sonst nie in dieser Gegend; nur später kommt es auf den Fresken Ottaviano Nellis in Foligno und den Bildern der Gebrüder San Severino in S. Giovanni in Urbino wieder vor.

Die letzte Lünette stellt die Weihe des Schlosses dar.[1]) Lupa durch das Wunder überwältigt, lässt sich taufen und ihr Schloss zu einer Kirche umwandeln.

Beide Scenen sind durch ein architektonisches Zwischenstück getrennt, das unten in der Mitte geschlossen, sich in den beiden Seitenteilen öffnet; der Oberbau ist ganz mit gotischem Masswerk verziert. Im linken Abteil neigt sich die schöne Frau, um demütig die Taufe zu empfangen; der feierlichen Ceremonie wohnt eine Schaar Andächtiger bei. Auf der andern Seite wird — wieder in grosser Versammlung — durch den Priester die Urkunde verlesen, die das Schloss der Verehrung des Heiligen weiht. Die Architektur zwingt wieder zu der Zuweisung dieses Bildes an die zweite Hand. Mangelnde Beleuchtung macht eine genaue Beschreibung dieser Lünette unmöglich.

Die letzten drei Jacobusbilder sind auf den unteren Streifen der Ostwand, unmittelbar über den Chorstühlen, gemalt. Ihnen liegt eine nicht in die legenda aurea aufgenommene, aber schon im zwölften Jahrhundert verfasste Erzählung zu Grunde[2]), nach welcher der im Jahr 843 in Asturien zur Regierung gelangende Ramiro I. beschlossen habe, den schmählichen Jahrestribut an die Araber, der in der Auslieferung von hundert Mädchen jährlich bestand, abzuschaffen. In dem aus der Tributverweigerung entstehenden Kriege sei das Heer Ramiros zuerst geschlagen worden; dann aber habe es sich vor den Mauern Clavigos wieder ge-

---

[1]) Ohne Abbildung.
[2]) cf. Historia Compostellana lib. I cap. 1 in España sagrada tom. XX und über ihre Entstehungszeit Gams, die Kirchengeschichte von Spanien II, 2 pag. 367.

sammelt. Im Traum sei dem König der heilige Jacobus erschienen und habe ihm seine Beihülfe für den morgigen Tag zugesagt. Denn „dominus noster I. Ch. alias provincias aliis fratribus meis Apostolis distribuens totam Hispaniam meae tutelae per sortem deputavit." In der Schlacht würden sowohl sie wie die Sarazenen ihn auf weissem Rosse mit einer mächtigen weissen Kriegsfahne sehen. Nun rief der König die „Erzbischöfe, Bischöfe, Äbte und Religiosen" zu sich und erzählte ihnen, was geschehen sei. In der dann folgenden Schlacht hielt der Apostel, was er versprochen und auf den Schlachtruf: „adiuva nos Deus et Sancte Jacobe!" gelang der Sturm gegen die Mauern Clavigos; „70 000" Sarazenen fielen.[1]

Für diese Erzählung war der untere Teil der östlichen Schmalwand bestimmt. [2] (Abbildung 2). Das obere Lünettenbild wurde durch ein die Kragsteine der Rippen verbindendes Gesims abgeschlossen, darunter wurde ein ornamentales Muster, zuerst ein Blattmuster, dann ein musivisches Ornament mit runden und viereckigen Aussparungen gelegt und dieses auch als Rahmen an den Seiten heruntergezogen; die Basis über dem Gestühl wurde durch ein vielfach profiliertes weisses Gesims gegeben. Die so fest umschlossene Bildfläche wird von dem Maler einheitlich behandelt als der Platz vor den Mauern Clavigos. Links errichtet er den Palast Ramiros, von dem er das Schlafzimmer des Königs und die Gerichtslaube zeigt, so aber, dass noch ein schmales Terrain vor dem Palast frei bleibt; die rechte Bildhälfte öffnet sich dann in die Tiefe und zeigt das Zeltlager der Spanier und die Mauern und Türme Clavigos. So zerfällt die Fläche in zwei Bildhälften, die linke architektonisch umschlossen, die rechte mit offener Scene, ohne dass dadurch die Zusammengehörigkeit beider Scenen auf einem Schauplatz aufgehoben wäre. Die Gerichtslaube, in welcher der König seinen Räten von seinem Traum erzählt, ist als ein Vorbau vor dem Palast zu denken. Ihr rechter vorderer Eckpfeiler fällt nicht in die Mittellinie der ganzen Wandfläche, d. h. das Höhenlot, das sich von dem Spitzgiebel der oberen Lünette durch den mittleren Pfosten des Postaments der Kirche, in der Jacobus predigt, ziehen lässt. Das war aber der feste Punkt, von dem

---

[1] C. Justi (Velasquez I 54) sagt von dem spanischen Santiago, dass er im kampflustigen Kastilien zu einem Cid verweltlicht sei, sodass ihn Lope einen zweiten Würgengel des Sanherib nennt; dass eine ähnliche Vorstellung in Italien herrschte, beweisen unsere Fresken.

[2] Photogr. Alinari 13104, 16590 und Fiorini.

der Künstler auszugehen hatte. Und wir sehen, dass genau hier die Firsthöhe des Daches über der Gerichtslaube liegt. Von hier aus springt die rechte Schmalwand der Laube vor; dieselbe Rechnung bei der anderen Seite, wo der linke Eckpfeiler des Kirchenflügels in der oberen Lünette verlängert auf die Firsthöhe der linken Seite der Laube stösst.

Der Maler nimmt also die durch das obere Bild festgelegte Linie zwischen linkem Eckpfeiler und mittlerem Pfosten des Kirchenpostamentes als Firsthöhe für die Gerichtslaube des unteren Bildes und lässt deren Seitenwände dann links und rechts entsprechend vorspringen. Das schmale Compartiment links von der Laube bleibt für das Schlafzimmer des Königs frei, die ganze rechte Hälfte für die Schilderung der Schlacht. Das Schlafzimmer (Abb. 2) liegt weiter zurück als die vorspringende Gerichtslaube; es wird links durch den gemauerten Eckpfeiler der Kapelle begrenzt, rechts durch die gemalte Architektur der Laube; heimlich liegt es da verborgen und wirkt überraschend für den von rechts in die Kapelle Eintretenden, der es durch den vorspringenden Mauerpfeiler zunächst nicht gewahr wird. Die vordere Wand des Zimmers ist geöffnet; eine Treppe führt von rechts herauf, eine Balustrade schliesst den unteren Teil des Zimmers wieder zu. Wir sehen, der Künstler kennt noch keine andere Möglichkeit, das Innere eines Gemaches zu zeigen, als durch den Notbehelf, die Aussenwand wegzubrechen; aber er sucht eine allzugrosse Öffnung dann wieder durch kleinere Zierglieder zuzudecken. Die Treppe führt aber nicht nur in das Gemach, sondern auch wieder heraus auf eine um den Eckpfeiler herumlaufende Veranda, auf der eben ein Diener verschwindet, der den in die Kapelle Eintretenden entgegen zu kommen und ihn zu begrüssen scheint, ein sehr liebenswürdiger Zug der Courtoisie und zugleich ein reizvolles Spiel der Illusion. Über dem durch einen Querbalken begrenzten Schlafzimmer läuft eine obere Triforiengallerie mit Kleeblattbogen auf zierlichen Doppelsäulchen; die innere Wand ist mit Vorhängen behangen und öffnet sich in der Mitte in einer Thür. Eine Giebelbalustrade mit Fialen ziert den Dachfirst.

Das Gemach öffnet sich nach der Tiefe zu; im Vordergrund kauert ein schlafender Diener, an der Rückwand hängt ein Madonnenbild, seitlich ist über dem Mantelstock der weisse, goldgestickte Königsmantel sauber aufgehängt. In einem alkovenartigen Anbau, dessen hintere Wand durch Holztäfelung verziert ist, steht das Bett des Königs mit der Truhe davor, das den ganzen Nebenraum ausfüllt. Zierlich gedrechselt gewundene Rundstäbe führen an den Ecken zu dem Baldachin herauf.

mit reichverziertem Flachbogen. In tiefem Schlummer liegt der König da; er liegt auf der linken Seite, nach vorn gekehrt, die Arme gekreuzt, ein capuccio auf dem Kopf, sonst nur mit dem Hemd bekleidet; die fein verzierten und säuberlich umgeschlagenen Leintücher lassen den Oberkörper frei. Über ihm an der linken Wand erscheint Jacobus mit dem Mantel und einem Speer in der Linken, den er vor die Brust hält; die erhobene Rechte deutet auf die Verkündigung.

Eine Vision will nicht realistisch dargestellt sein; sonst könnte man einwenden, dass der König dem Heiligen ja den Rücken kehre. Alles wirkt hier zusammen, um die Intimität des Vorgangs zu wahren: schon die Stelle, wo sich das Fresko befindet, das in die Tiefe gestellte Gemach, während sonst sich in der trecento-Kunst, z. B. bei allen Wochenstuben der heiligen Anna sich die Breitseite öffnet und das Bett parallel der Bildfläche steht; weiter die Verschwiegenheit des Anbaus in diesem mit allem Detail charakterisierten Intérieur, die Schlafversunkenheit von Herr und Knecht.

Noch komplicierter sind die perspektivischen Verhältnisse bei der Gerichtslaube. (Abbildung 2). Aus dem Palast führt ein Corridor, der oben durch eine Säulengallerie abgeschlossen ist, in die Laube, die sich nach vorn in 3 Kleeblattbogen öffnet, welche auf viereckigen dünnen Pfeilern aufsitzen; ihre Zwickel sind durch Marmor- und Blattmuster geziert. Sie erinnert an die Stirnseite unserer Kapelle, wo die Füllungen der Zwickel ganz ähnlich vorkommen. Der Unterbau wird im rechten und linken Bogen unten wieder geschlossen, und zwar durch Marmorschranken, deren Platten mit zwei Tierreliefs geschmückt sind. Die mittlere Arkade bleibt frei und zeigt den schachbrettartig gemusterten erhöhten Fussboden. Auf dem auf zwei Stufen gestellten Thron, hinter dem ein liliengemusterter Teppich aufgespannt ist, sitzt der König, übermächtig gross, in weissem, reich gesticktem und mit Bordüren gemusterten Königsrock. Seine Krone zeigt gotischen Lilienschmuck und in der Mitte das durch vier Bügel gehaltene Kreuz; von den Schultern hängen die Infuln herab. In den behandschuhten Händen hält er rechts das mit Lilien bekrönte Szepter, links den Reichsapfel. Es ist der Herrscher im vollen Ornat, der Audienz gibt. Diese übermächtige Figur, die den ganzen Mittelbogen ausfüllt, fällt in den Verhältnissen ganz aus der übrigen Umgebung heraus. Die Gestalt ist nur im Oberkörper gut durchgebildet, der ganze Unterkörper verschwimmt in den Falten des Königsrockes; die Kniee treten nicht hervor; das liesse am wahrscheinlichsten an das Vorbild eines Reliefs denken. [1])

Der König ist von seinen Räten umgeben; in zwei Halbkreisen, die sich nach dem Thron zu öffnen, sitzen sie um ihn, zwar nicht die Erzbischöfe, Bischöfe etc., wie die Legende sagt, sondern lauter bürgerliche Ratsherrn, durch Tracht und Embleme von einander unterschieden. Neben dem Thron scheint rechts der Aktuarius im schwarzen Mantel mit dem Buch zu sitzen; auf der andern Seite sind zwei doctores an ihren hellen Kopftüchern kenntlich. Hinter den sitzenden Räten stehen noch eine Menge anderer Zuhörer und aus den Türen des Korridors strömen noch andere Neugierige herein. Die ganze Doctorschule von Padua scheint hier versammelt, und die einzelnen Gesichter sind so individuell behandelt, dass man hier und da an Portraits denken möchte.

Gegen den Frieden des Schlafzimmers und den bürgerlichen Charakter dieser Ratssitzung kontrastiert die offene Scene der Schlacht auf der rechten Seite aufs lebhafteste. Wir befinden uns vor den Mauern Clavigos; starke Türme mit weit vortragenden Zinnen festigen die Mauern; über ihnen steigen die einzelnen Gebäude der Stadt hervor. Wir vermögen trotz des lädierten Zustandes noch einzelnes zu unterscheiden Eine Halle öffnet sich unten in drei Bogen, oben in einer Triforiengallerie links davon scheint ein centraler Polygonalbau mit spitzer Kuppel zu stehen. Weiter rechts steigt der Berg in die Höhe, der auf seiner Kuppe wieder ein Kastell trägt. Zwischen der Stadt und den Zelten wogt das Fussvolk in schwarzen Scharen heran; Speere und Feldzeichen starren in die Luft, die Posaunen blasen zum Kampf. Auf der rechten Seite hat schon ein Zusammenstoss stattgefunden; in dichtem Gedränge werden die Schwerter gezückt, Arkebusiere spannen die Bogen; auf gepanzertem Ross sprengt ein Ritter, dessen Kopf vom Helmvisier ganz bedeckt wird, in die feindlichen Schaaren und stösst mit voller Kraft seinen Speer vor. Leider ist gerade diese Stelle zu verdorben, um durch Unterschiede von den irdischen Kriegern völlig zu überzeugen, dass es der Heilige selber ist, der in persona den Seinen hilft, wie er versprochen hat. Aber es ist kaum anders anzunehmen. Der König kniet mitten während der Schlacht im Vordergrunde nieder und betet zum Heiligen, den er erschaut; er ist in voller Rüstung; sein Schwertträger links von ihm hält die Krone, die hier nur mit Lilienschmuck ohne die Bügel und das

---

[1]) Über Anlehnung an Miniaturen siehe später.

Kreuz versehen ist, auf einem kastenartigen Visierhelm, dem gleich, den jener eben erwähnte Ritter trägt. Ein Getreuer der Leibwache präsentiert hinter ihm die Waffe, während der rechts von ihm stehende Krieger, dessen Schild ein weisser Löwe auf dunklem Grunde schmückt, sich umwendet zu den hinter ihm gefallenen Feinden, die niedergeritten sind und nun von den Spaniern mit dem Speer getötet werden. Das Gebet des Königs wird erhört. Der Heilige erscheint am Himmel, berührt mit seinem Speer die Türme Clavigos, diese fallen und begraben unter ihren Trümmern die Verteidiger der Stadt; die Trompeten blasen zum Sturm; schon werden Leitern angelegt.

Der Künstler, der hier malt, verrät eine ausgesprochene Vorliebe für soldatische Trachten und scheint in so komplicierten Vorwürfen, wie Schlachtscenen, nicht ungeübt. Das Gewoge des Kampfes, das lebhafte Aufeinanderplatzen der Gruppen ist mit solcher Überzeugung vorgetragen, dass der Meister schon früher derartiges gemalt haben muss.

Die Freude am Sächlichen, am Detail verrät sich aber nicht nur bei den Rüstungen der Krieger, auch in der Wiedergabe der Architektur, namentlich bei der Gerichtslaube und dem Schlafzimmer des Königs. Die Kleeblattbogen sind zwar rund, aber der Styl der Zierglieder ist durchgängig der der venetianischen Spätgotik. Dazu stimmt auch die Vorliebe für Plattenmuster, die Dekoration in bunten Marmorlagen. Die Architektur dieses Palastes ist durch und durch Steinarchitektur, während die Kirche in dem Lünettenbild darüber den Styl des Holzbaues an sich trägt. Man vergleiche z. B. die Treppen, die zur Kirche links und rechts hinauf führen mit dem Treppchen, das in Ramiros Schlafzimmer führt, oder die Ballustrade auf den Kirchenemporen mit dem Geländer des letztgenannten Raumes. Im oberen Bild fehlt der feine Zierrat spitzer Giebel und zierlicher Fialen; die Vorderwände sind ganz geöffnet.

Auch die Perspektive der unteren Bilder ist viel komplizierter. Die Emporen der Kirche stehen im stumpfen Winkel zu dem Hauptschiff, während sie doch in Wirklichkeit im rechten oder gestreckten Winkel stehen sollten. Wie viel komplizierter und fortgeschrittener ist die Perspektive in dem königlichen Palast. Der Korridor mit dem darüber befindlichen Gang bringt die Raumtiefe dem Betrachter ganz anders zum Bewusstsein, als wenn er in eine freie Halle hineinblickte. Frei und hoch wölben sich die Decken in beiden Bildern; aber in dem der Lünette stehen die Menschen viel enger und gedrängter nebeneinander, die Raumweite ist unten grösser; es bleibt freier Platz übrig. Auch die grössere Freiheit in der Anordnung des Ganzen, die Wahrung eines einheitlichen Schauplatzes trotz ganz verschiedener scenischer Umgebung im Gegensatz zu der Anordnung in der Lünette der Oberwand, wo die Scenen einfach nebeneinander gereiht sind, wenn auch die mittlere stärker betont wird, gehen über die Kraft desjenigen Künstlers, den wir den Jacobus-Meister nannten. In einem Punkt aber berühren sich beide: der kleinfigurige Styl ist beiden gemeinsam; die Gestalten dominieren nicht, sie füllen nicht infolge ihrer Grösse den grössten Teil der Bildfläche. Nur selten wird die ganze Figur gegeben, meist ist nur der Oberkörper sichtbar; die Gesichter sind mit besonderem Ausdruck charakterisiert, die Mienen verraten ein persönliches, individuelles Leben, die alte typische Gesichtsbildung ist überwunden.

Noch eine Ähnlichkeit verbindet die Darstellung der Gerichtssitzung mit der Schlacht. Die Anschauung des Künstlers haftet nicht an den einzelnen Trägern der Handlung, sondern er giebt unwillkürlich das ganze Milieu dazu. Es sind nicht einzelne Zweikämpfe, sondern das ganze Kampfgewirr einer Schlacht; zu der belagerten Stadt gehört das Zeltlager der Belagerer, und alle Requisiten (Fahnen, Trompeten, die verschiedenen Waffen) sind mitgegeben. Ebenso ist die Versammlung, die den König in der Laube umgiebt, ganz bestimmt charakterisiert als juristischer Körper, die Räte in ihren Rangstufen, jeder in seiner spezifischen Amtstracht. Es ist eine Schilderung von Vorgängen, die sich weniger auf die Enträtselung psychologischer Momente bei den Haupthandelnden verlegt, als vielmehr die spezielle Situation in ihren besonderen Kennzeichen zu erfassen und mit möglichster Ausführlichkeit zu schildern sucht.

Mit diesem Schlachtenbild schliesst der Cyklus der Jacobus-Legende. Die Legende ist ein dankbarer Stoff; sie setzt sich aus Scenen anschaulicher Momente zusammen, die der bildenden Kunst keine Schwierigkeiten an sich bieten. Wie ganz anders ist das bei der Antonius-Legende in der Kapelle gegenüber, wo das Wort des Heiligen jedesmal die Wirkung thun muss, so dass dadurch jede Darstellung an einem schweren inneren Mangel krankt[1]). Freilich ragt auch hier die metaphysische Welt tief genug auf den irdischen Schauplatz herab. Der tote Heilige wirkt mehr Wunder als der lebendige, was ja freilich zum Teil in dem

---

[1]) cf. Cicerone II⁶, p. 452.

besonderen Interesse der Lupi an der Lupa-Episode seinen Grund hat.
Aber gerade an dieser Auswahl sieht man, dass Künstler wie Besteller
noch ganz der mittelalterlichen Welt angehören. Um sich das klar zu
machen, versetze man sich einen ,Augenblick in Mantegnas Kapelle in
den Eremitani, die etwa 80 Jahre später gemalt ist. Hier ist eine ganz
andere Auswahl des Stoffes getroffen; diejenigen Scenen werden bevorzugt, die sich wirklich auf der Erde, nicht halb in den Wolken abspielen.
Das Verhör vor dem Prätor kommt in unserer Kapelle gar nicht vor;
der Gang zum Richtplatz und die Enthauptung, von denen Mantegnas
untere Wand ganz ausgefüllt wird, drängen sich hier in einem Lünetten-
feld zusammen; dafür aber spielen die Wunder des abgeschiedenen,
nur aus dem Jenseits wirkenden Heiligen bei Mantegna gar keine, hier
eine grosse Rolle. Es ist an Mantegna nur deshalb erinnert worden, um
zu zeigen, dass wir hier trotz aller Farbenpracht, allen Scenenreichtums,
trotz des fröhlich sich ausbreitenden Lebens noch ganz im Bannkreis der
mittelalterlichen Welt und Anschauung stehen, die bei aller Konzession
an die Wirklichkeit sich nicht von einer scholastischen Metaphysik loslösen kann, in der sie im Grunde mehr zu Hause ist, als auf dem
irdischen Schauplatz.

Ist aber diese Grundstimmung zugegeben, so muss für das Einzelne
ein grosser Reichtum der Phantasie eingeräumt werden. Die Natur der
hier schaffenden Künstler drängt nicht zu dramatischer Verdichtung. In
ruhiger Abfolge, ohne besondere Accente wird die Legende in epischem
Gleichmass erzählt. Je weniger den Künstlern daran lag, einschneidende
Höhepunkte herauszufinden, desto freier und breiter konnte sich ihre
Phantasie entfalten. Sie waren wesentlich auf ihre eigene Erfindung angewiesen. Denn die Jacobuslegende war weder durch kirchliche Fixierung
noch durch künstlerische Vorbilder festgelegt. Entworfen und auf die
Lünetten der Oberwand verteilt scheint sie von dem Jacobus-Meister,
dessen Hand wir auch in der Ausführung der ersten bis vierten und
sechsten Lünette zu erkennen glaubten; eine andere Architekturbehand-
lung und Farbengebung lassen bei der Fensterlünette und den beiden
letzten Lünetten-Fresken an eine andere Hand inbezug auf die Ausführung denken. Ein entwickelteres Können in komplizierterer Rechnung,
eine höhere Stufe psychischer Charakteristik offenbart sich an den drei
unteren Bildern der östlichen Schmalwand, die ja auch hinsichtlich ihrer
Vorgänge auf einen neuen Ansatz weisen.

Es bleibt nun noch die anderen Fresken der Unterwände, vor

allein die grosse Kreuzigung an der Südwand zu besprechen, das Hauptbild der Kapelle, das auch vom Mittelschiff der Kathedrale aus sichtbar ist und sich dem Eintretenden als vornehmstes Stück vor allem
aufdrängt.[1])

Der Architekt übergab dem Maler eine durch drei Spitzbogen,
die auf vier Säulen aufsitzen, gegliederte Wand; die zwei Lünetten überschneiden die vermauerten Rundfenster. Der Maler wusste diese schein-
bare Zerschneidung der grossen Fläche in den Organismus seines Fresco
aufzunehmen.

Wie er schon in den Nischen (s. oben) den Zug der Eintretenden
fortzuführen scheint, so ordnet er die Seitengruppen rechts und links
durch den allgemeinen ductus so an, dass sie auf die Mitte gegen den
Kreuzhügel andrängen und durch diese Bewegung aufs engste mit dem
mittleren Kompartiment verbunden werden. Man sieht, der Künstler
rechnet mit den örtlichen Bedingungen und weiss eine Raumerweiterung
dadurch zu ertäuschen, zugleich an Stelle einer ruhigen, in sich abge-
schlossenen Komposition, einen bewegten Zug darzustellen.

Wir sind hier nicht in einer geschlossenen Kapelle wie die Arena,
wo Giotto innerhalb einer grossen Reihe die Scene in möglichster Knapp-
heit und präciser Konzentration auf das Notwendige darstellt, ein erzählendes Einzelstück in einem Bildercyklus, sondern es handelt sich hier
um ein selbständiges Breitbild, das die ganze Wand einnimmt. Wie die
Pilger des Santo in die Kapelle rechts und links zum Altar hinein-
strömen, so drängen die Schaaren auch auf dem Kreuzigungsbilde (Abbildung 3 und 4) zur Mitte hin. Dadurch ist dies grosse Wandbild von
vornherein als bewegte Scene aufgefasst, nicht als liturgisches Bild
im Sinne einer höheren Existenz. Auf freiem Hügel steht das Kreuz;
im Vordergrund links wird das Stadtthor und der Zinnenkranz Jerusalems
sichtbar, auf der anderen Seite eine Anhöhe mit einem festen Schloss,
im Vordergrund die Grabeshöhle. In einsamer Höhe hängt der Heiland
am Holz, das Haupt leicht nach rechts geneigt, der Körper ein wenig
ausgebogen. Ihn umfliegt der Chor trauernder Engel, die ihren Schmerz
durch heftige Geberden kundgeben. Am Kreuzesstamme selbst kniet
Maria Magdalena mit einer anderen Frau, den Rücken dem Beschauer

---

[1]) Abbildungen der Seitenteile Phot. Alinari 13102 und 13103, das
Ganze teilweise sichtbar auf Fiorentinis Photographie der ganzen Kapelle;
sonst bei Gonzati I 184, einzelne Köpfe bei Foerster IV u. V.

zuwendend; eine schlanke edle Erscheinung, in den vornehmen Purpurmantel gehüllt, über den die blonden Flechten fallen. Sie blickt nach
oben und ist ganz in den Anblick des Kreuzes versunken. Links steht
ein Jüngling in knappem Wams, der eben den Essig gereicht, rechts
hält ein Krieger mit schwarzer Haube, grünem Mantel und braunen Hosen
Wache. Von allen Seiten drängt man sich zum Kreuz. Von rechts
tritt eine gläubige Familie heran: Vater, Mutter und Sohn, in denen
wir wohl am ehesten den Stifter und die Seinen erkennen dürfen; links
stehen Juden und Soldaten in eifrigem Gespräch, ehrwürdige Greise neben
jungen Kriegern, in deren Mienen sich bald Teilnahme, bald Gleichgültig-
keit verrät.

Bewahren die unmittelbar das Kreuz umgebenden Personen noch
eine gewisse Zurückhaltung und Feierlichkeit, im Schmerz oder in sol-
datischer Haltung, so macht sich in den Seitenteilen die lebhafte Erregung um so mehr geltend. In das linke Kompartiment (Abbildung 3)
hat der Meister die Scene der trauernden Frauen verwiesen. Sie bildet
eine geschlossene Gruppe in sich, ist aber von einer Fülle anderer
Episoden umgeben. Bürgerinnen, die sich zufällig getroffen haben, stehen
zusammen und reden und weinen; eine junge Mutter mit dem Kind an
der Hand bleibt betroffen stehen; alte weissbärtige Juden stecken die
Köpfe zusammen. Am Stadtthor strömt es heraus, herein. Die Schergen,
die ihre Pflicht gethan, wollen heimkehren, die Leiter auf der Schulter
die Axt über den Hals gehängt, den Hammer im Gürtel. Von allen
Seiten werden sie angehalten, mit Fragen bestürmt. Auf der kleinen
Brücke, die über den Stadtgraben führt, streiten sich zwei Buben unbekümmert um einen Stock. Und hinter den Fussgängern ziehen die
römischen Reiter in schweigendem Ernst um das Kreuz, bald selbst betroffen von dem Schmerz der Gläubigen, bald geringschätzig auf diese
herabblickend. Mit hochragenden Zinnen liegt Jerusalem da. Starke
Türme festigen die Mauern. Über diesen werden Häuser sichtbar; man
sieht geöffnete Loggien, Kuppeln, kleine Turmaufsätze in höchster Höhe,
Gallerien und Treppen verbinden die Gebäude mit einander. Durch
das Stadtthor sieht man in die Strassen selbst hinein. Laubengänge
werden sichtbar, darüber eine Gallerie mit zierlichen Säulchen. Alles
ist in dem Filigranstyl der oberitalienischen Gotik ausgeführt; nicht
Jerusalem, sondern Verona glaubt man zu sehen; fehlt doch an dem
Brückenbogen, der über den Stadtgraben führt, selbst das rote Marmormuster nicht, mit dem fast alle Bogen dieser Stadt geschmückt sind;

auch das Säulchen auf der Brückenecke mit sechsseitiger Pyramide auf dem Kapitell, die in einen Knopf endet, stammt daher.

Die Zinnen der Stadt berühren mit ihren höchsten Spitzen den Rahmen des darüber befindlichen Rundfensters; dessen tiefe Laibung nimmt die Tiefenrichtung auf, welche die schräg gestellte Koulisse der Stadtmauer anbahnt. Die zuerst nur durch eine lineare Täuschung eroberte dritte Dimension wird so in Wirklichkeit architektonisch weitergeführt.

Das Kastell, das die Höhe auf der rechten Freskoseite (Abbildung 4) schmückt, ist ein höchst merkwürdiger Bau. Dies Schloss, an dem zwei mächtige, viereckige Türme mit Zinnenkranz einen Mittelbau flankieren, der im Obergeschoss eine in drei grossen Bogen sich öffnende loggia hat, liegt innerhalb einer von niedrigen Türmen besetzten Burgmauer. Dieser Burgbau trägt einen viel geschlosseneren Charakter, als die Stadtansicht Jerusalems; man wird fast an Florentiner Burgpaläste erinnert. Im Vordergrunde gruppiert sich die Menschenmasse um die Würfelscene. Um den Schild sitzen, knieen und spielen die Soldaten; andere schauen zu; ein alter Longobarde hält den ungeteilten Rock fest gegen die Brust gepresst, während sein Nachbar ihm denselben entreissen will. Durch den Hohlweg von rechts reiten neue Herren und Krieger heran. Bauern kommen herzu, die auf dem Weg zur Stadt sind. Der eine von ihnen trägt unter seinem Rock ein Lamm, das er von unten mit der Hand stützt. Einer der Reiter hält vor der Gruppe der Würfelnden; hinter ihm wogt es von Panzern und Helmen, Feldzeichen ragen in die Höhe, Speere starren in die Luft. Nicht an der Stätte des Todes, sondern im Lager bei fröhlichem Soldatenleben glaubt man sich. So kann die Scene nur ein Künstler darstellen, dessen Pinsel an Schlacht und Rüstung gewöhnt ist, dessen Aug und Herz zu sehr an solchen Dingen hängt, um sie bei den kirchlichen Stoff wenigstens zurückzudrängen. Aber nicht nur im Lager, auch auf der Strasse und im Alltagsleben hat der Meister sich gewöhnt, die Augen weit aufzuthun. Das sieht man an den kleinen Einzelscenen, die am Stadtthor spielen; wie die zipfelmützigen Juden dort fragen und antworten, wie die Frauen mit dem Kind auf dem Arm stehen bleiben und sich aussprechen müssen; wie die junge, schöne Mutter mit ihrem Knaben ahnungslos aus dem Thor herausgekommen ist, wobei sie ihren Überwurf ein wenig hebt und nun plötzlich das erschütternde Schauspiel gewahr wird. Die Knaben streiten um den Stock, ein Hund trinkt unbekümmert am Bach — kurz Zug um Zug ein Stück

3

Strassenleben, wie es der Zufall und die Wirklichkeit täglich neu aufführen. Und das Grosse dabei ist, dass trotz dieser Fülle der Gestalten,
Gruppen und Motive die Komposition des Bildes nicht leidet. Das
architektonische Gerüst, verbunden mit dem Andrang der beiden Seitenflügel zur Mitte hin, hält das Ganze zusammen. Wie in der Mitte das
Centrum zu suchen ist, so flachen sich nach den Seiten zu auch die
ethischen Momente ab. Dem Kreuz zunächst stehen die am meisten
Beteiligten, ferner dann schon die Zuschauer, ganz fern die bloss Neugierigen. Jeder Flügel hat seine Hauptgruppe, an die sich die andern
anschliessen, und hinter den einzelnen Gruppen zieht sich die Schar
der langsam vorbeiziehenden Reiter wie ein verbindendes Band herum.

Der streng kirchlich-liturgische Styl ist hier völlig verlassen; dem
Künstler liegt nicht an ethischer Präcisierung und Konzentration; er will
die breite Wirklichkeit schildern, wie sie ein Vorgang entfaltet, der eine
Menge von Gestalten zusammenruft. Das Kreuz, die Gruppe der Frauen
links und der Würfler rechts sind die feststehenden Momente, durch die
Tradition gefordert und dementsprechend auch in den Vordergund gerückt. Dazu lässt der Künstler nun in den beiden von links und rechts
herandrängenden Zügen, die er nach eignem Willen gestaltet, die ganze
Fülle der Erscheinungen sich entfalten. So weicht er zwar von dem
liturgisch strengen, höchst verdichtenden Vortrag eines Giotto ab, erobert
aber der künstlerischen Anschauung eiue ganz neue Welt.

Neben der Breite der Schilderung steht die vornehme Art seiner
Formensprache. Ein wundervolles Geschlecht lebt vor uns auf. Der
Kleinfigurenstyl ist hier verlassen; in stolzer Grösse, in imponierender
Breite stellen sich die Gestalten uns dar: ehrwürdige Greise in lang-
herabwallendem Longobardenbarte, schmucke Burschen in knappem Wams;
von ganz besonderer Schönheit sind die hochgewachsenen Frauen in
leichter Fülle, das Urbild jenes schönen Geschlechts, von dem uns die
venetianische Kunst des nächsten Jahrhunderts erzählt. Mit welchem
Adel stehen sie da, mit wie vornehmer Haltung bewegen sie sich! Dazu
sind Männer wie Frauen in reiche Stoffe gehüllt, die in breitem Wurf
herabfallen. Die Uniform der Soldaten sitzt eng an, Waffen und Zaumzeug blinken hell geputzt. Am allermeisten fesseln uns auch hier wieder
die Gesichtszüge. Über hundert Personen befinden sich auf dem Fresco
und keine trägt das gleiche Gesicht. Von dem Stumpfnäschen des
Bübchens an der Hand der Mutter bis zu dem schön geschnittenen
Charakterkopf des Mannes, der den Mantel trägt, von der jungen Schön-

heit der schlanken Mutter bis zu den vergrämten Zügen der Gottesmutter finden wir die ganze Scala menschlichen Empfindungslebens in
der Jugend und Kraft, im Alter und der Gebrechlichkeit ausgeprägt.
Der Soldat steht nehen dem Bürgersmann, der Mohr mitten unter den
Veronesern. Und wenn sie die Köpfe zusammenstecken, dann glaubt
man ihre Reden zu hören; die Juden verteidigen ihren Spruch, und die
Schergen entschuldigen sich damit, dass man es ihnen befohlen habe.
Die Spieler sehen gespannt auf die Zahlen der Würfel, die Soldaten
hinter ihnen harren des Spruchs des Hauptmanns.
        Zu der Fülle bunten Lebens kommt die Fülle und der Wechsel
der Farben. Der Künstler verfügt über eine reiche, üppige Palette.
Er hat nicht nur kräftige Lokaltöne, sondern alle Schattierungen; im
Gegensatz zu den harten Farbenkontrasten in den Jacobusbildern ist ihm
das Geheimnis der mezze tinte aufgegangen. Mit ihrer Benutzung hat
er den Gestalten eine kräftige Modellierung verliehen. Namentlich die
vorderen Figuren heben sich, hell beleuchtet, rund heraus. Von den
Dahinterstehenden werden nur die Köpfe sichtbar; aber die darüber hinaus-
ragenden Reiter kommen mit dem ganzen Oberkörper hervor. Findet
so auch noch nicht jeder Kopf seinen Körper und nicht jeder Körper
genug Luft und Freiheit um sich herum, so sind doch eine Menge Figuren
plastisch vollherausgearbeitet. Dadurch, dass der Maler nur die vorderste
Reihe hell beleuchtet, und den Zurückstehenden dunklere, fast verwaschene
Farben giebt, erreicht er eine Tiefe des Bildes, die durch die Architekturkoulisse der Stadtsilhouette und die landschaftliche Fernsicht noch erhöht wird. In der That ist bis auf Masaccio kein italienischer Künstler
ausser Antonio Veneziano in der Gewinnung der dritten Dimension kühner
und erfolgreicher gewesen als unser Meister.
        Der Meister der Kreuzigung unterscheidet sich wesentlich von dem
Jacobusmeister. Eine ganz andere Freiheit der Komposition, eine grössere
Kühnheit in der Bewältigung einer grossen Fläche offenbart sich hier.
Die Gestalten reden eine viel grössere, vornehmere Sprache; die Farben
sind wärmer, verriebener, die Modellierung ist runder. Seine Architektur
ist aus Stein, zierlich gegliedert, in reich durchbrochenen Prospekten.
Es ist dieselbe Behandlung, wie wir sie auf den beiden Halblünetten
neben dem Fenster und in den zwei letzten Lünetten fanden, wenn auch
hier unten viel entwickelter. In der That glaube ich in dem Meister der
Kreuzigung dieselbe Hand wieder zu erkennen, die mit an der Jacobuslegende
gemalt hat; sie unterscheidet sich aber von dem Künstler, der die Scenen

vor Clavigos Mauern gemalt hat, durch den grösseren Figurenstyl, durch monumentalere Auffassung und weniger ängstliche kleinliche Berechnung. Mit der Kreuzigung hängt aufs engste der Schmuck über den Särgen rechts und links zusammen; über dem Sarkophag Bonifazios ist die Auferstehung, über dem anderen die Pietà gemalt.[1]) Christus steigt aus dem Grabe hervor, dessen Deckel schräg herunter liegt; mit dem rechten Fuss steht er auf der Brüstung, in der Linken hält er die Triumphfahne. Rechts und links von ihm knieen ihm zugekehrt zwei Engel in weissen Kleidern mit roten Bändern, eine Verzierung, die vielleicht mit Rücksicht auf das Stadtwappen Paduas (rotes Kreuz auf weissem Grund) gewählt ist. Zu den Füssen des Sarges die schlafenden Wächter. Die Pietà ist in Halbfiguren gegeben; ausser Christus sind Johannes und die zwei Frauen dargestellt. Beide Fresken verraten dieselbe Hand, wie die bei der Kreuzigung.

. Auch das Votivbild[2]) an der rechten Wand der Kapelle neben dem Fenster stammt von diesem Künstler. Die Madonna thront in der Mitte auf reich geschmücktem und zierlich gegliedertem Thron, Jacobus und Katharina bringen die knieenden Klienten herbei, den Stifter der Kapelle Bonifazio Lupi und seine Gattin Caterina dei Franceschi. Die gotische Architektur des Thrones ist von ganz besonderer Feinheit, reich mit Gold verziert und mit Engelstatuen geschmückt. Die beiden Heiligen stehen da wie Edle aus altem Geschlecht; Jacobus in seiner gelben Toga, Katharina im königlichen Purpurmantel mit der Krone auf den feinen, blonden Haaren. Auf der andern Seite des Fensters war früher Chrystophorus[3]) dargestellt[4]); die Restaurierung hat auch die letzten Spuren beseitigt. Wir nehmen jetzt vorläufig von der Kapelle Abschied; die Zuweisung an bestimmte Künstlernamen kann erst nach Besprechung der Georgskapelle erfolgen. Soviel ergab sich, dass wir den Jacobusmeister, der die ersten vier und die sechste Lünette ausgemalt und die anderen Lünettenbilder wohl auch entworfen hat, unterscheiden sowohl von dem Künstler der Clavigoschlacht wie vor allem von dem Meister der Kreuzigung. Einer der Künstler muss nach der oben erwähnten (pag. 14) Zahlung Altichiero selber sein. Aber welcher, das läst sich erst später entscheiden.

---

[1]) Ohne Abbildung.

[2]) Ohne Abbildung·

[3]) Die Zusammengehörigkeit der Heiligen Jacobus und Christophorus wird auch durch die Capelle der Eremitani bewiesen.

[4]) cf. Crowe-Cav. D. A. II, 398.

III. Die Fresken der Cappella S. Giorgio in Padua.

Die Fresken der Georgskapelle waren bis zu den dreissiger Jahren des Jahrhunderts nur litterarisch bekannt durch Vasaris und vor allem Michele Savonarolas begeisterte Schilderungen[1]). Im Jahre 1837 glückte es E. Foerster, sie unter der Tünche wieder zu entdecken, und sie in nahezu unversehrtem Zustand unserer Zeit zurückzuschenken. Die mit grösster Sorgfalt hergestellte Reinigung hat auf eine Übermalung schadhafter Stellen gänzlich verzichtet[2]), sodass wir hier einen von späterer Weisheit unberührten und gut erhaltenen Freskencyklus vor uns haben — gewiss ein seltenes Glück. Die Decke ist arg zerstört; von den 22 Bildern haben vier sehr, ein weiteres weniger gelitten; die übrigen sind vortrefflich erhalten.

Die Geschichte der Georgskapelle hängt mit der der Felixkapelle aufs engste zusammen; ist doch ihr Stifter der Bruder Bonifazios, und der letztere hat nach des Bruders frühzeitigem Tode die Sorge für die Vollendung der künstlerischen Ausschmückung übernommen.

Der Bauherr Raymundino Soragna ist der jüngere Bruder des Bonifazio, dieser der zweite, jener der fünfte Sohn des Rolando di Parma[3]). Ein Parteigänger der Este muss er früh wegen Familienzwistes die Heimat verlassen; schon 1337 finden wir ihn als condottiere in Padua; im Auftrag dieser Stadt verteidigt er 1338 Montecchio b. Vicenza gegen die Scaliger. Dann verlässt er den Dienst Ubertinos da Carrara und lässt sich, wie sein Bruder von den Florentinern anwerben, für die er Barga in der Garfagnana erobert (Villani III 35).

---

[1]) cf. Vasari ed Mil. III 633 und Savonarola bei Murat. Scr. XXIV 1169.
[2]) abgesehen von der Verkündigung cf. Gonzati I Doc. CXL.
[3]) cf. z. flgd. Gonzati l. c. I 39 u. passim; Foerster l. c. p. 6 und die im Anhang mitgeteilten Inschriften und Unterschriften.

Dann finden wir ihn als Gesandten Karls IV in Venedig. In den Dienst der Carraresen zurückgekehrt, gewinnt er einen Sieg bei Reggio über den verhassten Todfeind Paduas, Bernabò Visconti; dann aber wird er überwältigt und in Mailand im Kerker festgehalten bis 1370. In Udine finden wir ihn noch einmal im Gefolge Karls IV; aber die Gefangenschaft mag seine Kräfte erschöpft haben. Zusammen mit seinem Bruder suchte er in Padua Ruhe nach dem thatenreichen Leben. Auch ihm lag an einem würdigen Begräbnisplatz; und da der Santo keine Kapelle mehr zu vergeben hatte, die es mit der seines Bruders aufnehmen konnte, so entschloss er sich, auf dem Kirchhof ein eigenes Oratorium zu erbauen als Familiengrabkapelle.

Die im Anhang mitgeteilte Inschrift an der Façade sagt, dass das Oratorium im November 1377 errichtet sei. Die Worte chondentis est sepulcrum, das Fehlen der Tagangabe, die starken Ausdrücke wie indelenda memoria und auch miles egregius beweisen, dass diese Inschrift nicht vom Gründer verfasst, sondern später eingelassen ist. Die jetzt im Innern an der rechten Wand, früher anderswo, vielleicht an der gleich zu erwähnenden arca angebrachte Inschrift ist die Grabschrift für Raymondino, den Stifter, der nach ihr am 30. November 1379 starb. Wäre das Oratorium zu seinen Lebzeiten fertig geworden, so hätte er sicher eine Weihinschrift angebracht. Das dann weiter mitgeteilte Aktenstück ist keine Originalurkunde, sondern ein Auszug aus mehreren Urkunden für das Hauptbuch der Fratres. Darnach hat Raymundino im Nov. 1377 auf Kirchhofsgrund ein Oratorium auf seine Kosten bauen lassen, es dem hlg. Georg geweiht und einen Altar an der dem Eingang gegenüberliegenden Wand gestiftet; im folgendem Jahr, also 1378 liess er sich von dem Generalkapitel täglich zwei Messen garantieren. Bald darauf, aber jedenfalls vor dem 30. Nov. 1379, seinem Todestag, liess er eine grosse arca aus Marmor auf vier Säulen und dreistufigem Unterbau in der Mitte der Kapelle errichten; eine darauf gesetzte Pyramide mit zwei grossen Wölfen, dem Wappen der Lupi, reichte bis an die Decke der Kapelle. An der arca waren zehn Riesenstatuen, neun Männer in voller Rüstung und eine weibliche Figur, je drei an den Längsseiten und je zwei an den Schmalseiten aufgestellt. Gonzati teilt II 79 die Inschriften darunter mit. Die hier dargestellten Personen waren die Eltern des Stifters Rolandinus und Mathilde, die vier Brüder Guido, Bonifazius, Antonius und Montinus, der Stifter Raymundinus selbst und drei nepotes: Fulgus, Simon und Antonius; die Familie des Stifters also in der Zusammensetzung, die auch die Inschrift der Façade andeutet. Von einer Gattin und Kindern des Stifters ist hier ebensowenig die Rede als bei dem später zu besprechenden Votivbild, das die gleichen Personen darstellt, wie die Figuren der arca, wenn auch in anderer Reihenfolge. Der Erbauer sollte die Vollendung der inneren Ausschmückung nicht mehr erleben; nach Gonzati bekam Bonifazio, sein Bruder 1384 vom Ordenskapitel die Erlaubnis, die Kapelle fertig zu stellen.

Die Kapelle hat — um dies hier gleich zu erledigen — merkwürdige Schicksale gehabt[1]). Die gewaltige arca liess die Meinung aufkommen, dass hier der grosse Santo selbst, der hlg. Antonius begraben liege, und alles Landvolk eilte zu diesem Grabe hin. Die Priester suchten vergebens dem Irrtum zu steuern und wussten sich schliesslich nicht anders zu helfen als dadurch, dass sie die Kapelle schlossen und die Seelenmessen in der Felicekapelle abhielten. 1592 wird dann die arca mit Einwilligung der Leonora Obizza aus der parmitaner Linie der Familie Lupi abgetragen und nur die cassa selbt stehen gelassen; die weiteren Schicksale der Kapelle hat Foerster l. c. p. 1 f. umständlich beschrieben. Treten wir nun in die Kapelle selbst ein.

Vier nackte Wände schliessen das Innere ein, das auf rechteckigem Grundriss ohne besonderen Choransatz[2]) aufgebaut und von einem verschalten Tonnengewölbe überdacht ist. An der Chorwand befinden sich zwei, an den Seitenwänden je drei schlicht eingeschnittene, nach innen abgeschrägte Fenster; in den Lünetten der Schmalwände noch zwei Rundfenster. Wir sehen, der Architekt that nichts als seine direkte Pflicht; die architektonische Belebung des Innern überliess er dem Maler. Damit war eine ganz andere Aufgabe gegeben, als in der Felice-Kapelle, die als Teil eines Kircheninnern, nicht als selbständiger Raum wirkt, und deren Schmuck durch die Lünettenform der meisten Felder fest umrähmt war und sich im übrigen in die architektonische Gliederung der Wand durch die Säulen einzuordnen hatte. In San Giorgio fehlte jeder Anhalt und jede Beengung; frei durfte der Künstler mit dem Raum und den Wänden schalten. Gewiss hat er sich bei ¹ieser schwierigen Aufgabe, sich mit dem Raumganzen auseinander zu

---

¹ericht nach Gonzati.

ᴐas heutige Chorquadrat der Arenakapelle ist auch erst später wahr-
..ᴧch bald nach dem Tode des Stifters angebaut; ursprünglich war nur
. Absis in der Ostwand vorhanden.

setzen, an das grosse Vorbild angelehnt, das ihm in Giottos Arena vor Augen stand, deren Grundriss und Aufriss dem der Georgskapelle sehr ähnlich ist. Giotto hat, wie mir scheint, drei Hauptaccente betont: den Sockel mit den Grisaille-Figuren, das blaugestirnte Tonnengewölbe und dazwischen die drei Bilderreihen, übereinandergelegt und nur durch dekorative Bänder getrennt. Von einem Gerüst, einer konstruktiven Bedeutung der ornamentalen Glieder ist noch nicht die Rede[1]). Das ganze trecento geht einer organischen architektonischen Gliederung eines Raumganzen noch aus dem Wege; erst Masaccio erreicht sie in der Brancaccikapelle in Florenz. Auch für unsern Meister in S. Giorgio existierte diese Aufgabe noch nicht. Auch er lässt wie Giotto einen neutralen, hier nicht mit allegorischen Figuren geschmückten Sockel frei, an dem das Gestühl aufgestellt war, und erst in Fensterhöhe die Freskenreihe beginnen, jedes Bild mit dekorativen Rahmenwerk umschliessend; nur an der Altarwand errichtet er neben dem Mittelbild auf den freibleibenden Langstreifen je eine gewundene Säule, die aber auch mehr ornamental als konstruktiv wirkt. Die Decke ist durch vier breite ornamentale Gurte in drei Hauptfelder zerlegt, die auf sternbesäeten blauem Grund je vier tondi in den Ecken und eine mandorla in der Mitte tragen. Auch hier finden sich wie in der Felicekapelle die vier Evangelistensymbole, die Propheten und lateinischen Väter; in der Mitte Gott Vater, Christus und die Madonna. Leider sind diese Bilder so zerstört, dass man nicht sicher urteilen kann, ob die Auffassung gerade so perspektivisch war, wie wir es in der Felicekapelle beobachteten. Die Quergurte werden links und rechts von zwei seitlichen Längsstreifen aufgenommen. Auf beiden finden wir Brustbilder von Heiligen in Vierpässen, die durch weisses Blattmuster auf rotem Grund verbunden sind; im ganzen sind 44 Heilige angebracht. Sie sind durch imitiertes Cos-

---

[1]) Eine andere Frage ist die, ob Giotto in dem Bildercyclus selbst einen Rythmus in der Dynamik des Vortrags versucht hat. Die oberste, schmalste Reihe der mariologischen Legende wirkt wie ein ferner leiser Klang; der Vortragston der zweiten Reihe ist schon bestimmter, und in den grossen Bildern der untersten Reihe sind gewaltige Einzelaccorde gegeben. Es mutet an, wie eine Predigt, die leise anhebt und nur zurückhaltend zu wirken sucht, dann zuversichtlicher spricht und endlich zu bedeutender Höhe sich steigert. Die letzte Spitze und Zusammenfassung ist dann in dem jüngsten Gericht zu finden. Eine derartige Steigerung ist aber nur da möglich, wo es sich um einen einheitlichen Stoff handelt. Für unsern Meister in S. Giorgio fiel sie von selber weg.

matenornament umrandet. Ferner ziehen sich von den Längsstreifen zu den Fenstern der Längsseiten noch fünf ornamentale Bänder, auf deren einzelnen Feldern sich bald der stehende Wolf, das Wappentier der Lupi, bald jene perspektivisch gezeichneten Buckel finden, wie wir sie schon in der anderen Kapelle antrafen.

Einen ganz andern Charakter, als er diesem Decken- und Oberwandschmuck eignet, verraten die Ornamente der Fensterlaibungen. Hier werden die Brustbilder der Heiligen, die gleichfalls nicht frontal gegeben werden, von einem weissen Laubornament auf grauem Grund unterbrochen, das viel stärker modelliert ist, als das der oberen Streifen. Die Ausführung ist sehr sorgfältig, peinlich im Gegensatz zu den flüchtiger und massiv gemalten Teilen der Decke; ausserdem sind die Farben oben heller, unten kräftiger.

Weisen schon die Ornamente auf Arbeitsteilung hin, so geben uns die eigentlichen Fresken noch genaueren Aufschluss. Auf eine Thatsache musste der Künstler bei der Berechnung des ganzen Schmucks vor allem Rücksicht nehmen. In der Mitte des Gebäudes stand die mächtige arca. Damit war für den Raum ein Centrum gegeben, um das der Betrachter der Bilder herumzugehen hat. Die einzelnen Bilder sind daher in der Abfolge der Reihung angeordnet; sie sollen nicht für sich, isoliert wirken, sondern in geschlossenem Verbande, ähnlich wie die Fresken des Campo Santo in Pisa oder die Cyklen Giottos in der Oberkirche von Assisi und in Padua.

Alle diese Freskencyklen des trecento suchen noch nicht eine Raumillusion zu erreichen, bei der die Enge des geschlossenen Gemaches durch Ausblicke in die offene Weite der Aussenwelt aufgehoben wird. Es handelt sich hier vielmehr um Flachdekoration, die dem Teppichornament der romanischen Wandmalerei noch nahe steht. Es fragt sich nun, ob man sich hier am Ende des trecento noch immer mit der ersten Zone begnügt; in der Felicekapelle sahen wir ein kräftiges Bemühen um die Eroberung der Tiefe, stellenweise auch der freien Landschaft. Darin verrät sich dort die Zeit des Übergangs, die Arbeit des Ringens ohne bewusste Rechnung. Auch in der Georgskapelle verrät die Gesamtanordnung zunächst das Festhalten an der bisherigen Tradition. Das Einzelbild wirkt noch nicht für sich, sondern in der Reihe. Die Analyse der Bilder wird die Frage beantworten, wie weit sie in den flachornamentalen Charakter eingehen oder ob sich ein gewisser Widerspruch zwischen der Gesamtordnung und dem Einzelbild verrät.

Dem Besteller musste vor allem daran liegen, seine persönlichen Wünsche bei dem Wandschmuck befriedigt zu sehen; ein Votivbild sollte seine und der Seinen Gebet vor dem Throne der fürsprechenden Madonna darstellen, deren Verehrung er auch durch andern Freskenschmuck zu bethätigen wünschte. Der Altar wird wahrscheinlich Skulpturenschmuck getragen haben, sodass das über ihm befindliche Fresko der Kreuzigung die Stelle des Altarbildes vertrat.[1]) Die übrigen Felder sollten die Verherrlichung derjenigen Heiligen dienen, die dem Stifter und seinem Hause nahe standen.

Der Künstler hat den Stoff so verteilt, dass er die beiden Langseiten und die Eingangswand in rechteckige Compartimente zerlegte, derartig, dass auf den beiden Langwänden je acht, auf der Schmalwand vier Abteilungen waren. Und zwar befinden sich infolge der Fenster an den Ecken der Längswände je vier hochgestellte, in der Mitte je vier breitgestellte Rechtecke.

Für den unteren Teil der Altarwand war durch das Kreuzigungsbild der Schmuck von vornherein gegeben. Der Künstler verwendet nun den Platz über der Kreuzigung und die ganze Eingangswand für die mariologischen Fresken; für das Votivbild spart er zwei Compartimente der oberen Reihe der linken Schmalwand aus, sodass es links neben die Kreuzigung (im rechten Winkel anstossend) an die Seite des guten Schächers zu stehen kommt. Nun blieben für die Legenden der Heiligen auf der linken Längswand noch sechs Kompartimente und die ganze rechte Längswand frei. Auf jene sechs wurde die Georgslegende als die des Patrons des Stifters und seines Vaters verteilt; der obere Streifen der rechten Längswand wurde für die Legende der Katharina bestimmt, welche die Patronin der Mutter des Stifters, Matilda war, der untere Streifen derselben Wand blieb dann für die Patronin des Bruders Guido, Lucia übrig.

Wir dürfen annehmen, dass nach dem Deckenschmuck zuerst das Votivbild gemalt ist[2]); seine Fertigstellung musste der persönlichen Beziehung wegen dem Stifter vor allem am Herzen liegen. Es nimmt,

---

[1]) Ähnlich die Anordnung in der Felicekapelle und in der von Ottaviano Nelli in Foligno ausgemalten Kapelle. Für Skulpturenschmuck vgl. ausser der Felicekapelle die unten besprochenen Fresken der Taufe des Königs Sevio (der Altar im Chor) und der presentazione al tempio (Kapelle in der rechten Abseite des dort dargestellten Domes).

[2]) Ohne Abbildung. Für die Unterschriften Gonzati I 280.

ie gesagt, die zwei oberen Kompartimente der linken Längswand beim
ltar ein. So ergibt sich ein breitgelegtes Rechteck. Zu äusserst rechts
eht der reichgeschmückte Thron mit der Madonna, von einem viel-
irmigen Baldachin bedacht. Ihm nahen sich, ehrfürchtig knieend die
inzelnen Glieder der Familie Lupi, jedes von seinem Patron der Jung-
au empfohlen. Den von links, also in derselben Richtung wie der
ietrachter, herantretenden Zug führt der Vater Rolandinus, von S. Giorgio
eleitet, und die Mutter Matilda mit der hlg. Caterina an. Ihnen
ilgen vier Söhne: Montinus, Guido, Bonifacius und Antonius, von
. Jacopo minore, St. Lucia, S. Jacopo maggiore und St. Agnese geleitet.
ie drei folgenden Ritter sind die Neffen Antonius, Simon und Fulcus
iit den Heiligen S. Antonius, St. Margherita und S. Martino; den Zug
eschliesst, bescheiden als letzter, der Stifter Raymondinus, wieder im
chutz des hlg. Georg, der hier zum zweiten Mal auftritt. In schwere
Lisenrüstung sind die knieenden Ritter gesteckt; die Helmzier häng
m Rücken herab. Gross und mächtig stehen neben ihnen die Heiligen
i leuchtend hellen Mänteln. Georg trägt auf seinem weissen Koller
in rotes Kreuz, wieder an Paduas Stadtzeichen erinnernd, wie oben
ei der pietà in der Felicekapelle. Ihn schmückt derselbe gelbe Mantel,
er mehreremals auf der Kreuzigung in jener Kapelle vorkommt.
Latharina im Schmuck des roten Königsmantels und der feinen blonden
laare ist genau dieselbe Frau, die wir schon auf dem Votivbild des
Jonifazio fanden. Auch die anderen Gesichter kommen uns bekannt
or; es ist derselbe Typus wie wir ihn oben bei jener Kreuzigung
ennen gelernt haben. Über den Gestalten, die wie in einer Strassen-
rozession herankommen, ragt der Palast der Soragna in die Höhe und
illt die Bildfläche oberhalb der Gestalten aus. Das Bild überschneidet
iit dem unteren Rand das tieferliegende Fenster. Während sonst die
enster mit der Decke durch die oben erwähnten Bänder verbunden
verden, vertritt hier ein Architekturstück diesen Dienst.

Das Bild wirkt in der einförmigen Paradeaufstellung seiner zehn
Liesengestalten auf den ersten Blick monoton. Aber man muss be-
enken, dass für Huldigungsbilder ein fester Kanon ausschlaggebend
ar. In den Kirchen Veronas, in der Brera in Mailand, findet man auch
i Reliefs genug Beispiele für die gleiche Anordnung. Hier hat also die
ünstlerische Erfindung wenig Gelegenheit zur Bethätigung. Abgesehen von
er steifen Anordnung wirken aber namentlich die zehn Heiligengestalten
randios durch die Grösse und vornehme Haltung. Man sieht, der

Künstler denkt sich die Himmlischen nach Art der vornehmen Erscheinungen, die er in den Burgen und Palästen beobachtet hat.
Hochgewachsene Gestalten, die Männer mit stolzer Haltung, die Frauen
in leichter Fülle, mit blondem langem Haar. Überall finden wir dieselben Eigenarten, wie in der oben besprochenen Kreuzigung. Es
muss hier derselbe Künstler gemalt haben, wie dort. Damit ist eine
erste, feste Brücke zwischen den Fresken beider Kapellen geschlagen.

Dem Huldigungsbild gegenüber, gleichfalls im oberen Streifen,
der natürlich vor dem unteren gemalt ist, ist in vier Bildern die
Legende der heiligen Katharina dargestellt. Leider sind die ersten
zwei Fresken fast ganz, das letzte weniger zerstört, nur das dritte ist
gut erhalten.

Die Legende berichtet[1]), dass Katharina die Tochter des Königs
Costa von Alexandrien, bei der Christenverfolgung unter Maxentius
furchtlos vor den Kaiser getreten sei und ihn von der Verwerflich-
keit des Götzendienstes zu überzeugen gesucht habe. Der Kaiser,
von ihren Ausführungen, aber auch von ihrer Schönheit betroffen,
versammelt die Philosophen aus dem ganzen Reich, um mit Katharina
zu disputieren: aber diese werden von ihr überzeugt und bekehren sich.
Sie müssen ihren neuen Glauben mit dem Feuertod büssen; noch auf
dem Scheiterhaufen tröstet sie Katharina darüber, dass sie nicht getauft
worden sind. Der Versuch, die Heilige durch Hunger zu töten, misslingt; ihr himmlischer Bräutigam schickt ihr täglich eine weisse Taube,
die ihr himmlische Speise bringt. Sogar die Gattin des Kaisers und
sein treuester Ratgeber Porphyrius werden bekehrt. Als Katharina sich
weigert, seine rechtmässige Gattin zu werden, befiehlt Maxentius, die
Heilige zu rädern; aber Engel zerstören auf das Gebet der Heiligen
hin das Rad. Nachdem die Kaiserin und Porphyrius mit seinen Soldaten
hingerichtet ist, wird auch die Heilige enthauptet. Engel bestatten ihre
Leiche auf dem Sinai.

Aus der Fülle dieser Vorgänge hat der Künstler vier ausgewählt,
die wir auch an anderer Stelle bevorzugt finden[2]), nämlich das Auftreten Katharinas gegen den Götzendienst, Disputation und Verbrennung
der Philosophen, Räderung, endlich Enthauptung und Bestattung.

I. Im Hof des Palastes, in den der Kaiser Maxentius von der

[1]) Jac. d. Voragine leg. aurea ed Graesse p. 784 ff.
[2]) von Massacio in der Kapelle in S. Clemente in Rom.

beren loggia blickt, findet eine Opferung vor dem Kultbild statt[1]).
.as links in hoher Nische zu thronen scheint. Das Feuer ist ange-
ündet, ein Opferpriester ersticht das eben zusammenstürzende Tier,
länner und Frauen knieen vor dem Feuer. Da macht plötzlich der
'riester eine erstaunte Geberde und drängt die Anwesenden zurück.
latharina die Tochter des Königs Costa erscheint im roten Purpur-
nantel und deutet mit einer stolzen Geberde der Verachtung auf das
iötzenbild, dass es nichts mit ihm sei. Dadurch entsteht ein wilder
'umult; die Menschen stürzen übereinander, und der Kaiser sieht
etroffen auf das seltsame Gebahren der schönen Jungfrau.

Die Architektur ist die schon öfter angetroffene, wie sie auch auf
lem Votivbild vorkommt. Die grossmächtigen Gestalten, hier in heftiger
Jewegung und leidenschaftlichem Affekt gegeben, verraten die gleiche
Verwandtschaft mit jenem Bild. Aber die Zeichnung scheint, nach den
Resten zu urteilen, noch ziemlich ungeschickt und hart, die Farben sind
iemlich hell, etwas kalkig[2]).

II. Die Disputation und der Feuertod der Philosophen[3])
Dies Bild zeigt drei Momente; links steht Katharina im Gespräch mit
len Philosophen (fast ganz unkenntlich); das Mittelbild zeigt die Philo-
ophen, die sich der Wahrheit ergeben haben, und dies nun mit dem
Tode büssen müssen; sie sind gefesselt und nehmen Abschied von
inander. Ganz rechts der Flammentod. Hier wie bei dem ersten
Bild bildet die Architektur wieder das obere, dekorative Band, das den
Raum über den Gestalten füllt.

III. Die Räderung der Heiligen. (Besser erhalten.)[4]) Rechts
ler Palast des Kaisers mit manchfachen Vorsprüngen, Balkons, mehreren
Loggien und Gallerien. Der Kaiser steht in einer der Loggien, die auf der
Brüstung eine Kultstatue trägt, im Vordergrunde, zusammen mit seinen
Räten und dem kriegerischen Gefolge. Durch die Hofmauer mit dem

---

[1]) Ohne Abbildung.

[2]) In der Handzeichnungensammlung der Uffizien (Corn. 363 Diss. 1105)
oefindet sich eine, Jacopo da Casentino zugeschriebene Nachzeichnung dieses
ersten Katharina-Freskos, das trotz der Veränderungen, die darauf vorgenom-
nen sind, nicht die ursprüngliche Vorlage sein kann. Die sehr penible
Wiedergabe der Architektur verrät, dass es dem Zeichner vor allem auf diese
inkam, weshalb er sich dann in der Nachzeichnung der Personen mancherlei
Abbreviatur gestattet. Mir scheint die Zeichnung in das quattrocento zugehören.

[3]) Ohne Abbildung.

[4]) Phot. Alinari 13155.

Palast verbunden steht links ein zweites Gebäude, hinter dem eine Kirche in Seitenansicht zum Vorschein kommt. In dem offenen Hofe des Vordergrundes steht in der Mitte das mächtige Rad mit seinen grossen Zähnen und starken Kurbeln. Auf dem vorderen Gestell knie die Heilige, die den Hermelinmantel noch nicht abgelegt hat und auch noch das königliche Diadem trägt. Sie hebt betend die Hände und erwartet ihr Ende. Von rechts strömt es in den Hof hinein; zunächst dem Rad die Hänker an den Kurbeln, rechts die Leibwache der Janitscharen, daneben das Richterkollegium und zuletzt der neugierige Haufe von Männern, Frauen und Kindern, der aus dem Palast hervor-drängt. Ein anderer Teil der Leibwache hält links neben dem Rad Wache.

Die befehlende Rechte des Kaisers hat eben das entscheidende Zeichen gegeben; die Räderung soll beginnen. Da erscheint am Himmel in raschen Fluge von rechts nach links vorbeifliegend, ein Engel mit roten Flügeln; er hat das Schwert aus der Scheide gezogen, die seine Linke vor der Brust hält und holt mit der Rechten zum Schlag aus. Er hält das Schwert wagerecht hinter dem Kopf, es ist also der Augen-blick äussersten Ausholens, (ähnlich wie bei Myrons Dioskobol) gegeben Niemand sieht den Engel; nur der ferne Zuschauer im Hintergrund der in einer hinteren Loggia steht, wird ihn gewahr und ringt bestürzt die Hände. Die Andern sehen nur die Wirkung des Schlages, der schon als gethan gedacht ist und der niederfahrenden Blitze. Das mächtige Rad ist zersprungen; seine Splitter haben die Henker getroffen die zu Boden gestürzt sind; sie fallen auf die Leibwache links, die entsetzt zurückweicht; sie bedrohen die ganze Menschenmasse auf der rechten Seite. Alles drängt zurück und sucht der Gefahr auszuweichen Die Janitscharen suchen sich mit den Schilden zu schützen; die Zu schauer heben die Arme hoch oder haben die Hände gefaltet. Eine Panik ergreift die weiter rechts stehende Menge, die von den Blitzen erschreckt ist; sie äussert ihre Betroffenheit durch lebhafte Gesten; ein Kind flüchtet zu seiner Mutter — kurz alles ist in grösster Erregung auch auf der Gallerie, wo der Kaiser und sein Gefolge steht, äussern sich die Betroffenheit und das Entsetzen. Man glaubt das Krachen der Blitze, den Bruch der Balken zu hören; man meint laute Schreie der Getroffenen und angstvolles Rufen der Gefährdeten zu vernehmen Nur die Heilige bewahrt ihre Ruhe; sie ist ganz im Gebet versunken und merkt gar nichts von dem, was geschehen ist.

Wieder sind es drei Momente, die hier vereinigt sind: der Befehl des Kaisers, das Erscheinen des Engels, die Wirkung seines Schwertes. Das letzte Moment ist der eigentliche Vorwurf; die beiden andern sind nur angedeutet. Mit bewusster Absicht hat der Künstler den Engel nur für den einen Zuschauer des Hintergrundes sichtbar werden lassen; eine unsichtbare Kraft aus der Höhe, ein wirkliches Wunder, das man nicht sehen, nur erleben kann, sollte dargestellt werden. Das Ganze wirkt wie eine Explosion; mit höchster Energie sind die einzelnen Momente in ihrer ganzen Heftigkeit vorgetragen. Ein mächtiger Apparat war nötig, um ein zartes, hülfloses Weib zu töten, und durch die unsichtbare Kraft ihres Gebetes wird plötzlich aus einem Opfer eine Triumphierende. Die christlichen Legenden geben den Malern insofern so oft besondere Schwierigkeiten zu lösen, als eine unsichtbare Kraft sichtbar dargestellt werden soll. Die christliche Ikonographie hält für solche Momente die Engel als Vermittlung der transcendentalen Welt mit der Erde in Bereitschaft. Aber darin liegt eben die Kunst, den wunderbaren Vorgang dann nicht nur symbolisch, sondern sinnlich sichtbar und wirklich darzustellen. Das ist hier in hohem Masse gelungen; das Bild verrät die gleichen Eigenschaften wie die vorigen. In Zeichnung, Farbe und Anordnung geht es mit diesen zusammen. Überraschend wirkt die Architektur, welche fast den ganzen oberen Teil der Bildfläche ausfüllt. Die Figuren schliessen fast isokephalisch ab; der darüber freiwerdende Raum wird nicht zur Anlage eines tiefen offenen Hintergrundes verwandt, sondern fast wie in Verlegenheit durch eine Architekturkoulisse ausgefüllt; nur die Stelle, wo der Engel erscheint, bleibt frei. Man merkt es dem Künstler an, dass er eine wirkliche Bühne für die Handlung schaffen will, und sich nicht mit den abbreviatorischen Andeutungen begnügt, mit denen Giotto arbeitete. Aber er kann das nur mit Hülfe der Architektur. Dieselbe Eigenart der Flächenfüllung fanden wir schon auf den beiden Halblünetten der Fensterwand in die Felicekapelle. Es ist überall dieselbe Hand.

IV. Der Tod Katharinas und die Bestattung.[1]) Die Scene ist vor das Stadtthor gelegt, aber nicht in ein abgeschlossenes Thal, sondern auf einen freien Platz; erst in der Ferne erhebt sich der Berg Sinai. Aus dem Stadtthor drängt der Zug hervor; vorn steht der Kaiser mit dem Gefolge; bei ihm Soldaten und Bürger. Die Heilige kniet still

---

[1]) Ohne Abbildung.

ergeben an der Seite, dem Henker den Rücken drehend, der in weissem Mantel und Turban eben zum tötlichen Schlag ausholt. Dabei fasst seine Hand zum Gegendruck in das Schwertgehänge. Der Maler hat uns nichts von der Grausamkeit des Vorgangs ersparen wollen; dieser Henker ist ein dicker, roher Mensch mit einer brutalen Physiognomie. Am Berg schweben drei Engel, die den Leichnam der Märtyrerin hinauftragen; auf der Spitze des Berges sieht man sie am Sarg beschäftigt. Also auch hier die Unterorduung zweier Nebenscenen unter die Hauptscene. Der ganze Cyklus verrät das leidenschaftliche Temperament des Malers, eine grosse nicht am Einzelnen haftende Auffassung, wenn er auch in den Trachten und architektonischen Einzelheiten das Besondere gibt. Seine Zeichnung ist etwas hart; seine Farben sind oft blass und kühl; die Gesichter sind noch etwas leer. Dagegen liegt seine Stärke in der Wiedergabe der grossen, ruhigen Gestalt, seine Figuren sind etwa halb so gross wie die Bildfläche. Wenn manche Symptome uns darauf führen, hier den Meister der Kreuzigung aus der Felicekapelle wieder zu finden, so muss dabei betont werden, dass der Katharinencyklus sowohl wie das Votivbild viel schwächer sind, also wohl früher gemalt sein müsen, als jenes grosse Fresko.

Auf der linken Längswand liess das Votivbild, das zwei Abteilungen füllt, noch sechs Kompartimente frei. In ihnen ist die Legende des heiligen Georg dargestellt, der der Schutzheilige des Vaters Rolandinus und des Stifters selbst war. Die Wahl dieses Schutzpatrons ist bezeichnend. Ein Ritter hat ihn sich erkoren, und oft um seinen Schutz in Schlacht und Gefahr gebetet. Wer sich ihm empfahl, der konnte fromm und doch ein tapferer Soldat sein. Er passt besser als irgend ein anderer Heiliger für diese ritterlichen Helden, und wird in der That neben dem heiligen Michael am liebsten gewählt.

Die Legende erzählt, [1] der tribunus Georgius sei nach Silena in Kappadokien gekommen und habe dort am Ufer die Tochter des Königs gefesselt gefunden; sie sollte dem Drachen preisgegeben werden, dessen Pesthauch das ganze Land vergiftete. Georg stösst dem Drachen die Lanze in den Leib und bittet die Jungfrau, ihren Gürtel um den Hals des Untieres zu schlingen, das sich nun ganz zahm in die Stadt führen lässt. Erst als das entsetzte Volk, an seiner Spitze der König, sich zur Taufe bereit erklärt hat, tötet Georg das Untier; 20000 Kappadokier

---

[1] leg. aur. l. c. p. 260 ff.

xceptis parvulis et mulieribus liessen sich an dem Tag taufen und der
.önig baute eine ecclesia mirae magnitudinis, de cuius altari fons vivus
manat, cuius potus omnes languidos sanat.[1])

Der Drachenkampf und die Taufe des Volkes und Königs wird
uf den beiden ersten Bildern des Cyklus, den Abteilungen neben dem
'otivbild dargestellt.

I. Der Drachenkampf.[2]) Eine Schlucht von einem Bach durch-
trömt, öffnet sich nach vorn zu. Brücken führen über das Wasser an
.ie hohen Mauern der Stadt, die hoch am Berg liegt; von den Zinnen
licken angstvoll die Bewohner, vor allem der König und seine Frau
uf das dem Ungeheuer preisgegebenen Königskind. Im rechten Augen-
lick ist Georg in weisser Rüstung mit dunkelblauen Schienen heran-
esprengt, um dem Untier den Speer in den Rachen zu stossen. Das
.oss stemmt sich mit dem Vorderfuss in den Boden; weit vornüber-
ebeugt stösst der Ritter zu. Die Königstochter kann noch nicht an ihre
.ettung glauben; sie hebt in banger Erwartung den rechten Arm, wie
.m die Gefahr abzuwehren.

Es ist der Moment der höchsten Krisis wiedergegeben, freilich
.icht mit der Energie im einzelnen, die ihn wirklich glaubhaft machte.
)ie Bewegungen sind matt, vor allem der Stoss des Ritters ist nicht
räftig genug und entspricht wenig den Worten der Legende: lanceam
.rtitervibrans. Aber die Absicht geht wenigstens auf den Höhepunkt
.er Situation los. Auf Nebenscenen ist verzichtet;[3]) das sich begnügen
.it der einen, hauptsächlichen Scene entspringt dem richtigen Gefühl
.ir das Monumentale. Der landschaftliche Teil ist sehr dürftig behandelt;
.ie Berge sind kahl und ohne Vegetation. Das ganze ist eine gute An-
.ge in mangelhafter Ausführung.

---

[1]) l. c. p. 262.
[2]) Cyklische Darstellungen der Georgslegende in Italien aus dieser Zeit
enne ich nicht. Über die Wandgemälde im Kloster Neuburg in Böhmen hat
Vozel (Denkschriften der k. k. Akademie der Wiss. X, Wien 1859) berichtet,
o die Legende in 43 Bildern 1338 gemalt wurde. Über eine frühe Dar-
:ellung in der altkölnischen Schule cf. Kretschmar, Jahrb. d. preuss. Kunst-
mmlungen IV. Einzelne Scenen z. B. im Castel Collalto b. Coneglliano u.
ologna, S. Giacomo magg. Capp. St. Croce.
[3]) Die böhmische und kölnische Darstellung zeigt eine vorbereitende
cene: Das Gebet des Ritters vor dem Kampf, und eine nachfolgende: Den
inzug in die Stadt mit dem zahmen Untier.

4

II. Die Taufe des Königs Sevio und der Seinen.[1]) Die
Legende lässt die allgemeine Bereitwilligkeit der Einwohner zur Taufe
durch die Furcht vor dem noch lebenden Untier veranlasst werden.
Unser Maler unterdrückt diesen wenig vornehmen Zug; eine festliche Repräsentationstaufe scheint ihm würdiger. Das Untier erscheint
nicht wieder. Das ganze Volk, an seiner Spitze der König drängt sich
zur Taufe. Die Scene spielt auf einem rings von prachtvoller Architektur umstellten Platz. Im Hintergrund steht die sich in einem Haupt-
und zwei Nebenschiffen öffnende Kirche, deren Bau nach der Legende
erst bei der Taufe versprochen wird, hier aber schon fertig dasteht.
Das Mittelschiff ist rundbogig eingewölbt; die Arkaden und der
Bogen vor der Absis dagegen sind spitz. Gotisch sind auch die zierlichen Loggien, die aussen rechts und links vom überhöhten Mittelschiff
angebracht sind.

Je zwei Spitzbögen mit Dreipässen werden von einer zierlichen
Mittelsäule getragen; über dem Dachgesims setzen dann je zwei Spitzgiebel mit gotischem Masswerk, Krabbenschmuck und einer Art Kreuzblume auf. Beide Loggien enden rechts und links in einem kleinen
Rundaltar, der durch eine Kuppel auf einem Säulentambour bedacht ist,
unter dem ein romanischer Bogenfries sich herzieht. Über dem Hauptbogen läuft noch eine von gothischen Fenstern durchbrochene nnd mit
Plattenmustern geschmückte Gallerie.

In diesem Phantasiebau begegnen sich die verschiedensten Reminis-
cenzen. Die ganze Anlage ist romanisch, die Einzelformen sind gothisch; die
Kuppeldie dächer der Altane erinnern an die Kuppeln des Santo in Padua;
beiden Loggien stammen aus einem paduaner oder veroneser Palast.
An die Kirche stösst rechts der königliche Palast, zu dem dieselbe Brücke
mit dem Ecksäulchen führt, wie wir sie auf der Kreuzigung in der
Felicekapelle fanden. Eine Gallerie lässt das obere Stockwerk zurücktreten. Die Thürbogen sind hier, wie auch an der Kirche und den
andern Gebäuden mit rot-weissem Marmormuster verziert. Man könnte
darin fast das Monogramm dieses Künstlers erblicken; in dem Katharinen-
Cyklus, Votivbild, in der Kreuzigung in der Felicekapelle finden wir es
durchgängig wieder. In dem Gebäude links mit Laubengang und Türmen
dürfen wir vielleicht das Stadthaus Silenas sehen, aus dessen Arkaden

---

[1]) Phot. Alinari 13151. Abbildung bei Foerster Tafel VIII. Crowe
Cav. It. Ausg. IV. p. 157.

ie Menge hervorgeeilt kommt. So reich geschmückt und fein verziert im inzelnen die Architektur ist, so bleibt doch die Gesamtbehandlung anz in der trecento-Tradition stecken. Die einzelnen Bauglieder sind iel zu schmächtig und zierlich, um architektonisch wahr zu sein. Diese ffenen Hallen sind nun dicht mit Menschen, im ganzen 43, gefüllt. ,s handelt sich um eine Massenscene; denn das ganze Volk will sich ıufen lassen. In der Mitte vollzieht der heilige Ritter die Taufe. Er ·ägt einen vornehmen Mantel wie ein Ordensritter; im Gürtel steckt er Dolch; er trägt Schnabelschuhe mit Sporen. Vor ihm und dem iedrigen Weihbecken kniet der König, der seine Krone demütig ab-enommen hat, hinter diesem seine Frau und Tochter mit andern 'rauen, während eine Menge Bürger dabei stehen, zum teil betend, zum ɔil flüsternd sich besprechend. Von links kommt eine Edelfrau mit eichem Gefolge die Stufen des Laubenganges herunter; von rechts ırängen Mütter mit ihren Kindern hervor. Eine Menge Gestalten stehen nter den Lauben und den vorspringenden Pfeilern, sodass ein reiz-olles Wechselspiel zwischen figürlichen und architektonischen Momenten ntsteht. Allenthalben steckt man die Köpfe zusammen; oft lugt grade .och vor einer Säule oder hinter den Vordermännern ein Gesicht her-or. Die einzelnen Gesichtszüge sind bei den Männern individuell aus-eprägt; die Frauen dagegen zeigen einen ziemlich gleichmässigen sehr .ppigen Typus, ohne Muskeln und Sehnen; ihre Tracht ist meist ein nganliegendes Gewand mit Besatz am Hals und einer Bordüre in der Λitte, wie wir es schon bei Giovanni da Milano auf seinen Fresken ler Rinuccinikapelle in S. Croce in Florenz finden, ein Kostüm, in lem wir wohl die Hoftracht jener Zeit erblicken dürfen.[1]) Bei manchen ʒestalten verhüllt, namentlich bei den senkrecht in Falten herab-allenden Mänteln, das Gewand die darunter befindliche Figur vollständig.

Das Bild ist sorgfältig durchgearbeitet; an die Hauptgruppe gliedern ich die Massen nach rechts und links an, und durch die architektonischen Zäsuren der vorspringenden Pfeiler wird eine natürliche Gliederung ıeben- und hintereinander erreicht. Aber auch hier wieder fällt auf, lass der ganze Platz mit Architektur umstellt ist, so dass kein Ausblick n die offene Tiefe möglich ist; nicht einmal der blaue Himmel kann ɔindringen. Der Grund hierfür liegt aber nicht nur in der Verlegenheit,

---

[1]) Auch Katharina trägt diese Kleidung auf den vorhin besprochenen 'resken.

4*

wie man die obere Bildfläche überhaupt füllen soll, sondern auch in einer bewussten Berechnung der farbigen Werte. Grosse Flächen blauen Himmels würden einen zu starken farbigen Accent darstellen, der nicht durch gleiche Farbeneinheiten des übrigen Bildes aufgehoben würde. Die bunte farbige Ausgestaltung der Architektur, ebenso die lebhaften Farben der Figuren und Trachten sind zu schillernd und wechselreich, um gegen so starke Accente aufzukommen. Bei Giotto ist die Rechnung ganz anders; er kann ungescheut den blauen Himmel hereinleuchten lassen, da seine Gestalten viel einheitlicher in der Farbe sind und hier die Farbenwerte sich die Wage halten.

Auch in diesen beiden Georgfresken glauben wir die Hand des Meisters der Katharinenbilder und des Votivbildes wiederzuerkennen, wenn auch das erste Bild fast zu lahm für ihn scheint und die sehr feine und zierliche Architektur der Bauten von Silena überrascht. Haben wir aber trotzdem denselben Künstler wieder vor uns, so gehören ihm also die beiden Oberstreifen der Längswände ganz an.

Nun hat Selvatco in seinem guida di Padova 1848 behauptet, er habe unter diesem Fresko der Taufe König Sevios eine nicht mehr lesbare Inschrift gefunden. Hat er sich nicht getäuscht, so weist diese auf einen Abschluss der Arbeit. Wir werden also mit der Möglichkeit zu rechen haben, in den anderen Bildern der Kapelle eine andere Hand zu finden. Wir fahren zunächst auf der linken Wand fort. Mit dem unteren Streifen beginnt der zweite Teil der Georgslegende, sein Martyrium unter Diocletian, in vier Feldern dargestellt, von denen das dritte leider sehr beschädigt ist.

Nach der Legende[1]) wird Georg, der die heidnischen Götter öffentlich Dämonen genannt hat, zu dem Prätor Dacian geführt, der ihn stäupen lässt, ohne seinen Glaubensmut zu erschüttern. Ein Magier reicht ihm dann auf Dacians Befehl zweimal einen Giftbecher, ohne dass Georg dadurch getötet wird; durch solches Wunder wird der Magier bekehrt. Bei der Räderung zerspringt das Rad; auch flüssiges Blei kann ihm nichts anhaben. Georg erklärt sich nun auf Dacians Bitten scheinbar zum Opfer bereit; aber auf sein Gebet zerstört Feuer vom Himmel den Tempel, in dem er opfern soll. Unter dem Eindruck dieser Katastrophe bekehrt sich sogar die Gattin Dacians; der Prätor, zum äussersten gereizt, lässt zuerst diese, dann Georg selbst hinrichten.

---

1) l. c. p. 262 f.

Auf dem ersten Bild[1]) trinkt Georg den Giftbecher (Ab-
)ildung 5), den ihm der Magier gereicht hat. Der Hof des Palastes,
n dessen Ecke die Scene spielt, ist wieder von zierlicher, mit grünen
?latten inkrustierter Architektur umstellt. Eine Treppe führt links zu
ler untern, nach der Tiefe zu laufenden Loggia des senkrecht hervor-
ipringenden Flügels, unter der die Kellertreppe herabführt, auf welcher
;erade der Kellermeister hinaufsteigt. Das Masswerk der Fenster, die
iierlich gewundenen Säulchen, die bunten Marmoreinlagen sind viel
iauberer und peinlicher gezeichnet, als die Architektur der bisherigen
3ilder. Wir haben aber auch diese Feinheit schon in der Felice-
:apelle angetroffen und zwar auf dem Bild der Schlacht vor Clavigo.
Es fehlt hier auch das rotweisse Muster der Bogen, das bisher immer
ıngebracht war. In der Loggia steht der König mit seinem Gefolge,
ieine Räte und ein junger Scholar auf der Treppe. Ein mächtiger
Thorbogen öffnet den Blick in das Untergeschoss des paralell zur Bild-
läche stehenden Palastflügels. Breit und mächtig wölbt er sich über
ler unter ihm stehenden Menge. Kleeblattbogen zieren die obere vor-
pringende Gallerie; die Doppelsäulchen fanden wir schon auf jener
Gallerie, welche über dem Schlafzimmer des Königs Ramiro (Felicekappelle
inke Wand) herläuft. Das Tabernakel, das den Treppenabsatz be-
lacht, erinnert an veroneser Eindrücke, nämlich an Castelbarcos Grab-
nonument neben St. Anastasia. Der Heilige steht auf dem freien Platz
ınmittelbar vor der Rampe und vor dem Prätor, ihn umstehen die
Magier, hinter ihm Soldaten und Zuschauer. Seine hohe, vornehme
Gestalt im Schmuck des lang herabwallenden gelben Mantels hebt sich
euchtend von den übrigen ab. Rüstig steigt der Kellermeister die
Treppe herauf, nicht ahnend, dass es sich über seinem Kopf um Leben
ınd Tod handelt, und der Hund schläft neben der Stiege unbekümmert
veiter. Der kritische Augenblick ist dargestellt; der Heilige trinkt ruhig
len Becher, wie des Prätors befehlende Rechte ihn heisst, die dieser
us der Gallerie hervorstreckt; und schon heben die erstaunten Magier
nd Zuschauer auf der Treppe ihre Hände, als wenn sie das Wunder
ereits schauten. Also finden sich eigentlich drei Augenblicke dargestellt:
er Befehl des Königs, seine Ausführung, deren Folge. Diese drei
cenen sind nicht mehr nach mittelalterlicher Erzählungsweise getrennt
ebeneinandergestellt; aber die Zusammenfassung zu einem Vorgang ist

---

[1]) Phot. Alinari 13152.

noch nicht so präcis, dass die wirkliche Akme des Vorgangs gefunden wäre. Die alte Erzählungsweise wirkt noch fort, aber es drängt zu einer Vereinigung verschiedener Momente in einem, in dem entscheidenden; auch hier wieder ein Sympton der Übergangszeit. Wir sahen ja eine ähnliche Tendenz schon bei dem „Drachenkampf Georgs." Mit diesem Bild und der Taufe des Königs Sevio verglichen, steht unser Fresko beutend höher. Der breite Thorbogen nimmt wirklich die Gestalten unter sich auf, statt nur als abschliessende Koulisse dazustehen. Hier wird also mit der Raumillusion Ernst gemacht. Scharf geschnittene römische Profile heben sich von dem dunklen Hintergrund der loggia ab. Der Pinsel, der sie gemalt hat, ist spitzer und feiner; das Einzelne ist zierlicher, behutsamer ausgeführt. Vor allem aber überrascht ein anderer Figurenmassstab. Während der Heilige auf dem Bild der Taufe halb so gross ist, wie die Höhe der Bildfläche, misst er hier unten ungefähr ein Drittel. Die Gestalt tritt noch mehr zurück, der Schauplatz mehr hervor. Es ist eine bewusste Fortentwicklung der angebahnten Bestrebung, die Gestalt nicht in ihrer plastischen Isolierung, sondern im Zusammenhang mit ihrer Umgebung zu geben. Das Monumental-Grossartige, wie wir es in den oberen Fresken fanden, tritt zurück gegenüber einer gewissenhafteren Rechnung. Die Unterschiede sind gering, weissen aber doch auf eine andere Hand, und zwar eben auf jene, welche die linke Unterwand der Felicekapelle gemalt hat.

Das folgende fresco, das am bekanntesten ist, stellt als Hauptscene Georgs Räderung dar.[1]) In die beiden offenen Seitenflügel des roten Palastes, der den Hintergrund abschliesst, sind zwei Nebenscenen hineinverlegt, von denen diejenige links die Taufe des Magiers, die rechts jene Begegnung des Heiligen mit Dacian darstellt, in welcher der Heilige scheinbar einwilligt zu opfern. Zum ersten Mal ist hier der Versuch gemacht, Nebenscenen in die Architektur hineinzuverlegen. Die ältere Kunst kennt nur ein Nebeneinander der Episoden als ein Nacheinander, was eine successive Auffassung fordert, bei der die simultane Anschauung des Bildes nicht gedeihen kann.

Unser Meister weiss seine Liebhaberei für offene Architektur mit einer glücklichen Umgehung dieser älteren Darstellungsweise zu verbinden. Der untere Teil der Bildfläche wird von der Räderung ein-

---

[1]) Phot. Alinari 13153. Abbild. bei Foerster Tafel IX, Crowe Cav. It. Ausg. IV p. 157.

genommen; die architektonische Koulisse, welche die Scene nach hinten abschliesst, rahmt in den beiden vorspringenden Flügeln je eine Nebenscene ein, gewissermassen als Ausstrahlungen des Hauptbildes, sodass an Stelle einer successiven die simultane Anschauung erreicht ist. Die Räderung ist die Hauptsache und wird als Hauptscene in den Mittelpunkt gerückt. Die beiden Nebenscenen übernehmen nur die Rolle des verbindenden Textes.

Der auf Bogen ruhende Mittelbau tritt zurück; er öffnet sich im ersten Geschoss in einer von vier Kleeblattbogen auf gewundenen Säulchen gestützten loggia; die Brüstung ist mit Marmormosaik geschmückt. In der Mitte des Hofes steht das Doppelrad, über dessen Zacken der Heilige gelegt ist. Er ist nicht angebunden, sondern hängt frei. Nur mit einem Schurz bekleidet, hebt er die Arme flehend zum Himmel, in den er vertrauensvoll blickt. Die Henker haben die Kurbeln erfasst, die Krieger umstehen in starrer Waffenruhe die Execution. Neben den Soldaten finden wir den Richter mit dem Kommandostab, links von ihm einen erregt dreinschauenden heidnischen Priester, ganz links die Räte des Prätors. Auf der andern Seite stehen vor den Soldaten andere Mitglieder aus dem Gefolge des Prätors; der vorderste ist vielleicht der Ankläger, daneben rechts ein Magier mit dem bunten Shawl wie auf dem vorigen Bild; sogar der kleine Scholar mit Mantel und Kopftuch fehlt nicht. Dahinter noch eine Menge anderer Gestalten, Männer, Frauen und Kinder, eine buntbemützte Schar mit Turbanen, Schlapphüten und Zipfelmützen; es sind kleine untersetzte Gestalten, mit gespannten Gesichtszügen, ausdrucksvollen Mienen individuellster Art. Und nun begibt sich das Wunder: von rechts und links kommen aus der Höhe zwei Engel, Schild und Schwert in den Händen, und zerschlagen das Rad. Die Henker stürzen zu Boden und suchen sich gegen die umhergesprengten Holzsplitter zu wehren. Aber nicht sie allein sind erschreckt; die Leibwache weicht unwillkürlich zurück; der eine Soldat hebt den Schild, der andere fasst den Speer fester. Betreten und verwirrt stehen die Räte des Königs da, während auf der andern Seite sich das Entsetzen in noch lebhaferen Geberden verrät.

Der Vorgang zwang den Künstler zur Wiedergabe einer nackten Gestalt. Es ist bekannt, wie sehr das Mittelalter vor einer solchen Wiedergabe zurückscheute; ethische Bedenken hatten die künstlerische Fähigkeit auf diesem Punkte gelähmt. Um so überraschender wirkt die lebendige Wiedergabe des Aktes auf unserem Bild. Gewiss ist der nackte Georg nicht einwandfrei, die Extremitäten sind viel zu dünn, die Rippen schematisch gezeichnet; von einem Flächenspiel der Haut noch gar nicht zu reden. Ausserdem rang der Künstler hier mit der technischen Schwierigkeit der Modellierung; er setzt einfach weisse Tupfen auf die rosa Untermalung, wodurch wieder verloren geht, was die Zeichnung schon geleistet hatte. Diese ist aber überraschend gelungen. Der Körper schmiegt sich mit hohlem Kreuz über das Rund des Rades; die Arme sind über den Kopf erhoben. Man sieht, der Künstler arbeitet hier mit besonderem Interesse. Nicht ungern mag er an eine Aufgabe gegangen sein, die durch den nackten Leib eine helle Lichtstelle an eben der Stelle anzubringen gestattete, wo das Auge des Beschauers vor allem ruhen sollte. Gegen den dunkeln Palast, gegen die schwarzen Rüstungen sticht der feine helle Leib grell ab und hebt so die Person des Heiligen auch durch dieses Mittel aus der übrigen Welt heraus.

Die Räderung Georgs stellt wie die Taufe des Königs Sevio ein Massenpublikum dar. Aber dieses ist auf beiden Bildern ganz verschieden behandelt. Die Zuschauer der kirchlichen Handlung auf dem oberen Bild sind unter die weiten Bogen der Kirche verteilt; sie bilden nicht ein zusammenhängendes Ganze, sondern gewissermassen füllende Bestandteile zwischen den Arkaden, deren Pfeiler wie Cäsuren trennend niedergehen. Im unteren Bild dagegen hat der Künstler eine zusammenhängende Menschenmasse gegeben; nur die vorderste Reihe ist mit dem ganzen Körper sichtbar; dahinter ragt in bunter Regellosigkeit Kopf neben Kopf heraus. Die Menge erscheint hier nicht mehr als eine Summe von Einzelgestalten, sondern wie ein einheitliches Ganze; der Einzelne macht keinen Anspruch darauf, dass sein dumpfes, unselbständiges Leben bewusst hervortrete. Namentlich gilt das von dem Spalier der Soldaten und den weiter Zurückstehenden. Im Vordergrund treten die oben erwähnten Mitglieder des juristischen Rates selbständiger hervor, bilden aber auch unter sich einen Chorus.

Man sieht an diesem Bild besonders deutlich, wie anschaulich das Ganze aufgefasst ist. Unser Künstler stellt nicht sorgfältig die Personen nebeneinander, die von der Legende gefordert werden, sondern er sieht den ganzen Vorgang sofort vor sich und weiss, dass zu einer Execution das ganze Gerichtspersonal, Soldaten und Neugierige gehören. Nicht nur im Massstab der Figuren, in der charaktervollen Wiedergabe der Physiognomien unterscheidet sich dies Bild von seinem Pendant, der

Räderung Katharinas. Die ganze Auffassung ist eine andere. Bei Katharinas Marter ist die Bewegung wie eine Explosion gegeben; die einzelnen physischen Affekte sind die denkbar stärksten. Man sieht das Wunder sichtbar vor sich gehen; man hört das Rauschen der Engelsflügel, das Sausen seines Schwertes, den Angstruf der Geroffenen. Unruhig genug geht es auch bei Georgs Räderung zu; aber hier fehlt der grandiose Schwung; es ist mehr Unruhe als Bewegung, mehr Geschrei als Aufschrei. Die Engel sind so klein und puppenhaft, dass sie das Werk, das ihnen obliegt, mehr symbolisch als wirklich vollziehen. Das Ganze ist dort grandios, hier kleinlicher. Aber technisch ist der Meister des Georgbildes fortgeschrittener. Manche seiner Köpfe, wie der dritte von links, könnte bei den Niederländern vorkommen. Gesicht und Gewand sind ebenso sorgfältig gezeichnet, wie die Architektur.

Zu der Unruhe dieser Scene kontrastiert die Ruhe in den beiden Nebenbildern; dort die stille Andacht bei der heiligen Cermonie, hier die feierliche Haltung einer Audienz.

Das linke Bild stellt die Taufe des Magiers dar, geht also inhaltlich der Räderung vorher, während rechts das erneute Verhör vor Dacian erst nach der Marter erfolgt. Die Gestalten treten nur als Halbfiguren hervor; sie sind rings von Säulen und Bogen umrahmt; hell flackern die beleuchteten Gestalten und Säulen aus dem Dunkel des Gemaches hervor. Die Figuren stehen wie gleichartige Faktoren zwischen den Architekturgliedern. Grade durch diese Einheit treten die Nebenscenen bescheiden zurück; sie wirken wie eingerahmte Bilder und stellen sichtlich den verbindenden Text für den Zusammenhang der Hauptscene mit der ganzen Legende dar.

Das fünfte Bild ist leider sehr zerstört; es schildert den Sturz des heidnischen Kultbildes[1]). Links wieder der Palast, dessen Styl den Seitengebäuden auf der „Taufe des Königs" am nächsten steht; eine schmale Strasse, die ein wenig blauen Himmel durchlässt, trennt ihn von der loggia auf der rechten Seite, in der das Kultbild aufgestellt ist. Im Hof des Palastes ist die Menge versammelt; in der loggia steht der Prätor. Alles wartet gespannt auf die Wirkung des Gebets, das der Heilige, der vor dem rechts errichteten hohen Tabernakel kniet, gen Himmel schickt, während in dem Tabernakel selbst die

---

[1]) ohne Abbildung.

heidnischen Priester auf die Opferung des Ketzers warten. Das Gebe des Heiligen wird erhört. Die Stangen des Tabernakels brechen, die Statue stürzt; entsetzt schützen die Priester sich gegen die herabfallende Steine und bergen sich an die Mauer heran; nur der Oberpriester bleib mit hocherhobenen Händen stehen. Wir sehen auch hier wieder Ur sache und Wirkung auf demselben Bild vereinigt. An diesem Freske wird die Vorliebe des Künstlers für architektonische Abschlüsse voi neuem recht deutlich. Er vermeidet sichtlich die Wiedergabe eine freien Tiefe und schliesst auch hier wie so oft den Hintergrund mi der ganzen Breitseite des Palastes. Über die Einzelheiten des Bilde lässt sich bei dem traurigen Zustand der Erhaltung nichts weiteres sagen Aus dem Charakter der Architektur lässt sich am ehesten auf dei Künstler des Oberstreifens schliessen.

Das letzte schmale Kompartiment der linken Wand enthält die „Enthauptung des Heiligen."[1]) Wir befinden uns vor der Stadt deren Mauern und Häuser links oben sichtbar sind. Steil stürzen die Berghänge auf der rechten Seite herab bis eng an die Mauern und lassen nur wenig Raum für sich frei. Auf dieser schmalen Bühne ver- sperrt eine dichte Schar von Soldaten und ein Gitter von Speerer dem neugierigen Auge, was innerhalb des Kreises, der nur nach vori sich öffnet, vor sich geht. Unbeweglich wie ihre Waffen stehen die Soldaten da; links hält im Hintergrund ihr Führer, dessen Panzer eir Mohrenkopf ziert; weiter vorn halten zwei andere Reiter; der vordere ist der Richter mit dem Kommandostab, der die Hinrichtung zu leiter hat, neben ihm ein anderes Mitglied des Rates mit einem Turban au dem Kopf.

Der Richter hat eben mit dem Stab das entscheidende Zeicher gegeben, schon steht der Henker mit erhobenem Schwert vor den knieenden Heiligen, der, nur noch in den weissen Rock gehüllt, der letzten Streich gesenkten Hauptes erwartet. Aber noch müht man sich um ihn; hinter Georg steht ein Greis mit langem Graubart, der eindring· lich auf den Heiligen einredet. Er ist durch den Shawl wieder als einer der Magier kenntlich, der einen letzten Bekehrungsversuch zu machen scheint. Vergebens, der Heilige wendet sich nicht einmal um er senkt den Kopf um den Streich zu empfangen.

Rechts von dem Heiligen steht ein anderer Teil des juristischer örpers. Der Vorderste hält den Mantel des Heiligen und das Wehrehäng, an dem der Dolch herabhängt. Ganz seltsam ist die Gruppe er vier im Vordergrunde links vor den Reitern Stehenden. Ein Mann ı weitem Mantel und enganliegender Kapuze will eben sein Kind wegihren, das die traurige Exekution nicht sehen soll; hinter ihm kniet etend ein junges Mädchen und ganz links kommt noch das Gesicht ines Jünglings zum Vorschein. Die Legende lässt die Frau des Prätors orher sterben; diese kann also nicht gemeint sein.

Das Bild darf neben der Giftprobe das bedeutendste aus dem ;eorgscyklus genannt werden. Ein einziger, und zwar der entscheidende ıugenblick, kurz vor der Katastrophe ist gegeben, alles hat darauf Beug; nichts Nebensächliches findet sich.

Zu der erschütternden Scene passt der schweigende Ernst der oldaten, die Ruhe der eisernen Waffen, die starr in die Luft ragenden peere, die Einsamkeit des Platzes; es liegt etwas wie Todesstimmung ber dem ganzen Bild. Schwer und tief sind die Farben abgestimmt, ːhwärzlich gelb stürzt der Abhang herunter, und dunkel schatten die ːüstungen.

Die ganze psychische Sprache dieses Bildes ist höchst ausdrucksoll, von tiefer Schönheit. Nach einer andern Richtung dagegen veragt hier die Kraft unseres Künstlers. Er ist hier von seinen Archiːkturprospekten abgegangen; nur in der Stadtsilhouette hat er dieser ˈreude etwas fröhnen dürfen. Eine offene Tiefe gelingt ihm nicht; er Hügel fällt so senkrecht, so dicht hinter den Gestalten ab, dass er her wie eine aufgerichtete Lehmmauer aussieht, nicht aber wie ein ˈergrücken, der das Auge nach hinten zieht. Die Schwierigkeit, die bere Bildfläche zu füllen, war hier um so grösser, als das Format ieses Bildes, wie das aller Eckbilder der Längswände, ein hochgestelltes ːechteck war. Man merkt dem Künstler noch ab, wie er mit dieser ˈchwierigkeit gerungen. Die isokephalische Reihe der Köpfe der Soldaten ːgt fast einen Querstrich durch das Bild; der obere Teil wird dann ɪühsam ausgefüllt durch die Stadtansicht und die steile Bergwand; liese beiden füllenden Bestandteile sind aber eine Ordnung für sich; ie stehen mit der Hinrichtungscene in sehr losem Zusammenhang, ˈährend sie doch eigentlich den Schauplatz schaffen sollten, auf dem ich eben dieser Vorgang abspielt. Die Anlage des Bildes, der Figuren-ɪassstab und die Stadtarchitektur erinnert sehr an den Künstler des ˈberen Streifens; dagegen scheint die Ausführung der minutiös arbei-

tenden Hand des zweiten Künstlers anzugehören. Sollten wir hier viel·
leicht annehmen dürfen, dass der erste Künstler nach Vollendung de;
Oberstreifens hier an der Altarwand in seiner Thätigkeit fortfahrer
wollte, die Ausführung dann aber andern Händen überlassen musste;
Wenn wir an die oben (pag. 39) erwähnte Unterbrechung der künstlerischer
Arbeit zwischen 1379 und 1384 denken, wäre hier vielleicht der Schnit
zu machen.

Zuletzt von den Fresken der Seitenwände dürfte die Legende
der Lucia gemalt sein[1]). Sie ist sicher später gemalt, als die über ih:
befindliche Katharinalegende, wahrscheinlich auch später als die Legende
des Patrons des Stifters. Lucia ist der Patron Guidos, des ältesten
Bruders des Stifters.

Die Legende verteilt sich auf vier Felder, links und rechts ein
hochgestelltes, in der Mitte zwei breitgelegte Rechtecke.

Nach der Legende[2]) stammt Lucia aus einer reichen Familie in
Syrakus. Die Eltern verloben sie wider ihren Willen mit einem heidnischen Jüngling der Stadt; sie aber lebt ganz der Fürsorge für die
christlichen Armen. Als ihr Bräutigam sieht, dass sie all ihr Vermögen
den Armen wegschenkt, zeigt er sie bei dem heidnischen Stadthalter
Paschasius an, der sie verhört und von der Schönheit der Jungfrau
ergriffen, sie in ein Haus der Schande bringen lassen will. Aber weder
tausend Männer, noch die vor sie gespannten Ochsen können die Heilige
fortziehen. Auch weitere Marter durch Feuer und Öl können ihr nichts
anhaben; erst die Dolche der Freunde des Paschasius treffen sie tötlich.
Sterbend empfängt sie das Sakrament des Mahles; an dem Platz, wo
sie stirbt, wird eine Kirche errichtet.

Vier Scenen hat der Künstler aus diesem Stoff ausgewählt: das
Verhör vor dem Prätor, das Wunder bei dem Ochsenzug, weitere
Marter, endlich die Exequien der Heiligen.

I. Lucia vor dem Prätor[3]). Wir befinden uns in dem Hof
eines Gebäudes, das sich unten in grossen offenen Arkaden, oben in

---

[1]) Die Lucialegende gehört ebensowenig wie die Georgs zu den oft
behandelten Stoffen. Mir ist nur eine Darstellung derselben im trecento, und
und auch diese nur litterarisch bekannt. Nach Vasari (Mil I 403) malte
Puccio Capanna die Legende für die Strozzi-Kappelle in S. Trinità Florenz.
cf. aber auch Crowe Cav. It. A. IV. 322 über eine Darstellung in Ancona.

[2]) leg. aurea l. c. p. 29 ff.

[3]) Phot Alinari 13156.

eineren Loggien öffnet; zu der unteren Bogenreihe führt eine Treppe
s an die Stufen des Gerichtsthrones, auf dem der Prätor in feierlicher
mtstracht sitzt. Der Richterstuhl ist mit ähnlichem Schnitzwerk ge-
:hmückt, wie wir es an dem Alkoven des Königs Ramiro in der Felice-
ipelle fanden. Neben dem Prätor steht sein Berater, während aussen
)r der Loggia zwei Männer in schwarzen Mänteln, mit capuccio und
opftuch stehen, die Arme verschränkt, mit scharfem, fast stechendem
lick die Angeklagte musternd. Wir werden am ersten an Inquisitoren
:i ihnen denken. In der Loggia der Rückwand sitzen hinter einer
allerie die beiden Aktuarii; der eine, vor dem auf der Brüstung das
intenfass steht, hält mit der Rechten die Feder, während die Linke
n Schriftblatt fern von seinen weitsichtigen Augen hält. Sein Nachbar,
:r rechts von ihm sitzt, hält mit der Rechten eine Schriftrolle.

Diese beiden von den Bogen eingerahmten Halbfiguren heben
ch deutlich von dem Hintergrund ab; sie beleben dadurch den
ittleren Streifen des Bildes, während der obere sich wieder mit durch-
rochener Architektur schmückt. Der unterste Bildstreifen bleibt für
:n ganzen Hauptvorgang frei. Lucia wird von zwei Bütteln heran-
:drängt und derb festgehalten. Die Rechte des Paschasius hebt den
ichterstab und deutet dadurch die Verurteilung der Heiligen an. Von
ir trennen Soldaten die neugierige Menge, die sich durch das offene
hor von links nachschiebt. Vielleicht ist die Frau mit dem weissen
opftuch die Mutter Lucias Eutychia, die sich vordrängen will, aber
)n dem einen Soldaten an der Schulter zurückgehalten wird. Und
)llte der jugendliche Kopf neben ihr vielleicht an den Bräutigam der
eiligen denken lassen, der den Triumph seiner Schadenfreude hier
:leben will?

Ich glaube dies Bild wiederum dem zweiten Meister zuschreiben
ı sollen trotz der rot und weiss gezierten Arkaden, die ja sonst auf
e andere Hand hinweisen. Möglich aber, dass auch hier wie in
:m gegenüberliegenden Bild dieser Meister seine Hand noch mit im
)iel hatte.

II. Das Martyrium und der Zug Lucias geht weiter.[1]) (Abbildung 6.)
ınks öffnet sich der Palast des Paschasius in Arkaden und Loggien,
der Mitte durchbricht das Thor des Hofes mit turmartigem Aufbau die
auer, und rechts erhebt sich ein bürgerliches Haus mit gotischem

---

[1]) Phot. Alinari 13157 Zeichnung bei Foerster Taf. VI. und VII.

Fenster und einem mit Blumen geschmückten Steinbalkon. Eine offen
Steintreppe mit Säulengeländer führt in den Oberstock. Das Fenste
des hinteren Flügels ist vergittert. Wahrscheinlich ist das Haus gemein
in welches die Heilige geschleppt werden soll. Links im Vordergrund
des Hofes mühen sich die Männer — die Legende spricht von mill
viri! — die Heilige vorwärts zu stossen. Der Eine stemmt sich gege
ihren Rücken, der Andere zerrt sie am Mieder; als das nichts hilf
legt ihr ein Dritter den Strick um den Leib, an dem sechs Ochsen gespann
sind, die von ihren Treibern geschlagen, gestossen und gezogen werde
— alles vergeblich. Die Volksmenge ist durch das Hofthor einge
drungen. Der Eine schaut das Wunder und hebt fromm die Hände
ein Anderer deutet mit beiden Armen auf das, was geschieht und blick
zu Paschasius auf, der in der oberen Loggia seines Palastes steht, wi
um zu fragen, ob er solchen Thatsachen gegenüber nicht den höhere
Schutz anerkenne, in dem die Jungfrau stehe. Der Prätor aber blick
böse und ärgerlich auf seinen Nachbar und fragt mit dem Blick, ob e
nicht ein stärkeres Mittel kenne, um die Heilige seinen Wünsche
gefügig zu machen.

Wir sehen, es kommt dem Künstler auch hier wieder nicht darau
an, den dramatischen Accent streng zu präcisieren. Man kann ausse
dem Wunder selbst ein Vorher und Nachher unterscheiden. Und ferne
ringt der Künstler wieder mit der Schwierigkeit, die ganze Bildfläch
zu füllen. Die Figurenkomposition füllt nur die untere Partie de
Fläche aus; diese wird abgeschlossen durch die Zinnen der Mauern
darüber hinaus ragen denn drei getrennte Gebäudekomplexe.

Desto geschickter ist der Maler aber in der Ausnutzung de
Breitenformats. Er benutzt dieses, um den langgestreckten Ochsenzu
darzustellen, dessen vorderstes Gespann nur noch halb sichtbar ist. Di
Bühne ist ziemlich schmal, sodass die Menge erst aus dem Thor hervor
quillt. Diese Menge ist hier wieder ähnlich dargestellt, wie auf „Georg
Räderung", eine engzusammengedrängte Masse, die als Ganzes wirke
soll. Ganz besonders gelungen ist die rechte Seite, wo die Treibe
sich an den Ochsen mühen. Die Tiere sind mit guter Beobachtun
wiedergegeben, namentlich der in die Knie brechende Stier, der a
Andrea Pisanos Relief am Campanile in Florenz erinnert. Überhaup
ist der ganze Vorgang höchst lebendig aufgefasst. Die drei Gruppe
bilden jede ein Bild für sich, die Ochsentreiber, die Menge und di
Heilige mit den Schergen. Dort die lebhafte Bewegung von Mensc

l Tier, daneben betroffene Gesichter und fromm sich faltende Hände
l hier die unerschütterliche Ruhe der Heiligen inmitten ihrer frechen
niger. Nimmt man dazu noch den entrüsteten Prätor, so kommt
e Fülle seelischer Momente zusammen, die mit allen Mitteln der
arakteristik dargestellt sind. Das Bild stammt zweifellos von dem
eiten Meister.

III. Das dritte Fresko schildert das Feuer-, Oel- und
hwertmartyrium der Heiligen[1]). Durch einen vorspringenden
.telbau und zwei zurücktretende Flügel ist das Bild in drei Kompar-
ente zerlegt, aber umgekehrt wie auf dem fresco „Georgs Räderung"
der Mittelbau zurückliegt. Die mittlere Scene spielt in der offenen
:ade des Palastes, die erste und dritte in den Ecken vor den
tenflügeln. Die linke Scene, das Feuermartyrium ist am knappsten
iandelt.

Die Heilige steht am Marterpfahl, die Hände betend erhoben;
Flammen schlagen auf und werden von einem Knecht geschürt,
irend ein anderer in blossen Füssen sich durch den emporgehobenen
n gegen die Hitze zu schützen scheint. Wieder weist die demon-
erende Rechte eines zu der loggia des Prätors aufblickenden Mannes
die Wirkungslosigkeit des Marterversuches.

Die mittlere Scene spielt in dem Vorbau des Mittelbaues, der sich
einem mittleren Rundbogen und zwei seitlichen Spitzbögen öffnet,
von gewundenen Säulen getragen werden. Die Anordnung erinnert
die Gerichtshalle, unter der König Ramiro seine Räte versammelt
p. Felice.) Der Vorbau ist mit perspektivisch sehr gut durchgeführten
euzgewölben eingedeckt; die innere Wand öffnet sich in einer Mittel-
r und je zwei kleinen gotischen Doppelfenstern auf den Seiten. Das
ergeschoss des Mittelbaues ziert eine siebenbogige Gallerie, deren
.te durch einen vorspringenden, halbkreisrunden Altan und einen
:bel mit muschelartiger Wölbung ausgezeichnet ist. Die innere Mauer-
id ist mit Plattenmustern geschmückt; am Dachfirst läuft ein zier-
ier Zinnenschmuck entlang.

Im linken Teil der Vorhalle steht die Heilige, bis auf ein Lenden-
h völlig nackt, nach links gewandt, um dem begehrlichen Auge das
i der Thür hervortretenden Prätors nicht begegnen zu müssen. Ein
echt giesst ihr aus einer grossen Holzkelle das siedende Öl über den

---

[1]) Phot. Alinari 13158.

Rücken, das er aus dem Kessel weiter rechts geschöpft hat. Das Feue
unter diesem wird von dem am weitesten rechts stehenden Knecht mi
einem Blasebalg geschürt, während der Knecht in der Mitte mit seine
Holzkelle bereits wartet, um an der Heiligen die gleiche Tortur vor
zunehmen. Die letzte Scene endlich im rechten Teil stellt die Erdolchun
der Heiligen dar. Sie geht in dem rechten Anbau des Palastes vo
sich, in dessen Oberstock die Loggia des Mittelbaues weiter läuft, un
an einen Turmbau mit grossen gotischen Fenstern anstösst, vor den
ein Balkon ähnlich wie an dem Bürgerhaus des vorigen Bildes an
gebracht ist. In dem Bogen eines von einem Pultdach bedeckten Vor
baus des Turmes steht die Heilige; vor ihr links Paschasius, zwische
beiden einer der Freunde, der eben den Dolch gegen die Jungfra
zückt, die entsezt die Hände hebt. In dem Vorbau rechts erscheine
wieder die finsteren Gesichter der Inquisitoren; oder sollten es scho
die Gesandten aus Rom sein, die nach der Legende Paschasius in den
Augenblick festnehmen, in dem er die Heilige tötet?

In diesem Bild offenbart sich die ganze Freude des Künstlers a
complicierter Architektur und seine grosse Fertigkeit in der Wiedergab
zierlichen Detailschmuckes. Namentlich beim rechten Teil des Palaste
kann er sich gar nicht genug thun in Vorbauten, Durchblicken, Loggien
Balkonen und Fenstern. Seine Kunst, Kreuzgewölbe perspektivisch
wiederzugeben, wurde schon hervorgehoben. Mit welcher Sorgfalt sin
die Füllungen der Bogenzwickel an der Vorhalle des Mittelbaues, die ge
wundenen Säulchen, das Masswerk der Fenster, das Muster der Ober
wand, das Spiel des Lichtes in der Muschel gegeben! Die Architektu
nimmt einen so grossen Raum ein, dass die kleinen Einzelscenen sic
fast darin verlieren. Aber dadurch hat man gar nicht das Gefühl, das
hier drei Scenen nebeneinander gereiht sind; in den verschiedene
Flügeln des grossen Palastes spielen sich eben drei verschiedene Scene
ab. An diesem Bild wird so recht deutlich, dass der Künstler zuers
den Schauplatz schafft, dann erst seine Figuren einordnet. Das Bild
hängt mit den vorigen aufs engste zusammen, wir haben es hier wiede
mit dem zweiten Meister zu thun.

IV. Wir kommen zum letzten Bild: Lucias Leichenfeier[1])
(Abbildung 7). Die Legende berichtet, dass an der Stelle, wo die

---

[1]) Phot. Alinari 13159. Einzelne Köpfe bei Foerster Taf. XII.

eilige ihren Geist aufgab, eine Kirche errichtet sei. Unser Künstler
:nkt diese Kirche schon vollendet. An dieselbe stösst links ein
nbau mit einem Turm an; in dem offenen Untergeschoss sehen wir
e Heilige, die am Hals die tötliche Wunde trägt, vor zwei Priestern
iieen, von denen der Eine ihr die Oblate reicht.

Stolz und mächtig wölbt sich die weite Halle, in der die Exequien
attfinden. Der untere Teil der Façade ist geöffnet; sein Hauptbogen
:tzt auf freistehenden Säulen auf, an die nach vorn zu Marmorschranken
ıgebaut sind. Der Oberteil der Façade sucht die Westfront des Santo
iederzugeben; wir finden die spitzbogige Gallerie mit der Säulen-
ılustrade, die von einer Nische unterbrochen wird, in der Christus mit
rone und Scepter als Weltenrichter thront. Auch das grosse mittlere
undfenster, eine gotische Rosette mit radial eingestellten Säulen kehrt
ier wieder. Freilich überwölbt der Künstler dann das Hauptschiff nicht
ıit den Kuppeln, die das Original hat, sondern mit einem Giebeldach
ıf hohem Lichtgaden.

Hoch und geräumig öffnet sich das Innere der Kirche, deren Chor
urch einen hohen, mit einer Balustrade geschmückten Einbau vom Lang-
:hiff abgetrennt ist.

Im Vordergrund ist der Katafalk so aufgestellt, dass der Kopf
ucias in das Mittellot der Façade fällt.

Der Tod hat ihre Schönheit noch nicht zu zerstören vermocht.
)ie Augen[1]) sind nur halb geschlossen, die Lippen leicht geöffnet, die
ollen Wangen scheinen noch von warmem Blut gefüllt; nur die Wunden
m Hals verraten was geschehen ist. Sie ruht auf goldgestickten Samt-
ıecken; die Palme der Märtyrerin hat man ihr in die Hand gelegt[2].)
ım Kopfende des Katafalks steht die Geistlichkeit. Der Episcopus mit
:er Mitra schwingt eben das Weihrauchfass; ein Diakon neben ihm
rägt den Krummstab; der Arciprete liest aus dem Buch die Gebete
or; Subdiakonen und Chorknaben halten die Kerzen. Zu den Seiten
.es Sarges knieen die Klosterfrauen; die eine beugt sich zum letzten
<uss über die Tote. Im Hintergrund stehen hinter den Priestern
/länner, die fromm die Hände falten und auf die Tote blicken; weiter

---

[1]) cf. die Abbildung des Kopfes bei Foerster Taf. XII.

[2]) Herr Robinson in London besitzt eine Zeichnung in Metallstift auf
?elin von der Gruppe der Heiligen mit acht Figuren und Architekturskizzen,
lie ich nicht kenne. Wahrscheinlich ist sie wie die der Uffizien zu dem
rsten Katharinafresko, nach dem Bild und nicht als Vorlage gezeichnet.

links stehen junge Frauen, die in gleicher Weise an der Trauerfei(
teilnehmen. Aber noch immer neue Leidtragende strömen von links a
die Schranken der Vorhalle heran; es sind die Bewohner Cataneas od(
vielmehr Paduas, die aus der Stadt auf den freien Platz des San1
herandrängen. An der vordersten Säule steht ein Edler in kostbarem Mant(
und reichem Barett; mit sinnendem Ernst schaut er auf die Tote; d;
hinter die Schar der Bürger. Kräftige derbe Gestalten mit markante1
aber wenig edlen Gesichtern, echte Leute des Volkes und Buben vo
der Strasse. Nur der im Vordergrund Stehende im schwarzen Mant(
mag ein Professor oder Gelehrter sein. Rechts vor den Marmo1
schranken, hart am rechten Rand des Bildes, steht· eine Gestalt, i
langem, schwarzem Mantel, der auch die Arme bedeckt, mit einer K;
puze. Er scheint auf den Ritter zu blicken, als wolle er ihn etwa
fragen. Genau unter dieser Gestalt steht ein Künstlername, und wi
gehen wohl nicht fehl, wenn wir in der Gestalt das Selbstporträt de
Meisters dieser Luciafresken erkennen. Schweift sein Blick ˌetwa z˙
dem Besteller herüber, ist Raymondino oder Bonifazio jener Edle, de:
sein Maler am Ende des Werkes fragt: bist du zufrieden?

Dies Bild ist das letzte und zugleich das vollendeste des Lucia
cyklus. Der Maler hat sich nie bisher zu einer so monumentalen Archi
tektur aufgeschwungen; so dünngliedrig und zart die einzelnen Säule1
und Bögen sein mögen, so ist doch die Wiedergabe eines hohen, tiefe1
Kircheninnern, das weit genug ist, um eine Gemeinde zu fassen, über
raschend gelungen, freilich noch als Aussensicht mit dem alten Auskunfts
mittel, die Aussenwand der Vorderseite wegzubrechen. Weit ins Inner(
der Kirche schiebt sich die Trauergemeinde; die fernstehenden Frauer
sind schon weniger scharf gezeichnet, als ob der Künstler die Gesetze de
Luftperspektive gekannt hätte. Auch hier wieder öffnet sich die Mauer
fläche, diesmal aber nach der Tiefe zu; es sind die Ansätze zu eine
illusionistischen Raumgestaltung. Die Gemeinde ist hier wiederum al;
zusammenhängende Masse gegeben; der kleine Figurenmassstab, di(
markanten Profile, die Architektur-Wiedergabe weisen wiederum auf der
zweiten Meister.

Wir sind so glücklich, seinen Namen zu wissen. Auf dem unterer
Rand dieses fresco in der rechten Ecke, hart an der Mauer befinde1
sich eine zweizeilige, freilich sehr verwischte, aufgemalte Inschrift, ir
gotischen Minuskeln. Schon Foerster hatte dieselbe gefunden und am
Anfang der ersten Zeile avantus oder avantiis, in der zweiten Zeile

was eingerückt .... ve gelesen[1]). Er glaubte diese Reste ergänzen
t sollen auf (Jacobus de) Avantiis Ve (ronensis)[2]). Die Anordnung der
ischrift schliesst aus, dass vor Avantus noch ein anderes Wort (wie
oerster meint Jacobus) gestanden habe. Es handelt sich aber gar nicht
ir um zwei Worte, sondern zwei Reihen, wie dies schon Gonzati
ıh, der die Inschrift noch in den fünfziger Jahren las.[3]) Nach ihm
t zu lesen:

avantus . . . . ix (?)
hoc ps   pinxit ms nov . . . . . . ma me . . .

Die zweite Zeile wäre vielleicht zu ergänzen:
hoc opus pinxit mense novembris anima mea.

Aus der Inschrift geht hervor, dass wir es mit einem Künstler
vantus zu thun haben; Avantus ist der Vorname des Künstlers, nicht
ıcobus wie Foerster annimmt, der Avantiis lesen und darin den Vater-
amen des Künstlers sehen will. Die zweite Reihe hat nicht an der
.ngerückten Stelle ve sondern pin.

Die Thatsache der Inschrift unter diesem letzten Lucia-Bild ergibt
ınächst den Meister des ganzen Luciacyklus, dessen Einheitlichkeit auch
:in künstlerisches Selbstzeugnis offenbart. Wir glauben aber diesem
vantus auf Grund der oben geführten Untersuchung auch die unteren
ilder des Georgcyklus (seinen „Tod" mit gewisser Einschränkung) zu-
eisen zu sollen.

Es bleibt nun noch der Schmuck der beiden Schmalwände zu be-
ırechen. Sie sind der Verehrung der Vergine geweiht; auf der Ein-
ıngswand finden wir Glück und Sorge der jungen Mutter, an der
ıeren Altarwand die Krönung Marias dargestellt. Unmittelbar über
ım Altar befindet sich an Stelle eines besonderen Altarbildes die
reuzigung.

Die Bedingungen für die künstlerische Gestaltung dieser Scenen
ıs Evangeliums sind wesentlich andere als für die Heiligenbilder. Eine
ıhr starke Tradition hatte diese Scenen fast kanonisch festgelegt. Die eigene
rfindung und neue Anordnung muss gegenüber einer so lastenden Vor-
ıbeit nahezu erlahmen. Ganz besonders aber musste der liturgische Cha-
ıkter der Kreuzigung als des Altarbildes gewahrt bleiben. Wir werden uns

---

[1]) Abbildung Tafel XII.
[2]) l. c. p. 2.
[3]) cf. l. c. I 282.

diese besonderen Bedingungen gegenwärtig halten müssen, wenn wir diese Fresken richtig würdigen wollen. Da diese Darstellungen der persönlichen Beziehungen zu dem Stifter ermangeln, ist es wahrscheinlich, dass sie später gemalt sind, als namentlich das Votivbild, später aber wohl auch als die Legende der einzelnen Patrone der Soragna.

Wir beginnen mit der Kreuzigung an der Südwand[1]), einem hochgestellten Rechteck, das links und rechts von den Seitenfenstern begrenzt wird. Dies Format bedingt schon eine grosse Verschiedenheit von der gleichen Darstellung in der Felicekapelle. Hier entfaltet sich die Scene breit, zerlegt sich in Gruppen, die in die verschiedenen Abteilungen eingeordnet sind; Landschaft und Seitenkoulissen vertiefen die Bildfläche, in der die Gestalten Platz haben, sich — wenn auch gedrängt — zu bewegen. Die Figuren des Hintergrundes sind nicht einfach über den Vordergrund hinausgereiht, sondern weichen thatsächlich zurück. Wie die ganze Komposition in einem Dreieck aufsteigt, so beschreibt auch der Grundriss ein Dreieck, dessen Spitze nach hinten zu liegt. Ganz anders sind Aufbau und Anordnung in der Georgskapelle. Jede Andeutung der Landschaft, jede architektonische Koulisse fehlt, sodass das reine Flächenbild entsteht. Und dieses wieder zeigt eine untere und eine obere, gegenseitig nur dürftig vermittelte Hälfte. In der oberen die drei Kreuze, zwischen denen der leere Raum durch Engel und eine Fahne mit der Aufschrift S. P. Q. R. dekorativ belebt wird. Der untere Teil ist dicht mit Figuren besetzt, nicht in lockerer Gruppierung, sondern dicht neben- und übereinander in fast beängstigender Enge gestellt. Wir sehen hier wieder die Schwierigkeit, mit der die Schule ringt, die Bildfläche zu füllen, wenn die Architektur nicht zu Hülfe kommt.

Die beiden Kreuzigungen lassen sich aber nicht ohne weiteres vergleichen, weil sie in der Grundauffassung ganz verschieden sind. Die der Felicekapelle will eine breite Entfaltung der Scene geben, deren Schilderung dem Alltagsleben der Gegenwart entnommen ist, bei der die Darstellung des ethischen Moments zurücktritt und der kirchlich strenge Vortrag verlassen ist. Die der Georgskapelle schliesst sich viel strenger an die Tradition an; die herkömmlichen Scenen werden ohne Lücken dargestellt, aber mehr auf Grund des kanonischen Schemas, als in der Freude an der breit sich entfaltenden Wirklichkeit. Man könnte

---

[1]) Phot. Alinari 13146. Abb. Foerster, Taf. X.

sagen: in der Felicekapelle schaltet ein Künstler nach eigenstem Gutdünken, in heller Freude an der ganzen Fülle der Anschauung; in der Georgskapelle herrscht ein anderer Wille; hier bindet das überlieferte Wort der heiligen Urkunde und die kanonische Tradition. Am besten vergegenwärtigt man sich diesen Unterschied durch den Vergleich der beiderseitigen Würfelscenen. In der Felice-Kapelle eine um den am Boden liegenden Schild knieende Gruppe, dahinter stehend die miteinander Streitenden und die Reiter; rechts und links bleibt Raum für die Figuren, um sich zu bewegen. Dagegen in S. Giorgio eine äusserst gedrängte Gruppe von Stehenden, die Rock und Würfel nur wie Embleme vorzeigen. Dort wirkliche Schilderung, hier eine sachliche Notiz. Der kirchliche Charakter ist aber doch nicht soweit durchgeführt, dass er die ganze Scene auf ein höheres Niveau der Übergeschichtlichkeit hinaufhöbe. Es geht bei den erregten Zuschauern, bei den Reitern und Soldaten recht irdisch zu, nicht einmal die realistische Figur des Knechtes mit dem Essigschwamm fehlt. Die Freude des Künstlers am Sächlichen verrät sich wieder bei den Trachten und Rüstungen. Mit grosser Sorgfalt sind die Pferde gezeichnet; das eine, in die Tiefe stehende, mit der hellbeleuchteten Kruppe, erinnert fast schon an Vittore Pisanos Giorgio-Fresko über der Pellegrini-Kapelle in St. Anastasia in Verona. Der Heiland ist magerer gebildet als der in der Felice-Kapelle, aber er hängt tiefer in seiner Schwere herab. Eine ganz ergreifende Gestalt ist der gute Schächer. Dichtes schwarzlockiges Haar umhüllt sein Haupt, das er demütig senkt; seine Arme sind über den Querbalken nach hinten gefesselt; dadurch tritt die Brust breit und fest hervor. Im Gegensatz dazu ist der Leib des bösen Schächers dick und fleischig aufgedunsen gegeben. Alle drei Körper zeigen dieselben breit ausladenden Hüften, einen cylindrischen Oberkörper, markanten Rippenschluss, die Beine zu schmächtig und die Füsse ohne organische Durchbildung. Das Incarnat ist auffallend hart und kühl, ganz im Gegensatz zu dem crocifisso in der Felice-Kapelle, der durch den goldenen Schimmer seines Leibes wie verklärt erscheint.

E. Foerster hat (l. c. p. 4 Anm. 3) auf den florentinischen Styl der Gruppe der trauernden Frauen hingewiesen; wie mir scheint mit Recht. Sollten hier die Fresken der Arena, etwa die pietà, eingewirkt haben? Jedenfalls fällt diese vordere Gruppe auf der linken Bildhälfte aus dem Ganzen heraus, als sei sie fertig übernommen.

Vergleicht man diese Kreuzigung noch einmal mit der der Felice-

Kapelle, so fällt vor allem auf, dass die Gestalten zu eng in- und aufeinander geschachtelt sind. Der Künstler, der gewohnt sein mochte, in breiter Anschaung zu schildern, lässt sich zu einem Zuviel verleiten, wie es das schmale Format der Bildfläche nicht zulässt. Und da er von jeden Seitenkoulissen aus demselben Sparsamkeitsgrunde absehen muss, so gelingt es ihm nicht, soviel von der dritten Dimension zu gewinnen, als die Masse der hintereinander gestellten Figuren notwendig braucht. Die Architektur fehlt hier, an deren Charakter wir bisher gern die besondere Künstlerhand erkannten. Aber aus den Figuren lässt sich doch ohne Zweifel auf Avanzo schliessen. Es ist wieder der kleine Massstab, die scharf markierten Gesichter, die sorgfältige Ausführung in Tracht und Rüstung. Auch sei auf die tieferen ernsteren Farben hingewiesen, die Avanzo im Gegensatz zu den helleren, aber wärmeren Tinten des andern Meisters bevorzugt.

In der Lünette über der Kreuzigung ist die Krönung Marias dargestellt.[1]) Der Thron wird nicht mehr, wie in der früheren Kunst, von Engeln getragen, die mit ihm durch die Luft schweben, sondern er steht, mit seinen breitausladenden Marmorstufen fest auf dem Boden. Es ist kein Thron oder Stuhl im eigentlichen Sinne, sondern eine phantastische Miniaturarchitektur. Die hintere Wand wird im Giebel durch das Rundfenster der Lünette unterbrochen; rechts und links davon steigen von gotischen Doppelbögen getragene und in Giebeln sich zuspitzende Türme auf, die von kleinen Kuppeln auf Tambouren gekrönt sind, ähnlich wie wir das auf dem Bild der Taufe des Königs Sevio fanden, auch hier wohl veranlasst durch den Kuppelbau des Santo. Beide Türme werden durch eine Gallerie miteinander verbunden, unter der ein reich gemusterter Teppich aufgehängt ist, der dann über die Sitzbank bis vorne an die Stufen des Thrones sich breitet. Die Seitenschranken des Thrones bestehen aus kleinen Vorbauten, schmalen Rechteckflügeln vergleichbar, wiederum in gotischen Bogenreihen geöffnet, die vorne mit einer muschelförmigen Rundung überdacht sind, wie wir diese auf dem dritten Luciafresko schon gefunden haben. Die Muschel ist dann wieder durch einen von zwei zierlichen Fialen umstellbarten Spitzgiebel bekrönt. Man sieht, der ganze Turmbau ist viel weniger ein kostbar verzierter Stuhl als ein architektonisches zierliches

---

[1]) Phot. Alinari 13147, einige Engelsköpfe bei Foerster, Tafel XI.

Phantasiegedicht. Christus und Maria sitzen in gewohnter Weise sich gegenüber; sie hat die Hände über die Brust gekreuzt; er krönt sie mit der Rechten, während die Linke lässig auf dem Knie liegen bleibt. In den weiten Falten des Mantels verschwindet der Unterkörper beider Gestalten fast vollständig. Wie der Thron in seiner ganzen Schwere auf festen Boden aufsteht, so stehen auch die Engel, die ihn umgeben, fest mit den Füssen auf; nur in der Höhe umflattern ihn Cherubim und Seraphim. Also auch hier wiederum ein Verlassen der alten Anordnung, welche die Engel einfach Kopf an Kopf neben die Thronlehnen reihte, ohne sich Gedanken darüber zu machen, wo die Körper derselben bleiben. Von rechts und links nahen zu den Stufen des Throns je vier Engelpaare, Blumen tragend und in die Posaunen stossend. In kindlicher Freude mischen sich die feinen Saiten der Mandolinen hinein, welche von den Engeln der zweiten Reihe gespielt werden. Von den Engeln der dritten Reihe trägt der Führer zur Rechten das Modell unserer Kapelle im Arm; sein Gegenüber spielt auf der kleinen Orgel, die er in der Linken trägt. Alle diese himmlischen Wesen sind — ebenso wie Maria — schlank, zierlich und fein gebildet, von langen fliessenden weichen Gewändern eingehüllt. An höchster Stelle ist diese im Himmel vollzogene Krönung dargestellt. Durch das offene Rund des Fensters strahlt das Licht herein; in seinem Schimmer sehen wir die bewegte Schar der himmlischen Kinder den ewigen Thron umstehen, und aus der Höhe schallt ihr tausendstimmiges Hallelujah in den stillen Raum der Kapelle.

Die Architektur weist mit Sicherheit auf Avanzo. Das umrahmende Ornament ist zudem dasselbe, wie auf der gegenüberliegenden Wand, die, wie wir gleich sehen werden, auch Avanzo angehört. Auch werden wir dort den gleichen Engeltypus wiederfinden, der sich von dem des anderen Meisters, den wir z. B. in der Auferstehung in der Felicekapelle kontrollieren können, wesentlich unterscheidet.

In der Lünette der Nordwand ist die Verkündigung dargestellt, während die darunter liegende Fläche in vier gleichgrosse Felder zerlegt ist, auf denen wir die Anbetung der Hirten, die Verehrung der Magier, die Darbringung im Tempel und die Flucht nach Egypten geschildert finden.

I. Die beiden Gestalten der Verkündigung,[1]) der Engel und

---

[1]) Ohne Abbildung.

Maria, sind durch ein, der Südwand entsprechendes Rundfenster getrennt. Beiderseits eine kleine Architektur; die linke zeigt Marias
Schlafzimmer mit dem zierlichen Bett. Der Engel kommt ohne jede
Gewaltsamkeit schwebend herab, Maria hebt die Hand, nicht bestürzt,
sondern in zarter Erregung. Die ganze Auffassung ist zart, idyllisch.
II. Die Anbetung der Hirten.[1]) Steil abfallende Berge; in
der Ferne oben die Stadtmauer Bethlehems. In einer Schlucht steht,
schräg zum Beschauer, die auf drei Seiten geschlossene Strohhütte, aus
Brettern und Balken eilig erbaut. In ihr sitzt Maria, ein junges, zartes
Weib, von ihrem neuen Mutterglück ganz erfüllt. Sie hat den Kleinen
aus dem Korb genommen und hält ihn auf den Knieen; ein leichtes,
eng anschliessendes Röckchen hüllt ihn ein. Neben der Hütte steht
Joseph, der treue Hüter hier, kein mürrischer Alter, auf den Stab sich
stützend. Er beschattet die Augen, um zu schauen, wer im dunklen
naht. Die Hirten sinds, die den Berg, auf dem die Botschaft an sie
ergangen ist, in eiliger Freude herabgestiegen, und nun mit Hunden
und Schafen sich scheu nähern. Von dem stillen Frieden der Hütte
ergriffen, bleiben sie ehrfurchtsvoll stehen. Leise tönt in die stille Nacht
der Engelgesang über dem Dach der Hütte.

Wie unzählige Male ist vor 1380 diese Scene schon dargestellt
worden! Und doch stehen wir hier vor einer ganz eigenartigen Auffassung. Maria liegt nicht mehr auf dem Lager, neben ihr in der
Krippe das Kind, wie wir es z. B. in der Arena finden; in einem
weltabgeschiedenen Winkel der Erde geschieht das Grosse, das mit
der schlichten Innigkeit der Einfachheit vorgetragen ist. Den früheren
Malern lag an der korrekten Darstellung von Lucas II. Die Heilsthatsache sollte dargestellt werden; die ϑεοτόκος mit der Krippe, der
grämliche Joseph, Ochs und Esel, Engel und Hirten, nichts durfte
fehlen. Sachliche Vollständigkeit also, die aber nicht in einer höheren
Einheit aufging. Hier ist eine einheitliche Scene dargestellt, in intimster
Stimmung, an der alles teilnimmt. Und dazu ist alles auf rein menschlichen Boden versetzt. Glück und Not einer kleinen Bürgerfamilie glauben
wir vor uns zu sehen. Die Figuren bilden mit ihrer Umgebung eine
Einheit; der Brunnen mit den Kerben der Taue, die Hütte, die Eltern
hier, die Hirten dort — es sind gleichwertige Faktoren, durch den Berg-
hintergrund zusammengehalten, der dies abgeschiedene Thal abschliesst.

---

[1]) Phot. Alinari 13148.

Durften wir bei den Legendenbildern uns an dem lebhaften tempo einer energischen Bewegung freuen, so ist hier aller Nachdruck auf die Stimmung und Ruhe gelegt. Nicht leidenschaftliche Verehrung wird laut, nicht farbenreicher Zufall webt hier die Scene zusammen, auch nicht der feierliche Vortrag einer Heilsthatsache wird angestrebt, sondern ein Idyll von überaus zartem Klang finden wir vor. So wird das Bild ein direkter Vorläufer der berühmten Predelle Gentiles da Fabriano unter seiner Anbetung der Könige (Florenz, Acad.), wenn auch der Zauber einer Mondnacht hier noch nicht dargestellt ist.

III. Die Anbetung der Könige.[1]) Dasselbe Thal, dieselben Berge und Stadtmauern. Nur steht die Hütte nicht mehr in der Mitte, sie ist weiter nach links geschoben, und der Brunnen hat weichen müssen. Maria ist auch nicht mehr allein; die goldgeflügelten Engel sind vom Dach herabgeflogen und haben sich neben ihren Thron gestellt. Damit ist gleich der charakteristische Unterschied dieser Scene von der vorigen gegeben: es handelt sich um ein Repräsentationsbild. Dort die unberührte Stille verschwiegenen Herdglücks; hier die feierliche Huldigung von Königen mit ihrem Gefolge. Der Unterschied prägt sich in allen Teilen aus; Maria, die dort das Haar frei trug, hat hier den Mantel über den Kopf gezogen; sie blickt mit ruhigem Stolz der Huldigung entgegen. Auch das bambino hat ein gelbes Festgewand bekommen. Der alte weisse König kniet vor dem Kind, dass mit beiden Händen fröhlich das goldene Ciborium ergreift; die beiden andern Fürsten mit der Krone und Hermelinmänteln geschmückt, reden leise mit einander von dem grossen Augenblick, der nun endlich gekommen ist. Hinter ihnen das Gefolge; die Mantel- und Schwertträger des alten Königs und der Tross. Die buntscheckigen Trachten haben eine fast exotische Färbung; namentlich die Trossbuben bei den Pferden und Kamelen tragen wunderlich gestreifte Wämser. Sehr gut beobachtet ist das bewegte Treiben der Dienerschaft, die sich auch in diesem feierlichen Augenblick nicht abhalten lässt, um die Flasche zu streiten; die Pferde suchen sich unbekümmert ihr Futter.

In der Auffassung des Vorgangs als höfischer Szene, als Ceremonie und Repräsentation berührt sich unser Fresko mit der vierzig Jahre später entstandenen adorazione dei magi von Gentile da Fabriano (Florenz Academia v. J. 1423) und mit Vittore Pisanos Rundbild in der Berliner Gallerie.

---

[1]) Phot. Alinari 13149.

IV. Leider ist das Bild der Flucht nach Egypten[1]) teilweise zerstört; aber das Erhaltene zeigt wieder dieselben charakteristischen Züge, die wir bisher gefunden haben. Eine einsame Schlucht, durch welche still, ohne dass ein Wort laut wird, die Eltern mit dem Kind reiten. Nicht Angst liegt in den Augen Marias, sondern jene tiefe Ergriffenheit von einem grossen inneren Erlebnis. Joseph führt das Tier am Zügel und sieht besorgt um, während der Knecht im Vorübergehen aus der Quelle trinkt. Von der Höhe grüsst eine stolze Stadt mit zierlichster Silhouette. Der Zug geht auf die Thür der Kapelle zu, und der heraustretende Beschauer glaubt im Gefolge der heiligen Familie mitziehen zu dürfen.

V. Bei der Darbringung im Tempel[2]) (Abbildung 8) hat zweifellos die Leichenfeier Lucias als Vorbild vorgeschwebt; auch die presentazione al tempio spielt in einer weit sich öffnenden und hochgebauten Kirchenhalle. Über dem frei sich wölbenden Eingangsbogen der dadurch geöffneten Vorderwand zieht sich eine Bogengallerie mit Balustrade hin, deren Motiv der Westfaçade des Santo entlehnt ist. Auch die Abseiten sind in der Vorderwand geöffnet und gestatten wie der Mittelbogen den Einblick in das Innere der Kirche, auf die Arkadenreihen und die durch sie begrenzten Kapellen. Die hier wiedergegebene rechte Kapelle zeigt den Altartisch mit Antepennium und Statuen darauf, über ihm zwei gotische Fenster mit Masswerk. Im Hintergrund werden die Rippen der polygonalen Absis sichtbar; Säulenbalustraden schliessen die Emporen ab. Rechts und links von der Kirche, deren Dach nicht mehr sichtbar ist, sieht man im Hintergrund andere Gebäude. Neben dem Chor der Kirche links steht der Campanile, von einer Säulenloggia bekrönt. Daneben ein stolzer Palast, vielleicht das Vescovado, ein viel gegliederter Bau, in der Mitte eine überhöhte Kuppel, an den Seiten Ecktürme mit zierlichem Aufsatz; Giebel mit Krabben und Filialen bekrönen das links vorspringende Säulentabernakel. Bescheidener ist die Architektur in der rechten oberen Ecke des Bildes. Der Hauptbau erinnert sehr an die Halle, in der Lucias Exequien gehalten werden; wir erkennen auch hier Avanzos Hand wieder.

Im Vordergrund des Domes steht der greise Simeon, weissbärtig in lang wallendem Mantel, eine herrliche ehrwürdige Gestalt. Er hat

---

[1]) ohne Abbildung.
[2]) Phot. Alinari 13150.

sich nach links gewandt, um den Gottessohn in Empfang zu nehmen, den Maria in echtem Mutterstolz auf ihn zuträgt. Das Kind hält sich an ihrem Mieder fest und fasst mit der andern Hand die vorgestreckte Linke des Priesters in kindlichem Spiel. Im linken Seitenschiff nahen Joseph mit der Opfergabe und eine Dienerin; im rechten steht Hanna ehrfurchtsvoll im Hintergrund. Mit bedeutungsvoller Gebärde weisst sie die hinter ihr Eintretenden auf den kleinen Knaben, von dem sie so oft in der Schriftrolle gelesen, die jetzt entrollt an ihrer linken Hand hängt. Die Nahenden sind ein zweites Elternpaar, das auch seinen Knaben zum Tempel bringen will.

Die einheitliche Auffassung dieser 5 letzten Bilder, das gleiche Rahmenornament, die Übereinstimmung der Typen beweisen, dass sie von einer Hand gemalt sind, und zwar von Avanzo. Denn ihm gehört die Architektur des letzten Bildes ebenso sicher wie die des Schlussbildes aus der Lucialegende. Wenn in den Heiligenscenen die ganze Auffassung leidenschaftlicher, bewegter war, so gebot hier der Vorwurf etwas anderes. Die Kreuzigung untersteht wieder besonderen Bedingungen a n d e r bevorzugten Altarstelle.

Wir fassen nun am Schluss unserer Untersuchung das Ergebnis bezüglich der Autorfrage zusammen.

Auszugehen ist von der Künstlerinschrift unter dem letzten Lucia-fresko, als dessen Maler sich Avanzo (Avantus) erweist. Ihm gehört der ganze Luciacyklus, der untere Streifen der Georgslegende, mit einer kleinen Einschränkung an und die Bilder der beiden Schmalwände. Von dem ornamentalen Schmuck gehören ihm die Verzierungen der Fensterlaibungen. Seiner Hand glauben wir in der Felicekapelle das Fresko der Schlacht von Clavigo zuweisen zu sollen. Dem andern Meister, der in S. Giorgio gemalt hat, gehören der Deckenschmuck und das Ornament der Oberwand, das Votivbild, der Katharina-Cyklus und die ersten zwei Bilder der Georgslegende an. Den Schluss seiner Thätig-keit scheint die verlorengegangene Inschrift unter dem Bild der Taufe König Sevios anzudeuten; aber er hat auch noch die Komposition von „Georgs Tod" beeinflusst. Wir glauben in diesem ersten Künstler die-selbe Hand zu erkennen, die in der Felicekapelle den Schluss der Jacobuslegende, das Votivbild, Auferstehung und Grablegung und vor allem die grosse Kreuzigung gemalt hat, welch letztere als sein reifstes Werk erscheint. Die Baurechnung der Felicekapelle nennt als einen dort beschäftigten, mit hohem Lohn entlassenen Künstler Altichiero.

Ist er es, welcher das Hauptbild, die Kreuzigung gemalt hat, oder der Meister der Jacobuslegende? Um das zu entscheiden, sei noch einmal die Baugeschichte durchdacht. 1372 beginnt der Bau; die Rechnungen laufen bis 1384; aber schon 1376 wird die Inschrift an der Fensterwand angebracht. Altichiero wird 1379 bezahlt per ogni raxon chaveva a fare con Mess. Bonifatio cussi nel dipingere la cappella de san Jacomo como per la sacrestia. Wir wissen nicht, welche sacrestia gemeint ist: jedenfalls ist nichts davon erhalten. Aber es scheint doch das Wahrscheinlichere, dass die Ausmalung der Felicekapelle fertig war, bevor Bonifazio eine Sakristei schmücken liess. Nun ist aber sicher die Kreuzigung später als die Jacobuslegende gemalt; und da sich diese Zahlung an Altichiero als Abschlusssumme kennzeichnet, so ist für die Kreuzigung Altichiero in hohem Masse als Meister wahrscheinlich gemacht. Damit kennen wir zugleich den ersten Meister in S. Giorgio; ja wir wissen aus unserer künstlerischen Analyse, dass Altichiero in S. Giorgio früher gemalt hat, da sich die Kreuzigung als reifstes Werk erweist. So kommen wir auf folgenden Ansatz: ein Anonymus hat auf Bonifazios Bestellung die Lünettenbilder der Felicekapelle mit der Jacobuslegende geschmückt, etwa um 1375. Seine Arbeit wurde unterbrochen, Altichiero malte die beiden Lünetten der Eingangswand und die Halblünetten der Fensterwand. Dann aber beschäftigt ihn der Bruder Bonifazios in der Georgskapelle, deren Deckenschmuck und Oberwandbilder er fertigstellte. Als 1379 Raymundino die Augen schliesst, wird der Freskenschmuck in S. Giorgio zunächst nicht weiter geführt; Bonifazio lässt durch Altichiero seine eigene Kapelle fertig malen; der Meister hat selbst das Votivbild und den Schmuck der Südwand ausgeführt; dagegen überlässt er die Ausmalung der unteren Ostwand (Schlacht vor Clavigo) seinem — Schüler Avanzo. 1384 wird das Oratorium S. Giorgio durch Bonifazio fertig gestellt; er wählt für die Ausführung der unteren Fresken an der Längswand und derjenigen auf den Schmalwänden Avanzo. Ob Altichiero anderweitig beschäftigt war, wissen wir nicht, eine urkundliche Notiz lässt ihn noch im September 1384 in Padua sein. Unzufriedenheit mit seinen Leistungen kann aber unmöglich der Grund für Avanzos Wahl gewesen sein; denn er hat in der Kreuzigung in der Felicekapelle dasjenige Werk geleistet, das ihn ohne weiteres zum Meister der Schule erhebt. Sehr wohl aber könnten wir in andern, öffentlichen Aufträgen die Ursache sehen, weshalb der Vielbegehrte hier zurücktritt.

Das ist das Resultat, das wir auf Grund des künstlerischen Selbst-
zeugnisses und der beiden einzig sicheren urkundlichen Notizen im Zusammenhang mit den Daten der Baugeschichte beider Kapellen gefunden haben.
Wir holen jetzt die Geschichte der Forschung nach, und zwar zunächst in
Bezug auf die Felicekapelle. Dieselbe beginnt schon 1440 mit Michele Savonarolas Commentariolus de laudibus Patavii (Muratori Scr. XXlV
1169 s. Anhang). Dieser lässt die Kapelle von Jacobo Avantii Bononiensi
gemalt sein, die S. Giorgio-Kapelle dagegen von Altichiero aus Verona.
Der Anonymus des Morelli[1]) spricht von Jacopo Davanzo, Padovano,
Veronese o Bolognese und Altichiero da Verona bei der Felicekapelle;
ihm sind Brandolesi[2]), Lanzi[3]), Kugler und Foerster gefolgt, der für
die ersten sechs Lünetten der Felicekapelle Altichiero, im übrigen Avanzo
als Meister annimmt, dem er dann auch die ganze Georgskapelle zuweist. Crowe und Cavalcaselle[4]) haben für die Felicekapelle Altichiero
als Hauptmeister angenommen und ihm den Schmuck der beiden Längswände, vor allem die Kreuzigung zugeschrieben, während sie für die
Schmalwände Schülerhände annehmen. Der Cicerone[5]) scheidet zwischen
dem Lünettenschmuck und den übrigen Bildern und scheint den ersteren
Avanzo, diese Altichiero — wenn auch nur indirekt zuzuschreiben. Eine
durchgeführte Scheidung hat zuerst Selvatico in seinem guida di Padova 1869 versucht, der die Kreuzigung und das Votivbild Avanzo,
die Jacobusbilder sämtlich Altichiero und seiner Schule zuweisen will.
Auch Gonzati und wie gesagt Foerster dachten so, obwohl Gonzati
schon die von Gualandi zuerst publizierte Rechnungsnotiz bezüglich
Altichiero kannte.[6])
    Für eine Thätigkeit des Avanzo in der Felicekapelle liegt nur das
Zeugnis des Savonarola vor, das jedenfalls insofern irrt, als es Avanzo
hier allein thätig sein lässt. Dagegen spricht die Rechnungsnotiz. Die
Mitteilung Savonarolas, dass es sich um einen Jacopo Avanzo aus Bologna handele, beruht auf einer längst erkannten Verwechselung. In
der Gallerie Colonna Rom befindet sich nämlich eine Kreuzigung mit
der Inschrift Jacopus de Avanciis de Bononia;[7]) dieser bologneser Maler

---

1) ed Frizzoni p. 10.
2) Brandolesi V 29.
3) l. c. III 18—19.
4) It. Ausg. IV p. 150 f.
5) 6 III 545 c.
6) Julius von Schlosser nimmt Altichiero als Hauptmeister an.
7) Crowe-Cavalc. 1. c. 153.

hat aber mit unserem Avantus nichts zu thun, der gar nicht Jacobus heisst, sondern eben Avantus mit Hauptnamen, nicht „aus dem Hause der Familie Avanzi". So viel also ist an der Tradition betr. der Felicekapelle richtig, dass Altichiero hier der Hauptmeister gewesen ist und dass Avanzo mit gemalt hat; damit ist aber für die dritte Hand, der wir den Anfang der Jacobuslegende verdanken, nichts gesagt und wir müssen uns damit begnügen, hier einen Anonymus zu konstatieren. Savonarola irrt aber nicht nur betr. dieser, sondern auch der anderen Kapelle, die er ganz dem Altichiero zuweist. Ihm folgen darin Rizzo, Selvatico und Milanesi, während sowohl Vasari,[1]) wie der Anonymus des Morelli, Campagnola und auch der Cicerone hier beide Künstler thätig denken. Foerster und Kugler wollen alles in S. Giorgio Avanzo zuschreiben. Crowe und Cavalcaselle, die ein Schulverhältnis Avanzos zu Altichiero annehmen, glauben Avanzo den Katharinen- und Luciacyklus zuschreiben zu sollen, das übrige Altichiero[2]). Eine ganz originelle Verteilung nimmt wieder Selvatico vor[3]). Avanzo hat inschriftlich hier gemalt; ausser ihm aber ein zweiter, der mit hoher Wahrscheinlichkeit Altichiero zu nennen ist. Man kann im allgemeinen sagen, dass die litterarische Tradition von vornherein durch Savonarolas Irrtum irregeleitet ist und dass sie abgesehen von falscher Zuweisung den einen der in Frage kommenden Künstler fälschlich Jacopo Avanzo genannt haben, während er einfach Avantus = Avanzo heisst.

---

[1]) Vasaris Irrtum betr. jenes Sebetus ist schon von Lanzi erkannt worden. Vasaris Notizen sind sehr flüchtig und fast durchgängig falsch.

[2]) l. c. p. 164.

[3]) Avanzo: die 2 Schmalwände, die 2 letzten Georgs- und das letzte Luciabild. Altichiero: 4 Georgsbilder; sein Schüler: Katharinencyklus. 1.—3. Luciabild: nicht von Avanzo.

IV. Altichiero und Avanzo.

Altichiero, figlio di Domenico[1]) stammt aus der Nähe von Verona, aus Zevio, wo auch jener Stefano geboren ist, der mit Vittore Pisano zusammengearbeitet hat[2]). Die alten Veroneser Chronisten berichten[3]), dass Dantes Familie nach Verona übergesiedelt sei und ihr Name Aldigheri sich mit dem häufiger vorkommenden Alticherius vereinigt habe. Möglich also, dass unser Meister Dante seinen Ahn nennen durfte. Wir finden ihn am Hofe der Scaliger, deren familiaris er genannt wird.[4]) Verona ist zweifellos der Brennpunkt geistigen Lebens für das damalige Oberitalien. Cangrande hatte politisch und geistig diese Machtstellung begründet; und sein Nachfolger Alberto, Mastino und Cansignorio durften sie aufrecht halten, da Venedig nicht eingriff und die anderen Fürstensitze noch nicht stark genug waren zum Schlage, der erst 1387 von der mächtigen Faust Giangaleazzos gegen die Stadt und ihren Herrscher geführt wurde. Das ist die geistige Luft, in der unser etwa 1330[5]) geborener Künstler heranwächst.[6]) Vasari berichtet ferner, dass er für Cansignorio in dem von ihm erbauten Palast den Festsaal mit Darstellungen des Kampfes um Jerusalem im Anschluss an die Schilderung bei Josephus, dem damals vielgelesenen Fortsetzer der Maccabaerbücher, ausgemalt habe „und zwar in Gemeinschaft mit Jacopo Avanzo." Die Künstler haben bei der Ausführung dieses monumentalen Auftrags eine

---

[1]) Moschini, della pittura in Padova p. 9.

[2]) cf. Vasari III 634 ff.

[3]) z. B. Maffei Verona illustr. II 96 ff.

[4]) Ebenso wird Giotto bei König Robert in Neapel genannt (Urkunde vom 20. Januar 1330).

[5]) Nach Biancolini: Cronaca del Zagata I 95 ist der gleich zu besprechende Scaligerpalast 1364 erbaut; damals muss Altichiero mindestens 30 Jahre alt gewesen sein, um den so bedeutenden Auftrag zu erhalten, diesen auszuschmücken. cf. Bernasconi l. c. 31 f.

[6]) Allgemeine Urteile über ihn von Flavio Biondo und Marin Sanuto sind im Anhang mitgeteilt.

so hohe Tüchtigkeit entwickelt, dass noch ein Mantegna vor solchen Leistungen bewundernd stehen bleibt.[1]) Verona stand mit Padua in intimen und verwandtschaftlichen Beziehungen. Mastinos II († 1351) Gattin war eine Carraresin; und in den Kriegen gegen Venedig und Mailand sehen wir die Heere beider Städte mehr als einmal Schulter an Schulter kämpfen. Kein Wunder daher, wenn Francesco Carrara öfter ein Gast Cansignorios war. Gelegentlich eines solchen Besuchs mag er beim Bankett die Fresken des Festsaales gesehen und sich von seinem Wirt die Künstler ausgebeten haben, damit sie seinen Palast mit gleichen Malereien schmückten. Vasari berichtet nämlich, dass die beiden Künstler auch in Padua gemeinsam den Palastsaal mit Scenen aus dem Jugurthakrieg geschmückt hätten. Die Übersiedelung mag um das Jahr 1370 erfolgt sein, jedenfalls vor 1373, wie das wahrscheinlich von Altichiero ausgemalte Grabmal des damals verstorbenen Federigo Lavellongo (s. unten) beweist. Altichiero mag dann nach Vollendung der Bilder für Francesco Carrara jenen Auftrag für die Felice- und Giorgio-Kapelle übernommen haben. 1382 kommt sein Name in der „Fraglia" d. h. in der Malerzunft in Padua vor; dann wird er noch einmal am 29. Sept. 1384 dort erwähnt.[2]) Nach Vasari wäre er später wieder nach Verona zurückgekehrt, wiederum mit seinem Werkgesellen zusammen; die von jenem aus dieser Spätzeit erwähnten Fresken sind verloren gegangen. Dagegen scheint ein erhaltenes Fresco diese Rückkehr zu bestätigen.

Avanzo, der mit Altichiero fortwährend zusammengearbeitet haben soll, hat das Unglück, mit andern Namensvettern oft verwechselt worden zu sein. Heute darf man es für ausgemacht halten, dass dieser Künstler mit Jacopo Avanzo da Bologna, von dem jenes oben erwähnte Bild in der Gall. Colonna in Rom stammt und der 1403 in der Capella Mezzarata bei Bologna gearbeitet hat, nichts gemein hat.[3]) Auch er stammt vielmehr wahrscheinlich aus Verona, da er dort schon mit Altichiero zusammengearbeitet hat. Ausserdem verraten das die Veroneser Bauten auf seinen Fresken. Abgesehen von der Notiz über seine Teilnahme an der Aus-

---

[1]) Vas. III 634.
[2]) Monumenti dell' univers. d. Padova II 176.
[3]) cf. Crowe Cav. It. A. IV 153. Auch der auf dem Bild N. 410 der Acad. in Venedig signierte Jacobus Avanzi 1367 hat mit unserm Avanzo nichts zu thun.

schmückung des Carraresenpalastes, wo aber nach anderen Berichten[1]) Ottaviano da Brescia mit Altichiero, also nicht Avanzo gemalt hätte[2]), ist sein Paduaner Aufenthalt nur durch die Fresken unserer oben besprochenen Kapellen bewiesen. Alle weiteren Notizen, die man bisher für Avanzo citiert hat, werden dadurch hinfällig, dass es sich dabei immer um einen Maestro Jacopo handelt. Schon oben aber ist gezeigt worden, dass, wenn Avanzo mit Vornamen Jacopo geheissen hätte, die Inschrift unter dem Lucia-Fresco anders lauten musste.

Wir halten nun Umschau, ob wir sonstige Spuren der Thätigkeit der Veronesen finden können.

---

[1]) Nämlich A. Rizzo, cf. Notizia d'opere di disegno ed. Frizzoni p. 77 (Anhang.)

[2]) Ich möchte die Vermutung wenigstens kurz aussprechen, dass in der späteren Überlieferung Altichiero und Avanzo wegen der gemeinsamen Arbeit in Verona auch da leicht zusammengethan werden konnten, wo nur einer von ihnen gearbeitet hat.

V. Andere Werke.

Julius von Schlosser hat in seinem schon genannten Aufsatz[1]) den Versuch gemacht, das Werk Altichieros zu erweitern, indem er nicht nur einige Handzeichnungen der Uffizien (2267 und 2268) und des Louvre[2]) ihm zusprach, von denen die ersteren bisher unter dem Sammelnamen „altveronesisch" und die des Louvre unter dem des Vittore Pisano gingen, sondern auch in den Portraits im Korridor zwischen den Uffizien und pal. Pitti 490 (Mastino) und 492/493 (Cangrande) sowie denen der Portraitsammlung des Erzherzogs Ferdinand 146 (Cangrande) und 147 (Cansignorio della Scala) Kopien von den Portraits auf den Veroneser Fresken sehen will. Ja, er geht noch weiter: Die Darmstädter Petrarcahandschrift soll in ihren Miniaturen verkleinerte Nachbildungen der Paduaner Fresken im Carraresen-Saal (Sala dei Giganti, heute Bibliothek) enthalten. So dankbar wir der scharfsinnigen Kombination sein müssen, wie überhaupt dem Nachweis der grossen Beziehungen, in denen die bildende Kunst Oberitaliens im trecento mit Wissenschaft und fremden Ländern lebt, so glaube ich es mir doch versagen zu müssen, diese Werke abgesehen von dem Petrarcafresko zur Charakteristik Altichieros heranzuziehen.

Die beiden Handzeichnungen der Uffizien stellen eine höfische Gesellschaft beim Fischfang dar. Dort steht eine Gruppe von Männern und Frauen am Ufer, um einer Gesellschaft von Fischenden zuzusehen,

---

[1]) Jahrb. d. kunsthistor. Samml. des Allerhöchsten Kaiserhauses XVI 145 ff.

[2]) Abbildung bei von Schlosser und bei Müntz, la renaissance etc. I 638.

die in einem Kahn sich befinden, den ein junges Weib steuert. Hier sehen wir eine ähnliche Gruppe vom Fischfang heimkehren. Zierlich feine Federstriche, nur Umriss. Die Kostüme höfisch, Schnabelschuhe, eng anliegende Wämser, vornehme Trachten. Die skizzenhafte Architektur im zweiten Bild im Styl der oberitalienischen Gotik. Diese zarte Federstrichelei hat m. E. nichts mit Altichieros schweren dicken Strichen gemein. Der Zeichner ist kein Freskotechniker, sondern eher ein Miniator mit flotter Feder. Auch sprechen die überschlanken, knochenlosen, dünnbeinigen Gestalten gegen Altichieros grosse, stark gebaute Figuren. Dis. 1690, eine getuschte und weissgehöhte Federzeichnung, drei Mädchen darstellend, welche das nicht ganz harmlose Knöchelspiel la quintaine betreiben, ist nach von Schlosser und Wickhoff eine spätere Nachzeichnung eines fresco des XIV. Jahrhunderts.[1]) Aber wo giebt es Fresken mit reinen Genrescenen im trecento? Jedenfalls erinnert hier nichts an Altichiero; die Bezeichnung des Katalogs: Carpaccio dürfte freilich auch nicht richtig sein. Bei der Louvrezeichnung spricht für mich nicht weniger, als alles gegen Altichiero. Der lange Hals, die Haartracht, besonders die üppige Locke, die massig-globige Hand, der allzu üppige Busen, das scharfe Profil, das zu tief sitzende Ohr — nichts von allen diesen sehr hervortretenden Eigentümlichkeiten ist ein specificum Altichieros. Mir scheint die Zeichnung unbedingt ins 15. Jahrhundert zu gehören und vielleicht mit Studien zusammenzuhängen, die ein Oberitaliener im Anschluss an Vittore Pisano oder Domenico Veneziano gemacht hat.

Prinzipieller ist meine Ablehnung der Portraits in den Uffizien. Gewiss befand sich in Giovios Sammlung manche Kopie nach Fresken; nicht nur die Portraits der Gonzaga sind nach Andrea Mantegnas Köpfen in Mantua gezeichnet; wir können noch weiter zurückgehen. Ezzelino ist nach einem fresco in Padua abgezeichnet (cf. Schmarsow, Melozzo da Forli, Anhang p. 374). Aber angenommen, die erwähnten Köpfe sind wirklich Kopieen nach Altichieros Fresken, was lernen wir daraus für Altichiero? Das Wie einer Kopie, noch dazu von fresco auf Holz, hängt doch ganz vom Kopisten ab, und doch käme es darauf allein an. Für eine Biographie Cangrandes lassen sich die Portraits vortrefflich verwerten und empfehlen sich durch ihr Alter; für eine

---

[1]) Eher wäre an die Fresken im Palazzo Borromeo in Mailand zu denken, die schon ins XV. Jahrhundert reichen.

künstlerische Beurteilung Altichieros leisten sie keinen Beitrag, am allerwenigsten die von Cangrande selbst, den Altichiero nie mit eigenen Augen gesehen hat. Betreff der Miniaturen der Petrarcahandschrift halte ich es wohl für möglich, dass sie mehr oder weniger eigenmächtige Nachbildungen der Fresken sind. Die Übereinstimmung der beiden Darstellungen Petrarcas im studio in der Handschrift und dem Bibliothekssaal in Padua ist in der That sonst rätselhaft, und die Miniaturen verraten öfter, dass sie Ausschnitte aus grösseren Bildern wiedergeben. Aber von Schlosser gibt selbst zu, dass der Miniator ziemlich frei verfahren sei; was verraten uns also die Miniaturen? Die Gestaltenbildung ist schon die der Pisanellozeit; die Komposition ist unvollständig; die Miniaturen sind grau in grau gemalt, verraten also nicht die Farben der Fresken. Inhaltlich sind diese Miniaturen wieder sehr interessant; zur Beurteilung der Formensprache Altichieros tragen sie nichts bei.

Das Fresko Petrarca im studio ist jedenfalls so, wie wir es heute sehen, nicht von Altichiero gemalt[1]), aber vielleicht zeigt der untere Teil links noch den ursprünglichen Zustand. An der Rückwand seines in die Tiefe laufenden studio sitzt Petrarca in braunem Talar mit Kapuze auf der Bank vor dem Arbeitstisch, der mit Büchern, Gestellen und Instrumenten besetzt ist. Ein Buch liegt auf dem Lesepult aufgeschlagen vor ihm. Vor dem Tisch die Truhe, bei der ein Hündchen schlummert. Die Hinterwand war, wenn wir der Miniatur trauen dürfen, durch einen Bücherschrank mit offenen Thüren verstellt, neben dem dann der Miniator noch ganz niederländisch anmutende Butzenscheiben angebracht hat.

Das Gemach ist mit der Vorderseite parallel zur Bildfläche gestellt, während die Seitenwände nach rechts einwärts drängen. Da sich das Fresko an der Fensterwand links neben dem Fenster befindet und gegenüber die gleiche Darstellung mit Lombardo della Seta sich befand, so sehen wir hier Altichiero dieselbe Raumtäuschung anbahnen, die er an der Südwand der Felice-Kapelle rechts und links von der Kreuzigung versucht. Es scheint sich hier eine Art Umgang um das Fenster herumzulegen. Das ist eine so eigenartige Täuschung, dass sie unbedingt auf einen Meister in beiden Fällen schliessen lässt.

---

[1]) von Schlosser spricht es (S. 189) überhaupt Altichiero ab und weist es in den Anfang des XV. Jahrhunderts; das ist m. E. nicht nötig.

Durch die Schrägstellung des Zimmers wird die Tiefeneroberung wesentlich erleichtert. Das Schema, das zu Grunde liegt, ist folgendes:

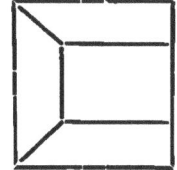

Das ist derselbe Widerspruch zwischen Vorder- und Seitenwand, wie wir ihn auf „Lucias Leichenfeier", der „Darbringung im Tempel" etc. fanden.

Eher als der Darmstädter Petrarcacodex dürfte eine andere Handschrift mit Miniaturen geeignet sein, über den künstlerischen Charakter wenn nicht dieser, so doch verwandter Fresken Auskunft zu geben. Im museo civico von Padua befindet sich ein Manuskript: Pauli Vergerii liber de principibus carrarensibus et gestis eorum. Das Buch enthält seben Vollbilder, Portraits der Fürsten von Carrara, von denen die beiden letzten dem Ende, das fünfte der Mitte des XV. Jahrhunderts anzugehören scheinen. Die vier ersten Bilder dagegen, die Jacobus I, Nicolaus, Marsilius d. Ält. und Ubertino da Carrara vorstellen, dürften noch weiter zurückzurücken sein. Die Gestalten auf diesen vier Bildern sind auf grünen Grund gezeichnet, schwarz umzogen und weiss gehöht. Der Grund ist rot umrändert, ein kleiner Fussboden als Standort ist perspektivisch ausgespart. Alle vier Fürsten stehen im Profil in fürstlicher Tracht mit Hermelinmantel, Stab, Fahne und Mütze. Ein derartiges Familienbuch der Carrara kann sehr wohl für die Wiedergabe der verstorbenen Ahnen sich an vorhandene Vorbilder angeschlossen haben. Und nun wissen wir durch den Anonymus[1]), dass am Brunnen des palazzo del capitano die ritratti der Herren von Padua al naturale de verde gemalt waren. Diese dürften die Vorbilder zu unsern Miniaturen gewesen sein. Aber freilich geben auch diese Kopien nur indirekten Aufschluss über die Originale.

Halten wir uns lieber an die Freskenreste, die an den Mauern der Kirchen Paduas und Veronas noch zu finden sind; wir begnügen uns in der Regel damit, auf ihre Zugehörigkeit zur Veroneser Schule hinzuweisen, ohne sie einer bestimmten Hand jedesmal zusprechen zu wollen.

Ein Werk der Veroneser Schule finden wir in dem Grabmonument der Paduaner Familie Dotti in der Kapelle rechts vom Chor der Eremitani. Der Sarg, auf Consolen stehend, ist in die Wand eingelassen, entsprechend dem damaligen Grabtypus; die darüber ausgesparte Nische enthält die Krönung Marias, in der Laibung des Bogens Medaillons von Evangelisten und Kirchenvätern. Auf der äusseren Stirnseite

---

[1]) ed. Frizzoni pag. 79. cf. Anhang p. 143.

befindet sich in den Zwickeln die Verkündigung. Der Krönung dient ein zierliches, reichgeschmücktes Architekturstück als Hintergrund, wie wir es auf dem Votivbild der Felice-Kapelle und auf der Krönung Marias in S. Giorgio schon fanden. Es ist weiss, nur die Muschel der Absis ist rot. Maria und Jesus sitzen auf dem Thron in gewohnter Weise einander gegenüber; er krönt die Jungfrau (nach dem älteren Typus) mit beiden Händen. Zu den Seiten acht Heilige, von denen die vorderen die beiden knieenden Stifter, die in schwarzer Rüstung mit hohem Helmschmuck erscheinen, zur Mitte leiten. Neben dem Sarkophag stehen links und rechts zwei allegorische Gestalten in Nischen mit schwarz geränderten Rippen; unter der Inschrift ein ähnlich vergittertes Fenster wie unter Bonifazios Sarkophag in der Felice-Kapelle. Da der Tote am 17. März 1370 gestorben ist, so haben wir, falls das Fresco von Altichiero stammt, hier das früheste Datum für seinen Paduaner Aufenthalt.

Die in der Kapelle links vom Chor derselben Kirche befindlichen Einzelgestalten sind durchaus florentinischen Charakters. Dagegen befindet sich ihnen gegenüber noch ein fast ganz zerstörtes Adorationsbild, das wegen des später hier eingelassenen, datierten Sarkophages vor 1381 gemalt sein muss. Die Architektur des Thrones und die Reste der Figuren weisen auf die Veroneser Schule.

Im Santo erinnert ein Nischenbild[1]) über dem Grabe des 1373 verstorbenen Federigo Lavellongo sehr an Altichieros Weise.[2]) Die auf der Weltkugel thronende Madonna wird von sechs Heiligen umstanden, die auf den am Boden in voller Rüstung liegenden Ritter fürbittend weisen. Ein mächtiger Visierhelm mit gezahntem Greifenhals steht auf der Brust des Ritters. Die links stehenden Heiligen empfehlen den zum zweiten Mal erscheinenden, knieenden Edeln, der ohne Rüstung ist, der Madonna. Die Madonna sitzt hier nicht auf dem Thron; das muss zunächst überraschen. Aber die Gestalten erinnern doch unbedingt an veronesische Tradition.

Ferner befindet sich in dem chiostro des Santo das Grabmal des Gerardo, Alberto, Giovanni Bolparo von 1390[3]), das schon wegen

---

1) im Gange zwischen dem südlichen Querschiff und dem ersten chiostro.
2) cf. Gonzati l. c. II 70 (Abbildung) und G. Gattaro, storia padovana. Muratori Scr. XVII 189.
3) Abbildung Gonzati II 84.

der perspektivischen Umrahmung der Brustbilder der Heiligen in der Laibung des Bogens veronesisch genannt werden muss. Auch hier in der Mitte die Krönung Marias, wobei die Thronarchitektur bescheidener als gewöhnlich ist. Vier Heilige bringen die drei knieenden Ritter zum Throne.

Auch im Santo selbst finden wir noch weitere Reste der Veronesen, und zwar in der östlich von der Antonius-Kapelle gelegenen Kapelle. Es sind meist Einzelgestalten in ruhiger Haltung, aber von der monumentalen Erscheinung, wie sie Altichier liebt. Ferner eine Madonna mit dem bambino, der sich rechts und links zwei Heilige nähern[1]).

Ein bedeutenderes Werk Altichieros vermuten wir in dem fresco der Cavallikapelle in St. Anastasia in Verona, neben der Pellegrinikapelle am Chor[2]). (Abbildung 9.) Das Bild muss nach 1390 gemalt sein, dem Todesjahr Federigo Cavallos[3]), dessen Nischengrab die Anordnung dieses fresco bedingt hat. Es zeigt die Adoration von drei Cavalli-Rittern, deren Patrone Giorgio, Martino und Giacomo sie zum Thron der Madonna führen.[4])

Das Breitenformat verbot hier wie in S. Giorgio in Padua eine centrale Komposition. Von rechts nach links geht zum Thron der Zug, die Richtung aufnehmend, die der in die Kapelle Eintretende einschlagen muss. Wir sehen in das Innere einer gotischen Kapelle. Im Hintergrund wird das Seitenschiff in zwei Jochen sichtbar, das vom Mittelschiff durch einen Teppich abgeschlossen ist. Die Absis des Altarhauses wird von zwei Säulchen gestützt. In ihr sitzt die Madonna auf hohem Steinthron, der von einem massiven Baldachin überdacht wird. Maria trägt die Tracht der Edelfrau, Krone und Schleier auf dem Haupt. Das bambino, ein dickes pausbäckiges Bübchen, sitzt vorn auf ihren Knieen nicht in feierlich segnender Haltung, sondern in kindlicher Freude die Ärmchen den Kommenden entgegenstreckend. Auch die Engel sind frei um den Thron gruppiert; mit liebenswürdiger

[1]) Im Museum in Padua befindet sich ein kleines Heiligenköpfchen aus einem abgenommenen fresco, das auch in unsere Schule gehört (ohne Nummer, über N. 1344 hängend).
[2]) Photog. Lotze.
[3]) cf. Cipolla, Arch. Veneto XIX 1880 p. 238.
[4]) cf. l'Orti: di alcuni antichi veronesi guarrieri. Verona 1842.

Handbewegung heisst der vorderste die Ritter willkommen, ein anderer blickt schelmisch halb hinter einer Säule hervor. In reicher Tracht mit blitzenden Diademen stehen sie festlich da; über dem feinen rosa Stoff des Untergewandes liegt in breiten Falten der violette Mantel, dessen umgeschlagene Ecken das leuchtend grüne Futter sehen lassen. Von ihren Schutzpatronen geleitet knieen die drei Ritter dem Throne zugekehrt. Feine aristokratische Gesichter schauen aus den Schuppenhelmen heraus; die fein geschwungene Nase, der feste, selbstbewusste Blick charakterisiert diese Edelen, die am Hofe der Scaliger einen bevorzugten Platz einnahmen — war Giacomo Cavalli doch mit einer Costanza della Scala verheiratet[1]). Aber noch höheren Adel hat der Künstler den Heiligen verliehen, welche die Ritter zum Thron führen. Eine unnachahmliche Haltung und Vornehmheit drückt sich in ihren Bewegungen und Zügen aus; man sieht, der Meister schliesst sich auch in seinen religiösen Bildern an die vornehme Pracht seiner Hofgesellschaft an. Die ganze Anordnung erinnert sehr an das Votivbild in S. Giorgio in Padua. Aber während dort die Gestalten dominieren und nur architektonische Prospeckte über ihren Köpfen den oberen Teil der Bildfläche fällen, wird hier die Scene in das Innere einer Kapelle verlegt, deren Bogen sich stark und gross über den Gestalten wölben. Die Madonna mit ihrem englischen Hofstaat bildet eine festliche Gruppe, zu der der Zug der Ritter und Heiligen herannaht. Das ist ein entschiedener Fortschritt. Auch in der Zeichnung, namentlich der Wiedergabe des Heiligen Georg, wie in der Wahl satter, leuchtender Farben, erinnert das Bild eher an das Meisterwerk Altichieros, seine Kreuzigung in der Felicekapelle als an jenes frühere Votivbild. Wenn wir es ihm selbst zuschreiben dürfen, dann ist damit sein zweiter Aufenthalt in Verona gesichert, da wie oben gesagt, dies Fresko nicht vor 1390 entstanden sein kann. Avanzos Hand ist durch die massive Thronarchitektur ausgeschlossen.

Die übrigen Fresken der Kapelle sind von geringerer Hand; abgesehen vielleicht von der Darstellung eines Wunders des heiligen Gimignano[2]). Wir sehen in eine Schmiedewerkstatt hinein, Amboss, Zange und Huf sind zur Hand, ein Knecht zieht am Blasebalg, das Feuer lodert in der Esse. Vorn steht der Schmied mit dem Schurz

---

[1]) cf. l'Orti l. c.
[2]) cf. Crowe Cavalcaselle It. Ausg. IV 172.

auf dem roten Wams, die Ärmel umgestreift, den Hammer schwingend; der kleine Pferdeknecht hält neben ihm das kranke Bein des Tieres, das der von links herantretende Heilige im Begriff ist zu heilen. Neugierig schaut aus dem Hintergrund die Frau des Schmiedes hervor. Bemerkenswert ist die Treue, mit der hier eine wirkliche Werkstatt geschildert wird.[1])

---

[1]) Vielleicht hängt auch die Kreuzigung auf der inneren Westwand von S. Fermo in Verona mit Altichiero zusammen. Die schlechte Beleuchtung verbietet eine genaue Untersuchung; aber die vielleicht gerade dadurch erhaltene Leuchtkraft der Farben verrät Altichieros Art. Auch hier wieder ein buntes Trachtenbild mit vielen Reiteruniformen, die Juden in langen Mänteln mit der für Altichiero so charakteristischen kurznackigen Gestalt; auch die spitz geschweiften Turbane der Soldaten finden sich hier wie in Padua. Crowe-Cavalcaselle schreiben (It. Ausg. IV 143) das Werk Turone zu; mit dem in der Gallerie in Verona befindlichen Altarbild dieses Meisters hat es aber nicht die geringste Ähnlichkeit. Dagegen ist das Bild als Vorstufe zu Altichieros Meisterwerk, der Kreuzigung in der Felicekapelle, durchaus verständlich.

VI. Herkunft der Schule; Verhältnis derselben zu derjenigen von Treviso.

Wir haben im ersten Kapitel versucht, die Entwicklung der Malerei Veronas über die kritische Zeit nach 1300 bis zu den Tagen Altichieros zu verfolgen, wobei wir aber auf litterarische Notizen und Rückschlüsse angewiesen waren. Die künstlerischen Kräfte, die Altichieros Jugend beeinflusst haben, bleiben unbekannt. Etwas günstiger steht die Sache mit Padua; hier wissen wir von einer Malerei, die vor 1370 Wand und Buch schmückt, und wenn es gelingt, diese als Vorstufe zu den Fresken des Veronesen zu begreifen, dann werden wir uns entschliessen müssen, statt Veronas Padua als die künstlerische Heimat und Herkunft Altichieros und Avanzos anzusehen; hier erst hätten sie dann den charakteristischen Styl ausgeprägt, der sie für die Überleitung der trecentokunst zum quattrocento hin so bedeutsam macht.

In der That weiss die Geschichte der Malerei in Padua zwischen Giottos Fresken in der Arena und Altichieros im Santo einen Künstler namhaft zu machen, der in selbständiger Weise die Kunst fortführt. Es ist Guariento. Wir können seine Thätigkeit nachweisen für die Zeit von 1338 bis etwa 1378;[1]) wir wissen, dass er von dem Dogen Marco Cornaro (1365—67) nach Venedig berufen wurde, um dort in der Sala del maggior Consiglio zu malen — ein Auftrag, der seine Überlegenheit über die damaligen venetianischen Künstler beweist; wir haben ein signiertes Bild von ihm und dürfen ihm wahrscheinlich einige Fresken in Padua selbst zusprechen.

Von dem Sicheren ist auszugehen. In der Pinakothek in Bassano hängt ein grosses Kruzifix mit den Halbfiguren Gott Vaters, Marias und Johannes an den Passenden[2]). Der Christuskörper ist sehr lang, schmal

---

[1]) Crowe Cavalcaselle l. c. p. 192.
[2]) Crowe Cavalcaselle l. c. p. 193.

stark ausgebogen. Ein feines Schleiertuch liegt um die Hüften. Dichte braune Locken, auf denen die Dornenkrone ruht, bedecken das Haupt, das tief auf die Brust gesunken ist. Der Leib hängt nicht in seiner Schwere. Die Ausführung ist sehr fein und sorgfältig, die Modellierung gering. Auch die Halbfiguren zeigen wenig Relief. Gott Vater segnet mit der Rechten und hält in der linken ein geschlossenes Buch. Die beiden Seitenfiguren drücken fast gewaltsam ihre Trauer aus. Am Fuss des Kreuzes kniet die Stifterin, Maria Bovolini, wie die Inschrift sagt, deren Familienwappen seitlich angebracht ist. Am Fuss des Kreuzes die Inschrift; Guarientus pinxit.

Bei aller Befangenheit der Zeichnung, die auf die erste Hälfte des trecento hinweist, ist die Wiedergabe des grossen, mächtigen Leichnams grossartig zu nennen. Giottos Kruzifix in der Arena war zweifellos das Vorbild, und seine Typen kehren auch in den Halbfiguren wieder. Die Hauptfigur bedeutet aber schon einen Fortschritt über Giotto hinaus[1]).

Ein zweiter crocifisso im Dom von Bassano ist von derselben Hand, aber in kleinerem Maassstab und unbedeutender; die Dornenkrone fehlt hier.

Nach Rossetti[2]) hat Guariento in Padua die Kapelle der signori capitani mit alttestamentlichen Fresken ausgemalt. Ihre Reste sind heute in der Academia delle scienze aufbewahrt; die Kapelle ist 1769 zerstört worden. Zerstörung und Übermalung beeinträchtigten die Würdigung dieser Reste sehr. Unter den alttestamentlichen Bildern finden wir Isaaks Opferung, Sodoms Untergang mit Lots Weib im Vordergrunde, das zur Salzsäule erstarrt ist, den Besuch der Engel bei Abraham, die 3 Männer im feurigen Ofen, Judith und Holofernes, Joseph von den Brüdern verraten u. a. Möglich dass diese Kapelle einst ein Gegenstück zu der der Herren Scrovegni darstellte und, wie dort die neutestamentlichen, hier die alttestamentlichen Scenen von Adam bis Daniel enthielt. Wenn man diese Scenen mit gleichzeitigen der florentiner Schule vergleicht, so überrascht hier die breite Raumentfaltung, die ausführliche Wiedergabe des Schauplatzes und dann die Vorliebe für besondere Trachten, sei es der Krieger, die vor dem

---

[1]) Die Verlobung der heiligen Katharina (Nr. 1 derselben Gallerie) wird auch Guariento zugewiesen, gehört aber der Schule von Treviso an, von der später die Rede sein wird.

[2]) Guida di Padova p. 261—62.

feurigen Ofen zurückschrecken, sei es der Judith, deren Haupt phantastisch von Bänderschmuck umflattert wird. Über die Farben sagen Crowe Cavalcaselle: Il colorito è vago e trasparente, e le tinte ben fuse ed unite tra loro, come gia abbiamo osservato discorrendo del gran Crocifisso del Guariento a Bassano.

Wir sehen, es finden sich nach verschiedenen Seiten hin Ansätze, die über Giotto in der Richtung hinausgehen, die dann die Veronesen siegreich durchführen. In der Raumgestaltung, in der Freude am Sächlichen, in der Farbe liegt hier die Vorarbeit für Altichiero. Ob die Madonna und Matthaeus an der Rückwand auch Guariento zuzuschreiben sind, wie Crowe Cavalc. p. 211 ohne weiteres annehmen, bezweifele ich. Dieselben scheinen mir vielmehr mit der Madonna über der Sakristeithür in den Eremitani zusammenzuhängen und florentinisch zu sein. Die Einzelgestalten der Engel an der dritten Wand des Accadmiesaales zeigen keine weiteren Besonderheiten; sie scheinen vergrösserte Miniaturen zu sein.

Guarientos Fresken im Dogenpalast sind bekanntlich zerstört, und die letzten Spuren sind durch Tintorettos grosses Gericht bedeckt. Der Verlust des Bildes „die Schlacht von Spoleto" ist umsomehr zu beklagen, als dieser historische Vorwurf ein treffliches Gegenstück zu den Schlachtenbildern der Veronesen bieten und zu gleicher Zeit über sich herausweisen würde auf die Darstellung der Versöhnung Barbarossas mit Alexander III, welche Gentile da Fabriano später im Dogenpalast gemalt hat, wohl in Anlehnung an das schon 1319 in der Cap. S. Niccolo im Dogenpalast gemalte Fresko gleichen Inhalts.[1]) Nicht ganz so aussichtslos ist es, sich von dem Paradiso Guarientos in demselben Saal eine Vorstellung zu machen. Wir haben eine genaue Beschreibung des Bildes von Pietrucci[2]), nach der die ganze Anordnung dieses fresco übereinstimmt mit dem Paradiso von Jacobello del Fiore in der Academie in Venedig[3]). Wenn Jacobellos hoher Thron mit der zierlichen Architektur, der zweietagige Untersatz mit den einzelnen Kästchen für die Evangelisten und Engel einen Rückschluss auf Guarientos Fresco gestatten — und wenn man Pietruccis Beschreibung mit Jacobellos Bild vergleicht, so stimmt fast jeder Zug in den Einzelheiten — so haben wir hier eine direkte

---

[1]) cf. Crowe Cavalc. l. c. 276.
[2]) cf. Crowe Cavalc. l. c. 194, abgedruckt im Anhang.
[3]) Phot. Naya.

Vorstufe für die Veronesen. Man denke an die Krönung Marias in S. Giorgio, an die reiche Thronarchitektur bei allen Grabnischenbildern. Die ganze Massenversammlung der himmlischen Heerscharen wird hier nicht einfach Kopf an Kopf im Tapetenstyl übereinander gereiht, wie es in Florenz etwa 10 Jahre vorher Orcagna thut, sondern ein festes Gerüst als Unterlage wird gegeben; nicht nur der Thron steht fest auf hohem Piedestal, auch die Reihen der Heiligen sind auf Sitzbänken verteilt und drehen die Schulter aus dem Bild heraus, da sie seitwärts sitzen. Ich erinnere an die Heiligenbilder an der Decke der Felice-kapelle, wo auch die Frontalansicht verlassen war. Wir wissen ferner von einer Verkündigung, die Guariento hier gemalt hat; es ist dabei von gemalten Nischen die Rede, in denen die beiden Gestalten sitzen. Wir werden uns das als Einrahmung der Gestalt zu denken haben und finden darin wieder eine Beziehung zu Altichieros Eigenart. Endlich wird durch die Berufung Guarientos nach Venedig noch seine koloristische Begabung erhärtet; denn wir wissen, dass seine Vorgänger hier in chiraroscuro gemalt haben, die er überbieten sollte. Und das war gerade in Venedig nicht leicht, wo wir in jener Zeit Koloristen wie Lorenzo Veneziano u. a. finden!

Auf Grund von Vasaris[1]) Notiz wird Guariento auch der Fresken-schmuck des Chors in den Eremitani in Padua zugeschrieben. Nach meiner Ansicht zeigen diese Fresken durchaus florentinische Schule. Hier ist nichts von einer andern Figurenrechnung; die Gestaltenbildung ist rein florentinisch, breite dicke Körpermassen ohne rechte Durch-bildung; auch die Architektur verrät die Gaddischule. Vor allem aber verbieten die harten, kalten Farben, an Oberitalien als Heimat dieses Künstlers zu denken. Er ist am glücklichsten in den feinen grau in grau gemalten Planetenbildern und Passionsscenen und in den kleinen Scenen, die von den gestreckten Vierpässen neben der Absis eingerahmt werden. Wenn wir nun die hier befindliche Kreuzigung eines Heiligen mit der Kreuzigung Philippus' in der Lucakapelle des Santo vergleichen, die von Giusto 1382 ausgemalt ist, so werden wir durch die über-raschende Gleichartigkeit eher dazu geführt, Giusto auch für den Chor der Eremitani in Anspruch zu nehmen. Von ihm wird später die Rede sein.

Somit wäre in Guariento ein Vorläufer der Veronesen gefunden,

---

[1]) Vas. ed. Mil. VI 92. cf. auch Anonym. ed Frizzoni p. 64.

der vielleicht der Lehrer unseres „Jacobusmeisters" war. Wir haben aber daneben noch eine andere Vorstufe aufzuweisen, die die Miniaturkunst dieser Zeit anbietet. In der Bibliothek zu Rovigo befindet sich ein Codex, der 298 Bilder zur Genesis und 46 zum Buch Ruth enthält, je vier auf einer Seite und mit kurzem, italienischem, erklärendem Text darunter, (der biblische Text ist nicht gegeben)[1]). Die Dialektsprache weist auf Venetien, das Buch war im Besitz einer Familie Silvestri und ist vielleicht im Anfang des Jahrhunderts von Padua hierher gekommen, als Napoleon das Benediktinerkloster St. Giustina aufhob und seine Schätze zerstreute.[2]) Die Bilder sind nicht von einer Hand, (das ist schon bei der Zahl von 344 Bildern unwahrscheinlich); hinter Bild 45, 56, 85, 141 und 157 scheint jedesmal der Künstler zu wechseln. Darnach dürften wir ein Klosterbilderbuch vor uns haben, in das geschickte und fleissige Mönche nacheinander sich die heiligen Worte in Bilder umsetzen.

Schon die gotische Minuskel weist in das 14. Jahrhundert, noch mehr aber der künstlerische Styl der Bilder selbst. Die ersten Bilder sind ganz flach gehalten, geben wenig Scenerie; die Architektur, die vorkommt, ist massiv. Grosser Figurenmassstab, die Tuschfarben ziemlich hell. Dagegen wird von Bild 46 an der Figurenmassstab kleiner, die Scene ausführlich dargestellt; die Requisiten werden weniger plump. Bild 53 zeigt ein Bett im Alkoven, das an König Ramiros Schlafzimmer in der Felicekapelle erinnert. Überhaupt nähert sich jetzt der Charakter der Architektur sehr dem Styl der Veronesen, wenn sie auch noch nicht ausgesprochen gotisch ist. Dieser Charakter findet sich erst vom Bild 86 an. Hier finden wir mehrmals die offene Laube mit drei Arkaden, die in ein Hinterzimmer mit zwei Seitenthüren durchblicken lässt. Es ist genau die Anordnung wie bei der Ratssitzung König Ramiros in der Felicekapelle. Die Ratssitzung des Königs Abimelech, Bild 88, scheint geradezu das Vorbild für jenes fresco gewesen zu sein. Dieser Künstler zeichnet sich durch grosse Sauberkeit, peinliche Ausführung, zierliche Dekoration und Architektur aus. Vornehm und leicht fallen die Gewänder, die Gestalten haben stolzen Wuchs, die Frauen werden in schöner Fülle gezeichnet. Hagar, die mit Ismael das Haus verlässt, erinnert an die junge Mutter am Stadtthor Jerusalems (Kreuzigung Felice-

---

[1]) Berichtet wurde über diesen sehr wertvollen Schatz schon im Kunstblatt 1846, 15. October N. 50.

[2]) Mündliche Mitteilung des Bibliothekars in Rovigo.

kapelle). Neben der Architektur, die nicht eigentlich als Prospekt gegeben wird, viel freie Natur, Hügel, Hütten. Der Grundcharakter dieser Bilder ist bukolisch-idyllisch, oft intime Stimmung, innige Treuherzigkeit. Das äussert sich z. B. in der Scene, wo Rebecca Eliesers Kameele tränkt. Häufig sind Intérieurs gegeben. Während dann die Bilder 142—157 sich wegen der plumperen Gestalten und des härteren Farbenauftrags als von einer ungeschickteren Hand herstammend verraten, finden wir von 158 an bis zum Schluss wieder die gleiche Art wie 86—141. Eine immer grössere Freude am Sächlichen greift Platz. Es werden die Schlaf- und Wochenstuben mit aller Freude am Kleinen gegeben. Die Kaufleute, denen Isaak verhandelt wird, tragen exotische Turbane; die Mitgefangenen Josephs sind in den Schraubstock gespannt. In der Zeichnung, namentlich im freien Contour, zeichnen sich die Bilder 281—284 (Jacobs Ende) besonders aus. Die Intérieurs sind mit perspektivischem Geschick gegeben, ähnlich wie das Petrarcafresko Altichieros; das untere Drittel der Bildfläche wird meist vom Fussboden eingenommen. Die Hauptsache ist aber auch hier wieder die einheitliche Rechnung der Figuren und der Scene. Mir scheint, dass wir in diesem Beispiel eine Probe der Miniaturkunst vor uns haben, die in Padua etwa um die Mitte des 14. Jahrhunderts oder etwas später gepflegt wurde, und dass die Veronesen, vor allem der etwas kleinliche, aber genaue Avanzo hier seine Formensprache wesentlich erlernt oder umgelernt hat. Der Charakter der Bilder schliesst eine Entstehung erst nach unsern Fresken, also um die Wende des Jahrhunderts, aus. Die Illustrationen der Darmstädter Petrarcahandschrift, die nach J. von Schlosser[1]) um 1400 entstanden sein dürften, zeigen schon eine viel grössere Freiheit, sie. gehören schon der Pisanellozeit an. Das Gleiche gilt von den oben erwähnten Miniaturen des carraresischen Hausbuches.

Wir haben also in Guariento sowohl wie in diesen Genesisminiaturen die paduaner Kunstübung vor uns, wie sie die Veronesen um 1370 vorfanden. Im Gegensatz zu dieser Herleitung der veroneser Schule hat man kürzlich versucht, eine andere mit Altichiero in Zusammenhang zu bringen. Wieder ist es Julius von Schlosser, der in einem Aufsatz über Tommaso da Modena[2]) diesen Künstler mit Altichiero in Verbindung zu bringen sucht; und da er früher gemalt hat als Altichiero, so müsste nach von Schlosser — was er freilich nicht ausdrücklich ausspricht

---

[1]) l. c. XVI. p. 185.

[2]) Jahrbuch d. khist. Sammlungen des Allerhöchsten Kaiserhauses XIX.

— hier die künstlerische Herkunft des Veronesen zu suchen sein. Wir glauben diesen Vorschlag gänzlich zurückweisen zu müssen. Beglaubigte Werke dieses Tommaso, den schon Federici als Trevisaner erkannt hat,[1]) sind das Tafelbild in Wien, das in Karlstein und die Kapitelfresken in S. Niccolò in Treviso. Letztere sind inschriftlich von 1352; der Auftrag für die beiden Altarbilder ist nach von Schlosser erst auf dem Durchzug Karl IV durch Treviso im Jahr 1368 gegeben. Neuwirth[2]) und Crowe Cavalcaselle[3]) nehmen ein früheres Datum an (1354 resp. 1357) und glauben auch an Tommasos Beteiligung bei der Ausmalung der Catarinen-Kapelle in Karlstein. Das mag in suspenso bleiben. Von Schlosser glaubt aber weiter vier der Pfeilerfresken in S. Niccolò in Treviso dem Tommaso zusprechen zu dürfen und möchte ihm auch einige Fresken im Castello Collalto b. Conegliano zuweisen, eine Jugendarbeit ca. 1340. Den sehr wichtigen Cyklus der Ursulalegende im Museo civico in Treviso schreibt er nicht unbedingt Tommaso zu, rückt ihn aber doch sehr in seine Nähe[4]).

Beginnen wir mit dem letzten Punkt. Wer die Pfeilerfresken in S. Niccalo für eine Arbeit des Tommaso hält, muss die Ursulalegende ihm auch zuschreiben. Das beweist ein Vergleich der stehenden Einzelfigur Ursulas mit einer der Heiligen am Pfeiler, etwa St. Agnese. Die Architektur des Thrones, auf dem S. Romuald sitzt, kehrt auf den Fresken der Ursulalegende einfach wieder. Die Trachten der Heiligen, das Incarnat, die Zeichnung der Gestalten — alles hängt zusammen. Stimmt nun aber der Kapitelsaal, der inschriftlich von Tommaso ist, mit der Ursulalegende überein? Einzelne Köpfe der Kardinäle im Konsistorium des Papstes oder des päpstlichen Gefolges bei der Ankunft Ursulas in Rom erinnern allerdings an die Dominikanerköpfe im Kapitelsaal; daneben aber verraten die Ursulafresken einen bedeutenden Fortschritt, der schlechterdings in der Mitte des 14. Jahrhunderts unverklärbar wäre. Die Stoffbehandlung ist sehr sorgfältig, harte und weiche Stoffe werden unterschieden. Es kommen höfische Genrefiguren vor, wie der

---

[1]) Federici. Memorie Trevigiane I 65 ff. ·
[2]) Mittelalterliche Wandgemälde und Tafelbilder der Burg Karlstein, Text p. 93.
[3]) l. c. IV 103.
[4]) Alles Einzelne bei von Schlosser, Crowe Cavalc. und in Bailos verschiedenen Publikationen im Bolletino del Museo Trivigiano. cf. auch C. G. Milanesi: la chiesa di San Niccolò a Treviso.

junge Page mit dem Falken auf der Hand (2. Bild) oder die beiden Edelknaben auf dem 4. Bild, in fest anschmiegender Pagentracht. Auch die Edelfräulein tragen vornehme Gewänder, die den Hals frei lassen. Von Schlosser sucht das alles durch das Stichwort „höfische Kunst" zu decken, wodurch aber nur die Requisiten, nicht ihre Verwendung und Ausführung erklärt werden. Was sagt er ferner zu der Vollendung der Formensprache in der Wiedergabe komplizierter Stellungen und Verkürzungen, in der Beobachtung unwillkürlicher Bewegungen? Jener Jüngling auf dem 5. Bild, (Abbildung 10) der sein Wams eben über den Kopf streift, gehört doch wohl unmittelbar in die Zeit Masolinos oder zu den Gebrüdern S. Severino in Urbino? Wie sind solche Gliederverschlingungen in so früher Zeit zu erklären, wie sie sich auf dem letzten Bild, dem Martyrium der Jungfrau finden? Hier wird ein hefttiges Durcheinander gegeben, ein fortwährendes Überschneiden der Glieder, ein schneller Wechsel stehender, fallender, sinkender und hebender Figuren. Und endlich das Ornament. Wir finden ein frei geschweiftes, stark modelliertes Blattornament, dass sich völlig von dem Flachornament der Trecentokunst loslöst und über dies Jahrhundert hinaus oder wenigstens an sein Ende weist.

Alles das sind Momente, die einen späten Ansatz, also nach 1400 zu erzwingen scheinen. Daneben finden sich freilich auch wieder überraschende Mängel. Was am wenigsten gelingt, ist die Scene. Die Bilder sind alle sehr flach, die Darstellung bleibt in der ersten Zone stecken. Die Figuren überwiegen stark und füllen den unteren Teil der Bildfläche. Das Ungeschick der scenischen Anordnung verrät sich am deutlichsten bei einem complicierteren Schauplatz wie bei Ursulas Rheinfahrt und Landung in Rom, wo Fluss, Hafen und Stadtsilhouette gegeben werden müssen. Das misslingt noch, die Anordnung übereinander herrscht noch vor. Wenn diese Unbeholfenheit auf primitivere Kunstübung zurückzuweisen scheint, so kommen wir damit aber keineswegs in die Nähe von Altichieros Schule. Denn bei den Ursulabildern fehlt jedes perspektivische Interesse, jede Raumkunst; der reine Figurenstyl herrscht hier; ganz anders bei den Veronesen. Wir haben es vielmehr mit einer trevisaner Lokalschule zu thun, die auf Tommaso sich aufbaut. Tommasos Stärke liegt in den Einzelgestalten (die Altarbilder geben sogar nur Halbfiguren), in ausdrucksvoller Physiognomie und koloristischer Pracht, wie das Wiener Bild zeigt. Er liebt ein warmes Incarnat, und hat einen rundlichen ziemlich fleischigen Madonna-

7

typus, darin den Veronesen verwandt. Die Kästchenbilder im Kapitelsaal scheinen perspektivisches Interesse zu verraten und liessen sich wohl
mit dem Petrarcafresco zusammenstellen. An dem schräggestellten Pult
sitzen die Patres dominicani vor dem aufgeschlagenen Buch in dreiviertel
Profil; die Seitenwand öffnet sich in einem kleinen Fenster mit Brüstung.
Nur drei Dominikaner sitzen vor ihrem Pult, das hier parallel zur Bildfläche
steht. Derartige Anordnungen sind zweifellos der Miniaturkunst entlehnt, die in der Bibliothek des Dominikanersklosters in manchen Proben
ähnlicher Anordnung vertreten gewesen sein mag. Aber im Verlauf dieser
Schulentwicklung tritt jedes perspektivische Interesse zurück. In der
Zeichnung der Gestalten, der Trachten, des Gesichtsausdruckes wird
vorzügliches geleistet; nur die Modellierung ist gering und die Struktur
der Körper wenig durchgeführt. Die Komposition des Bildes gelingt da,
wo es sich wesentlich um Figuren handelt, misslingt, wo eine tiefe
Bühne gefordert wird.

Jede Beziehung zu Verona wird ferner durch die Architektur
widerlegt. Nichts von dem dortigen feinen gotischen Maasswerk, sondern
massiv knollige Formen, mit mächtigen Stützen und schweren Knäufen
Man vergleiche einmal die Stadtsilhouette Cölns oder Roms auf den
Ursulafresken mit der Stadtansicht Jerusalems auf der Kreuzigung in
der Felicekapelle. Die Farben sind heller, zarter, die Übergänge sehr
allmählich. Die Gesichter sind typischer, als bei den Veronesen; dagegen
ist der Akt des Täuflings z. B. viel besser gelungen, als etwa der Georgs
auf der „Räderung".

Der ganze Ursulacyklus macht trotz mancher Einseitigkeiten einen
höchst bedeutenden Eindruck. Er muss in das Ende des Jahrhunderts
gerückt werden. Wenn 1365 ein solcher Maler in der Nähe Venedigs
schon gelebt hätte, so wäre es schlechterdings unerklärlich, warum der
Doge für den Schmuck seines Hauptsaales einen Künstler wie Guariento
beruft, der im Vergleich mit dem Ursula-Meister viel primitiver ist.
Dieser letztere bildet vielmehr die Vermittlung zwischen den trecento-
Fresken des Dogenpalastes etc. und der Freskoarbeit des kommenden
Jahrhunderts in Venedig.

Nun hat aber von Schlosser das Werk Tommasos noch zu eiweitern
gesucht und eine Jugendarbeit von ihm (ca. 1340) in einigen Fresken
des Kastells Collalto zu finden geglaubt. Mit Recht unterscheidet von
Schlosser bei den neben Pordenones Fresken befindlichen trecento-Bildern
zwei Hände. Der ersten gehören der 12jährige Jesus, der Tod Marias,

die Verklärung und Auferstehung an. In ihr sieht von Schlosser die des Lehrers oder Vorgängers des Tommaso; ich fasse diese Bilder-reihe als eine Kunstübung auf, die, auf dem grossen Vorbild der Arena in Padua fussend, am besten als Bauernstyl der terra ferma bezeichnet werden kann. Diese Richtung steht der byzantinischen Tradition noch nahe, hat aber in Giottos grossem Werk ein Vorbild gewonnen, dass sie mehr oder weniger benutzt in unbeholfener und technisch unsicherer Weise. Wir können diese Schule südlich bis Ravenna verfolgen; nördlich von Venedig finden wir hier ihre Spur.

Die zweite Hand, der wir die Prosdocimuslegende, Georgs Drachen-kampf, St. Ursula und eine Madonna di latte verdanken, ist viel ent-wickelter. Die Gestalten sind nicht mehr so plump, sondern schlanker und länger, die Formen voller, der Frauentypus runder, blondhaarig. Auch hier wenig Angabe des Raumes und die Körper gering modelliert. Ursula und ihre Begleiterinnen tragen höfische Tracht: Hermelin-Mäntel und mi-part Gewänder; diese sind aber phantastisch verziert im Unterchieds von der Verzierung auf den Ursulafresken im Treviso. Die Gesichter sind ovaler, als dort. Wie Tommaso gelingen diesem Künstler Einzelgestalten, aber bewegte Scenen wie Georgs Drachenkampf, noch nicht. Dies Bild scheint auf eine Miniaturvorlage hinzuweisen. Die Architektur, die sich auf der Prosdocimuslegende hie und da findet, hat wieder nicht das Geringste mit der der Veronesen zu thun. Diese Fresken der zweiten Hand stehen dem Ursulacyklus in Treviso sehr nahe, sind aber weniger entwickelt. Sie stehen meines Erachtens zwischen Tommaso und diesem Cyklus.

Obwohl dieser ganze Bilderkreis mit den Veronesen nichts zu thun hat, zähle ich hier noch die Werke auf, die mir damit im Zusammen-hang zu stehen scheinen.

In Bassano finden sich einige Fresken, die der Ursulalegende in Treviso nahestehen, wenn sie nicht gar in die Pisanellozeit weisen, in die auch eine Madonna im Trevisaner Museum zu setzen ist, die den-selben architektonischen Schmuck der schmalen hochgestelzten Bogen hinter sich hat wie wir ihn auf Pisanellos Fresco am Grabmal Brenzoni in S. Fermo in Verona finden. An der Aussenwand von S. Francesco in Bassano befindet sich eine Verkündigung; der grosse Engel kniet vor der Jungfrau, die in ihrem Betpult sitzt; neben ihr das Lesepult. Der kleine embryo fliegt auf Maria zu, über der offenen Tiefe schwebt Gott Vater in einer Mandorla. Zwischen dem Engel und Maria kniet der Stifter, ein Ritter im weissen Wams. In der Pinakothek (N 1) findet sich eine Verlobung der heil. Katharina, die auch hierher gehört, obwohl die Architektur an die Veronesen erinnert. Sie ist hier Guariento getauft. Endlich findet sich noch an der Aussenseite des Doms dieser Stadt ein starkverblichenes fresco, die Madonna, von zwei Engeln gekrönt mit zwei Heiligen. Proben jener primitiven Kunstübung, die sich auf Giottos Arenafresken aufgebaut zu haben scheinen und folglich Seitenstücke zu den älteren Fresken im Castello Collalto sind, deren Charakter wir durch das Wort Bauernkunst zu erklären suchten, finden wir in dem Gebiet südlich von Venedig einmal in der alten, jetzt verlassenen Abtei Pomposa südlich von Adria und dann in der Heimat alter Kunstübung, in Ravenna[1]). Diese wohl der zweiten Hälfte des trecento angehörenden Fresken bleiben ganz im grossfigurigen Styl befangen und geben ganz geringe Andeutungen der Scene; die Architektur gibt den toskanischen, speziell sienesischen Schreinerstyl, ohne Verhältnis zu den grossen hochgegürteten Gestalten, deren Tracht in nichts an die „höfische Kunst" Oberitaliens erinnert. Ein einziges Mal kommt etwas anderes vor. Neben der strage degli innocenti (St. Maria in porto fuori bei Ravenna, linke Chorkapelle) findet sich eine Nische, über deren Spitzbogen sich noch die Architektur der Stadtsilhouette hinzieht, die zu dem anstossenden Fresko gehört. Hier findet sich ein Balkon mit den Halbfiguren zweier Frauen, die durch die Architektur bildartig eingerahmt werden. Das zeigt eine gewisse Verwandtschaft mit der Altichiero-Schule. Aber von perspektivischem Interesse ist hier sonst keine Rede. Die Zeichnung ist hart, die Farbe ziemlich flau, die Modellierung gering und die tief gerillten Falten erinnern noch an byzantinische Kunstübung. Der Künstler von Pomposa scheint der primitivste, der in Castel Collalto der fortgeschrittenste. Aber alle haben nichts mit der Schule von Verona zu thun.

Wir dürfen abschliessend sagen, dass die trecento-Schulen in Venedig und Treviso unabhängig von Padua sich entwickeln — Venedig beweisst auch hier einmal wieder seine isolierte Stellung, — und dass daneben von Padua aus eine Bauernkunst ausgegangen ist, die über Giottos Formensprache nicht hinauswächst. Was die Veronesen in Padua vorfanden, waren Guarientos Fresken und die Miniaturen in den Klöstern.

---

[1]) In San Giovanni evangelista, St. Chiara (heute Hospital) u. St. Maria in porto fuori le mura.

VII. Charakteristik der Schule.

Suchen wir die Veroneser Malerschule als Ganzes zu charakterisieren, so stehen wir zunächst vor einem seltsamen Symptom. In einer Zeit, in der in Florenz die schöpferische Kraft erlahmt, in der Siena von seiner Vergangenheit zehrt und Umbrien seine Miniaturtechnik höchstens durch Anleihen in Florenz erweitert[1]), in der Rom noch immer unter den Folgen des avignonesischen Exils leidet, in der endlich auch in Neapel die Kunstbestrebungen des angiovinischen Hofes zurücktreten, — in dieser Zeit nur leisen und schwachen Fortdämmerns der trecentokunst bricht sich in Oberitalien eine völlig anders geartete Kunstweise Bahn, die mit frischem Geist und eigenster Kraft erfüllt ist, in voller Ursprünglichkeit schafft und somit für das beginnende quattrocento eine Vorstufe wird, die diesen Namen noch specieller als die ganze toskanische trecentokunst verdient.

Erklärt sich dies seltsame Phänomen lediglich aus dem geheimnisvollen Wirken des künstlerischen Genius, der um seiner selbst willen aus der inneren Fülle herausschafft, oder hat eine glückliche Verkettung von Umständen die Verbindung von Kräften ergeben, die vereinzelt nicht über das allgemeine Niveau des damaligen Könnens herausgeführt hätten, in Gemeinschaft aber etwas Einziges zu leisten vermochten? Wenn es der Wissenschaft auch nie gelingen kann, die letzten Ursachen geistigen und künstlerischen Lebens in äusseren Umständen aufzudecken, so wird sie doch die Gunst der Verhältnisse von dem Druck der Gesamtlage zu unterscheiden wissen und damit wenigstens einen Faktor nachweisen, der hülfreich oder hemmend eingewirkt hat.

So ganz überraschend scheint es denn in der That nicht, dass Oberitalien sich von der übrigen Halbinsel in dieser Zeit künstlerischen Ringens unterscheidet. Die Geschichte dieses Landes ist nicht die

---

[1]) Allegretto Nuzi ist ein Schüler Taddeo Gaddis.

Geschichte Mittelitaliens; der Menschenschlag ist überhaupt ein anderer. Dazu kommt aber noch speciell für diese Zeit eine Form politischen und socialen Lebens, die von der Toscanas gündlich verschieden ist. Wir haben schon oben davon gesprochen. In Toscana Republiken, in Oberitalien Fürstenhöfe; dort Signorien, hier Gewaltherrscher; dort entscheidet die Menge, hier ein einzelner. Und während in Toscana die alte Grossmacht der Kirche ihre Hand auf Land und Leute nach wie vor legte (mochte der Einzelne auch sich faktisch schon dem Machtbereich dieser unpersönlichen Autorität entzogen haben), legte in Oberitalien ein starkes Fürstengeschlecht nach dem andern — trotz aller äusseren Devotion — die Macht der Kirche brach. Die Herrscher entschieden durch ihr Leben darüber, wie ihre Unterthanen das Leben anzusehen sich gewöhnten. Nicht durch ewigen Gehorsam und toten Tribut an Geist und Gut, sondern in That und Kampf war das Leben und sein Wert zu erringen. Der Erfolg erstickte alle Bedenken; die Gewalt vernichtete jede Gegenwehr. Ein weltenfrohes Hof- und Lagerleben flutet von den Hochsitzen der Visconti, Scaliger, Gonzaga, Carrara, Este, Polenta in das Land, das schon so manchen Heereszug gesehen und sich daran gewöhnt hatte, der Spielball der Leidenschaften seiner schnell wechselnden Herrscher zu sein. In solchen Zeiten, wo der Augenblick entscheidet, wird die Energie des Einzelnen ganz anders angespannt, als da, wo Gefahr und Wechsel fehlt. Es weht eine Luft geistiger Selbständigkeit, Selbstverantwortung; sie musste auch denjenigen berühren, der berufen ist, die heimlichen Regungen der Zeit, in der er steht, in eigenster Sprache ihr zum Bewusstsein zu bringen, den Künstler.

Solche künstlerische Selbständigkeit sehen wir in der That sich regen bei der Bewältigung des von Norden einbrechenden neuen Architekturstyles, der Gotik. Der gotische Gerüstbau wird dem Prinzip der Weiträumigkeit untergeordnet, die im Norden konstruktiv behandelten Einzelglieder dekorativ verwandt und als zierlicher durchbrochener Filigranschmuck zu einer malerischen Einheit verbunden. Die Skulptur verzichtet noch auf ihre plastische Selbständigkeit und ordnet sich in das architektonische Gerüst ein, um dessen spezifischen Charakter zu verstärken. So bleibt auch hier noch wie im ganzen Mittelalter die Architektur die führende Kunst; sie wird aber nach einer Seite hin abgewandelt, die ihr Wesen der dritten Kunst, der Malerei entlehnt. Wie wirkte dies auf die Malerei selbst?

Hier liegt der springende Punkt. Wir stehen an einem für die Geschichte der Malerei höchst bedeutsamen Momente. Die Malerei des Mittelalters tritt hier zum ersten Mal in ihr eigentliches Wesen ein; sie wird, was sie von Natur ist — malerisch. Die Zeiten des reinen Flächenornaments sind vorüber, die Unterstellung unter die plastische Kunst ist vorbei. Sie löst sich noch nicht ganz von der Architektur, die sie so lange unter ihre Fittige genommen hatte; aber wie sie diese durchdrungen, so lässt sie sich wiederum von ihr durchdringen. Eine malerische Architektur wird in Venedig, Padua und Verona gebaut; malerische Architekturprospekte könnte man die Fresken nennen, die ihre Kirchenwände schmücken.

Das reine Gestaltenbild hat seine Alleinherrschaft eingebüsst. Die toscanische Kunst hat darin das Grösste geleistet, aber sich selbst an die Grenze dieser Sphäre geführt. Die Blütezeit der Skulptur bricht in Toscana früher an, als die der Malerei. Niccolò Pisano ist der grosse Meister, der seinen Gestalten die volle Leiblichkeit, die somatische Realität und Grösse verleiht. Sein Sohn, der Gotiker, opfert die vollen Formen der lebhaften Mimik und wird dadurch bestimmend für Giotto. Als dieser beginnt, ist die plastische Kunst schon so mächtig, dass sie der Malerei unwillkürlich ihren Charakter aufprägt, zumal ja Pinsel und Meissel oft noch in derselben Hand lagen, wie wir es von Orcagna wissen; sie behält diese Herrschaft bis zu den Zeiten Ghibertis. Wohl finden sich Ansätze zu anderer Auffassung schon vorher in beiden Künsten; in der Plastik vor allem bei Orcagna in seinen Reliefs am Tabernakel von Or San Michele, in der Malerei bei dem viel zu wenig beachteten Giottino und dem Künstler der Hiobsfresken im Campo Santo in Pisa, Francesco da Volterra. Aber ist es nicht z. B. auffallend, dass der in seinen Reliefs unmittelbar auf Bildwirkung hinarbeitende Orcagna in seinem Fresken und Tafelbildern nicht energisch über die Flächendarstellung herauskommt? Eine andere Rechnung finden wir erst bei Antonio Veneziano in seinen Pisaner Fresken. Hier setzt der oberitalienische Einfluss ein.

Das Gestaltenbild rechnet in erster Linie mit den Figuren. Sie nehmen den grössten Raum der Fläche ein, der Breite und Höhe zu; die Darstellung der σκηνή kommt erst in zweiter Linie. Wir sehen bei Giotto, namentlich in den Fresken in Assisi und Padua die Architektur nur als Abbreviatur gegeben, die neben und über den Gestalten als ornamentaler Flächenschmuck hinzugefügt wird. Und auch da, wo

Giotto wie in St. Croce in Florenz sich zu einer monumentalen Da:-
stellung durcharbeitet, bleibt eine verschiedene Rechnung zwischen
Figuren und Architektur. Hier liegt der Fortschritt der Veronesen.
Die beiden Faktoren werden nicht jeder für sich ausgebildet, sondern
sind zusammen gedacht, auf einander bezogen; der einheitliche Massstab ist gefunden. Die Gebäude nehmen die Gestalten in sich hinein,
und diese ordnen sich der einheitlichen Oekonomie unter. Dadurch
wird ihr Massstab reduziert, das Verhältnis zur Bildfläche ein anderes,
ihre plastische Selbständigkeit aufgehoben. Es gehört ein grosses Geschick dazu, trotz dieser einheitlichen Rechnung die einzelne Gestalt zu
ihrem Rechte kommen zu lassen. Das ist aber erst eine zweite Frage;
hier handelt es sich nicht darum, welche Form geeignet ist, den Charakter der Legendenbilder als Bibel der Analphabeten am besten zu
entwickeln, sondern wohin das rein künstlerische Interesse drängt, um den
Zwiespalt zwischen dem Menschen und seiner Umgebung zu beseitigen.
Die Gebäude sind hier nicht mehr geschlossene Körper, sondern
öffnen sich in zahllosen Gliedern. Dies ergab sich von selbst durch
den Charakter der Bauten, die die Künstler täglich vor Augen hatten.
„Überall offene Hallen mit ihren gewundenen Säulchen und gezackten
Bogen; überall Treppen und Durchgänge zu mannichfaltiger Vermittlung;
Gebäudekomplexe, deren einzelne Körper unter lauter verschiedenen
Gesichtspunkten gesehen werden und sich grade so zur lebendigsten
Gruppe zusammenschliessen“. (Schmarsow, Barock und Rococo p. 30).
Der Maler übernimmt nicht etwa wirkliche Vorbilder ohne weiteres; vor
allem leitet ihn kein archäologisches Interesse, dies und jenes charakteristische Glied aus einer Stadtsilhouette herauszuheben.[1] Vielmehr
„dichtet er vorhandene Beispiele um“, er nimmt ihnen die konsistente
Füllung und löst sie ganz in eine Unsumme von Pfeilern, Bögen, Arkaden, Loggien, Tabernakeln etc. auf, und gibt ihnen dadurch einen
phantastisch märchenhaften Charakter. Guarientos Thron im Paradiso
im Dogenpalast ist vielleicht der erste Ansatz dazu, der Jacobusmeister
gibt bald Holz- und Schreinerarchitektur, bald massive Bauten mit geringem Ornament; bei Altichiero setzt dann die Auflösung in Einzel-

---

[1] Das versucht man in Toscana, namentlich bei Ansichten Roms, wo
die beiden Meten, die moles Hadriani und ähnliches selten fehlen, so bei
Francesco da Volterra in dem einen Hiobfresko im Campo Santo zu Pisa;
selbst Filarete hilft sich noch nicht besser bei den Bronzethüren von St.
Peter.

glieder eigentlich ein und steigert sich bei Avanzo zu höchster Feinheit. Bei allen drei letztgenannten Meistern aber zeigt sich das Bestreben, die Hallen hochzuwölben und Raum über den Gestalten frei zu lassen, wodurch zugleich eine grössere Tiefe der Scene erreicht wird. Die perspektivische Durchführung dieser Architektur ist freilich nicht immer einheitlich. Die einzelnen Teile der Kirchen und Paläste sind oft unter verschiedenem Winkel gesehen; man glaubt manchmal verschiedene architektonische Skizzen gewaltsam vereinigt. Aber gerade durch diese verschiedene Stellung entsteht jenes malerische Sichüberschneiden und Durchkreuzen, das auf monumentale Einheitlichkeit verzichtet, um in dem lebendigen Rythmus der Linien sich als Baugruppe zusammenzuschliessen.

Zu einer derartig geöffneten Architektur hatten die Figuren natürlich eine ganz andere Beziehung als in der florenttnischen Kunst. Die Gestalten werden in die Sphäre der Gebäude mit hineingenommen, sei es, dass der nur von Säulen getragene Oberbau vorragt, sei es, dass Laubengänge und Loggien sich öffnen. Sehr gern werden auch die Gestalten in Halbfigur in die offnen Bogen hineingesetzt, die sie dann nischenmässig aufnehmen und bildartig umschliessen; so bei Georgs Giftprobe, bei seiner Räderung, bei Lucias Verhör, ihrem Empfang der Oblate u. ö. Wir sehen den Kellermeister die Treppe heraufsteigen, vom Treppenbogen eingerahmt. Die Figur passt grade in die dunkle Öffnung hinein, sodass wir glauben, ein Bild im Rahmen vor uns zu sehen. Oft trennen die Pfeiler und Säulen die sich unter den Arkaden bewegenden Massen; hier kommt nur noch ein Kopf grad vor der Säule heraus, da wird das Profil vom Hinterkopf durch einen Pfeiler getrennt. Alles steht in Beziehung auf einander, das eine ist nicht vom andern loszulösen.

Um eine derartige Einheit herzustellen, wird auch der Massstab der Figuren im Verhältnis zur Bildfläche ein anderer. Giotto, der in Assisi in der Oberkirche noch ziemlich kleine Gestalten malt, lernt dann in Rom die grossmächtigen Figuren zeichnen, wie sie am Tabernakel für St. Peter stehen und später in der Arena wiederkehren, wo mindestens die Hälfte der Bildhöhe als durchschnittliche Figurenhöhe gilt. Das blieb so bei den Gaddis; Giovanni da Milano übertrieb eher noch, als dass er mässigte; erst bei Giottino ändert sich dies. Bei den Veronesen ist die Figur selten höher, als ein Drittel der Bildhöhe, es wäre denn eine Ausnahme wie bei dem in der Ratsitzung thronenden König Ramiro ausdrücklich beabsichtigt. Oft sind die Figuren noch viel kleiner; sie stehen in normalem Verhältnis zu den Bogen, die sich frei genug über ihnen wölben, um Raum und Luft freizulassen. Dagegen fehlt diese Freiheit des offenen Raumes rechts und links neben der Figur. Da bringt der Künstler unbekümmert so viele Gestalten an, als die Bildfläche sie fasst. Die Vorliebe, Massen und Zuschauermengen zu geben, ist stärker als die Sorge, sich vor dem Gedränge zu hüten. Und diese Massen werden nicht als eine Summe einzelner Gestalten, sondern als eine Einheit, eine zusammenhängende Gruppe behandelt, wobei der einzelne nur als Teil des Ganzen in Betracht kommt. Diese Subsummierung entspricht wieder der einheitlichen Rechnung, in der die Künstler alle Einzelglieder zusammenfassen; wie die architektonischen Glieder nur in ihrem Ineinandergreifen wirken, so besteht auch die einzelne Gestalt, wo sie nicht ein Einzelschicksal verkörpert, nicht für sich, sondern als Nummer einer gleichgegliederten Menge. Auch hierfür waren die kleinen Proportionen notwendig.

Durch diesen kleinen Massstab der Gestalten entsteht aber ein Problem, das für die toscanische Kunst nicht vorhanden war. Hier füllten die grossen Gestalten die Fläche vollständig. Erst bei Agnolo Gaddi bleibt über den Köpfen der Figuren ein grösserer Raum frei, den er dann mit kleinen Genrescenen belebt, die wie kleine Abziehbildchen nebeneinander aussehen. Anders ging Francesco da Volterra vor, der in seinen Hiobsgeschichten (Campo Santo Pisa) gelegentlich die Fläche in zwei Züge zerlegt, die über einander herlaufen. Bei den Veronesen ist es wieder die Architektur, die aus der Schwierigkeit hilft. Sie füllt den leeren Raum über den Köpfen der Gestalten wie ein ornamentales Muster aus.

Altichiero ringt noch mit dieser Neuerung; er weiss oft im Oberteil des Bildes nichts rechtes anzufangen, seine Architektur ist oft nur ein füllender Prospekt; erst in dem Votivbild in St. Anastasia hat er sich zu voller Bewältigung durchgerungen. Organischer ist die Anlage bei Avanzo; er baut mächtige prächtige Paläste und Hallen und bricht nur die Unterwände fort, um hier Raum für die eigentliche Scene zu gewinnen.

Wir suchten drei Faktoren aufzuweisen, welche die Bildeinheit dieser Fresken bedingen: Den Charakter der Architektur, die einheitliche Rechnung zwischen Architektur und Figur, und die Behandlung der Figurenmenge als Einheit. Es kommt noch ein viertes Moment hinzu, indem sich am deutlichsten unsere Schule von der Toscanas unterscheidet und sich als oberitalienische Heimatsschule verrät: Die Einheit durch Licht und Farbe.

Es ist schon oft darauf hingewiesen worden, dass die Künstler der Lagunenstadt zuerst die atmosphärischen Gewalten auf die Leinwand gebannt haben, die mit so starker Kraft aus den Wellen dar Adria aufsteigen und die festen Formen der Stadt über ihnen umwogen. Das Licht wurde hier am frühesten als Sieger über die gesättigte Luft empfunden, die die Gegenstände wie ein Medium umhüllt. Das Geheimnis der Luftperspektive wurde hier zuerst ergriffen, der entferntere Gegenstand hier zuerst nicht nur kleiner, sondern auch weniger konturenscharf gezeichnet. Die Ahnungen solcher für das naive Gemüt immer nur unbewusst wirkenden Kräfte haben auch schon unsere Maler gehabt und ihnen in seltenen glücklichen Stunden nachgeben dürfen. Denken wir z. B. an das Schlafzimmer König Ramiros. Dämmerung herrscht in dem kleinen Raum; nur die weissen Tücher leuchten hervor. Ist in der Ratsversammlung nebenan Tageshelle, so hat in der Kammer die Nacht ihr Recht. Je tiefer wir in das Kirchenschiff blicken, in dem Lucia bestattet wird, desto dunkler und unbestimmter werden die Formen. Schwach nur unterscheiden wir den letzten Bogen, und kaum heben sich die Umrisse der Gestalten von einander ab. Von einer bewussten Lichtführung ist noch nicht die Rede, Schlagschatten sind selten, und jedenfalls wird auf die wirklichen Lichtquellen des Raumes keine Rücksicht genommen. Das gelang erst dem quattrocento[1]), und zwar zum ersten Mal in der Brancaccikapelle auf Grund bewusster Arbeit. Hier in Padua schafft Künstlerahnung unwillkürlich in derselben Richtung, in der nachher die venezianische Malerei ihre besondere Art und Kraft entwickelte. Es ist höchst eigentümlich, an diesem frühen Sympton die Besonderheit dieses Volksstammes hier schon hervortreten zu sehen.

Freilich wirkt daneben noch die alte Tradition nach, welche die hinteren Gestalten überhöht und so übereinanderstellt, was in Wirklichkeit hintereinander gehört. Mit am tiefsten bleibt in diesem alten Schema die Kreuzigung in S. Giorgio stecken.

Neben dem Licht ist es die Farbe, welche diese Bilder zu Einheiten zusammenschliesst. Wer in die Arenakapelle in Padua tritt, der ist zunächst von der Fülle des blauen Himmels überrascht, der in fast zu greller Heiterkeit aus jedem Bild herausstrahlt, gegen welchen sich die

---

[1]) Eine Vorstufe in Florenz bildet Giottino, der in dem Fresko der Sylvester-Kapelle in St. Croce die linke Bildhälfte, die faktisch in dem Raume hell beleuchtet ist, auch hell malt. Antonio Veneziano führt dann diese Bestrebungen weiter.

Gestalten und Architektur in ihrem kalkigen, harten Weiss dann ebenso
schroff abheben. Gehört diese Reduktion aller Farbenwerte auf wenige
entscheidende Lokaltöne bei Giotto zu dem monumentalen Charakter
seines Styles? Jedenfalls leuchten uns ganz andere Farben von den
Wänden unserer Kapelle entgegen. Die Meister haben eine unendlich
reiche Palette. Die Gebäude drängen sich nicht in weisslicher Schroffheit
vor; sie sind Backsteinbauten, rötlich, gelblich, und reihen sich so in
die ganze Farbenökonomie ein. Altichiero ist heller, bleicher in den
Farben; er bevorzugt hellgelb, hellgrün, rot bis rosa, bräunlich, creme-
weiss; Avanzo ist ernster in den Tönen; er verwendet gern weinrot,
blau, grün und dunkelbraun; sein Incarnant ist kühler, Altichieros
wärmer, goldiger. Während bei Avanzo die Töne oft schroff neben-
einanderstehn, liebt Altichiero die weichen Übergänge und verreibt sorgfältig. Aus der Buntfarbigkeit der Gestaltenscene erklärt sich auch das
Bestreben, den blauen Himmel durch Architekturschranken eifrig zu ver-
stellen, um nicht mit einem zu starken Farbenaccent (eben dem breit
sich geltend machenden Blau) rechnen zu müssen.

Es ist ein Zeichen für die Grenze des Könnens bei unserer Schule,
dass diese Meister der Farbe und des Lichts sich so selten an eine
offene Landschaft wagen. Der Jacobus-Meister zeigt Ansätze dazu,
die schön gelingen. Altichiero und Avanzo sind dagegen in deutlicher
Verlegenheit. Das Schlachtfeld vor den Mauern Clavigos kommt infolge
der Gestaltenfülle als Scene nicht zu seinem Recht; und in der Georgskapelle werden alle nicht von Architektur eingeschlossenen Vorgänge
durch schroff abfallende Berghänge geschlossen, die im Grunde nichts
anderes als steile Mauern sind. Für die venetianische Landschaftsmalerei
sind unsere Fresken also noch keine Vorarbeit.

Wir haben versucht, die konstitutiven Merkmale aufzuzeigen, die
den wesentlichen Unterschied unserer Schule von der Toscanas bedingen, wie sie vor allem in der Gewinnung einer malerischen Bildeinheit
sich bemerkbar machen.[1]) Es sind die Grundbegriffe der hier redenden
künstlerischen Sprache, die Grundlagen, auf denen sich erst der Entschluss des Künstlers, wie er einen Vorgang auffassen und präcisieren

---

[1]) Mit gewissen Einschränkungen lässt sich schon auf diese Zeit und
Kunst das Wort Justis anwenden: In Norditalien galt mehr die Natur als das
Ideal, mehr die Farbe als die Zeichnung, mehr Grazie und Bewegung als
Schönheit, mehr der malerisch-perspectivische Schein, als das architektonische
Gesetz. cf. Velasquez I. 74.

/ill, erhebt. Bevor wir aber von der Auffassung unserer Meister reden, aben wir uns noch mit der Körperbildung unserer Schule zu befassen. Wir sahen, dass die einzelne Figur nicht den Vorrang und die rste Stelle einnimmt, die sie bei den Toscanern beansprucht; sie ist in gleichwertiger Faktor neben anderen. Das ergab schon ein anderes Verhältnis der Gestalten zur Bildfläche. Die Durchbildung der einzelnen Körper konnte für diese Künstler nicht so wesentlich sein, wie für die on der Skulptur viel mehr beherrschte Florentiner Schule. Nackte Leiber kommen selten vor. Die beiden crocifissi in der Felice- und Georgskapelle sind traditionell gegeben; bei den beiden Schächern sind ie dünnen Beine zu schmächtig für den feisten Oberleib. Georg zeigt bei er Räderung einen schlanken, zierlich gebauten Körper, bei dem aber uch Arme und Beine zu schmächtig sind. Denselben Fehler finden ir bei dem Essigknaben (S. Giorgio Kreuzigung) und dem Feuer schüenden Knecht (Lucias Oelmarter). Der nackte Oberkörper Lucias auf emselben Bild ist ohne intime Kenntnis gegeben; hier wie bei Georgs äderung ist von einem Flächenspiel der Haut noch nicht die Rede. lle diese Figuren haben etwas Knochenloses; das struktive Gerüst des Leibes ist nicht durchgearbeitet; die Fleischfülle entbehrt des inneren Ialtes. Das sehen wir auch bei den bekleideten Figuren. Die hauptichliche Körpermasse ist allgemein behandelt, voll und breit aber ohne rganische Form. Da, wo das Gewand sich eng an die Körperformen nschliesst, wie bei den knappen Wämsern der Soldaten, werden die nzelnen Glieder natürlich durchverfolgt. Aber wo, wie in den meisten ällen, ein weiter Mantel die Gestalt einhüllt, bleibt der Unterkörper unter en Falten verborgen, nur hie und da werden die Füsse sichtbar. Da, o die Gestalten zusammen als einheitliche Masse gegeben werden, wird rst recht der Unterkörper vernachlässigt. Man sieht deutlich, an der astisch organischen Durchbildung haftet nicht das Interesse der Venesen.

Besser sind die Köpfe durchgebildet, die nicht nur in den Gechtszügen, sondern auch in der ganzen Bildung intim behandelt sind. ltichieros Gesichter sind meist sehr lang, aber nicht schmal. Eine edrige Stirn an flachgewölbtem Schädel, breiter Nasenansatz und Nasenicken. Die grossen Nasen sind manchmal (bei den Kriegsknechten auf der reuzigung) auffallend geschwollen; das runde Kinn ist oft durch einen ngen ungeteilten Vollbart bedeckt, der den spezifisch longobardischen Chakter dieser Gesichter wesentlich bestimmt. Der Bart ist flockig und duftig behandelt; das schönste Beispiel: der den ungenähten Rock haltende Alte (Kreuzigung in der Felicekapelle).

Ihm steht am nächsten der Jacobus-Meister; auch er giebt eine niedrige Stirn und breiten Nasenrücken, scharfe Linien von den Nasenflügeln zur Lippe herunter, wodurch die Gesichter einen verbissenen Ausdruck bekommen. Der Bart ist strähnig, nicht flockig. Eine sehr markante Schädelbildung mit stark vorspringender Augenwölbung.

Avanzo hat spitzere, länglichere Gesichter, höhere Stirne, flache Wangen ein sehr rundliches Untergesicht, geteilte Bärte.

Allen gemeinsam ist der weiche, volle Frauentypus mit geschwellten Lippen, weichen Wangen, dickem Kinnansatz, rundlicher Schädelbildung.

Wollen wir von den Proportionen der Körper reden, so müssen wir zunächst fragen, wer dargestellt wird. Wir sahen oben, wie gern die Künstler die Masse einführen und sie als zusammenhängendes Ganze auffassen. Diese Statisten behandelt der Künstler anders, als die Schauspieler, die eigentlichen Träger der Handlung. Diese scheinen einem Herrengeschlecht anzugehören, von hohem Wuchs, schlank und edel gebaut, von vornehmer Haltung und sicherem Gang. Die heiligen Frauen Caterina und Lucia sind die Töchter aus vornehmem Hause; nicht nur der Purpurmantel verrät ihre Abkunft; die grossen schönen Formen darunter verraten das königliche Geblüt. Ein echter Ritter ist St. Georg, mag er auf dem Pferd daher gestürmt kommen, oder mit der Ruhe eines Sichselbstvertrauenden den Giftbecher leeren. Wie vornehm und edel sind die Ritter, die Georgs Hinrichtung überwachen, wie aristokratisch die hochragenden Heiligen, die Ritter und die Gottesmutter auf dem fresco der Cavallikapelle! Daneben scheint ein ganz anderes Geschlecht in der Menge vertreten, die sich so breit und neugierig um die Heiligen drängt. Am deutlichsten wird das auf dem fresco: „Georgs Räderung", wo die Menge aus lauter kleinen, untersetzten Menschen besteht. Aber auch bei andern Massenbildern kann man dasselbe beobachten. Es ist ein deutlicher Unterschied zwischen Herrengeschlecht und Herde gemacht; damit setzt eine weitere Differenzierung der Formensprache ein, die im folgenden Jahrhundert zu immer intimerer Darstellungsweise führt.

In den Proportionen der Gestalten unterscheidet sich Altichiero wesentlich von Avanzo. Altichieros grosse, monumental empfindende Art bekundet sich eben vor allem in der Grösse seiner Figuren, die von einem mächtigen Selbstbewusstsein erfüllt scheinen. Bilder wie das Votivfresko in S. Giorgio und St. Anastasia mögen ihm besonders nahe gelegen haben. Avanzo, den mehr das Detail, die Besonderheit interessiert, bildet die Gestalten kleiner, aber zierlicher und im Einzelnen durch. Aber auch er kennt den Unterschied zwischen Helden und Plebs. Namentlich bei den grossen, hochragenden Gestalten beweisen unsere Künstler eine hohe Kraft der Modellierung. Zu voller plastischer Rundung werden freilich nur die vordersten Gestalten herausgebildet. Altichiero weiss die Übergänge allmählich herzustellen und die Lichter sorgfältig zu verreiben. Darin überbietet er namentlich den Jacobusmeister, aber auch Avanzo. Auf den höchsten Punkten liegen die vollen Lichter, die ganz allmählich zu den flacheren Partien herüberleiten.

Über die Gewandbehandlung ist teilweise schon im Zusammenhang mit der Körperbildung gesprochen worden. Breite Flächen, lockere Falten, grade Abschlüsse nach unten sind die Regel. Es fehlen ganz die knitterigen Falten, die geschweiften Enden und fliegenden Zipfel; also keine ornamentale Auffassung. Die Falten sind manchmal hart, wie mit dem Messer in Holz geschnitten, (Beisp.: Der Zuschauer rechts im grünen Mantel bei Georgs Taufe.) Altichiero giebt gern weite, freiherabfallende Mäntel, Avanzo bevorzugt das enganschliessende Gewand. Das schmiegsam feine Tuch der Frauentracht wird unterschieden von dem schweren Gefältel des Kriegermantels und von dem lastenden Purpur, in den die heiligen Frauen gehüllt sind. Das Alltagskostüm der Bürger und Bauern, das grüne Wams der Soldaten ist mit allem Detail gegeben. Jede gotische Stylisierung der Draperie ist aufgegeben.

Einen grossen Vorzug genossen die Künstler unbewusst bei ihrem Stoff. Die Legenden, die sie zu malen hatten, waren durch kirchliche Tradition nicht so fest fixiert hinsichtlich der Darstellung, dass dadurch die individuelle Auffassung des Malers nur verkümmert, nur „trotzdem" sich hätte offenbaren können. Natürlich war der Stoff durch die legenda aurea gegeben; aber das Wie war Sache der künstlerischen Erfindung. Altichiero und Avanzo haben von diesem Recht treulich Gebrauch gemacht. Der ganze Bilderkreis ist gesättigt von dem Lager- und Kriegsleben, das ihre Augen täglich sahen; hatte ihr Pinsel sich doch schon an den Wänden des Scaliger- und Carrarapalastes reichlich in kriegerischen Scenen üben dürfen, sodass auch in biblischen und legendarischen Vorwürfen etwas von dieser Gewohnheit durchbrach. Was ist es anders, was den von Toscanas trecento-Kunst in Padua anlangenden Beschauer, vor der Kreuzigung in der Kapelle San Felice etwa, so überrascht und fesselt, als das Gewoge der Soldatenscharen, die schweigende Pracht

der ernsten Rittergestalten, die derbe Wirklichkeit der Würfelscene?
Und dann dieselbe Fülle des Lebens und der Gestaltung in der Bürger-
scene am Stadtthor, wo Grauen und Neugierde sich so lebhaft mischen.
Der klare Blick des Künstlers hat nicht nur die auffallenden Züge des
Lager- und Strassenlebens festgehalten; er dringt in das Geheimnis des
einzelnen Individuums ein und offenbart es durch die charakteristische
Wiedergabe der Gesichtszüge. Die typischen Gesichtsformen sind hier
überwunden; der Charakterkopf bricht sich Bahn. Wir hatten oben
gesehen, dass in der Oekonomie des Künstlers, der auf die Prävalenz
der einzelnen Gestalt verzichtet, eine Schwierigkeit entsteht, trotzdem
die Hauptpersonen deutlich hervorzuheben. Hier liegt das Mittel: er
vertieft den Ausdruck der Gesichtszüge, namentlich bei den Gestalten,
von deren selbständigem Innenleben er erzählen will, während die
dumpfe Masse wohl verschiedene, aber nicht so persönliche Züge trägt.
Also auch hier wieder der Unterschied zwischen Persönlichkeit und
Plebs. Das ganze Mittelalter hatte an der ausdrucksvollen Wiedergabe
des Kopfes als des Sitzes geistigen Lebens gearbeitet; wo man noch
nicht zu individualisieren verstand, suchte man durch Vergrösserung·zu
wirken. In Toscana erreicht Giotto ein lebhaftes Mienenspiel; seine
Gesichtszüge reden zugleich mit der Mimik seiner Hände eine sehr
ausdrucksvolle Sprache. Aber es sind immer nur Affekte, Augenblicks-
stimmungen, die er ausdrücken kann; in einen konstanten Typus werden
die monumentanen Veränderungen eingezeichnet. Der individuelle
Ausdruck eines von keinem momentanen Affekt charakterisierten Ge-
sichtes bleibt ihm verschlossen. Auch die sienesische Schule bleibt in
Formenschönheit und Milde des Ausdrucks stecken, oder sie neigt wie
bei Pietro Lorenzetti zu gewaltsamer Verzerrung. Erst in Oberitalien
wird das Individuum erfasst; es bleibt nicht länger nur Träger einer
augenblicklichen Stimmung, eines einmaligen Affektes, wie er durch den
Stoff bedingt war; sondern es bekommt sein dauerndes individuelles
Gepräge. Freilich versagt die Kraft des Individualisierens, wo ein
starker Affekt zugleich ausgedrückt wird; da wird es leicht Karrikatur.
Aber das ruhige Gesicht redet eine persönliche Sprache. Avanzo ist in
dieser Beziehung der Fortgeschrittenere, der Jacobus-Meister der Naivste;
Altichiero dringt erst allmählich zu solcher Intimität durch, die seiner
Natur eigentlich fern lag. Die Macht lebendiger Anschauung, die sichere
Beobachtung führen den Künstler von dem Interesse an dem ethisch kon-
zentrierten Vortrag und der sachlich lückenlosen Darstellung zu der Freude

an der Erscheinung an sich, zu der Hingabe an das Leben und den Zufall seines Waltens. Wir sind nicht schon im quattrocento, wo sich diese Hingabe an die Wirklichkeit fast allein geltend macht und sich manchmal überschlägt. Leise regt sich dieser Drang hier erst, und nur in glücklichen Augenblicken gelingt ein Griff ins volle Leben. Wir dürfen in dieser Durchbildung und intimen Behandlung der Gesichtszüge die Vorarbeit zur eigentlichen Portraitkunst erblicken, und also hier das angebahnt sehen, was Vittore Pisano nachher als erster durchgeführt hat. Ob wirklich sein „Lionello d'Este" das erste Portrait genannt werden darf? Vor den Portraits, welche unsere Meister an die Wände des Scaligerpalastes in Verona gemalt haben, soll nach Campagnola kein Geringerer als Mantegna bewundernd still gestanden haben. Und wenn auch der Zustand des Petrarcabildes in der Bibliothek in Padua uns nicht gestattet, dies Portrait mit andern Petrarcaportraits zu vergleichen, so können wir doch aus den individuellen Zügen, die aus dem Bilde herausblicken, einen erfreulichen Rückschluss machen auf das, was verloren gegangen ist[1]).

Wie das Auge des Künstlers sich nach dieser Seite geschärft zeigt für das lebendige Spiel des Lebens, für schnelles Erfassen und Festhalten, so sehen wir auch sonst, dass er den Zufall aufgreift und das von der Willkür des flüchtigen Tages Hingeworfene nicht vergisst. Er isoliert den Menschen nicht, sondern sieht ihn mit seiner Umgebung zusammen; die strenge Concentration auf einen ethischen Kern liegt ihm ganz fern, die breite Schilderung der bunten Wirklichkeit dagegen sehr am Herzen. Die muntere Welt mit all ihrem tollen Spiel und harmlosen Gebahren, die so lange und eifrig aus der Kirche verbannt worden war, bricht hier mit Ungestüm herein und droht die kanonische Legende in ein buntbewegtes Volksschauspiel umzudichten. Das Genre kommt endlich zu seinem Recht. Es wagt sich nicht verstohlen hie und da heran; es quillt aus allen Ecken und Enden hervor und gibt den einzelnen Scenen ihren Charakter. Es ist dieselbe Entwicklung, wie sie auch das Relief in der oberitalienischen Plastik nimmt. Um den Unterschied gegen früher sich klar zu machen, vergleiche man etwa die Vision des Königs Ramiro mit der S. Martins von Simone

---

[1]) Frühere Versuche historischer Portraitdarstellungen, etwa Simone Martinis Reiterbild des Guidoriccio, oder Ugucciones della Fagiuola auf dem trionfo della morte in Pisa versagen inbezug auf die Gesichtszüge fast noch vollständig; da müssen die äusseren Zuthaten die Hauptsache thun.

Martini in Assisi. Hier alles feierlich, liturgisch vorgetragen; dort eine novellistische Schilderung, wie ein König in seinem Zimmer, von treuen Knappen bewacht, einschläft und dann eine Vision erlebt. Oder man vergleiche die Würfler auf Giottos Kreuzigung in der Arena mit denen in der Felice-Kapelle. Die frühere Kunst redet wie ein Priester von der Kanzel in feierlich ernstem Pathos, die jüngere gleicht den Predigern auf der Gasse, die auf die Prellsteine springen und mit der Volksthümlichkeit etwa eines Geiler von Kaiserberg ihre packenden Vergleiche aus dem Alltagsleben vortragen.

Dieser novellistische Grundton verrät sich in einer unerschöpflichen Fülle von einzelnen lebendigen Zügen. Nur die markantesten Beispiele: Die junge Mutter (Kreuzigung Felicekapelle links) mit der Hand an der Schürze und dem Bübchen am Arm, das sie nicht bei der Hand, sondern — wie treu beobachtet! — am Handgelenk gefasst hat. Der Hund am Bach daneben; die Ausstattung des Schlafzimmers König Ramiros und der um den Pfeiler verschwindende Kammerdiener; der Kellermeister, der die Treppe herauskommt bei Georgs Giftprobe. Tier- und Kinderscenen scheinen es besonders gewesen zu sein, deren unmittelbare Wahrhaftigkeit zu künstlerischer Darstellung lockte.

Man könnte sagen, dass ja das endende trecento auch in Florenz solche Genreliebhaberei bewiesen habe, und dann auf A. Gaddis Chorfresken in St. Croce hinweisen. An dem Vergleich mit diesen lässt sich grade am besten erkennen, worin die Oberitaliener weiter sind. Agnolos Bilder zerfallen meist in eine untere und eine obere Hälfte; die untere besteht aus den Gestalten und Gruppen, die obere aus dem eigentlichen Schauplatz, der nicht hinter, sondern über den Gestalten sich ausbreitet. Um diesen zu beleben, lässt er Mönche fischen und melken, einen Landmann heimkehren und vom treuen Phylax begrüsst werden u. dgl. Aber diese niedlichen Anhängsel gehen nicht in die Einheit des Bildes ein; die vordere Figurenreihe bleibt unberührt davon; sie hängen wie kleiner Wandschmuck an der Wand. Und dann werden diese Zuthaten hier nur zögernd zugelassen, ein Zugeständnis vielleicht für die Mönche, die ihr halbes Leben vor diesen Bildern sitzen mussten. In Padua gehören sie zum Grundton der Bilder; die Nebenscenen sind in das ganze Bild hineingestreut und finden in der Gesamtkomposition mit ihren Platz.

Mit dem Genre hält auch ein anderer Gast in der italienischen Kunst seinen Einzug, der bisher nur im germanischen Norden zu finden war und hier seine Heimat hat, der Humor. Mit heimlicher Vorliebe hat er sich hie und da in die Scene eingeschlichen, um manchmal das Erhabene und Lächerliche nur einen Schritt weit auseinander zu rücken, oder Tragik und Harmlosigkeit eng zu verketten. Wohlgemut und weinfroh steigt der Kellermeister die Treppe herauf ohne zu ahnen, dass es sich über seinem Kopf um Leben und Tod handelt. Der Kammerdiener, der aus König Ramiros Schlafzimmer am Pfeiler entschlüpft, scheint sich zu einem andern Dienst zu rüsten und wohl gar der allzufrommen Kirchenluft zu entrinnen. In das Gebet der Heiligen platzt das Geschrei der Menge und das Jauchzen von Kinderstimmen oft recht unvermittelt hinein. Fast burlesk streiten die Soldaten unter dem Kreuz, und die zusammenstehenden Frauen werden auch nicht nur geflüstert haben. Der Tross der Weisen aus dem Morgenland benimmt sich höcht ungeniert, dicht neben der feierlichsten Audienz.

Durch eine derartige Fülle von Einzelmotiven wird aber nicht nur die kirchliche Tradition verlassen, sondern auch eine Gefahr heraufbeschworen, die Giottos Kunst gar nicht kennt: das Nebensächliche droht sich vorzudrängen, wobei dann die Hauptsache nur allzuleicht zu kurz kommt. Giottos Grösse in der Auffassung liegt darin, dass er den knappsten Ausdruck zu finden weiss; A. Feuerbachs berühmte Definition vom Styl: „Weglassen des Unwesentlichen" passt in besonderem Sinne auf ihn. In dieser höchsten Vertiefung und Verdichtung liegt das Monumentale, Zeitlose bei ihm. Unsere Künstler gehen auf breite Entfaltung der Scene aus; aber auch sie arbeiten auf Concentration hin. Der entscheidende Augenblick wird herausgehoben, das Vor- und Nachher angedeutet, aber subsumiert. Die fortlaufende Erzählungsweise macht der accentuierten, rythmischen Platz. Nicht immer wird dabei die Akme der Situation gefunden; wir sahen, wie z. B. beim Drachenkampf, bei der Giftprobe Georgs, bei Lucias Verhör verschiedene (jedesmal drei) Momente in einander verwebt sind. Dagegen wird eine glückliche Abstufung der Scenen dadurch erreicht, dass Nebenscenen in die weiter zurückliegenden Gebäude verlegt werden. So bei Georgs Räderung, bei Lucias transito u. ö.[1]) Der Jacobusmeister befolgt noch die einfache Reihe des Nebeneinanderstellens, und Altichiero schildert in gleicher Weise Taufe und Schlossweihe

---

[1]) In der florentinischen und sienesischen Kunst ist mir kein Fall bekannt, in dem Nebenscenen in die zurückliegende Architektur gelegt würden.

Lupas im letzten Lünettenfresko der Jacobuslegende. In der Georgs-
kappelle finden wir nur einmal noch die unaccentuierte Reihenfolge
dreier Scenen auf einem Bild, in dem dritten Luciafresko.

In bezug auf die Dynamik des Vortrags unterscheiden sich wiederum die einzelnen Künstler. Altichiero hat immer ein bestimmtes Mass
von Zurückhaltung; er neigt zum Feierlichen, zum Pathos. Das
repräsentative Adorationsbild ist sein eigentliches Genre. Stark leidenschaftlich muten uns die Caterinafresken an; aber er wird da der
Bewegung nicht immer ganz Herr. Avanzo weiss das stürmisch Bewegte
als Grundtonart für ein Bild mit Glück darzustellen, wie z. B. bei dem
Ochsenmartyrium Lucias oder der Schlacht bei Clavigo. Daneben liebt
er aber auch ruhigere, idyllische Scenen; die mariologischen Fresken,
besonders die Anbetung der Hirten und die Flucht nach Egypten,
sprechen uns an wie eine ländliche Fabel. Überall ist der streng
kirchliche Grundton verlassen, den die toskanische Kunst nicht aufzu-
geben wagt, und persönlicheren, spontaneren Empfindungen Raum
gelassen.

Der lebhafte oder zurückhaltende Charakter der Bilder hängt vor
allem von der Geberdensprache ab. Dabei macht sich wieder der
oben berührte Unterschied geltend: das Herrengeschlecht benimmt sich
anders, als die Herde. Die hohen schlanken Gestalten bewegen nur
langsam und feierlich die Hand; die plebs greift rasch zu und hilft dem
unbeholfenen Wort durch die Sprache der Hände und Arme nach.
Man vergleiche die stürmisch heftigen Geberden des Volkshaufens vor
Georgs Rad mit den vornehmen Gesten des Heiligen in den Nebenscenen desselben Bildes. Oder die heftigen Griffe der Peiniger Lucias
mit der ruhigen Haltung der Heiligen selbst, die nur die Hände betend
hebt. Nur macht sich bei der Geberdensprache jener Fehler geltend,
der oben bei der Körperbildung berührt wurde. Die Durchbildung der
Gestalt ist mangelhaft; eine Bewegung des Armes teilt sich nicht überall
der Bewegung des ganzen Körpers mit. Das gilt besonders von den
Caterina-Fresken. Besser stellt Avanzo die Gesammtbewegung der
Körper dar. Mit der ganzen Last des Körpers stemmt sich der Scherge
auf dem zweiten Luciabild gegen den Rücken der Heiligen, die er mit
den fest durchgedrückten Armen vorschieben will. Ebenso durchgearbeitet
sind die stark bewegten Ochsentreiber. Die Handbewegungen sind oft
noch konventionell. Der aufmerksame Zuhörer hebt zum Beweise dessen
die Hand oder macht als Zeichen seiner Ergriffenheit eine bestürzte

;eberde. Manchmal aber ist auch das Unwillkürliche aufgefasst; so
teht ein Zuschauer bei der Giftprobe Georgs mit verschränkten Armen
a; andere Statisten lehnen mit dem Arm nachlässig an einen Pfeiler;
ie junge Mutter auf der Kreuzigung in der Felice-Kapelle greift un-
ıillkürlich in die Schürze, und der alte Mann, der links von der Würfel-
:ene mit seinem Nachbar eifrig spricht, fasst in der Erregung diesen
ınversehens am Arm.

Die Bewegung der einzelnen Gestalten teilt sich schliesslich der
Gesamtbegung des Bildes mit. Wir haben keine fest isolirten Einzel-
ilder vor uns, sondern zusammenhängende Reihen, die dem Schritt des
ıandelnden Betrachters folgend in einheitlichem ductus an uns vorbei-
iehen. Altichieros Nischen neben dem Kreuzigungsbild in der Felice-
apelle sind die Urkunde für dieses Bestreben; die ähnliche Anordnung
ei dem Petrarcafresko lässt vermuten, dass die Langseiten der Sala
ei giganti ebenso komponiert waren. Der Zug der Ritter auf den
'otivbildern in S. Giorgio und St. Anastasia wandelt mit dem heran-
:etenden Betrachter; wie ein Strassenzug zieht „Lucias Ochsenmarter" an
ns vorüber. Die gleiche Bewegung dann auf dem letzten Luciabild,
·o die anströmende Menge in den hohen Hallen des Domes auf-
efangen wird, der wie eine grandiose Fermate wirkt.

Grade dies Momentane, Zufällige, Vorüberziehende aber ist es,
·as diese Bilder wie einen Querdurchschnitt durch das buntbelebte
˙reiben erscheinen lassen, das damals sich vor den Augen unserer
Künstler abspielte. Das geistige Centrum liegt ganz wo anders als in
ler Giottoschule. Hier ist es immer die Idee, das Ethische, das mit
'athos und Energie in höchster Verdichtung vorgetragen wird. Die Zu-
haten und Anhängsel, die sich spätere Giottisten erlauben, schädigen
en eigentlichen Charakter ihrer Bilder. Bei unsern Meistern liegt das
nteresse in der breiten, reichen Darstellung selbst; nicht das Ethische
teht im Mittelpunkt, sondern die wirkliche Erscheinung. Freilich nicht
chon in der rücksichtslosen Weise des quattrocento; es sei noch ein-
ıal ausdrücklich betont: wir befinden uns an der Schwelle der neuen
˙eit, stehen aber noch auf mittelalterlichem Boden. Wie die Architektur
ich eine Umdichtung hat gefallen lassen müsseı, um in die künstlerische
˙esamttonart dieser Bilder einzugehen, so will auch die ganze Scene
ıicht einen Ausschnitt aus der Wirklichkeit geben, sondern eine Legende
ıf der Volksbühne aufführen. Der Stoff dieser Heiligengeschichten
·ar so glücklich, dass er eine wirkliche Darstellung des Wunders er-

laubte.[1]) Aber nicht eine trocken, knapp und streng kirchlich vorgetragene Legende, sondern ein heiliges Märchen wird erzählt, in dem wir keinen Bruch zwischen Wirklichkeit und Wunder empfinden, weil alles in das Reich des Wunderbaren gezogen ist. In den phantastisch reichen Wunderschlössern spielen diese frommen Sagen, in einer höheren Wirklichkeit, die sich aber nicht wie ein ernstes Dogma, sondern wie ein buntes Spiel der Wünsche des Menschenherzens offenbart. Man vergegenwärtige sich noch einmal die Georgskapelle, wie sie in ihrem Totalschmuck damals ausgesehen hat. In der Mitte die Riesenarca, von der die zehn grossen Statuen der Herren aus dem Geschlecht der Lupi fromm und ernst herabblicken; um sie herum der malerisch bunte, treuherzig wundersatte Bilderkreis, der grade das erzählt, an das sich das Herz dieser frommen Ritter in mancher Stunde geklammert haben mag. Die eine gleiche Tonart: von Lebenskampf und Gefahr, von Gottvertrauen und Heiligenschutz, von furchtlosem Tode und jenseitiger Hoffnung ein grosses Gedicht. In dieser Grundstimmung liegt die Einheit der Georgskapelle; wie kein Bild für sich besteht, sondern auf das folgende hinweist, das sich dem an den Wänden vorbeiwandelnden Betrachter im nächsten Augenblick offenbaren wird, wie der Zug der Gestalten mit dem Gang des Beschauers zusammenfällt, ihn hier zum Altar führend, dort aus der Kapelle wieder herausbegleitend, so klingen alle einzelnen Bilder in derselben Grundstimmung zusammen, ein treues Dokument für das innere Leben jener grossen Scaligerzeit. Wir verstehen es, wenn Michele Savonarola über diese Kapelle schreibt:

aedificium atque ornatus eius singularis ita oblectant oculos hominum, ut intrantes exitum non quaerant.

---

[1]) Ganz anders liegt das bei der Antoniuslegende, deren Darstellung in den Reliefs der Santo-Kapelle und in den Wandbildern der Scuola del Santo an dem schweren inneren Fehler leidet, dass es sich überall um „sinnliche Wirkungen einer plastisch unsichtbaren Ursache, nämlich dem Machtwort, dem Dasein, dem Gebet, höchstens dem Gestus des Heiligen handelt." (Cicerone [6]452). An demselben Nachteil krankt die Rainerlegende (Pisa, Campo S.), z. B. bei dem Wein- und Hahn-Wunder.

Anhang.

I. Urkunden.

1. M. H. Gualandi Mem. orig. ital. Ser. VI 145.

MCCCLXXVIIII. Ancora dado al maestro Altichero per ogni raxon haveva a fare con Mess. Bonifatio cussì nel dipingere la capella de an Jacomo como per la sacrestia nel libro de . . . . . ducati settecento onantadui.

2. Inschrift in der Felicekapelle. Westwand.

Anno Domini MCCCLXXVI indictione XIIII Nobilis miles et marhio Soranee Dns Bonifacius de Lupis fecit fieri hanc capellam ad hoorem dei eiusque gloriosae matris virginis Mariae et beati Jacobi naioris apostoli; cuius capellae altare consecratum est nomine ipsius ncliti apostoli supra quo de consensu ministri provincialis guardiani . . . . . atres huius ecclesiae qui pro tempore fuerint, promiserunt facere cebrari perpetuo singulis diebus tres missas pro anima praedicti militis mniumque defunctorum suorum et pro his quidem firmiter observandis, quoniam omnis labor optat premium, prefatus dominus Bonicius reliquit fratribus praedictis annuatim diversis temporibus anni cenm et quadraginta ducatos auri; quos dare eisdem tenentur sorores ninores de Arcella nova Padue absque aliquo earundem gravamine, ut x testamento antedicti militis plenissime continetur.

3. Inschrift am Grab Bonifacio Lupis S. Felicekapelle.
Südwand.

Proh dolor. hac miles iam bello clarus et armis
Iam terra pelagoque micans Bonifacius atra
Molle jacet. quem Parma tulit. qui marchio vixit
Soraneae gentis decus hic et summa Luporum

Gloria pro latiis qui quondam plurima cessit
Proelia ductor heris et saepe decora triumphis.
Hic hic cuius erat consulta resumere letus
Imperialis apex regique domesticus idem
Astitit ungarico domino vir gratus utrigue
Quidni consilio fuit hic probitate fideque
Iustitiaque nitens superum devotus et alme
Religionis amans. quo non praestantior alter
Recta sequi maiorque sui dilector honoris.
Atquid fata virum tanti prostrasse iuvabit.
Sidera mens scandit gelidum licet ossa sepulcrum
Stringat et eternum sua vivet fama per eum.
MCCCLXXXVIIII. die XXIII.

4. Inschrift an der Façade von S. Giorgio.
    Oratorium hoc sub auspiciis
    Beati Georgii ubi chondentis est
    Sepulcrum pro eius parentum
    ⹀ Que ac fratrum et nepotum
    Indelenda memoria miles
    Egregius Raimondinus de Lu-
    Pis Parmensis Soranee Marchio
    Edifecit anno Dni MCCCLXX
    VII de mense Novembris.

5. Inschrift in der westlichen Innenwand von S. Giorgio.
    Marchio Soranie miles pietatis asillum
    Hoc Raymondinus marmore pace cubat;
    In bellis pugil indomitus recitanda Luporum
    Fama virens armis consciliumque fuit
    Grisopolis gaude tanto celeberrima nato
    Cuius cum superis mens sedet ante deum.
    Q. D. Ray. obiit MCCCLXXIX XXX Noveb.

6. Inschriften unter den Statuen der arca in S. Giorgio
    (nach Gonzati).
    1. Dns Rolandinus egregius miles Soraneae marchio pater.
    2. Dna Mathilda eius coniux, marchionissa mater.

3. Guido Marchio Soraneae filius.
4. Bonifacius Marchio Soraneae filius.
5. Antonius Marchio S. f.
6. Montinus Marchio S. f.
7. Dns Raimundinus Marchio S. f.
8. Dns Fulgus Marchio Soraneae nepos.
9. Dns Simon Marchio Soraneae miles nepos.
10. Antonius Marchio Soraneae miles nepos.

7. Gonzati l. c. II Doc. CXLVII.

Mausoleo di Raimundino de 'Lupi nell 'Oratorio di S. Giorgio.
(Arch. Municip. Convento di S. Antonio Lib X num. 155 pag. 24).

L'anno 1377 del mese di Novembre il Sign. Raimondino da
Parma della Nob. famiglia de 'Lupi Marchese di Soragna con licenza
del Capitolo delli RR. PP. del monastero del Santo, fece edificar in una
parte del cimitero della Chiesa del Santo un onorato e celebre oratorio
entitolato S. Giorgio, a tutte sue spese, con un altare bellissimo nel
corpo di detto oratorio e rimpetto la porta che s'entra; e l'anno
seguente non contento della sopradetta licencia impetrò la confer-
mazione dal inclito M. R. Padre Provinciale e Deffinitori congregati
a Padova per fare il capitolo generale, ed ottenne dalli suddetti
Padri tutti nominati nell' Istromento di detta retificazione, Nodaro
il quond. Marco Guarnarini, come si vede nel catastico grande
a carte 201 : con l'obbligo di due messe in detto Oratorio, come
in detto istromento. L'istesso Sign. Raimundino poco dopo fece
edificar e construir in mezzo del detto oratorio un' arca incassata, con
marmori, sostentate da quattro colonne piccole, sopra un pavimento alto
da terra un braccio, e circondato da ogni parte da tre gradini ovvero
scalini, talchè l'arca comprese l'altezza del pavimento e delle colonnine,
se ne giace alta da terra poco meno di due braccia; e sopra tal arca
tutta di pietra ed il luogo isolato vi pose una piramide tanto alta che
il cimiero di detta piramide — che sono due lupi grandi — toccava il
cielo dell' oratorio, e la detta era sostenuta da volti, quali giacevano
sopra sei colonne di marmo Istriano; ed intorno vi erano dieci statue
grandi, videlicet nove d' uomini armati con elmi, corazze e cimieri, e
la X statua di una donna, le quali statue due erano ad un capo, due
dell' altro e tre per lato.

II. Auszüge.

Biondo da Forli (Italia Illustrata, ca. 1450):
Pictoriae artis peritum Verona superiori saeculo habuit Alticherium.
(Ed. Basileae 1531 p. 377).

Marin Sanuto, Itinerarium 1483; ed. Rawdon Brown Pad. 1847
p. 99 (in einer Beschreibung Veronas):
Do in arte pyctoria excelenti, Altichierio et Pisano.

Michele Savonarola, Commentariolus de laudibus Patavii 1440
Mur. XXIV f. 1169 s.

. . . . . animo concepi, his pictoribus (nämlich Guarientus et Justus)
eos addere illustres et famosos, quorum glorio safama ex his, quae in urbe
nostra reliquerunt, magna sui ex parte floruit. Et primum in sede lo-
cabo Zotum Florentimum . . . . Secundam sedem Jacobo Avantii
Bononiensi dabimus, qui magnificorum Marchionum de Lupis admirandam
capellam veluti viventibus figuris ornavit. Tertiam vero Alticherio Vero-
nensi, qui templiculum Georgii Sancti Nobilium de Lupis, templo An-
tonii propinquum, maximo cum artificio decoravit.

Vasari, vita di Vitt. Carpaccio ed. Milanese III 633.

Fu della medesima città di Verona Aldigiero da Zevi, famiglia-
rissimo de 'signori della Scala; il quale dipinse, oltre a molte altre opere
la sala grande del palazzo loro, nella quale oggi abita il podestà;
facendovi la guerra di Gerusalemme, secondo che è scritta da Joseffo:
nella quale opera mostrò Aldigiero grande animo e giudizio, spartendo
nelle facce di quella sala da ogni banda una storia, con un ornamento
solo che la ricigne torno a torno. Nel quale ornamento posa della
parte di sopra, quasi per fine, un partimento di medaglie, nelle quali
si crede che siano ritratti di naturale molti uomini segnalati di que'
tempi, ed in particolare molti di que' signori della Scala; ma perchè non
se ne sa il vero, non ne dirò altro. Diro bene che Aldigieri mostrò
in questa opera d'avere d'ingegno, guidizio ed invenzione, avendo consi-
derato tutte le cose che si possono in una guerra d'importanza considerare.
Oltre ciò, il colorito si è molto bene mantenuto. E fra molti ritratti
di grandi uomini e litterati, vi si conosce quello di messer Francesco
Petrarca.

Jacopo Avanzi, pittore bolognese, fu nell' opere di questa sala
oncorrente d'Aldigieri; e sotto le sopradette pitture dipinse simil-
1ente a fresco due trionfi bellissimi, e con tanto artificio e buona
1aniera che afferma Girolamo Campagnola che il Mantegna gli lodava
ome pittura rarissima. Il medesimo Jacopo insieme von Aldigieri e
1ebeto da Verona dipinse in Padova la capella di San Giorgio che è
llato al tempio di San Antonio secondo che per lo testamento era stato
1sciato dai marquesi di Carrara. La parte di sopra dipinse Jacopo
1vanzi, di sotto Aldigieri alcune storie di Santa Lucia ed un Cenacolo;
Sebeto vi dipinse storie di San Giovanni. Dopo tornati tutti i tre
1uesti maestri in Verona, dipinsero insieme in casa de 'conti Serenghi,
n par di nozze con molti ritratti ed abiti di que' tempi; ma di tutte
opera di Jacopo Avanzi fu tenuta la migliore.

Notizia d'opere di disegno ed. Frizzoni p. 77 ff.

Padova. Nel palazzo del capitano.

Nella sala dei Giganti segondo el Campagnola Jacomo Davanzo
ipinse a man manca la captività de Giugurta e el trionfo de Mario;
1uariento Padoano li 12 Cesari aman destra e li lor fatti. Segondo
1ndrea Rizzo vi dipinsero Altichiero e Ottaviano Bressano. Jvi sono
1tratti el Petrarca e Lombardo, i quali credo dessero l'argomento di
uella pittura. Il pozuolo da driedo, ove sono li signori de Padova
1tratti, al naturale de verde, fù dipinto da . . . . .

cf. auch Michele Savonarola l. c. II f. 1175.

Guarientos Krönung im Dogenpalast.

Crowe Cavalcaselle l. c. It. Ausg. IV 194 Anm.

Stassi nel centro un largo trono a due seggi sorretto da base ot-
1gonale e disposto a tre ordini, nell' inferiore deiquali decorato di pilastri
1onservansi quattro angeli, uno in atto di suonare il liuto, l'altro la cetra,
due di cantare inni di gloria in onor della Vergine. Nell' ordine
econdo in quattro nicchie sorgono le immagini degli evangelisti Marco
Matteo nel dinnanzi, Luca e Giovanni diretro; e nell' ultimo ordine
ul grado alto del trono vedesi il Salvatore seduto a destra, che con
1 sinistra mano cinge di un 'aurea corona il capo di N. D., la quale ne
1ccetta reverente ed a mani giunte l'ineffabile dono. Elevasi il trono

ricchissimo per colonne e due archi di esso a pien centro, decorati al vertice di pinacoli e agugliette di stile archi-acuto e dai fianchi di esso sbucano dalle nubi alcuni angioletti. D'ambi i lati del trono sono disposti quattro seggi, sui quali si adagiano a destra i patriarchi ed a manca i profeti.

PIERO DI COSIMO.

INAUGURAL-DISSERTATION,

WELCHE

NEBST DEN BEIGEFÜGTEN THESEN

BEHUFS ERLANGUNG DER

PHILOSOPHISCHEN DOCTORWÜRDE

MIT GENEHMIGUNG

DER HOHEN PHILOSOPHISCHEN FACULTÄT DER
UNIVERSITÄT BRESLAU

MITTWOCH, DEN 27. JUNI, VORMITTAGS 10 UHR

IN DER AULA LEOPOLDINA

ÖFFENTLICH VERTHEIDIGEN WIRD

HUGO HABERFELD.

OPPONENTEN:

DR. PHIL. **RICHARD WENDRINER.**
CAND. PHIL. **ERICH KLOSSOWSKI.**

BRESLAU.
DR. R. GALLE'S BUCHDRUCKEREI (PAUL FÖRSTER).
1900.

MEINER MUTTER.

Capitel I.
Piero di Cosimo's Biographie bei Vasari.

Unter den Lebensbeschreibungen der italienischen Künstler, die Vasari mit seinem scharfen Sinn für das Signifikante und dem wählerischen Geschmack des verfeinerten Kunstgeniessers, der auch als Schaffender bezeichnender Weise Elekticitist war, erzählt, fällt die Piero di Cosimos durch ihre besondere Art auf.[1]) Nicht durch eine treffende Charakteristik des Künstlers. Vasari nennt bloss ganz wenige von Piero's Werken und für diejenigen, die er ohne alle Rücksicht auf die Zeitfolge anführt, findet er nur allgemeine Worte und unbestimmte Wendungen. Aber die Nachrichten über den Menschen Piero fesseln und das in doppelter Hinsicht: durch ihren Inhalt und durch ihre Form. In keiner andern Biographie hat Vasari so viel und so sonderbares zu berichten gewusst wie diesmal. Der Schluss, den man daraus ziehen darf, ist wohl der, dass zur Zeit, da Vasari seine Vite schrieb, die Erinnerung an Pieros seltsame Persönlichkeit noch sehr lebendig war und mannigfaltige Anekdoten über sein Leben und Treiben von Mund zu Munde gingen oder wenigstens in den Ateliers beliebter Gesprächstoff waren. Wie Vasari dann selbst die Dinge erzählt, die er nach eigenem Bekenntnis von Francesco da San Gallo, Andrea del Sarto und Andrea Feltrini hörte,

---

[1]) Vasari-Milanesi, Vite de più eccellenti pittori, scultori ed architettori. (Firenze G. C. Sansoni, Editore 1878.) Bd. IV. Vita di Piero di Cosimo,. p. 131—144.

1

ist gleichfalls interessant. Es spricht der zu Würden und
Reichtum gelangte Maler über den andern, dem sein Leben
lang nur die Kunst das Amt und die Armut Genossin
war, es urteilt der gewandte Höfling aus dem Gefolge
Herzog Cosimo I. Medici über den freien Bohémien, der
in seiner heiteren Jugend dem zwanglosen Kreise Lorenzo
Magnificos angehört hatte. So erklärt sich jener Ton der
Ueberlegenheit, mit dem Vasari, ironisch lächelnd, die
Schwächen Pieros erwähnt, die ihn in seiner erlauchten
Gesellschaft unmöglich gemacht hätten, so das leise mit-
schwingende Bedauern, das durch die Ausdrücke der Bewunderung und Liebe nur noch gehoben wird. Uns aber
ersteht in diesem Umriss Pieros Bild deutlicher, und offen-
bar wird der Gegensatz der beiden Menschen und ihrer
Zeiten.

Ich halte mich eng, manchmal wörtlich, an den Bericht
Vasaris. Lorenzo Chimenti, der Vater, Goldschmied und
Maler seines Zeichens, erkannte bald seines Sohnes Piero
lebhaften Geist und seine Liebe zur Zeichenkunst; deshalb
gab er ihn zu Cosimo Roselli in die Lehre, der ihn fortan
wie einen Sohn hielt, da er wohl wusste, dass Piero eine
bessere Manier und mehr Einsicht besitze, als er selbst.
Piero hatte einen erhabenen Sinn und seine Erfindungen
waren eigentümlicher und mannigfaltiger als die der anderen
Schüler, welche mit ihm bei Cosimo Roselli die Kunst
lernten. Bisweilen geriet er in solchen Eifer, dass, wenn
er von irgend einer Sache erzählte, er von vorn wieder
anfangen musste, nachdem er ans Ende gekommen, weil
er seine Phantasie zu einem andern Gegenstande hatte ab-
schweifen lassen. Er war ein Freund der Einsamkeit und
kannte kein grösseres Vergnügen, als still für sich seinen
Gedanken nachzuhängen und Luftschlösser zu bauen.

So, als seltsam und wunderlich bekannt, wurde er oft
in seiner Jugend bei Carnevalslustbarkeiten in Anspruch
genommen. Deshalb war er bei den jungen Florentinern
sehr beliebt, denn durch ihn wurden jene Spiele sehr ver-
bessert, erfindungsreicher, prachtvoller, grossartiger und

pomphafter ausgeführt. Er war es, der ihnen zuerst das
Ansehen von Triumphzügen gab oder sie doch um vieles
verbesserte und vervollständigte, indem er den dargestellten
Begebenheiten Musik und passende Worte beifügte und ein
Geleite von vielem Fussvolk und Reitern hinzuthat, mit
gehöriger Auswahl prachtvoller Kleidungen, so dass es sich
grossartig und sinnreich ausnahm. Es war ein schöner
Anblick: des Nachts 25 bis 30 Paar passend verkleideter,
reich geschmückter Edelherren zu Pferde, jeder von sechs
bis acht Reitknechten gefolgt, alle gleich angezogen, mit
Fackeln in den Händen, in der Gesammtzahl oft mehr als
vierhundert; dann die Triumphwagen mit Zierathen, Tro-
phäen und den seltsamsten Erfindungen geschmückt. Namentlich war es aber ein Schauspiel, viele Jahre später, der
Triumphzug des Todes, der durch seine Neuheit und seine
Schrecken die Bewohner der Stadt in Staunen und Furcht
setzte. Es wurde von Piero ganz heimlich vorbereitet,
kein Wort verlautete von der Sache, sie wurde in ein und
demselben Augenblick bekannt und gesehen. Einen grossen
schwarz behängten Karren, an dessen Spitze der Tod mit
der Sense sass, zog eine Reihe schwarz behängter Büffel.
All das schwarze Tuch war weiss bemalt, mit einer Menge
Todtengebein, Schädeln, Knochen. Rings um den Tod
hoben sich Grabdeckel und es entstiegen schwarz verhüllte
Gestalten mit aufgemalten Gerippen, die mit heiserer
Stimme, zu dumpfem Trompetengetön den klagenden Choral
„Dolor pianto e penitenza" murmelten und wieder hinab-
sanken in die Gräber. Ein rauchrot schwelendes Licht
kam von riesenhaften Feuerträgern, die über dem Antlitz
und Hinterhaupt schreckliche Larven hatten und um den
Hals einen dicken, geronnenen Blutstreifen. Vor dem Wagen
wie hinterher ritt eine klappernde Schar Todter auf dürren
knochigen Gäulen, jeder von vier vermummten Reitknechten
begleitet, die eine Fackel und eine Fahne hielten, auf der
Kreuz und Todtenkopf, die Wappenzeichen der Herren
unheimlich funkelten. Dem Wagen aber schleppten zehn
schwarze Riesenfahnen nach, und während das Ganze sich

1*

langsam vorwärts bewegte, erscholl in schweren zitternden
Tönen das Miserere, der Psalm Davids. Dem Piero aber
brachte dies Schauspiel grosses Lob und war Ursache, dass
man fortfuhr, sinnreiche Darstellungen zu veranstalten, wie
denn in derlei Dingen die Stadt Florenz nicht ihres
Gleichen hatte.

In der That gab Piero bei seinen Arbeiten einen mannig-
fachen, absonderlichen Geist kund, geschickt, die geringsten
Eigentümlichkeiten der Natur aufzufinden, denen er nach-
forschte, ohne Zeit und Mühe zu scheuen, einzig zum
Vergnügen seiner selbst und zum Nutzen der Kunst. Von
Liebe zu ihr ergriffen, achtete er keiner Bequemlichkeit
und seine Lebensweise war so einfach, dass er sich darauf
beschränkte, harte Eier zu essen. Diese liess er zur Er-
sparniss des Feuers absieden, wenn er Leim kochte und
nicht etwa sechs oder acht auf einmal, sondern wohl an
fünfzig, hob sie in einem Korbe auf und verzehrte sie
nach und nach. Eine solche Lebensweise gefiel ihm aus-
nehmend gut und alle anderen erschienen ihm dagegen als
Knechtschaft. Das Weinen der Kinder, das Husten der
Menschen, der Klang der Glocken, das Singen der Mönche
war ihm lästig; wenn aber der Himmel sich in Regen er-
goss, machte es ihm Vergnügen, das Wasser in gerader
Linie von den Dächern herabstürzen und auf der Erde
zerstieben zu sehen. Grosse Furcht hatte er vor dem
Blitz; donnerte es stark, so wickelte er sich in seinen
Mantel, verschloss Thür und Fenster und setzte sich in
einen Winkel der Stube, bis das Unwetter vorüber war.
In seiner Unterhaltung war er mannigfaltig und kurzweilig,
und hatte mitunter so gute Einfälle, dass die andern vor
Lachen umkommen wollten. Er litt nicht, dass die Stuben
ausgekehrt wurden, wollte essen, wenn er gerade Hunger
hatte und erlaubte nicht, den Garten umzuhacken, noch
die Bäume zu beschneiden. Die Weinstöcke wuchsen wild
auf, die Ranken verbreiteten sich auf der Erde, und weder
Feigenbaum noch andere Bäume wurden jemals ausgeputzt;
es machte ihm Vergnügen alles wild zu sehen, wie er

selbst war, und er pflegte zu sagen, was die Natur hervorbringe, müsse man ihrem Schutze überlassen, ohne etwas hinzuzuthun. Oft ging er aus, Thiere, Kräuter oder irgend etwas ungewöhnliches zu suchen, was die Natur bisweilen aus Laune oder sonst zufällig gestaltet. Ueber solche Dinge gerieth er vor Freuden ganz ausser sich und erzählte sie so oft, dass, wenn man es auch mit Vergnügen hörte, es doch zuweilen lästig wurde. Manchmal blieb er vor einer Mauer stehen, gegen welche kranke Leute lange gespuckt hatten und schuf sich daraus Reiter und Schlachten, die seltsamsten Städte und die grössten Landschaften, welche je gesehen worden sind. Dasselbe that er mit den Luftgebilden der Wolken.

Im hohen Alter jedoch wurde er so seltsam und. so wunderlich, dass kein Mensch bei ihm bleiben konnte. Er wollte die Malerjungen nicht um sich leiden und sein brutales Wesen war schuld, dass er aller Hilfe um sich ermangelte. Bisweilen kam ihn Lust an zu arbeiten, die Gicht aber hinderte ihn; darüber voll Zorn, wollte er die zitternden Hände zwingen festzuhalten, brummte und schalt und es war schmerzlich mitanzusehen, wie ihm bald der Malerstock bald die Pinsel aus der Hand fielen. Die Fliege an der Wand ärgerte ihn und sogar der Schatten war ihm verdriesslich, kurz er war alterskrank und die wenigen Freunde, die ihn noch besuchten, baten ihn, seine Rechnung mit dem Himmel abzuschliessen. Aber er hielt sie von einem zum andern Tage hin, überzeugt, dass er noch nicht sterben werde und nicht etwa aus Mangel an Güte und Glauben, denn er war sehr fromm, obgleich er ein bestialisches Leben führte. Bisweilen sprach er von den Qualen solcher Uebel, welche den Körper allmählich zerstören und und klagte, wieviel der zu leiden habe, welcher an Geist und Kräften abnehmend, langsam sterbe. Von den Aerzten, Apothekern und Krankenwärtern redete er Schlimmes, versicherte, sie liessen die Patienten vor Hunger sterben und schalt über die Qual der Syrupe, Medizinen, Klystiere und anderer Martern, als da sei, nicht schlafen zu dürfen,

wenn man schläfrig sei, sein Testament machen zu müssen,
die Thränen der Verwandten zu sehen und in eine dunkle
Stube gebannt zu werden. Gerechtigkeit und Gericht dagegen rühmte er: es sei eine schöne Sache zum Tode ge-
führt zu werden, soviel Luft und soviel Volk schauen,
durch Süssigkeiten und gute Werke gestärkt werden,
Priester und Volk für sich beten lassen und mit den Engeln
ins Paradies einzugehen; dem werde ein grosses Glück zu
Theil, der plötzlich vom Leben scheide. So gab er allen
Dingen die seltsamste Deutung und seine wunderlichen
Gedanken waren schuld, dass er ein wunderliches Leben
führte. Man fand ihn eines Morgens todt am Fusse einer
Treppe; dies war im Jahre 1521 und er wurde in S. Pier
Maggiore begraben.

Soweit Vasari, der für das Leben Pieros unsere einzige
Quelle ist, da der Anonymus Magliabecchianus und Antonio
Billi nichts über den Künstler berichten. Und er fasst
sein Urteil in folgende Worte zusammen: „Wäre Piero
weniger in sich versunken gewesen und hätte er im Gange
des Lebens mehr auf sich geachtet, als er es that, so würde
sein grosser Geist offenbar geworden sein und die Menschen
hätten ihn angebetet, während er um seines bestialischen
Lebens willen für einen Narren galt, obgleich er am Ende
niemandem Uebles zufügte als sich selbst, und der Kunst
durch seine Werke viel Gewinn brachte. An diesem Beispiele sollte jeder vorzügliche Geist und treffliche Künstler
lernen, wie man das Ende im Auge haben müsse.“ Diesen
beiden Sätzen gegenüber müssen wir unseren Standpunkt
zu Vasari festsetzen. Nicht zu richten im Sinne des ersten
und nicht zu belehren im Sinne des zweiten, ist unsere
Aufgabe, sondern durch Forschung zu erkennen, ob und
wie sich die durch Vasari gezeichnete Persönlichkeit Pieros
in seiner Kunst ausdrückt. Einen wichtigen Aufschluss
für das Gesammtbild giebt die Biographie; an der Wende
seiner Mannesjahre vollzieht sich in Piero ein bedeutsamer
Umschwung, der einstweilen an der Wandlung vom verträumten Jüngling zum menschenscheuen Sonderling, von

den ausgelassenen Carnevalsspielen zum düsteren Triumphzug des Todes, von der tiefen Ehrfurcht vor der Natur zum Versinken in die Verwilderung eines Urzustandes sichtbar wird. Es wird zu untersuchen sein, ob es sich hier um blosse Krankheitserscheinungen eines Neuropathen handelt oder ob der Grund dieses Umschwunges nur teilweise aus Pieros Persönlichkeit, zum grössten Teile jedoch aus seiner Umgebung, aus historischen, religiösen und künstlerischen Momenten zu erklären ist. Für die einzelnen Züge werden in den einzelnen Werken Belege zu finden sein.

Capitel II.
Die Literatur über Piero di Cosimo.

Es ist sehr bezeichnend, dass, nachdem zwei Jahrhunderte seit Vasari vergangen waren, ein romantischer Dichter es war, der wieder die Aufmerksamkeit auf Piero di Cosimo lenkte. In dem schmalen Büchlein Wackenroders „den Herzensergiessungen eines kunstliebenden Klosterbruders" handelt ein Capitel „von den Seltsamkeiten des alten Mahlers Piero di Cosimo aus der florentinischen Schule." [1] In seiner eigenen Einsamkeit fühlte Wackenroder die Einsamkeit Pieros, den Romantiker zogen die weltscheuen Phantasien des Quattrocentisten an. Aber mächtiger waren die Gegensätze, die ein volles Verstehen hinderten. Zu fremd war dem stillen, verträumten, andächtigen Dichter, dessen Leben wie ein Tag im Herbste früh erlosch, der leidenschaftlich schwärmende Piero. Bald vergleicht er ihn mit Lionardo, bald kann er ihn keinen wahrhaft echten Künstlergeist nennen. Eigentlich stand er ihm wie einem Räthsel gegenüber. ..... ebenso wie sie (die Natur) manchmal in den Reihen des Leblosen mutwillig seltsame und monströse Gestalten unter die

---

[1] Herzensergiessungen eines kunstliebenden Klosterbruders, Berlin, bey Joh. Friedr. Unger 1797, p. 141 ff.

Menge wirft, so bringt sie auch unter den Menschen alle
Jahrhunderte einige Seltenheiten hervor, welche sie zwischen
Tausende jeglicher Art versteckt. . . . Die wissbegierige
Nachwelt sammelt aus Schriften die einzeln gestammelten
Laute zusammen, die sie uns schildern sollen. Allein wir
gewinnen kein fassliches Bild und lernen sie niemals verstehen. Konnten doch auch die, welche sie mit Augen
sahen, sie nicht völlig begreifen, ja sie begriffen sich selber
kaum. Wir können sie, wie im Grunde alles in der Welt
nur mit leerer Verwunderung betrachten." Um von dieser
Verwunderung zu fortschreitender Erkenntnis zu gelangen,
musste die Wissenschaft die Führung übernehmen.

In dem folgenden knappen Abriss werden nur jene
Werke herangezogen, die auf die Entwickelung des Urteils
über Piero entscheidend gewesen sind. Geschichtswerke
und Monographien, die ihn nur der Vollständigkeit wegen
nennen, werden nicht angeführt.

Im Jahre 1827 bespricht Rumohr im II. Bande der
„Italienischen Forschungen" unseren Künstler.[1]) Er scheiterte
jedoch in dem „Entwurf einer Geschichte der umbrisch-tos-
canischen Kunstschulen für das fünfzehnte Jahrhundert" an
der seither oft gestellten Aufgabe, Piero dem grossen Zusammenhang einzuordnen. Auch behauptet er als erster die
Abhängigkeit Pieros von lombardischen Malern, eine Vermuthung, die im Laufe der Zeit bald mehr, bald weniger
betont, sich als nicht stichhaltig erweisen wird. Grundlegend
wie immer wirkten auch in unserem Falle die Worte
Burckhardts in „Cicerone", wo er an Piero phantastischen
Märchensinn und den Florentinern überlegenes Colorit
rühmt.[2]) Mit gleicher Treffsicherheit nennt er ihn in den
nachgelassenen „Beiträgen zur Kunstgeschichte von Italien[3])"

---

[1]) C. F. von Rumohr, Italienische Forschungen. Berlin und Stettin,
in der Nicolaischen Buchhandlung 1827. Bd. II, p. 351, 352.

[2]) Burckhardt, Der Cicerone, Leipzig, Verlag von E. A. Seemann
1898. VII. Aufl. II, 3, p. 641 f.

[3]) Jacob, Burckhardt, Beiträge zur Kunstgeschichte von
Italien. Basel, Verlag von G. J. Lendorff 1898, p. 219.

einen hoch und vielseitig begabten, offenbar sehr unabhängigen Meister. Dieses Urtheil weist, ohne die grossen Gefühlserschütterungen Pieros zu berücksichtigen, doch die zahlreichen Versuche, bei Piero nur fremde Einflüsse zu sehen, entschieden ab.

Crowe und Cavalcaselle [1]) haben Piero di Cosimo gegenüber dasselbe Verdienst, wie gegen die anderen von ihnen behandelten Maler. Sie stellen das dem damaligen Stand der Forschung entsprechende Oeuvre Pieros zusammen. Die Charakteristik des Künstlers ist aber noch matter als sonst. Sie kommen über das Constatieren eines nur „pathologischen Interesses" nicht hinaus.

Schmarsow im „Melozzo da Forli" möchte einen Zusammenhang zwischen Piero und Domenico Ghirlandaio nachweisen. [2]) Er leugnet die enge Verbindung mit Cosimo Roselli und möchte sie höchstens, des Beinamens Pieros wegen, auf die gemeinsame Thätigkeit in Rom beschränkt sehen. Pieros Eigenart erwächst ihm aus Fra Filippo Lippi; vielleicht liess sich Schmarsow zu dieser Ansicht durch das Berliner Bild: „Das Christkind und der kleine Johannes" verleiten, das früher als Piero di Cosimo ging, jetzt als Jacopo del Sellaio [3]) erkannt wurde.

Reicher und eingehender wird die Literatur seit dem Jahre 1890. Die eifrige Erforschung des florentinischen Quattrocento liess die eigenartige Persönlichkeit Pieros interessanter und bedeutungsvoller erscheinen. Man merkte, wie sich Entwicklungslinien aus der Vergangenheit in die Zukunft in seiner Kunst kreuzen. Immer schärfer hob er sich von seinen Zeitgenossen ab.

[1]) Crowe und Cavalcaselle, Geschichte der italienischen Malerei. Deutsche Originalausgabe, besorgt von Dr. Max Jordan. Leipzig, Verlag von S. Hirzel 1871. Bd. IV, p. 432—438.

[2]) Schmarsow, Melozzo da Forli. Ein Beitrag zur Kunst- und Kulturgeschichte Italiens im 15. Jhrdt. Berlin und Stuttgart, Verlag von W. Speeman 1886, p. 219—223, 226, 403, Zusatz 2.

[3]) Hans Makowski, Jacopo del Sellaio. Jahrb. der Kgl. Preussischen Kunstsammlungen. Bd. XX, 1899, p. 192—202, 271—284.

Julius Meyer kam dem Problem sehr nahe, als er in seiner Abhandlung „Zur Geschichte der florentinischen Malerei des 15. Jahrhunderts" über Piero schrieb: „So war er bemüht, den abenteuerlichen Gestalten seiner Phantasie den vollen Schein der Realität zu geben, das Märchenhafte zu beleben durch die naturalistische Wahrheit der Einzelformen. Allein auch im innerlichen Sinn suchte sein Naturgefühl das Leben tiefer zu fassen; sowohl im Ausdruck, in der gesteigerten Erregtheit der Empfindung, als auch in dem malerischen Schimmer und Leuchten der Dinge.[1]) Noch bedeutsamer aber ist der Umstand, dass Meyer als erster im Leben dieses Künstlers eine Tragödie ahnte, einen Zusammenbruch, der ihn künstlerisch und menschlich zu grunde gehen liess. Nur sah er als ihre Elemente allgemeine, mehr ästhetische Umstände an, statt sie aus individuellen und zeitlichen Zügen herzuleiten.

An einem andern Punkte setzten Morelli.[2]) und sein Schüler Frizzoni[3]) ihre verdienstvolle Thätigkeit ein. Ihnen verdanken wir es, wenn wir heute das gesammte Lebenswerk Pieros annähernd vollständig zu besitzen glauben. Mit scharfem kritischen Auge, das nicht die Seele des Bildes vermitteln, sondern die in Formen und Farben niedergelegte Handschrift des Künstlers entziffern will, haben sie in den europäischen Galerien zahlreiche Werke, theils namenlose, theils mit fremden Namen gezeichnete, als Pieros Schöpfungen erkannt. Ueber die Berechtigung dieser Bestimmungen, sowie über manche Zweifel soll bei den entsprechenden Bildern gesprochen werden.

---

[1]) Jahrbuch der Kgl. pr. Kunstsmlgn. Bd. XI 1890, p. 30—35.
[2]) Zeitschrift für bildende Kunst, Bd. IX 1874, p. 173—176. Kunstkritische Studien über italienische Malerei, Leipzig, F. A. Brockhaus 1890, Bd. I, p. 149—153, 167, Anm. Bd. II, p. 338, Bd. III, p. 11, Anm. 18, 19, 21, 28, Anm.
[3]) Archivio storico Italiano, IV. Serie, Bd. V, 1880, p. 11 ff. L'Arte italiana nella Galleria Nazionale di Londra. — Arte italiana del Rinascimento. Saggi critici. Milano, Fratelli Dumolard, Editori 1891, p. 247—253.

Ulmanns Abhandlung ist der erste Versuch einer Monographie.[1] Es gelingt ihr nicht, ein abgeschlossenes Bild zu geben, aber sie hat verdienstvolle Einzelheiten. Ulmann hat die Theilnahme Pieros an der Ausmalung der Sixtina klargelegt, den Zusammenhang zwischen Pieros mythologischen Darstellungen und der gleichzeitigen Poesie aufgezeigt und die Reihenfolge der Bilder, freilich mit Weglassung einzelner, mit grosser Wahrscheinlichkeit festgesetzt. Einen Schritt über Ulmann hinaus versuchte Knapp in seinem Buche.[2] Noch weniger als seinem unmittelbaren Vorgänger glückte es ihm, Pieros Persönlichkeit auch nur in grossen Linien zu zeichnen. Dazu kommt eine völlig willkürliche Ansetzung der Werke, die in ungerechtfertigtem Gegensatz zu der bisher geltenden, eher verwirrt als klärt. Wertvoll aber ist, dass hier zum erstenmal das gesammte Material zusammengetragen ist.

Schliesslich hat Richard Muther in seiner „Geschichte der Malerei" ein Capitel dem Piero di Cosimo gewidmet.[3] In ihm ist verbindend erreicht, was Rumohr erstrebte und Meyer andeutete: Die Einordnung Pieros in die Gesammtentwicklung der Renaissancemalerei auf Grund der psychologischen Analyse seines tragischen Schicksals. Freilich des knappen Umfangs wegen, nur in grossen Zügen. Grosses verdanke ich Richard Muther und muss ich im Kleinen abweichen, so werde ich es zu begründen suchen.

Ein dreifaches Bestreben tritt also in der angeführten Literatur zu tage und bestimmt den Weg meiner Untersuchung. Zunächst ist das Oeuvre Pieros zu umgrenzen und jedes einzelne Werk auf seine Entstehungszeit zu prüfen. Ferner ist Pieros Colorit und Formensprache, sowie der seelische Gehalt der Bilder zu charakterisieren und

---

[1] Jahrbuch der Kgl. pr. Kunstsmlg., XVII. Bd. 1896, p. 42—64, 120—142.

[2] Piero di Cosimo, Sein Leben und seine Werke, von Fritz Knapp, Halle a. S. Verlag von Wilhelm Knapp, 1898.

[3] Richard Muther, Geschichte der Malerei, Leipzig, G. J. Göschen'sche Verlagsbuchhandlung 1899, Bd. II, p. 9—18.

16

ihre Sonderart mit dem Lebensbericht bei Vasari zu vergleichen, ob zwischen ihnen ein causaler Zusammenhang besteht. Dann ist Pieros eigenartige Veranlagung zu seiner Umgebung in Beziehung zu setzen und aufzuzeigen, wie sich aus dem Zusammenwirken dieser beiden Factoren der tragische Verlauf seines Schicksals erklärt. Dass die bisher getrennten Bestrebungen geeinigt und zu einem einheitlichen, abschliessenden Bild über das Leben und Schaffen Piero di Cosimos gefügt werden, soll die Berechtigung meiner Arbeit erweisen.

Capitel III.
Die quattrocentische Malerei bis auf Piero di Cosimo und sein Lehrer Cosimo Roselli.

Der Anfang der Renaissance ist Ausklang und Ouvertüre zugleich. [1]) Zu Ende ging das Mittelalter, der Byzantinismus in Venedig, die Mystik in Köln, Umbrien, bei Fra Angelico, Giottos monumentaler Stil in Hubert van Eyck und Masaccio. Wie im Zwielicht liegt das Wirken Jan van Eycks und Vittore Pisanos aus Verona; mit naiv erstaunter Kindlichkeit entdeckten sie die Welt und mit peinlicher Treue gaben sie all das Neue wieder. Doch der Morgen der Renaissance brach an und mit ihm kamen die Stürmer und Dränger, die Pioniere des wissenschaftlichen Realismus, jene Arbeiter, die den Grund für alle folgende Kunst legten und so traditionslos schufen, als stände die Malerei am ersten Tage: Uccello, Castagno und Domenico Veneziano. Uccello, der Fanatiker der Perspektive, der nur Auge war und mathematische Berechnung, der Welt und Menschen, jedes Geschehen und jede Bewegung, nur auf ihre perspektivische Verwertung hin ansah; Castagno, der Christus als störrischen Bauer malte, wie er sich wild gegen die Qualen der Kreuzigung aufbäumt, der als Reac-

---

) Vergl. Muther, a. a. O., Bd. I.

tion gegen die etwas holzpuppenhaften Heiligen der giottes-
ken Malerei einen neuen Menschenschlag in die Kunst
einführte, Schifferknechte und Holzfäller, derb und unge-
schlacht, und der seinen Urwaldmenschen doch etwas Con-
dottierenhaftes, einen Zug ins Imperatorische verlieh; und
endlich Domenico Veneziano, dem seine Mutterstadt Venedig,
die Stadt der Liebe und Farben, als Geschenk in die Fremde
den Sinn für Frauenreiz und die Musik des Colorits mitgegeben hatte. So schufen sie die Ausdrucksmittel für
die leichten spielerischen Erzähler und Fabulierer, für Fra
Filippo Lippi, den liebesseeligen Mönch, der ein schönes
Beispiel für die Weltfreudigkeit jener sonnendurchglänzten
Tage ist und Benozzo Gozzoli, mit dem klingend und lachend
das italienische Volksleben seinen Einzug hielt in die Kunst.
Ganz Italien durchwanderte Gozzoli, überall malend und
scherzend, brachte einen Hauch seiner glitzernden Heiterkeit auch nach Umbrien, über dem noch die Mystik wie
ein Schleier lag, und hier erstand dann der Meister, dessen
pantheistisches Naturempfinden und dessen Grösse der Anschauung einen Höhepunkt im Quattrocento bedeutet, Piero
dei Franceschi. Diese Entwickelung, die schrittweise erfolgte, war auch ein schrittweises Loslösen der Kunst vom
Dienste der Kirche, mit dem Wachsen der künstlerischen
Kraft ging Hand in Hand die Ausbildung hellenisch freier
Weltauffassung. Dagegen erfolgte nun, wie ein Wetterleuchten erst, eine Reaction.

1450 feierte man das Jubeljahr.[1] In leidenschaftlich
religiösen Schwärmen wallfahrtete die Christenheit nach
Rom, aber als Christi Stellvertreter sass damals dort Nicolaus V. von Sarzana, mit dem der Humanismus des Jahrhunderts selbst den päpstlichen Stuhl bestiegen hatte.
Fromm klang der Pilger Bittgesang durch die Strassen, im
Vatican aber thronten schon die Musen und Götter des

---

[1] Vergl. Ludwig Pastor, Geschichte der Päpste im Zeitalter
der Renaissance, von der Wahl Innocenz VIII. bis zum Tode Julius II.
Freiburg, Herdersche Verlagsbuchhandlung 1895, Bd. III, p. 127—132.

alten Olymp. In Florenz lag die erschütterte Menge auf
den Knieen, wenn der heilige Antonin[1]) predigte, trat sie
aber vor die Bilder, die ein Werk zeitgenössischer Maler
in Nischen und Kapellen der Kirche hingen, da fand sie
kein Echo in ihnen für die Schmerzensrufe ihrer Sehnsucht. Das Volk wollte seine Kunst haben und fand sie
nicht. Denn sie war festlich, weltlich geworden und nur
Künstlern verständlicher, technischer Probleme voll. Da
kam wie ein Erlöser Rogier van der Weyden nach Italien.
Seine Kunst war die Bibel der Mühseligen und Beladenen,
die Leiden des Heilands, der für die Menschheit gestorben,
sein einziges Thema. Voll Blut und Wunden hängt Christus
am Kreuz, das jammernd mit verzweifelten Geberden die
Jünger umstehen. Gramvoll, in wortlosem Schmerz, sitzt
die über Nacht gealterte Gottesmutter und hält zitternd
den Leichnam des Sohnes, den sie einst jungfräulich geboren, im Schoss, bevor die Grablegung beginnt. Dann
ist Christus erstanden und aus geöffneten Himmeln, im
Posaunengetön der Engel, ruft er die Sünder zum jüngsten
Gericht.

In den Städten, die Rogier passierte, vollzog sich theils
neben ihm, theils durch ihn der gleiche Umschwung. In
Florenz erlebte der greise Donatello seine schmerzliche
Tragödie, die Wandlung vom David und Georg zu seinen
letzten Werken, die wie Schreie der Verzweiflung sind.[2])
In Padua setzten Gregorio Schiavone und Marco Zoppo
mit Bildern eines heftigen Naturalismus ein, die eine tote,
finstere Welt spiegeln. Am dunkelsten aber hingen die
Wolken über Ferrara, wo Rogier wie ein trauter Verwandter aufgenommen wurde. Dasselbe Gefühl wie ihn

---

[1]) Ueber ihn als Gegenbild des Humanismus, vergl. Georg Voigt,
die Wiederbelebung des klassischen Alterthums, Berlin, Verlag von
Georg Reimer 1893, Bd. I, p. 379.

[2]) Vergl. Donatello. Eine evolutionistische Untersuchung auf kunst-
historischem Gebiet. Von Willy Pastor. Giessen, Verlag von E.
Treuckmann 1892.

bewegte auch Francesco Cossa, Cosimo Tura und Ercole
dei Roberti, sie liebten das gleiche Pathos, nur noch herber
und trotziger. Das Mittelalter beherrschte den Ideen-
gehalt ihrer Werke. Im Freskencyclus des Palazzo Schi-
fanoja leben die Monatsbilder aus mittelalterlichen Kalen-
dern auf, die Tafelbilder erinnern in der grellen, fast barbarischen Glut der Farben und der dürren Asketik der
Gestalten an Mosaiken. Aus diesen dunklen Wolken sollte
der zündende Blitz schlagen, aus Ferrara Savonarola kommen.
Noch war nicht die Zeit, und der christlichen Bewegung
stemmte sich ein junger Riese entgegen, der alt geworden
sich doch vor ihr beugte: Mantegna, der die antike Welt
gigantisch und wie versteint nochmals heraufführte.

Mit Mantegna tritt die Antike als stilbildendes Element
in die Kunst des Quattrocento. Den Malern des Trecento
waren die Palmetten und Rosetten, Sphinxe und Satyre,
Füllhörner und Guirlanden, Mäander und Triglyphen nur
reizvolle Zierstücke, mit denen sie in heiterem Spiel ihre
Bilder schmückten. Jetzt war durch die Studien der Humanisten die Archäologie zur Wissenschaft geworden, die
Mantegnas Feuergeist zur lebendigen Kunst erhob. Ein
dreifaches lernte er von ihr: die Darstellung des Nackten,
den Rythmus und die Gesetze der Bewegung und die Behandlung der Gewänder. Das ist jedoch nur das eine
Moment seines für die weitere Entwicklung so bedeutungsvollen Schaffens. Das andere ist, im Zusammenhang mit
dem felsigen Charakter der Euganeen vielleicht, sein steinerner Stil, in den er Landschaft und Menschen umsetzte,
ferner die Thatsache, dass er als erster seinen Gestalten
die volle plastische Rundung gab, das Problem des disotto-
in-su, der perspektivischen Gewölbemalerei, löste und die
frühesten Porträtgruppen schuf.

Gerade diese formalen Elemente waren es, die seine
Nachfolger fortbildend aufnahmen. Melozzo da Forli verband sie mit umbrischer Anmut. Antonio Pollajuolo, der
Florentiner, mit der ehernen Art des Erzgiessers und wandte
sich als erster, von Mantegna angeregt, dem Kupferstiche

zu, Luca Signorelli aber gelangte zu einer Meisterschaft, die ihn zum Vorläufer des Michelangelo macht. So stand es um die Kunst, als in Florenz Cosimo Roselli das Malhandwerk betrieb. Sucht man seinen Namen in den Büchern, die wie Berensons „Florentinische Maler der Renaissance" nur jene Künstler behandeln, deren Schaffen irgend wie entscheidend war auf den Gang der Entwicklung, findet man ihn nicht. Aber auch die Werke, die ihn im Zusammenhang nennen, wie Crowe und Cavalcaselle, wissen nichts von ihm zu rühmen.[1]) Er war eben ein trostlos unbedeutender Maler, eine jener Talentlosigkeiten, die es zu allen Zeiten und überall giebt. Ist sein Können manchmal doch als verhältnismässig gut zu bezeichnen, so spricht das nur für das hohe Durchschnittsniveau der damaligen Kunstübung, in der selbst der Unfähige durch Benutzung allgemeiner, wie auf der Strasse liegender Fähigkeiten und Kenntnisse den Schein des Schöpferischen erwecken konnte. Immer stand er unter dem Einfluss anderer Meister, ihm selbst mangelte jede Eigenart; es sei denn, dass man sie darin erblickt, wie er fremde Züge in seinen Bildern verflachte. 1439 wurde Cosimo Roselli geboren. 1507 ist sein Todesjahr. Welche Ereignisse, Kämpfe und Eroberungen begrenzen diese Zahlen! Roselli jedoch hat keinen Antheil an ihnen. Wie in einem trüben Spiegel nur spiegeln sich einzelne Strahlen in seinen Werken. Dreizehnjährig kam er zu Neri di Bicci in die Lehre, einem ganz schlechten Maler, der selbst dem anspruchlosen Schüler so wenig geben konnte, dass dieser ihn bald verliess. 1456 schloss er sich an Benozzo Gozzoli an, der damals Kirchen und Paläste in leichter, müheloser Thätigkeit mit Gemälden versorgte. Das sind die Namen von Rosellis Lehrern, die uns verbürgt sind. Weitere können wir aus seinen Werken lesen. Von Castagno und Domenico Veneziano bis Ghirlandajo und Verrocchio, jedem hat er etwas abgelauscht. Ein ganz äusserliches Nachahmen des Andrea del Castagno

---

[1]) Crowe und Cavalcaselle, a. a. O., Bd. III, p. 287—293.

zeigen zunächst die Wand- und Deckengemälde der Capelle Salutati im Dom zu Fiesole, die Ulmann mit guter Berechtigung dem Roselli zuweist.[1]) Der heilige Leonhard, Johannes der Täufer, die Prophetengestalten an der Decke, bezeugen ebenso wie der Täufer auf dem früheren Bild der heiligen Barbara in der Akademie zu Florenz das plumpe Missverstehen des grossen Vorbildes. Der Zusammenhang mit Domenico Veneziano wird an der Farbengebung ersichtlich, besonders an dem helleren Colorit der „Anna Selbdritt mit Heiligen" in Berlin. Vergleicht man damit die harte Buntheit der Töne, die er sonst gleich seinem Lehrer Neri di Bicci, liebt, dann begreift man, was er dem ersten Lichtmaler schuldet. Auf demselben Bild ist auch der Einfluss Verrocchios gegeben. Der heilige Georg mit seinem sinnenden Gesichtsausdruck und der strahlenden Rüstung ist eine geistlose Copie jener ritterlichen, verträumten Jünglinge, die Verrocchio als neuen, für die zweite Hälfte des Quattrocento charakteristischen Typus schuf. Auf Ghirlandajos Rechnung endlich ist zu setzen, was das Beste ist an der „Uebertragung des Wunderkelches", dem Fresko, das Roselli in der Kapelle von S. Ambrogio zu Florenz im Jahre 1486 malte.[2]) nämlich in der straffen und doch festlichen Composition und der weltfrohen Anmut der Frauen. Was er leistete, wenn er unabhängig zu sein versuchte, zeigt die „Einkleidung des Filippo Benizzi" in der Vorhalle der Annunziata. Die Gestalten sind haltlos, wie ohne Knochen und die Körper verschwinden spurlos in den wulstig gefalteten Gewändern. Die Köpfe sind ganz allgemein behandelt, ohne individuelle Beseelung. Die Composition ist unklar und unbeholfen, die Architektur durchaus untektonisch gesehen, die Landschaft ohne jedes Naturempfinden gemalt. Umgeben von den schönen Fresken der Andrea del Sarto, Franciabigio Pontormo und Rossi wirkt Rosellis Arbeit um so kläglicher.

---

[1]) a. a. O., p. 43, Anm. 1.
[2]) Vergl. Richa, Chiese Fiorentine, vol. II, lez. XXIV, p. 244 ff.

Seltsam erscheint es daher, dass Cosimo Rosellis Atelier die erziehliche Schule wurde für so bedeutende Künstler wie Fra Bartolommeo und Albertinelli. Noch sonderbarer aber berührt uns das Spiel des Zufalls, dass bei diesem unpersönlichsten Maler aus dem florentinischen Quattrocento der persönlichste Künstler Lieblingsschüler werden sollte, Piero Chimenti, den man, weil Cosimo Roselli ihn „wie seinen Sohn hielt," Piero di Cosimo nannte.

Capitel IV.
Die Jugendwerke Piero di Cosimos.

Als ältester unter fünf Brüdern ist Piero, als Sohn des Goldschmieds und Malers Lorenzo Chimenti, im Jahre 1462 geboren. Sein Oheim Balbo war ebenfalls Goldschmied und Maler, sein Grossvater, dessen Namen er trug, war succhiclinajo, ein Eisenarbeiter.[1]) Handwerkliche Geschicklichkeit und künstlerische Uebung war also in seiner Familie vererbter Brauch. Laut Steuerzettel seines Vaters war er 18jährig, im Jahre 1480 in der Werkstatt Cosimo Rosellis, bei dem er nach hergebrachtem Bericht, bis zu dessen Tode geblieben sei. Doch spricht die bald selbständige Entwickelung Pieros gegen diese Annahme. Vielleicht wird sich der Zeitpunkt, da Lehrer und Schüler auseinandergingen, noch später bestimmen lassen.

Im folgenden Jahre, 1481, brach Cosimo Roselli, als letzter dem Rufe Papst Sixtus IV. folgend, nach Rom zur Ausmalung der Sixtina auf. In seiner Gesellschaft befand sich der junge Piero. Diese Nachricht bei Vasari ergänzt der Contrakt, den Giovanni de Dolci, der Erbauer der Kapelle mit den von seinem Herrn berufenen Künstlern schloss. Gnoli hat ihn im Wortlaut veröffentlicht.[2]) Neben jedem Künstler werden auch seine Familiares erwähnt; als

---

[1]) Vergl. Die Mittheilung Milanesis bei Crowe und Cavalcaselle a. a. O., Bd. IV, p. 433.

[2]) Archivio storico dell Arte, Bd. V, p. 128.

solcher Familiaris des Cosimo Roselli ist Piero dabei gewesen. Das Datum des Vertrages ist der 27. October 1481; bis zum 15. März 1482 sollten die Arbeiten vollendet sein. Dies war aber nicht der Fall. Erst am 15. März 1483 hat der Papst, der kunstliebende Francesco della Rovere von Savona die vollendete Kapelle eingeweiht. Dadurch ist auch der Endtermin für Pieros Aufenthalt in Rom und für seine Rückkehr nach Florenz gegeben. Nur noch drei Ereignisse aus seinem Leben sind uns zeitlich genau bekannt. Am 25. Januar 1504 gehörte er zu der Schar jener Künstler, die als freigewähltes Schiedsgericht ein Urtheil über die Aufstellung des David von Michelangelo zu fällen hatten.[1] Er muss damals schon zur Anerkennung und Berühmtheit gelangt gewesen sein, also bis zu dieser Zeit den grössten Theil seiner doch wenig zahlreichen Werke geschaffen haben. Wir dürfen diesen Gesichtspunkt später nicht aus den Augen lassen. In das Jahr 1511 fällt, wie Vasari erzählt, der Triumpfzug des Todes.[2] Auch dieser Termin soll uns dann eine Handhabe bieten. Endlich wissen wir von seinem Tode. An einem Morgen des Jahres 1521 fand man ihn todt an den Stufen einer Treppe.

Diese Zahlen sprechen schon durch ihre Spärlichkeit. Wie eingehend, fast über jedes einzelne Jahr sind wir von dem Leben und Schaffen mancher Künstler unterrichtet! Von Piero nur über seine Jugend. Dann verlieren sich die Nachrichten, wie er sich aus der Gemeinschaft der Menschen verlor und tauchen nur noch ganz selten, in grossen Zwischenräumen wieder auf, wie er nach allzu drückender Einsamkeit für kurze Zeit in den Kreis seiner Genossen zurückgekehrt sein mag. Sind sie aber in dieser Beziehung wie Symbole seines Schicksals, so erschweren sie andrerseits unsere Aufgabe, in die durch sie begrenzten Zeiträume seine Werke einzuordnen. Ein einziges Bild ist mit einer Jahreszahl versehen, alle übrigen nicht. Dieses Bild aber ist sein Erstlingswerk.

---

[1] Vergl. Gaye, Carteggio, II, p. 455.
[2] Vasari, a. a. O., IV, p. 135—137.

2*

24

1. Conceptio Mariae in San Francesco auf der Höhe von Fiesole.

Im Chor der Klosterkirche S. Francesco auf der Höhe von Fiesole hängt, vom Qualm der Altarkerzen geschwärzt, durch eine spätere Reinigung fast bis zur Unkenntlichkeit verdorben, Piero di Cosimos erstes Bild. Unten in der linken Ecke befindet sich die Bezeichnung: Pier di Cosimo, 1480. Nicht immer war das Bild bekannt. Vasari nennt es. Dann erwähnen es Bandini[1]) und Moreni[2]) schon an dem geänderten Ort. Ursprünglich hing es nämlich über dem Hochaltar, später wurde es im Chor angebracht. Auch Rumohr[3]) kannte es und die Inschrift Pieros. Seither war es verschollen und blieb auch dem Spürsinn Cavalcaselles unbekannt. Erst Ulmann[4]) hat die Bezeichnung wieder gefunden. Alle Späteren nennen es eine Krönung Mariae, Vasari allein eine Conception. Der Inhalt des Dargestellten spricht für das letztere.

Das Bild zerfällt in zwei Scenen: in der oberen Hälfte ist ein himmlischer, in der unteren ein irdischer Vorgang dargestellt. Oben thront auf einem Wolkensitz Gottvater, in der linken Hand eine Gesetzestafel, in der emporgehobenen Rechten einen Stab mit dem er die immaculata Conceptio vollzieht. Rechts kniet Maria, links ihr entsprechend ein Engel, in den Händen eine Schriftrolle, deren Enden ein links und ein rechts schwingender Engelreigen aufnimmt. Unten knien auf einem erhöhten Podium einander in einem Winkel zugewendet, die beiden Heiligen: Franz von Assisi und Hieronymus. Rechts davon stehen Augustin und Thomas von Aquino, links Buonaventura und der heilige Bernhard als Mönch.

---

[1]) Angelo M. Bandini, Lettere XII ad un amico nelle quali si ricerca e s'illustra l'antica e moderna situazione della città di Fiesole. Firenze 1776, p. 139.

[2]) Domenico Moreni, Notizie istoriche dei Contorni di Firenze, Parte terza, Firenze 1792, p. 205.

[3]) a. a. O., Bd. II, p. 352.

[4]) a. a. O., p. 45.

Dass das Bild eine Conceptio und nicht eine Krönung darstellt, hat Knapp, nachgewiesen.[1]) Es sprechen dafür direkt die Inschriften auf den Tafeln und Pergamentstreifen, welche alle die unbefleckte Empfängnis Mariae preisen: (Conceptionen virginis Mariae celebre ... Maria ab omni pecore originali et actuali immunis fuit ... O virgo benedicta quae angelos vincis puritatem ... u. s. w.) indirekt aber die historische Thatsache, dass damals die Streitfrage der unbefleckten Empfängnis die Geister so erhitzte, dass Sixtus IV. im Jahre 1483 beiden Parteien mit Excommunication drohte, wenn sie die andere Meinung für häretisch erklären. Nun waren die Franziskaner Hauptanhänger der Lehre von der immaculata conceptio und für ihre Kirche in Fiesole bestellten sie bei dem 18jährigen Piero, vielleicht durch Vermittellung des Cosimo Roselli, das Bild. Ferner geht jedoch daraus hervor, dass man aus dem dargestellten Stoffe keinen Schluss auf eine religiöse Veranlagung Piero schliessen darf. Der erste Auftrag schmeichelte dem jungen Künstler und er beeilte sich, ihn ohne Zögern auszuführen. Er wäre zu jedem anderen ebenso rasch bereit gewesen. Pieros völlig gleichgiltige Behandlung des Themas wird erst recht deutlich, wenn man sie mit der soviel späteren Conception in den Uffizien vergleicht.

Der rein künstlerische Wert des Bildes ist nicht bedeutend. In vielem merkt man den Schüler, doch in manchem schon den künftigen, selbständigen Meister. Unvermittelt sind die beiden Scenen, die himmlische und irdische, übereinander gesetzt wie auf gleichartigen Bildern des Trecento. Die Einheit ist weder erstrebt noch erreicht. Ob sie durch Farbe oder Licht geschaffen werden sollte, lässt sich bei dem schlechten Zustand des Bildes nicht mehr entscheiden. Die Composition ist in der Form der Pyramide aufgebaut deren Spitze Gottvater und deren Basiseckpunkte die Heiligen Augustin und Buonaventura

---

bilden. Theils innerhalb der Pyramide, theis ausserhalb derselben sind die übrigen Gestalten gruppiert. Diese zeigen am stärksten Pieros Abhängigkeit von Vorbildern, von seinem Lehrer Roselli, aber auch schon von Lionardo, an den besonders die hellblonden Engelköpfe und die charaktervolle Modelierung der Hände erinnern. Interessanter aber ist es, jenen Zügen nachzugehen, die auch in späteren Werken Pieros wiederkehren. Die mittlere Erhöhung, ein Podium gleichsam, das sich stärker von dem Ganzen abhebt, wird oft an dem Bilde getadelt.[1]) Doch leuchtet es nicht ein, warum gegen dieses compositonelle Motiv ein Vorwurf zu erheben wäre. Wie hier zum erstenmal hat es Piero später noch oft verwendet und zwar mit dem zu billigenden Zweck, schon räumlich den Hauptpersonen eine besondere Aufmerksamkeit zu sichern. In der Durchbildung der Köpfe kündigt sich der kommende Psychologe an. Er liebt die gefurchten Greisenantlitze, die Spuren harter geistiger Kämpfe zeigen. Darum ist das Tragen von Schreibtafeln und das Schreiben selbst kein so zufälliges Motiv, wie bei anderen Malern, die es gelegentlich bringen. Vielmehr ist es ein sinnfälliger Ausdruck einfach geistiger Vorgänge, die sich später entsprechend der Vertiefung der Ausdrucksmittel zu complizierten seelischen Stimmungen verdichten. Den grossen Landschafter vermag man an dem Bilde noch nicht zu erkennen. Doch fühlt man, an dem weiten Ausblick, der sich im Hintergrunde öffnet, den Naturschwärmer der keinen Vorgang, mit einer einzigen, kaum zählenden Ausnahme im geschlossenen Raum gemalt hat.

Zwei Zeichnungen, die sich in den Uffizien als von der Hand Albertinellis befinden, hat Ulmann dem Piero zugeschrieben und sie als Vorstudien zur Conceptio Mariae erkannt.[2])

.

---

[1]) So auch Knapp, a. a. O., p. 15.
[2]) a. a. O., p. 46. — Vergl. auch phot. Brogi 1819 und 1717.

Pieros Theilnahme an der Ausmalung der Sixtina.

Drei Fresken in der Sixtina sind das Werk Cosimo Rosellis und zwar, dem Parallelismus zwischen dem alten und neuen Testament entsprechend, links die Gesetzgebung auf dem Sinai und die Anbetung des goldenen Kalbes, rechts die Bergpredigt und Heilung des Aussätzigen. Dann befindet sich in dem rückwärtigen Raum die Darstellung des heiligen Abendmahls. Auch Vasari[1]) weist dem Roselli die Fresken zu, nur nennt er an Stelle der Gesetzgebung den Durchgang durch das rote Meer. Diese Zuweisung wurde die längste Zeit, als zu recht bestehend anerkannt und auf Grund dieser Annahme wurden weitere, namentlich die Mitarbeiterschaft Pieros betreffende Schlüsse gezogen. Schmarsow[2]) glaubte ihm die ganze linke Hälfte des Fresko, die Gruppe der Juden, zuschreiben zu können. Zu demselben Resultat gelangte Steinmann[3]) und wollte überdies in zwei Rittern die Porträts des Virginio Orsini und des Ruberto Malatesta erkennen, indem er sich dabei auf eine Notiz Vasaris[4]) berief. Allen diesen Vermutungen aber machte Ulmann[5]) ein Ende, indem er den Irrthum Vasaris aufdeckte und das Fresko vom Untergange Pharaos dem Benedetto Ghirlandajo zurückgab.

Als ganzes weisen diese Fresken dieselbe Mittelmässigkeit auf, die auch andern Werken Rosellis eigen ist. Das hat schon Vasari[6]) empfunden, als er die bekannte Anekdote erzählte, wie der Papst Rosellis Fresken nur des aufgesetzten Goldes, der bunten Farben, des Ultramarin wegen, besonders rühmte. Einzelne Details aber zeigen Vorzüge, welche dem Können Rosellis sonst fremd sind. Auch dafür giebt Vasari[7]) die Erklärung, an jener Stelle,

---

1) a. a. O., p. 188.
2) a. a. O., p. 218.
3) Jahrb. der Kgl. preuss. Kunstsamlgn., Bd. XVI, 1895, p. 176—197.
4) a. a. O. IV, p. 132.
5) a. a. O., p. 54 ff.
6) a. a. O. III, p. 188 ff.
7) a. a. O. IV, p. 132.

wo er davon berichtet, dass Roselli alle jene Aufgaben, die er selbst nicht zu lösen vermochte, seinem Schüler Piero übertrug. Das wertvollste Fresko ist die Darstellung der Bergpredigt.[1]) Es zeigt auch die stärkste Mitarbeiterschaft Pieros. Schon Vasari[2]) wies darauf hin, dass er hier eine ganz wundervolle Landschaft „un paese bellissimo" malte. Hier tritt uns also der Landschafter zum erstenmal deutlich entgegen und hier schon finden wir jene Motive, die sein sonstiges Naturempfinden charakterisieren. Zunächst überrascht uns die Grösse und der Reichtum der Anschauung, die bis auf Piero kein florentiner Maler besass. Ein ganzes Stück Welt ist wiedergegeben. Die Mitte beherrscht ein breit aufragender Berg, auf dessen Spitze eine Kirche thront. Seine bewaldeten Abhänge senken sich, rechts und links zu zwei Thälern nieder. Das linke liegt noch in klarem Licht, das die Villen, Schlösser, Thürme und Festungen hell beleuchtet. Es ist ein Thal, wo heitere Menschen wohnen. Ueber das rechte ist schon der Abend gesunken und kahl ziehen sich die Hügelketten bis an den verdämmernden Horizont. In dieser Landschaft vollzieht sich der Vorgang, links die Predigt Christi, rechts die Heilung des Aussätzigen. Nicht so sicher wie die Schöpfung des Landschaftlichen, ist Pieros Antheil an dem Figuralen des Freskos. Morelli hatte Recht, als er dem Piero einfach die ganze linke Gruppe zuwies, denn sowohl an Rhythmus der Composition als auch an Lebendigkeit der Menschen sticht sie vortheilhaft gegen die rechtsseitige ab. So lockend es aber auch ist die Prüfung bis auf einzelne Gestalten auszudehnen, namentlich auf die kniende Frau in der Mitte und die der Wirklichkeit abgelauschte Gruppe der beiden lebhaft sprechenden Männer im Vordergrunde links, so ruht doch die Entscheidung auf völlig unsicherer Grundlage. Auch scheint sie mir für

---

[1]) Ev. Matth. V—VII.
[2]) a. a. O. IV, p. 132; vergl. auch III, p. 187 f.

Pieros Beurteilung nicht so ausschlaggebend, wie der bisher noch nicht scharf genug erfolgte Hinweis auf die die Luft durchschneidenden Vögel, welche den späteren grossen Thiermaler ankündigen, vor allem aber auf den die Wolken zusammenblasenden Windgott, der in einen realistischen Vorgang versetzt, das erste Lebenszeichen des Phantasten Piero ist.

Die „Gesetzgebung auf dem Sinai" mit der „Anbetung des goldenen Kalbes"[1]) ist wie als Gesammtwerk, so auch in der Landschaft schwächer als das eben besprochene Fresko.

Stammt diese nun ebenfalls von Piero, so ist dies ein Grund mehr für die frühere Entstehung des Freskos. Noch schwieriger ist hier die Zuweisung der einzelnen Gestalten und trotz Schmarsow und Ulmann[2]) kann ich nirgends die Hand Pieros erkennen. Doch möchte ich wieder auf jene kleinen, bisher nicht beachteten Züge hinweisen, die deutlicher als andere Pieros Persönlichkeit verraten, den Thiermaler in dem erschreckt davonspringenden Affen und der Katze, und seinen Humor, der an Selbstironie grenzt, wenn er, als Unterschrift gleichsam, einen Farbentopf an den Rand des Bildes setzt.

Besonders strittig ist das dritte Fresko, die Darstellung des Abendmahls. Knapp spricht Piero jede Theilnahme ab.[3]) Dagegen weist ihm Schmarsow[4]) die Architektur zu, ferner alle Nebenereignisse, die man über der Sitzlehne, zwischen den Pfeilern sieht, das Gebet in Gethsemane, die Gefangennahme, den Kreuzestod, und endlich die genrehafte Ausstattung im Vordergrund. Ich glaube, dass er nur theilweise Recht hat. Die Architektur kann ruhig dem Roselli gelassen werden, da sie noch schwächer ist als seine andern verbauten Hintergründe. Von den Nebenereignissen gehört das Gebet in Gethsemane ganz dem

---

1) Exodus XXXII.
2) a. a. O., p. 54.
3) a. a. O., p. 21.
4) a. a. O , p. 225.

Piero, auf der Gefangennahme nur die Landschaft, dem Krenzestod steht er völlig fern. Ueber die Berechtigung dieser Zuweisung soll im Zusammenhang mit Pieros religiösen Bildern gesprochen werden. In den Thierdarstellungen im Vordergrunde erkennt man aber den Satyriker, der in die Scene, da der Heiland von dem Verrathe eines Jüngers spricht, Hund und Katze malt, die sich balgen.

Das ist Pieros Theilnahme an der Ausmalung der Sistina, die man für gewöhnlich als dürftig und wenig geeignet die Onvertüre eines bedeutenden Künstlerlebens zu bilden bezeichnet.[1] Wie wenig dieses Urtheil gerechtfertigt ist, wie gerade umgekehrt diese Thätigkeit Pieros als der zwingend notwendige Prolog zu seinen späteren Werken erscheint, kann die folgende Zusammenfassung erkennen lassen. Als stillen verträumten Knaben schildert Vasari den jungen Piero, der wenig arbeitete und die Einsamkeit liebte. Hatte er die Stadt und die Menschen geflohen, fand er in der Natur und den Thieren seine Freunde. Hier suchte er die verborgenen Schönheiten der Landschaft und beobachtete das Leben der Thiere. Er belauschte die geheimnisvolle Stille der Wälder, sein Auge glitt über die langen Linien der Hügelketten und verweilte auf den weissen Villen, die irgendwo aus dem Grün hervorleuchteten. Aus der wirklichkeitsfrohen Umgebung versank er jedoch bald immer in eine Traumwelt. Stundenlang konnte er dann versonnen sitzen, seinen bunten Gedanken nachhängen und Luftschlösser bauen. Er starrte in die ziehenden Wolken und spann seine Träume in ihren Flug. Dort sah er Reiterschlachten, wie sie niemals geschlagen wurden, riesengrosse Schiffe, die noch kein Meer befuhren. Eine ungebändigte Phantasie beherrschte ihn.

Einen Widerschein dieser Jugendjahre zeigen seine Arbeiten an den Sistinafresken. Die Landschaften, die er hier malte, hatte er oft gesehen, dieselben Wälder, die-

---

selben Hügelketten, die weissen Villen und die Vögel, die
über den Bäumen fliegen. Die Thiere, die er liebte, zeigte
er, wie sie unbekümmert um den Menschen, ein eigenes
Leben führen, den Hund, die Katze und den Affen. Den
Sinn für Scherz und Schelmenstreiche, den Vasari an ihm
hervorhebt, bekundet er zunächst in ihrer Darstellung und
der humoristischen Anbringung des Farbentopfes. Seiner
jungen Phantasienwelt entstammt jener Windgott, der mit
aufgeblasenen Backen die Wolken zum Sturm zusammen-
ballt.[1]) In diesen Dingen sind auch schon die Ansätze zu
einem eigenen Stil, während er sonst von der Weise seines
Lehrers abhängig ist.

Von der grössten Bedeutung wurde aber für ihn der
römische Aufenthalt selbst. Er lernte die berauschende
Fülle antiker Mythen kennen und Schritt für Schritt stiess
er auf Reste der alten, grossen Kunst. Und eine be-
glückende Wandlung vollzog sich in ihm. Was er ver-
worren fabuliert, fand er hier geordnet und geklärt, was er
dumpf in seinen Träumen ersehnte, das, glaubte er, war
heitere, schöne Wirklichkeit, als noch der Sonnenwagen
Apollos über den blauen Küsten von Hellas emporstieg.
Nun wusste er den sicheren Weg in das freie Reich der
Phantasie. Der Maler antiker Märchen war in ihm
erwacht.

Capitel V.
Der Maler antiker Märchen.

Der Frühling des Jahres 1483 ist der früheste Termin
für die Rückkehr Piero di Cosinos nach Florenz. Er blieb
weiter im Atelier Cosimo Rosellis und stand ihm wohl bei

---

[1] Vielleicht ist auch hier schon ein Einfluss von Polizians „Giostra"
anzunehmen, namentlich des Verses „vero il soffiar di venti," der mit
Botticellis Geburt der Venus im Zusammenhang steht. Vergl. Warburg,
Sandro Botticellis Geburt der Venus und Frühling. Eine Untersuchung
über die Vorstellungen von der Antike in der italienischen Frührenaissance. Inaugural-Dissertation der Universität Strassburg. 1892, p 4.

der Ausführung der zahlreichen Aufträge, darunter der feierlichen Uebertragung des wunderthätigen Kelches in der Kapelle del Secramento in Sant Ambrogio, mit Recht und That bei. Innerlich aber hatte sich das Verhältnis zwischen Lehrer und Schüler gelöst. Mit der klaren Erkenntnis seines eigenen Wollens hatte Piero eingesehen, dass ihm Roselli weder Helfer noch Wegweiser sein könne. Allein aber fühlte sich der Einundzwanzigjährige zu schwach. Allzu gewaltig war die Fülle der neuen Stoffe auf ihn eingedrungen, als dass er eine freie Wahl hätte treffen können. Und zu unselbständig fühlte sich der junge Künstler, um dem neuen Inhalt auch gleich die neue Form zu geben. Darum blickte er zu jenem Meister auf, der schon sein Erstlingswerk beeinflusst hatte, zu Lionardo, der nun, von Florenz weg, sich in Mailand aufhielt. Unter dessen Zeichen entstand denn auch das erste Werk seiner neuen Schaffensperiode.

a) Die Befreiung der Andromeda, Florenz, Uffizien.

Auf wellenschlagendem Meer, von felsigen Ufern umrahmt, schwimmt ein Ungeheuer auf die an einen Baumstamm gefesselte Andromeda zu. Perseus kommt durch die Luft geflogen, lässt sich auf dem Rücken des Ungeheuers nieder und tödtet es mit einem Schwertstreich. Die Menschengruppe links hat den Retter noch nicht gesehen und verhüllt in Angst und Entsetzen ihr Antlitz. Auf dem Felsen sitzend hält sich ein erschrecktes Paar, eng umschlungen. Die Menschen rechts dagegen jubeln über die Befreiung. Im Hintergrunde, in der Nähe der Stadt, steigt schon der Rauch von den Freudenaltären.

An der Stelle, wo Vasari das Bild beschreibt,[1] erwähnt er auch, dass es von Piero für Filippo Strozzi il Vecchio gemalt wurde, der am 15. Mai 1491 starb.[2] Bis

---

[1] a. a. O. IV, p. 139.
[2] Kunstgeschichtliche Notizen aus dem Diarium des Landucci, Repertorium für Kunstwissenschaft, Bd. III, 1880, p. 381, fol. 53.

zu dieser Zeit muss also das Bild gemalt worden sein. Unter den Werken, die bis zu diesem Termin als entstanden anzunehmen sind, muss es wieder aus stilkritischen Gründen das früheste sein. Es steht auch völlig abgesondert neben den übrigen, zwischen denen, trotz der Verschiedenheit der Manier, ein Zusammenhang besteht. Unbegreiflich ist darum die Datierung bei Knapp, der es in die Jahre 1506 - 1508 setzt.[1] Vasari berichtet ferner, dass Piero nicht nur Lionardos Helldunkel nachzuahmen, sondern ihm überhaupt in vielen Dingen gleichzuthun bestrebt war. Baldinucci sagt noch mehr: „Capitategli alle mani alcune cose di Lionardo da Vinci, diedesi a colorire a olio: e benchè non giugnesse di gran lungo al segno si affaticò più molto per imitare quella maniera."[2] Den Beweis dafür erbringt jene Notiz in dem alten Inventar der Uffizien vom Jahre 1589, wonach Piero das Bild nach einer Zeichnung Lionardos gemalt hat.

Berücksichtigt man die Notizen bei Vasari und im alten Inventar der Uffizien, welche besagen, dass die Befreiung der Andromeda für Filippo Strozzi, den Alten, nach einer Zeichnung Lionardos gemalt ist, dann liegt eine Vermuthung sehr nahe, die, trotzdem sie grosse Wahrscheinlichkeit für sich hat, noch nicht aufgestellt wurde, die Vermuthung nämlich, dass der Auftrag Filippo Strozzis an Piero direkt dahin ging, eine damals wohl sehr bekannte Zeichnung Lionardos in ein Bild umzusetzen. Für diese Annahme spricht auch das bereits erwähnte, augenblickliche Entwicklungsstadium Pieros, in dem er, sich dem Reichthum neuer Eindrücke gegenüber noch unsicher fühlend, nach einem Vorbild wie nach einer Stütze griff. Geradezu bestätigt aber wird sie durch die stilistische Beschaffenheit des Bildes.

Zunächst durch die Composition. Wie die Gruppen links und rechts von der Mitte gegen die Seite hin an-

---

[1] a. a. O., p. 90.
[2] Citiert bei Ulmann a. a. O., p. 49, Anm. 4.

steigen und sich so zu einem Halbkreis verdichten, der als kontrastierender Wert die Räumlichkeit der Landschaft, die Weite des grünblauen Meeres noch schärfer hervortreten lässt; wie jede Gestalt der beiden Gruppen in lebhafter Bewegung, wie für sich allein, gegeben ist und dennoch zu einem Ganzen gehört, dessen Rhythmus gleichsam durch die Summe der in Bewegungsmotive umgesetzten seelischen Erregungen aller einzelnen Glieder gebildet wird; endlich Einzelfiguren, die entblösste Frau, die sich mit einem Gewand zu verhüllen ‚sucht, die kauernde harfespielende Frau, an der Spitze der rechten Gruppe und das sich umarmende Paar auf dem Felsen; dies alles ist mit lionardeskem Geist gesehen, mit lionardesker Kunst geformt. Dasselbe gilt vom Colorit, jedoch nicht in so vollem Masse. Es lag nahe, dass Piero eine lionardeske Zeichnung auch in den Farbenzauber des Meisters tauchen wollte. Doch ist dies Vorhaben nur halb gelungen. Das Sfumato ist nicht ausgeglichen, die Halbschatten sind dumpf und stören das gedämpfte Leuchten. Die Linien verschwimmen in matt getönten Uebergängen, aber die bunten Farben der Gewänder einen sich zu keiner Harmonie. Zudem sind heute die Töne verblasst, und die Schatten noch erdiger geworden, so dass das Bild coloristisch einen nur wenig erfreulichen Eindruck macht.

Stand also Piero bei diesem Werke völlig im Banne eines Grösseren, so hat er doch auch Zeichen seines eigenen Geistes gegeben. Ich sehe sie in dem Meerdrachen, den phantastischen Gewändern und den Musikinstrumenten. Zwar könnte man auch dafür bei Lionardo Vorbildliches finden. Aber während es bei diesem Genius nur einen kleinen Zug seines allumfassenden Studiums ausmacht, bildet es bei Piero die eine von den zwei Seelen, die in seiner Brust wohnten. Den Meerdrachen nennt Vasari „la più bizzara e cappriciosa orca marina."[1] In der That offenbart sich darin eine bildende Kraft, die nur selten ist

---

von den Tagen griechischer Kunst bis auf Arnold Böcklin.
Die phantastische Erfindung des schnaubenden Ungethüms
ist nur die eine Seite des Verdienstes; noch rühmens-
werter erscheint seine ganz organische, zwingend notwendige Bildung, die das Thier besitzen müsste, wollte es
über unsere Erde wandeln. Deutlicher wären wir über
diese Phantasiekunst und schöpferische Gewalt Pieros
unterrichtet, wenn das Buch mit Federzeichnungen von
Ungeheuern sich erhalten hätte, das Vasari im Besitze des
Herzogs Cosimo erwähnt. Derselben Vorliebe für die
Phantastik, die sich hier sogar auf die Durchführung der
Landschaft erstreckt, begegnet man in den Gewändern
und Musikinstrumenten. Die ausgelassene Carnevals-
stimmung, die in ihnen lebt, weist auf ihren Ursprung
und auf ein besonderes Talent Pieros hin, auf die Veranstaltung von Festzügen, über die später gehandelt
werden soll.

b) Hylas und die Nymphen, London, bei Mr. R. Benson.

Bei der Datierung dieses Bildes stehen sich nicht so
entgegengesetzte Meinungen gegenüber, wie sonst. Ulmann[1])
setzt es vor das Venus- und Prokrisbild, also nicht vor
das Jahr 1483, Knapp[2]) dagegen nach dem Venusbild und
nimmt das Jahr 1485 an. Die Wahrheit liegt in der
Mitte. Das Bild wurde nach der Befreiung der Andromeda
und vor dem Venusbild gemalt, um das Jahr 1484.

Die Gründe dafür ergeben sich, wenn wir uns die
momentane künstlerische Lage Pieros vergegenwärtigen.
Nach dem ersten, von Lionardo ganz abhängigen Werke,
suchte er im zweiten eigene Form. Nur inhaltlich erfuhr
er eine Anregung. Er entnahm den Stoff der gleichzeitigen Literatur. Die „Befreiung der Andromeda" verband mit dem Reichtum der Gestalten eine Ausdrucksfülle
der entgegengesetztesten Gemütszustände. Todesangst und

---

[1]) a. a. O., p. 120.
[2]) a. a. O., p. 35.

Erlösungsjubel standen hart nebeneinander. Die Entwicklung Pieros geht in dieser Zeit auf eine fortschreitende
Verminderung der Zahl der Gestalten und auf die Verein-
heitlichung und Vertiefung des geistigen Vorgangs. Auf dem
Hylasbilde ist im Gegensatze zur Befreiung der Andromeda ein
einziges Gefühl in seinen Abstufungen an wenigen Menschen
gezeigt. Deshalb bedeutet es ein Fortschritt, steht aber
wegen der weiteren Vereinfachung des Problems auf dem
Venusbilde zeitlich vor, demselben. Aber auch stilistische
Momente sprechen für diese zeitliche Ansetzung. Der
Gesichtstypus der Nymphen mit dem goldblonden Haar,
den wie aus Draht gedrehten Locken, der breiten derb
aufsitzenden Nase und den langen, schmalen Augen, erinnert noch lebhaft an Roselli. Die Behandlung des
Nackten ist noch unsicher, die unteren Extremitäten sind
unverhältnismässig kurz, die Fusszehen verzeichnet. Das
Colorit ist matt, von tiefen Schatten geschwärzt, das Carnat
wie blutleer. Trotz dieser Schwächen kündigt sich aber
ein Vorzug an in der zarten Führung des Lichtes, das
hell zwischen den Wolken herabfällt. Das weist auf den
kommenden Lichtmaler.

Dargestellt ist die Scene, wie Hylas, des Dryoperkönigs
Theiodamas Sohn, der jugendliche Freund des Herakles,
Wasser an der Quelle holen wollte, dabei aber von den
Najaden überrascht wurde. Der Schauplatz dieser Handlung
ist eine Blumenwiese, rechts von einer baumbestandenen
Felsenwand begrenzt, im Hintergrund sich gegen einen
Bergzug öffnend. Wie bereits erwähnt, ist dieser Mythus
vorher schon in der zeitgenössischen Literatur behandelt
worden, von Polizian in den Sylvae,[1]) von Lorenzo
Magnifico in seinen Canzonen.[2]) Mit der gleichen Un-
befangenheit wie diese Dichter, steht Piero dem antiken
Stoffe gegenüber, unbekümmert darum, wie alte Schrift-

[1]) Polizian, Sylvae v. 12.
[2]) Poesie di Lorenzo de'Medici ed Carducci, Firenze 1859, Sonette
e Canzoni 63.

steller selbst den Vorgang schilderten.[1]) Hylas ist ein
kleiner, fetter Junge, der sich angstvoll den Händen der
ältesten Nymphe zu entwinden sucht; diese Gruppe umstehen die übrigen Najaden und die freudige Erregung
über die Ankunft des schönen Fremdlings äussert sich bei
jeder verschieden, in verschiedenem Gesichtsausdruck und
besonderen Gesten. Derb, jeden Augenblick bereit zu-
zugreifen, ist eine aus den Büschen herbeigeeilt, während
neben ihr eine andere eine gleichgültig überlegene Handbewegung macht. Von der linken Seite bringen zwei
Schwestern einen Korb Blumen und ein Hündchen herbei,
um vielleicht dadurch des Knaben Gunst zu gewinnen.
Die Jüngste und Schönste aber breitet schüchtern in ihrem
Tuch gepflückte Blumen aus. In der Lebhaftigkeit des
Ausdrucks, der Significanz der Bewegung und der leichten
ungezwungenen Composition ist das Bild eines der schönsten
aus dem ganzen Quattrocento. Eine sonnige Fröhlichkeit
strahlt aus den Gestalten, den Bäumen, dem Himmel und
den Vögeln. Vergleicht man es mit Pieros bisherigen
Werken, so muss man über den ungeheuren Fortschritt
staunen und über das völlig Neue, das mit ihm in die
florentinische Malerei kommt. Aber man ersieht daraus
auch Pieros Sprunghaftigkeit, der, wie Vasari sagt, mit
jedem Bilde seine „Manier" änderte.

Auf einen Umstand möchte ich besonders hinweisen.
Im Besitze des Lord Windsor befindet sich ein Jünglings-
portrait von der Hand eines unbekannten Meisters, das
neuerdings Piero zugeschrieben wird.[2]) Es wurde immer
als ein Bildnis Polizians angesehen, aber ein blosser Vergleich mit dem authentischen Kopfe Polizians, der sich auf
einer Medaille[3]) erhalten hat, ergiebt sofort die Grund-

---

[1]) z. B. Apollonios Rhodios Argonautica I, 1207 ff. Vgl Türk,
De Hyla, Breslauer philolog. Abhandlungen. Bd. VII.

[2]) Auf der New Gallery exhibition 1894 war es als Lorenzo di
Credi ausgestellt.

[3]) Abgebildet bei Ed. Heyck, Die Mediceer, Bielefeld und Leipzig,
Verlag von Velhagen und Klasing 1897, p. 99.

losigkeit der Bezeichnung. Ulmann,[1]) der es in dieselbe
Zeit wie das Hylasbild setzt, sieht darin ein Selbstporträt
des jugendlichen Piero. Auffallend ist nun die Aehnlichkeit
zwischen Hylas und dem dargestellten Jüngling; es sind
dieselben leise verschleierten Augen, die hochgewölbten
Lider, die etwas spitze Nase, mit dem breiten Nasenrücken
und die vollen, aufgeworfenen Lippen mit den scharfen
Mundwinkeln. Piero hat sich also als Hylas gemalt. So
oft dies auch bei Renaissancemalern vorkommen mag, bei
Piero ist es nicht belanglos. Dieser schrankenlose Phantast
wollte trotzdem in dem Unscheinbaren seine Absicht offenbaren. Und die Deutung liegt nicht fern. Die Nymphen,
die auf den erschreckten Hylas einstürmen, das sind
Symbole der antiken Märchen, die ihn selbst in ihrer
reichen Schönheit verwirrten. Lässt man nun nochmals das
Bild auf sich wirken, dann wird seine sonderbare Eigenart noch fesselnder, diese Mischung von Ironie und Ver-
träumtheit.

c) Venus und Mars, Berlin. Kgl. Gallerie.

Das Bild war schon in alter Zeit berühmt. Einmal
war es im Besitze Vasaris, der seinetwegen gerade Piero
besonders liebte.[2]) Noch heute erscheint es als dasjenige,
in dem sich am glücklichsten des Künstlers Eigenart offenbart. In ihm hat er am unverhülltesten sich ausgesprochen,
und wie in einem reinen Spiegel das Empfinden des Zeit-
alters gezeigt.

Auf blumenübersätem Strand eines breit fliessenden
Stromes ruhen Venus und Mars. Beide sind nackt, Mars
nur in ein Hüfttuch gehüllt, Venus auch von leichten
Schleierstreifen umzogen. Der Kriegsgott schläft noch,
Venus ist schon erwacht und während sie lächelnd den
Schlafenden anblickt, weist sie Cupido, der zärtliche Sohn,
auf die ausgelassenen Amoren, die eben das Rüstzeug des

---

[1]) a. a. O., p. 122.
[2]) Vasari, a. a. O. IV, p. 140.

Mars in die Büsche schleppen. Ein Kaninchen, ein Tauben-
paar, eine Armschiene und Kissen füllen den Vordergrund,
während rückwärts Himmel und Strom leuchten.
Auch dieser Stoff war schon vorher in der Poesie verwendet worden. Wie die Literatur immer als erste von
allen Künsten den neuen Ideen einer Epoche Gestalt giebt,
so that sie es auch damals mit dem neuen Stoffkreis aus
der Antike. Das Turnier, das Giuliano de' Medici im
Jahre 1476 feierte, ist wie ein Symbol für die ritterliche
Festfreudigkeit des damaligen Florenz. Und auch die
grosse Dichtung, die es unsterblich machen sollte, fasst in
ihrem Rahmen vieles aus der klassischen Literatur, die gesamte Mythologie, den ganzen Olymp ein, alles fast, was
man von der Antike wusste und fühlte.[1] So findet sich
auch die Erzählung von Venus und Mars in Polizians
„Giostra"[2] und die Uebereinstimmung liesse sich bis in
das kleinste Motiv verfolgen. Doch würde das zu keinem
Ergebnis führen. Denn auch in den Amori di Marte e
Venere des Lorenzo de' Medici in den lateinischen und
griechischen Versen Polizians[3]) und in vielen Werken
bildender Kunst[4]) begegnen wir denselben Vorstellungen.
Sie waren eben Gemeingut aller Gebildeten.
Darum ist es angezeigt, sich auf jene Züge zu beschränken, die Piero allein charakterisieren. Zunächst
bedeutet das Bild eine neue und höhere Stufe seiner Entwicklung. Andere Probleme der Form beschäftigen ihn
hier. Schon das Format unterscheidet sich von den bisherigen. Es hat jene rechteckige Form, fast dreimal so lang

---

[1]) Vergl. Alfred von Reumont, Lorenzo de'Medici, il Magnifico.
Leipzig, Verlag von Dumker und Humblot 1874, Bd. II, p. 67 f.
[2]) Giostra I, Str. 122.
[3]) Prose volgari inedite, poesie latine e greche edite e inedite di
Angelo Ambrogio Poliziano, raccolte e illustrate da Isidoro del Lungo,
Firenze 1867, No. 55.
[4]) Carl Meyer, Der griechische Mythus in den Kunstwerken des
fünfzehnten Jahrhunderts. Repertorium für Kunstwissenschaft, Bd. XV,
1892, p. 65—93.

als hoch, auf die Piero durch einen besonders reichen
Zweig seiner Thätigkeit gekommen sein mag, durch die
Cassoni, die ihrer Mehrzahl nach in diese Zeit fallen
dürften. Dann die bereits erwähnte Verminderung der
handelnden Personen. Hier sind es nur noch drei, Venus,
Mars und Cupido, denn die Amoren kommen wegen ihrer
unverhältnismässigen Kleinheit, die darum wie beabsichtigt
erscheint, nicht in Betracht. Noch bedeutsamer aber ist
die Darstellung der Gestalten. Zum erstenmal hat Piero
in Venus und Mars nackte Körper gemalt. Auf dem
Hylasbild waren nur einzelne Teile entblösst. Noch gelingt
es ihm jedoch nicht, trotz der geeigneteren Temperatechnik,
das Licht- und Schattenspiel auf einem nackten Körper
zu malen. Die Fleischfarbe der Venus ist von einem leblosen Rosa, während Mars durch das schärfere Heraus-
arbeiten der Licht- und Schattencontraste einen bleicheren
Ton bekommt. Immerhin bedeuten diese helleren Werthe
einen coloristischen Aufschwung gegen das bräunliche
Carnat des Hylas. Was er aber farbig nicht ganz auszudrücken vermochte, die Lebendigkeit eines Körpers, das
gelang ihm durch Haltung und Geberden der Gestalten.
Diese Art der Charakteristik war um so schwieriger, da
er sie an einem neuen Motiv erfüllen musste, an liegenden
Gestalten. So lange es unentschieden bleibt, ob Pieros
Bild früher oder später entstand, als das gleichartige
Botticellis in der Londoner Nationalgallerie, und eine
Lösung dieser Frage ist leider nicht abzusehen, solange
wird es auch fraglich bleiben, wem das Verdienst dieser
Neuerung gebührt. Fest steht jedoch, dass in den acht-
ziger Jahren des 15. Jahrhunderts die liegenden Gestalten
in die Malerei eingeführt wurden, ein Motiv, das im
folgenden Jahrhundert namentlich in Venedig die verschiedensten Variationen erfahren sollte.[1] Noch ein weiteres
darf bemerkt werden. Wenn wir aus den ersten Ver-

---

[1] Knapp, a. a. O., p. 25.

suchen, zu denen auch Wölfflins neues Buch[1]) gehört, zu
einer sicheren Psychologie der Form gelangt sein werden,
dann wird auch dieses compositionelle Motiv seine Deutung
finden. Vielleicht wird sich dann ein Zusammenhang ergeben, zwischen den Eroberern vom Anfang des Quattrocento und den stolzen, aufrecht stehenden Gestalten, die
sie schufen, zwischen den Genussmenschen vom Ende des
Quattrocento, auch den Venetianern des Cinquecento und
den liegenden Menschen, die ihrer Lebensweise entsprechend
waren.

Botticellis „Venus und Mars" wurde bereits erwähnt.[2])
Vergleicht man mit diesem Bilde das Pieros, so wird dessen
besondere Art noch klarer. Botticelli ist vor allem Linien-
künstler. Der Rhytmus und die Ausdrucksfähigkeit der
Linie sind seine Probleme. Das taktile und emotionelle
Moment der Linie sucht er in „Lebenmittheilende, Leben-
erhöhende Werthe umzusetzen".[3]) Das wird auch auf dem
vorliegenden Bilde sichtbar. Der straff emporgerichtete
Oberkörper der Venus steht wie in einem rechten Winkel
zu den lang ausgestreckten Beinen. Das rechte Knie des
schlafenden Mars ist ebenfalls in einem rechten Winkel
eingebogen. Der linke Arm bildet mit der stark betonten
Seitenfläche des Körpers einen spitzen Winkel, während
der Ellenbogen hart gegen den Rahmen stösst. Um die
Ecken und Winkel noch schärfer hervortreten zu lassen,
durchschneidet der von den Satyrn getragene Speer in einer
Horizontale, die fast parallel zum untern Rand läuft, das
Bild und die linke Hand des Mars ruht auf einem vertikalen
Stab. Denselben Zweck hat der aus dem Gewande her-
vorlugende knochige Fuss der Venus. Bei solchen Problemen
hatte „das Stimmungsvolle" einer Landschaft keinen Raum,

---

[1]) Heinrich Wölfflin, Die klassische Kunst. Eine Einführung
in die italienische Renaissance. München, Bruckmann 1899.

[2]) Hermann Ulmann, Sandro Botticelli, München 1893, p. 105.

[3]) Vergl. Bernhard Berenson, Die florentinischen Maler der
Renaissance. Autorisierte Uebersetzung aus dem Englischen von Otto
Dannmann. Oppeln, Leipzig, Verlag von Georg Maske, 1898, p. 84 ff.

und bekannt ist der von Lionardo[1]) mitgetheilte Ausspruch
Botticellis, der ziemlich wegwerfend klingt: „Landschaft-
malen hätte keinen Sinn; man brauche ja nur einen mit
verschiedenen Farben getränkten Schwamm an die Wand
zu werfen und man könne sodann in den Flecken die
schönste Landschaft sehen." Das ist der springende Punkt
im Gegensatz der beiden Maler. Was Botticelli nicht sein
mag und auch nicht ist, das ist Piero in erster Linie, ein
grosser Landschafter. Noch mehr. Was dem Botticelli
das Verächtliche an der Landschaftsmalerei scheint, er
demonstriert es an dem Werfen eines Farben-getränkten
Schwammes, das ist für Piero die Quelle unerschöpflicher
Anregung. Hier versteht man die Bemerkung Vasaris
dass Piero oft auf eine von kranken Leuten bespuckte
Mauer zu starren liebte, oder auf die Luftgebilde der
Wolken, wo er die seltsamsten Landschaften sah. Hier
erkennt man aber auch in der Wahl des Gegenstandes den
Sonderling, auf den dieser ganze Abschnitt des „Trattato"
so stimmt, als wäre er über Piero geschrieben. In der
heiter sonnigen Landschaft der blumenbestreuten Wiese,
den blühenden Büschen und den zarten Frühlingsbäumen
spielt sich, im Gegensatz zum düsteren Bilde des Botticelli
die heiter sonnige Scene ab. Wie ein ländliches Gedicht
muthet sie an in ihrer naiven Schalkheit. Von den vielen
nur des Schmuckes wegen angebrachten Einzelheiten, haben
die Tauben und das Kaninchen ihre bestimmte Bedeutung.
Sie sind die Attribute der Liebesgöttin.[2])

d) Der Tod der Prokris, London Nationalgallerie.

Knapp[3]) setzt das Bild in die Jahre um 1510, Ulmann[4])
dagegen bezeichnet es als bald nach Venus und Mars ent-

---

[1]) Lionardo da Vinci, Das Buch von der Malerei, herausgegeben
von Heinrich Ludwig, Quellenschriften für Kunstgeschichte. Wien.
Braumüller 1882, XV. Bd. I, p. 116, No. 60.

[2]) Vergl. Carl Meyer, a. a. O., p. 86.

[3]) a. a. O., p. 82.

[4]) a. a. O., p. 127.

standen. So verschieden ist die Datierung. Aber abgesehen von dem Lebensschicksal Pieros, das ihm in so späten Jahren ein so jugendfrisches Werk zu schaffen nicht gegönnt hat, bezeugen positive Gründe die Unrichtigkeit der Knapp'schen Behauptung. Nicht nur das ähnliche Format und die ziemlich übereinstimmenden Masse sprechen dafür, dass der „Tod der Prokris" als Gegenstück zu „Venus und Mars" gemalt sei, auch innerlich besteht ein Zusammenhang, indem auf dem einen Bilde die Freuden, auf dem andern die Leiden der Liebe dargestellt sind. Ferner finden sich in der Landschaft überraschend ähnliche Motive. Endlich ist ein äusseres Ereigniss anzuführen. Wir haben bisher gesehen, dass Piero für jedes Bild die Anregung aus der Literatur holte. Nun wird ja beim Tod der Prokris auf Ovid[1]) hingewiesen. Diesmal entnahm er aber den Stoff dem Theater. Am 21. Januar 1486 wurde in Ferrara ein mythologisches Schauspiel „Fabula di Cæphalo" des Nicolo da Correggio aufgeführt.[2]) Sicherlich brachten es die fahrenden Comœdianten bald nach Florenz, wo es Piero, der bei seiner Vorliebe für Festzüge oft das Theater besucht haben mag, gesehen haben wird. In demselben Jahre hat er das Bild gemalt.

Dargestellt ist das tragische Ende der Prokris, der Tochter des Erechtheus; von Kephalos, ihrem Gemahle, tödtlich in den Hals getroffen, ist sie auf der blühenden Wiese mit dem Antlitz zur Erde niedergesunken. Traurig sitzt zu ihren Füssen, Lelaps, der treue Hund. Ein Satyr ist herzugesprungen und hat sie herumgewendet, so dass sie auf der Seite liegt. Noch hält er die eine Hand auf der Schulter, während er die andere prüfend an ihre Stirne legt. Im Hintergrunde ist eine Stromlandschaft, mit Hunden und Kranichen. In der schon angedeuteten Richtung auf Vereinfachung der Composition und des geistigen Ausdrucks

---

[1]) Ovid, Metamorphosen 7, 493 ff.
[2]) Vergl. A. D. Ancona, Origini del Teatro Italiano. 2. Auflage. Torino 1891, Appendice II, p. 5.

ist Piero hier auf einen auch später nicht wieder erreichten
Höhepunkt gelangt. Eigentlich ist Prokris die einzige
Gestalt des Bildes und sie ist todt. Der Schlaf des Mars
liess eine wohlige Lösung der Glieder ausdrücken, jetzt
herrscht die schwere Willenlosigkeit eines Leichnams.
Wunderbar ist sie in den beiden Händen gestaltet, in der
einen, die mit dem Rücken im Grase liegt, leblos und kalt,
in der andern, die wie gebrochen, allen Bewegungen des
Körpers folgt. Sie spricht auch aus dem Kopfe, mit den
für immer geschlossenen Augen und dem schmerzlich geöffneten Mund. In dem Typus fehlt jeder Anklang an
Roselli. Die horizontale Linie, die Prokris bildet, wird
durch die beiden Geschöpfe zu ihrer Seite noch stärker
betont. Der knieende Satyr ist von fast böklinesker Erfindung. Seine schwarzen Bocksbeine liegen im Grase,
sein gebräunter Oberleib hebt sich in einer scharfen Silhoutte
gegen den Himmel ab. In seinem Antlitz ist gleichgültige
Neugier mit stillem Mitleid gepaart. Der sitzende Hund
ist von einer Grösse der Anschauung, die das Heroische
streift. Er rückt Piero in die Reihe der allerersten Thiermaler. Mit meisterhafter Naturwahrheit ist er gebildet
und mit hoher Kunst in den Raum gesetzt. Aber aus
seiner Haltung spricht eine Trauer, die menschlich berührt.
Selten noch hat es ein Künstler vermocht, in einem Thier-
leib ein so tiefes Fühlen zu gestalten.

Einen Höhepunkt seines bisherigen Schaffens bedeutet
auch die Landschaft. Sie gleicht der auf dem Venusbilde
Nur ist sie weiter und freier, alles Ueberflüssige ist weg-
gelassen, auch sie athmet die schlicht erhabene Stimmung
des Bildes. Die Wiese senkt sich, von spärlichen Büschen
und einem schlanken Baume bewachsen, gegen den Strom,
den Schiffe befahren. Das jenseitige Ufer verschwimmt
im Dunst. Dieser Schlichtheit der Motive, ihrer Ruhe
und Getragenheit entspricht das Colorit. Der Einfluss
Lionardos ist völlig abgestreift. Eine lichte Harmonie ist
vorherrschend. Das mild getönte Carnat des Frauenkörpers,
die leicht gebräunte Haut des Satyrn und das schwarz

glänzende Fell des Hundes klingen in einen warmen Accord zusammen, der in einem fein abgestuften Contrast zu den blassen Luftstimmungen über dem Strome steht. In diese gedämpfte Harmonie leuchten symetrisch angeordnet drei laute Farbentöne: Das Roth im Gewand der Prokris und die Dolden der Sumpfpflanzen zu beiden Seiten. Und über das ganze glitzert in silbernen Linien das Licht.

Für den Künstler Piero bedeutet „der Tod der Prokris" einen Beweis der Meisterschaft, für den Menschen Piero jedoch ein schmerzliches Bekenntnis. In jedes Bild hatte er persönliche Züge verwoben, und auch diesmal scheint es der Fall zu sein. „Hylas und Nymphen" hatte seine freudige Verwirrung über den unerschöpflichen Reichthum antiker Mythen in launischer Weise ausgedrückt. Das war im Jahre 1484. Jetzt, kaum zwei Jahre später, nachdem er seither nur zwei mythologische Gemälde geschaffen, weht es uns aus dem Werke wie Abschiednehmen an. Was hatte die Wandlung bewirkt? Versuchen wir den Ursachen nachzugehen.

Capitel VI.
Von der Antike zur Natur.

Als Piero di Cosimo im Anfang des Jahres 1483 nach Florenz zurückkehrte, brachte er das antike Märchen mit. Ueberrascht sah er in den Gärten der Medici und hörte aus den Liedern der Dichter, was er in Zauberfernen geglaubt, die eigene Sehnsucht schien ihm auch das Verlangen der Zeit. Er stürzte sich in den Strudel eines fröhlichen Lebens und wurde des Giuliano de' Medici, des Pugliese, des San Gallo Freund. Der junge Bohémien musste einen seltsamen Reiz für die Gesellschaft adeliger Jünglinge haben. Wie ein Troubadour konnte er von den Frauen sprechen und sie im nächsten Augenblicke mit ätzendem Hohne übergiessen, für Wochen konnte er verschwinden und unerwartet wieder auftauchen, stundenlang konnte er

versonnen und verdrossen dasitzen, um beim folgenden Ge-
lage die tollsten Schwänke zu treiben. Wenn er dann in
ausgelassenster Heiterkeit die Genossen mit sich fortgerissen
hatte, verstummte er plötzlich und da ahnten sie, dass er
eine Welt in sich verschlossen trug, in die er niemanden
blicken liess. Eine Welt, die ihn quälte und glücklich
machte, in der ein Begehren schwoll und Entsagung mahnte,
wo ein Klingen von silbernen Schellen war und eine stille
Weise der Melancholie. Nur aus seinen Gemälden sprach
sie damals zu ihnen, enthüllt sie sich heute uns. Vier
Bilder gab ihm diese Zeit und man könnte sie einen Cyclus
zum Thema: „Liebe" nennen, dessen Held Piero selbst ist.

„Die Befreiung der Andromea" wirkt wie ein rauschendes
Preislied, der Beginn des Romans. Nach jener Liebe scheint
er sich zu sehnen, die trotz Gewitter und Ungethüm hehre
Wunder thut, wie Perseus den Drachen erlegt, die das
Leben zu einem Fest macht, dass es leuchtet wie die
schimmernde Stadt mit Türmen, Zinnen geschmückten
Menschen und die doch alles über sich vergisst, wie das
umschlungene Paar, hoch oben am Felsen. Aber wie die
grausam ironische Pointe eines Heine'schen Liebesliedes
folgt „Hylas und die Nymphen". Zu der einen Deutung,
dem Ausdruck freudigen Schreckens über die Fülle neuer
Stoffe, kann eine andere gesetzt werden. Wollte ein rother
Mädchenmund, wollten zwei schlanke Arme das Glück nicht
verwirklichen oder ist es nur die Rache des empfindsamen
Ironikers an sich selbst, weil er seine Gefühle verraten?
Ein kleiner fetter Junge liegt auf dem Boden und um ihn
haben sich die Nymphen geschart, rothwangige vollbusige
Landmädchen, von denen jede ihn für sich erobern und in
die verschwiegenen Büsche ziehen möchte. Ein Spott-
drossellied ist es über die Begierde des Weibes und doch
ein königliches Lachen. Er ging weiter, zu einem Trutz-
gesang an der Frauen Königin, in „Venus und Mars", dem
Bilde der Berliner Gallerie. Mit schalkhafter Verbeugung
beginnt er sein übermüthiges Minnelied, das Lied, wie
Venus und Mars Kosestunde hielten bei Sonnenflimmern

im Blütenhain. Noch zittert der Hauch der Küsse um die
Lippen der Göttin, die Haare haben sich gelöst und
schelmisch blickt sie auf den so rasch bezwungenen Kriegsgott, den Allbezwinger sonst, der ermattet schläft. Aber
die Pierottänze befreiten nicht. Bald verstummte das
Lachen, das heitere Spiel und der kluge Witz. Die
Schwermuth regte ihre grauen Flügel, und das ganze Weh
seiner Verlassenheit strömte über in den „Tod der Prokris".
In Sommerfarben glitzert und glüht das Land. Wie eitel
Gold fliesst der Strom, den Schiffe abwärts gleiten und
verliert sich in unendliche Weite. Auf braunem Strand,
wo tausend Blumen blühen und Wasserreiher schreiten,
verblutet Prokris. Fern sind die Gespielinnen, mit denen
sie in den Hallen des Palastes Reigen und Tanz geübt,
fern der Gemahl, durch dessen Hand sie gefallen. Einsam
muss sie sterben. Nur ein Faun ist herzugesprungen, der
zärtlich prüfend die Hand an die erkaltete Stirne legt und
ein Hund sitzt zu ihren Füssen, fast menschlich in
seiner nachdenkenden Theilnahme. Mit dem Faun aber
kann Piero sich selbst gemeint haben[1]) und der junge
sterbende Leib, ist es die Liebe oder das Leben, die Jugend
oder die Kunst, die von ihm Abschied nehmen wollen?

Erinnern wir uns an die Stellung der Antike im
Quattrocento, so ergiebt sich, von einem höheren Gesichts-
punkt aus, beurtheilt eine doppelte Einflussnahme der
Antike auf die bildende Kunst, nämlich auf Form und
Inhalt derselben. In das Jahr 1403 fällt das erste ent-
scheidende Ereignis. Damals unternahmen Donatello und
Brunellesco, als Vorläufer der späteren kunstbeflissenen
Rompilger, die Reise nach der ewigen Stadt. Was sie da-
bei leitete war die klar bewusste Absicht, der Antike an
Ort und Stelle nachzugehen, oder wie Brunellesco sagt,
„die musikalischen Proportionen" zu studieren[2]). Das

[1]) Muther a a. O., p. 15.
[2]) Karl Brandy, Die Renaissance in Florenz und Rom. Leipzig
1900. Verlag von B. G. Teubner, p. 72.

Resultat dieses Studiums der Masse und Verhältnisse betrifft die reine Form und als höchster Ausdruck des Erreichten kann die Kuppelwölbung des Florentiner Domes betrachtet werden, die Brunellesco 1434 vollendete. Inhaltlich spielt Leon Battista Alberti[1]) die hauptsächliche Rolle. Er ist der Vermittler zwischen der neuentdeckten griechischen Literatur und der italienischen Kunst.[2]) Die Künstler, die seinem umfassenden Geiste soviel verdanken, schulden ihm besonders den energischen Hinweis auf die antiken Stoffe.

Dieselbe Doppelerscheinung tritt uns, der höheren Kunst- und Kulturentwicklung entsprechend gesteigert, in der zweiten Hälfte des Quattrocento entgegen. In dem harten Kampfe um die Form blieb den Künstlern die Antike eine treue Helferin. Freilich ging damit ein unaufhörliches Studium der Natur und Perspektive Hand in Hand. Als reinstes Beispiel erscheint Mantegna. Er hatte sich an den Gipsabgüssen nach antiken Statuen geübt, welche sein Lehrer Squarcione in seiner Sammlung besass.[3]) Seine Bilder bezeugen ein fortwährendes Ringen um die Form und schliesslich erreichte er eine körperliche Rundung und plastische Durchbildung der Gestalten, die ihn dem schwärmerisch bewunderten Vorbild nahe bringt. Das zweite Element, die Beeinflussung des Inhalts äussert sich in dem Künstlerkreise um Lorenzo Magnifico. Das ununterbrochene Eindringen in das hellenische Altertum, von Manuel Chrysolaras an bis auf Marsilio Ficino, die unablässige Beschäftigung mit griechischen Philosophen und Dichtern hatten sich zu einer Weltanschauung verdichtet. Die Antike war der mächtigste Kulturfaktor geworden. Homer wurde „der Vater der Poeten." In der Verbannung machte man die antiken Autoren zur Heimat, aus der man

[1]) Voigt a. a. O. I, p. 370—377.
[2]) Richard Förster. Die Verläumdung des Apelles in der Renaissance. Jahrbuch der Kgl. preuss. Kunstsmlgn., Bd. VIII, 1887, p. 32.
[3]) Vergl. Vasari a. a. O. V, p. 158, Vita di Mantegna (mit Noten Selvaticos).

nicht exiliert werden konnte. Marsilio Ficino sah in Plato
nur einen attisch schreibenden Mose, in Sokrates einen
Vorläufer Christi.[1]) Die Antike durchdrang alle Sitten
des gesellschaftlichen Lebens, das gesamte Fühlen und
Denken dieser Generation. Auf Pieros Formauschauung hat die Antike keinen
Einfluss genommen. Seine Formensprache blieb so unbe-
rührt von ihr, als hätte er niemals ein antikes Werk gesehen. Anders verhält es sich mit dem Inhalt der Bilder.
Wir haben gesehen, dass Piero die Stoffe durch Vermittlung zeitgenössischer Dichter der antiken Mythenwelt
entnahm. Andrerseits hat ihre Behandlung Pieros ganz
eigenartige Auffassung kundgethan. Diese möchte ich aber
als die eines Romantikers bezeichnen, eines Romantikers
dessen, was im Quattrocento die Bedeutung der Antike
war. Denn die Romantik ist keine vereinzelte, feststehende
Form des künstlerischen Empfindens und Gestaltens. Sie
tritt immer auf am Ende grosser Epochen und ist dem
entsprechend, was deren Inhalt war, verschieden. Charakteristisch ist ihr aber das Spielen damit, was der Epoche
ernst war, der Scherz darüber, woran die Epoche glaubte.
So bedeutet sie auch einen Ausklang, aber nicht in müder
Dekadenz, sondern in beweglicher Ironie. Das gilt für
Pieros antike Märchenbilder. Die Antike war das Land
seiner Sehnsucht, er fuhr ihr aber auf buntbebändertem
Narrenwagen entgegen. Er betete zu Apollo, hatte ihm
aber zuvor eine Harlekinsjacke umgehängt. Er kniete vor
dem Altar der Aphrodite, und hielt ihr in der linken Hand
Rosen, in der Rechten jedoch das Kaninchen empor. Er
träumte lachend, schwärmte witzelnd und zwang die Antike
in die sprunghaften Launen seines Wesens. Letzteres ist
aber gleichfalls ein Kennzeichen der Romantiker. Denn
voller Gegensätze sind sie und seltsam rinnen ihnen Leben
und Kunst ineinander. Ein Lächeln halb und halb ein

---

[1]) Vergl. Reumont, a. a. O., Bd. II, p. 29.

Träumen ist ihr Leben, ihre Kunst aber eine bizarre Mischung von Schwärmerei und Witz. Der „Tod der Prokris" bildet eine Ausnahme davon und, da er das letzte der antiken Märchenbilder ist, auch einen Wendepunkt. Um dessen Ursachen zu verstehen, müssen wir den Lebensbericht bei Vasari zu Hilfe nehmen. Es wurde schon erwähnt, dass Piero bald an den Vergnügungen des Florentiner Künstlerlebens lebhaften Antheil nahm, bald sich in völlige Einsamkeit begab. Für die vier Jahre seiner ersten Schaffensperiode dürfen wir als vorherrschend Pieros Theilnahme an ausgelassener Geselligkeit annehmen. Dafür spricht in erster Linie die heitere Stimmung der Bilder, aber auch die Veranstaltung von Carnevalszügen. Darauf folgt nun und als Reaction umso heftiger, die Flucht in die Einsamkeit. Jene Zeit bricht an, da er sich tagelang in den Wäldern herumtreibt, auf der Suche nach ungewöhnlich gebildeten Wurzeln und seltsam geformten Pflanzen. Es wiederholt sich jener Zustand der Uebertriebenheit und der Extreme, in dem sich Piero schon einmal befand, vor der römischen Reise nämlich. Auf seine Luftschlösserphantastik hatte damals ·die Antike ordnend und klärend gewirkt und er hatte jene vier Bilder geschaffen, die aus stilistischen und Gründen des Inhalts der Zeit nach unbedingt zusammengehören. Jetzt ist seine Naturverehrung zur sonderbarsten Schwärmerei ausgeartet. Um künstlerisch fruchtbar zu werden, musste sie sich zu ruhiger Naturanschauung vertiefen. Wieder trat ein äusseres Ereigniss in Pieros Leben. Diesmal war es das Meisterwerk eines Malers aus den Niederlanden. In jüngster Zeit erst wurde bemerkt, dass zahlreiche Werke florentinischer Maler seit dem Jahre 1460 einen starken niederländischen Einschlag zeigen, der nur durch wiederholtes, unmittelbares Studium nach dem Vorbild erlangt werden konnte. So das Fresko Baldovinettis im Vorhof der Annunziata in Florenz, sein Tafelbild in der Sammlung des Christ Church Colleg zu Oxford, Fra Diamantes Fresko in der Kathedrale von Spoleto, Ghirlandajos Presepio in der Akademie und Piero dei Franceschis „Geburt Christi" in der Londoner Nationalgalerie. Witting[1]) hat das Verdienst, auf die Quelle dieser Einflüsse hingewiesen zu haben, auf das Triptychon des Hugo van der Goes, das dieser unglückliche Maler im Auftrag des Tommaso Portinari für Santa Maria Nuova malte. Als Zeitpunkt der Ankunft in Florenz muss, der Jahreszahl auf dem Annunziata-Fresko Baldovinettis entsprechend, ungefähr das Jahr 1460 gesetzt werden. Der Einfluss beschränkte sich jedoch nicht nur auf einzelne Meister und Werke. Er wurde vielmehr der entscheidendste Faktor jener Stilwandlung, die sich in diesen Tagen innerhalb der florentinischen Kunst vollzog.[2]) Die coloristische Anschauung der Maler änderte sich. Man setzte nicht mehr, eigentlich nur colorierend, die Farben unvermittelt neben einander, sondern suchte die malerischen Werthe im Ton, in den mählig abgestuften Uebergängen auszudrücken. Zahlreiche leuchtende Gegenstände, welche Farbenträger der neuen Harmonie bilden sollten, wurden in das Gemälde aufgenommen, eine künstlerische Absicht, der die meist in Goldschmiedewerkstätten herangezogenen, das glänzende Detail liebenden Maler gerne entsprachen. Die „Anbetung des Christkindes" wurde ein Lieblingsstoff, den fast jeder Künstler öfters behandelte. Jene Grazie, die wir an den späten Quattrocentisten schätzen, sie stammt gleichfalls von Hugo van der Goes. Er zuerst entdeckte die melancholische Schönheit ernst blickender, vom Leben geprüfter Menschen, die nervöse Empfindlichkeit schlanker Frauenkörper, den geheimen Reiz in müden, kaum angedeuteten Gesten, und dass diese fast krankhafte Verfeinerung am Ausgange des Quattrocento ein so tiefes Verstehen und so rasches Nachempfinden fand, das hängt mit der Wandlung der florentinischen Kulturverhältnisse zusammen.

---

¹) Dr. Felix Witting, Piero dei Franceschi. Eine kunsthistorische Studie. Strassburg, J. H. Ed. Heitz (Heitz und Mündel) 1898, p 52.
²) Vergl. für das Folgende Muther a. a. O., Bd. I, p. 123—128.

Am eingreifendsten aber wirkte das Portinaribild auf
Empfinden und Darstellung der Landschaft. Diese hatte
bisher entweder als Staffage oder als Raumwert ge-
dient. Wie die Architektur und die vielen, am Vorgang
unbetheiligten Gestalten hatte sie die Aufgabe, das Bild
zu füllen, es belebter zu machen. Gefühlswert hatte sie
keinen. Darum war die „Stimmung" der Landschaft das
Neue und Fesselnde an dem niederländischen Altarbilde.
In der Landschaft klang das Seelische des Vorgangs aus.
Wie dieser war sie intim oder feierlich, schwermütig oder
lächelnd. Die sensitive Darstellung des Gesamteindrucks
hinderte jedoch das peinlichste Detailstudium nicht. Gräser
und Blumen, Wurzeln und Blätter, Bäume und Sträucher,
alles war mit wunderbarer Naturtreue wiedergegeben.

Und Hugo van der Goes war es, der volle zwanzig
Jahre später, Piero di Cosimo aus seiner phantastischen
Verwilderung zu geregeltem Kunstschaffen zurückführte.
Wie er früher einmal auch für Piero dei Franceschi die
Offenbarung gewesen, die diesem das grandiose Werk der
Fresken im Chor von San Francesco zu Arezzo eingab,
so befreite er auch jetzt Piero di Cosimos innerstes
Wesen. Vor dem Portinari-Bild empfand Piero, was sein
geheimstes Verlangen sei und fand die Kraft, sein Denken
und Fühlen von Neuem in Formen und Farben umzusetzen.
Unter dem Zeichen des Hugo van der Goes beginnt seine
zweite Schaffensperiode.

Capitel VII.
Der Maler christlicher Legenden.

Diejenigen Bilder, die nun zu besprechen sind, werden
unsere Annahme bestätigen, dass Piero nach der Periode
seiner Märchenträume innerlich eine heftige Wandlung
erlebte und sie auch in seiner Kunst zum Ausdruck
brachte.[1]) Sie enthält völlig neue, von den der vorher-

---

[1]) In dieser Zeit dürfte Piero entgegen der Mittheilung Vasaris,
dass er bis zu Cosimo Rosellis Tode in dessen Atelier verblieben sei,
dasselbe verlassen haben. Vergl. auch Ulmann a. a. O., p. 64.

gegangenen Bilder verschiedene Eigenschaften. Eine neue Formen- und Farbensprache ringt sich in ihr durch. Landschaft und Menschen werden von einem andern und sagen wir es bald, höheren Gesichtspunkte aus dargestellt. Die wichtigste Aenderung besteht jedoch in der Wahl der Stoffe. Sie werden dem Kreise christlicher Legenden entnommen. Da wirft sich sogleich die Frage auf, wie Piero seelisch zu ihnen stand. Die eingehende Antwort wird die Besprechung der einzelnen Bilder ergeben. Hier sei nur auf zwei Umstände hingewiesen, die in den Bereich dieser Frage gehören. Oft wird das Gegenständliche eines Bildes vom Besteller bestimmt. Das war bei Pieros Erstlingswerk der Fall, bei der Conceptio Mariae, auf der Höhe von Fiesole. Aus dieser Zeit seines Lebens, die wir jetzt beschreiben, weiss Vasari nur in einem einzigen Fall, einen Besteller namentlich anzugeben, nämlich Piero Pugliese, der die thronende Madonna mit Heiligen für das Spedale degli Innocenti bestellte.[1]) Der Wunsch der Besteller darf also, mit Ausnahme dieses Falles, nicht in Rechnung gebracht werden. Das erhellt deutlicher aus der Anekdote, die Vasari bei diesem Anlass erzählt, wie unwirsch Piero mit dem Besteller, der noch dazu sein Freund war, verfuhr. Ferner darf nicht immer aus der Darstellung eines christlichen Stoffes auf die Religiosität des Künstlers geschlossen werden. Die Künstlergeschichte des Quattrocento bietet dafür Beispiele genug. Das alte und neue Testament waren für lange Zeit die einzige, später noch immer die ergiebigste Stoffquelle für die Maler. Wie andere, rein technische Probleme, so war auch die Behandlung der feststehenden, fast zu einem Schema gewordenen christlichen Legenden eine Aufgabe, an der ein Künster seine Eigenart erprobte. Der Gegenstand allein ist also nicht ausschlaggebend bei Beantwortung der vorliegenden Frage. Vielmehr muss die Art und Weise der Darstellung, das „Wie" in Betracht gezogen werden.

---

[1]) Vasari a. a. O. IV, p. 140—141.

a. Visitation bei Colonel Cornwallis West in Newlands Manor, England.

1486 hat sich uns als Entstehungsjahr des letzten antiken Märchenbildes ergeben. Vorher kann also die Visitation nicht gemalt worden sein. Denn sie hat malerische Qualitäten, die weder „Venus und Mars" noch „der Tod der Prokris" aufweisen, die sie vielmehr in die Reihe der folgenden Werke stellen. Andererseits aber ist sie dasjenige Bild, das noch am meisten Berührungspunkte mit Pieros erster religiöser Darstellung, der „Conceptio Mariae" hat. Darum ist sie das erste der unter niederländischem Einfluss gemalten Bilder und um das Jahr 1487 entstanden.

Dargestellt ist die Begegnungsscene zwischen Maria und Elisabeth.[1] Das Bild baut sich in drei Terrassen auf. Auf der untersten sitzen: rechts der heilige Antonius schreibend, links der heilige Nicolaus von Bari, lesend. Auf der mittleren stehen die beiden Frauen und haben sich die Hände gereicht. Die dritte Terasse dient zur Aufnahme des Hintergrundes. Zu beiden Seiten ziehen sich Häuserreihen hin, vor denen sich je ein Vorgang abspielt: rechts der bethlehemitische Kindermord und links die Anbetung der Hirten. An die Häuserreihen schliessen sich Hügel mit Kirchen und Bäumen, ganz rückwärts wird eine Bergkuppel und eine Ebene sichtbar.

Vergleicht man dieses Bild mit den Darstellungen antiker Mythen, so erkennt man, ganz abgesehen von dem selbstverständlichen Gegensatz des Stoffes, die ungeheure Wandlung, die sich in Piero vollzogen hat. Nicht der geringste Anhaltspunkt für einen Zusammenhang oder ein Fortschreiten in derselben Entwicklungslinie ist vorhanden. Man fühlt, dass Piero am Anfang eines völlig neuen Weges steht und nur an sein Erstlingswerk wird man in manchen Dingen erinnert. Besonders in Bezug auf die Composition. Es wurde damals bemerkt, dass Piero es liebt, durch die

---

[1] Ev. Lucas I, 39—56.

Erhöhung des Mittelgrundes, ein Podium gleichsam, auf das er die Hauptpersonen stellt, dieselben schon äusserlich in markanter Weise hervortreten zu lassen. Dasselbe compositionelle Motiv, nur noch gesteigert, indem sich der Schauplatz der Handlung in drei Terassen erhebt, findet sich hier auch. Ferner wurde schon gelegentlich der „Conceptio Mariae" erwähnt, dass Piero seine Gestalten gerne schreiben und lesen lässt, um schon auf diese augenfällige Weise geistige Vorgänge auszudrücken. Das Gleiche ist auf der „Heimsuchung" der Fall. Aber welcher Fortschritt von den Augustin und Bonaventura zu Antonius und Nicolaus von Bari! Die beiden Heiligen sitzen an je einen Pfeiler gelehnt, welche die Langseiten des Bildes begrenzen. Mit meisterlicher Beobachtung ist ihre halb sitzende, halb hockende Stellung wiedergegeben. Aus dem Mantel lugen der bis in die kleinste Runzel naturgetreue Greisenkopf des Antonius und seine breit modellierten, von blutreichen Adern durchzogenen Hände hervor. Die hockende Gestalt erfüllt, trotzdem sie auf den möglichst kleinsten Raum beschränkt erscheint, das bewegteste Leben. Breiter und behäbiger ist Nicolaus von Bari. Aber die fortgeschrittene Beherrschung der Form verschwindet gegen den unerschöpflichen Reichthum, mit dem Piero die geistigen Individualitäten der beiden Heiligen charakterisiert hat. Antonius schreibt und all das Erregte, Angespannte, Impulsive einer producierenden Thätigkeit spiegelt sich in dem grübelnden Kopfe, der leidenschaftlich gerunzelten Stirne, den aufeinander gepressten Lippen, dem unruhig abstehenden Haar und den lebhaften, beweglichen Händen wieder. Nicolaus von Bari liest und das Interessierte, Nachdenkliche des aufnehmenden Lesers ist wunderbar in seiner ruhigen, ein wenig vorgebeugten Haltung ausgedrückt. Sein Antlitz hat weichere Züge, glatt fällt das silberweisse Haar in den Nacken und die zarten Hände scheinen immer nur Bücher gehalten zu haben. Dieser Gegensatz zweier seelischer Zustände klingt in den beiden Frauen, auf der höheren Terasse, gemildert aus. Auf der rechten Seite, auf der Antonius sitzt, steht Elisabeth, auf der linken, Nicolaus entsprechend, Maria. Elisabeth ist die frendig Erregte, in ihrem Antlitz, in ihrer emporgehobenen Linken drücken sich die Worte aus, die sie damals überrascht gesprochen: „Und woher kommt mir das, dass die Mutter meines Herrn zu mir kommt?"[1]) Maria dagegen ist die Stille, und mit einer wundervoll sprechenden Handbewegung berührt sie, beruhigend, die Schulter Elisabeths. Diese Errungenschaften verdankt Piero dem Hugo van der Goes, ebenso sehr wie noch manche andere. Vasari rühmt an dem Bilde die Kunst, mit der Form und Farbe des Details wiedergegeben ist.[2]) Dass dieser Vorzug niederländischen Ursprungs ist, braucht nicht besonders betont zu werden. Man beachte die Glocke, die Krücke, die wilde Steinnelke, die leuchtenden Kugeln, das Pergamentbuch, das Tintenfass, die Gänsefeder, das Papier, den tiefsitzenden Klemmer auf der Nase des Antonius und man wird finden, dass Piero in der Darstellung solcher Dinge wie ein reiner Niederländer wirkt. Auch im Colorit machen sich nordische Anklänge bemerkbar. Das Carnat wird lichter, die Farben bekommen ein tiefes gesättigtes Leuchten. Laute Farbentöne, wie Grün und Roth, werden nebeneinandergesetzt und zu eigenartig warmen Harmonien verbunden. Am bedeutsamsten ist jedoch die Erkenntnis des Lichtes. Das ganze Bild ist wie in Sonne gebadet. Es strömt in lichten Schwaden vom Himmel, überflutet die Umgebung, dass der kleinste Gegenstand sichtbar wird, fällt auf Antlitz und Hände der Gestalten und fliesst an ihren Gewändern zu Boden. Aber nicht nur luministische Tendenzen verfolgt Piero dabei; auch der raumschaffende Werth des Lichtes ist ihm bewusst geworden. Aus Raumzwecken hatte er die Composition terassenförmig aufsteigen lassen. Demselben Ziele dient auch das Licht. Die Schatten, die Maria und Elisabeth werfen, lassen diese

---

[1]) Ev. Lucas I, 43.
[2]) Vasari a. a. O. IV, p. 133.

aufrechter, plastischer erscheinen, und die auf zwei
Terassen aufliegende Krücke macht durch ihren Schatten
den Eindruck völliger Greifbarkeit. Nicht unerwähnt soll
jedoch bleiben, dass der Lichtmaler Piero wahrscheinlich
nicht alles dem Hugo van der Goes verdankt. Der erste
Maler des Lichtes im Quattrocento ist Domenico Veneziano,
und die Werke seines Schülers, Piero dei Franceschi, des
grossen Meisters von Borgo San Sepolcro sind, der
mächtigste Hymnus auf dasselbe. Es wurde in der
Charakteristik Cosimo Rosellis bereits gesagt, dass er
coloristisch vieles von Domenico Veneziano lernte und es
ist nicht ausgeschlossen, dass dieser auch auf Piero an-
regend wirkte. Dann würden von Domenico Veneziano,
dem Vater der Lichtmalerei, die zwei grössten Lichtmaler
des Quattrocento abzuleiten sein: Piero dei Franceschi und
Piero di Cosimo.

Die Landschaft ist seltsamer Weise der schwächste
Theil des Bildes. Wie die einsam stehenden Bäume sich
gegen den Himmel abheben, darin offenbart sich der scharfe
Beobachter der Natur. Als Ganzes wirkt die Landschaft
jedoch unbedeutend und zeigt noch keinen Einfluss des
Hugo van der Goes.

b. Rundbild der Anbetung des Kindes,
bei Mr. A. E. Street, London.

Crowe und Cavalcaselle erwähnen das Bild im Kapitel
über Luca Signorelli, als diesem zugehörig.[1] Sie notieren
auch die Ueberlieferung, der zufolge Lorenzo de' Medici
dieses Bild einer Dame aus der Familie Guiducci geschenkt
haben soll.[2] Als Signorelli galt es bis 1893, also dem
Jahre, in welchem es in der Ausstellung von Werken
dieses Meisters im Burlington Fine Art Club ausgestellt

---

[1] Crowe und Cavalcaselle a. a. O., Bd. IV, p. 7.
[2] Ebenda Anm. 17.

wurde. Dort wurde es dann seinem eigentlichen Schöpfer zurückgegeben.[1]

Einige Werke Piero di Cosimos sind lange Zeit unter Signorellis Namen gegangen. Aber während man bei den meisten derselben den Grund der Zuschreibung in dem Umstande erblicken kann, dass sie eine unläugbare Aehnlichkeit mit dem Stil des Cortonesen aufweisen, fehlt dieselbe bei der Anbetung vollends. Das vorliegende Rundbild steht sogar zu der scharfen Linien- und plastischen Formensprache Signorellis durchaus im Gegensatz. Eine weiche milde Stimmung beherrscht es. Schon das Motiv, Maria betet das Christkind an, ist rein lyrisch. Es stammt von Fra Filippo Lippi, als dieser noch, nicht der erdenfrohe Mönch war, sondern unter dem Einfluss des seligen Fra Angelico malte. Und der Meister, der es dann in Florenz immer wieder, bis zum Ueberdruss, ja bis zur Schablone behandelte, war Lorenzo di Credi, der nur zu sehr sentimentalen Stimmungen zugänglich war. Wenn Signorelli einmal diesen anmuthigen Stoff malte, nahm er ihm durch die eckige Hagerkeit der Gestalten allen Reiz. Uebrigens dürfte das hier in Betracht kommende Rundbild in der Casa Ginori, das Crowe und Cavalcaselle für ihn beanspruchen,[2] ebensowenig ihm gehören, wie das andere, nun in Glasgow befindliche, als Piero di Cosimo erkannte, und somit Signorelli diesen Stoff bezeichnender Weise niemals behandelt haben.

Den Zusammenhang mit der vorhergehenden „Heimsuchung" stellt die Feinheit der psychologischen Auffassung her. Piero, der schwärmende Phantast und unübertroffene Schilderer durchfurchter Greisenköpfe, erbringt den ersten Beweis, dass er auch den keuschen Reiz der jungfräulichen Mutter gestalten kann. In andächtiger Ergebenheit, von einem reich gefalteten Gewande umhüllt, kniet sie vor dem

---

[1] Burlington Fine Art Club. Signorelli exhibition da 1893. Katalog p. 6, No. 17: „The picture is in fine condition and is certainly not by Signorelli, but by the Florentine Piero di Cosimo."
[2] Crowe und Cavalcaselle a. a. O., Bd. IV, p. 7.

Kinde. Die Hände sind noch nicht zum Gebet gefaltet, sondern der unmittelbar vorhergehende Augenblick, wie sich die inneren Handflächen einander nähern, ist dargestellt. Dieses Motiv stammt direkt von dem einen Hirten auf dem Portinaribild. Deutlich kann man jedoch hier beobachten, wie Piero jede von Aussen kommende Anregung selbständig verarbeitet, sie dem Ganzen dienstbar macht. Das Motiv der sich faltenden Hände ist nämlich der zarten Auffassung der Gottesmutter entsprechend, mit einem zweiten ver- quickt: gleichzeitig streckt Maria, wie zum Schutze des Kindes, als müsste sie es jeden Augenblick vor dem Hinunterfallen behüten, nach vorne. Dabei umspielt eine demütige Glückseligkeit ihr Antlitz, das besonders bemerkenswert ist, als neuer für Piero charakte- ristischer Frauentypus. Im Ganzen lassen sich drei Typen unterscheiden, wenn man von dem der alten Frauen absieht, wie ihn Elisabeth bei der Heimsuchung und später die heilige Katharina auf dem Innocentibild repräsentieren. Den ersten vertritt der ein wenig an Cosimo Roselli an- klingende Typus, der auf dem Hylasbilde am häufigsten vorkommt, derjenige der Prokris ist und seinen vergeistigsten Ausdruck in der Madonna auf der immaculata conceptio findet. Es ist ein volles, rundes Gesicht, mit stark markierten Augenrändern, fast dreieckig eingesetzter Nase und etwas wulstigen Lippen. Der zweite tritt zum ersten- mal bei der knieenden Nymphe auf dem Hylasbilde auf, ist der Venus eigen und endet schliesslich bei der Kleopatra. Ein einziges Mal nur trägt ihn die Madonna und zwar auf der Heimsuchung. Es ist ein schmales Antlitz, scharf profiliert, mit stark geschwungener Nasenwölbung und rothem, vollem Mund. Gegenüber dem ersten, der mütter- licher wirkt, ist er mehr mädchenhaft. Zwischen beiden gewissermassen steht der dritte Frauentypus, der sich in der „Anbetung" ankündigt und fast alle folgenden Madonnen charakterisiert. Er ist nicht so rund und frauenhaft wie der erste, nicht so schmal und magdlich wie der zweite. Die Mutter und Jungfrau drückt er zugleich aus. Es ist ein weich geschwungenes Oval, mit weisser, unschuldvoller Stirn, hoch gewölbten Augenbrauen und spitz zulaufendem Kinn. Diese drei Frauentypen kommen bei Piero durch die Werke vieler Jahre verstreut vor, bald der eine, bald der andere. Aus ihrer Aehnlichkeit Schlüsse auf die zeitliche Zusammengehörigkeit der Bilder zu ziehen, ist jedoch nicht angezeigt. Denn die Form des Gesichtstypus ist dem Künstler ebenso eingeboren, wie das Formempfinden überhaupt. Und ob dieser eine bestimmte Stimmung das eine Mal in diesem, das andere Mal in jenem Typus ausdrückt, das entspringt, beim wahren Künstler wenigstens, niemals einer klar bewussten Absicht.

Allein dastehend innerhalb der florentinischen Kunst ist die Darstellung des schlafenden Christkindes; darum gerade für Piero charakteristisch. Das Problem, Schlafende oder Todte darzustellen, scheint ihn besonders interessiert zu haben. Wir sind im bisher öfters begegnet. Schon in Rom hatte er auf dem Fresco des Abendmahls, in der ersten Nebenhandlung links, dem Gebet in Gethsemane, einen schlafenden Jünger gemalt, der übrigens in der Haltung an den schlafenden Joseph auf der „Anbetung" erinnert, ein Umstand, der als ein Grund mehr für Pieros Autorschaft am Sistina-Fresko angeführt werden kann. Auf dem Venusbilde schläft Mars, auf dem Prokrisbilde liegt die todte Prokris. Wie in allen diesen Fällen, so reizte es ihn auch in dem vorliegenden, den dumpfen Zustand des Schlafens in significanter Körperstellung auszudrücken. Hier ist er durch den auf die Schulter gesunkenen Kopf und die schlaffe Haltung der Arme gestaltet.

In der malerischen Ausführung und der Landschaft unterscheidet sich die „Anbetung" so stark von der „Heimsuchung", dass man wieder an Vasaris Bemerkung erinnert wird, wie sehr Piero bei jedem Bilde seine „Manier" änderte. Dort floss ein helles Licht über laute Harmonien, hier ist gedämpftes Licht und eine kühle Harmonie.

Leuchtendes Roth und tiefes Grün gaben der „Heimsuchung" die warme Farbenstimmung, hier bestimmen ein
mildes Blau und mattes Gelb den Ton. Früher verwendete
er das Licht als raumschaffendes Element, diesmal nur als
Mittel zur Modellierung in grossen Zügen. Darum arbeitet
er mit starken Licht- und Schattenwirkungen auf dem
Antlitz der Madonna, ihren Händen und dem Körper des
Christkindes. Sehr bemerkenswert ist der Doppelcharakter
der Landschaft. Ein verwitterter, zerklüfteter Fels
scheidet sie in zwei Teile. Links, das grössere Stück ist
durchaus im Stile von Pieros früheren Landschaften und
man kann sich besonders an die auf dem Fresko der Bergpredigt erinnert fühlen. Langsam steigt die Ebene an und
auf der Steigung liegen Kirchen und Häuser. Wege
schlängeln sich durchs Gefilde und an ihrem Rand steht
dann und wann ein einsamer Baum. Einen ganz anderen
Charakter hat der rechte, kleinere Ausschnitt. Eine Wiese,
die gegen einen See abfällt. Auf dem höher gelegenen
Teil vereinen die schlanken Bäume ihre Kronen, auf dem
unteren leuchten aus dem Grün einige weisse, weidende
Thiere. Ringsum ist alles still. Diese intime Naturauffassung bezeugt den ersten landschaftlichen Einfluss des
Portinaribildes. So kann man auf der „Anbetung des
Kindes" die doppelte Art von Pieros Landschaften er-
kennen und ihn auf dem Uebergange von der einen zur
anderen. Unserem nordischen Naturempfinden ist die zweite
Art verwandter. In beiden ist er aber ein gleich grosser
Künstler.

Den vollendeten Thiermaler erkennt man in der Darstellung des Ochsen, des Esels, und des Vögleins am
Steine, vor dem schlafenden Christkind.

c. Thronende Madonna mit Heiligen, Florenz, Spedale degli Innocenti.

In der Folge der schon behandelten und noch zu be-
handelnden Werke Pieros aus dieser Epoche, nimmt das

Bild aus mehr als einem Grunde eine Sonderstellung ein.
Schon inhaltlich, denn es ist das einzige Repräsentationsbild, das Piero gemalt hat, eine thronende Madonna von
Heiligen umgeben. Dann in der Stimmung. Es hat nicht
die Intimität und Schlichtheit, die ihm unter seinen Zeitgenossen auszeichnet; sondern jene Feierlichkeit der Composition, die man bei den meisten italienischen Altarbildern
vom Ausgang des Quattrocento findet. Schliesslich fehlt
jeder Einfluss des Hugo van der Goes, vielmehr ist ein
erneuerter des Lionardo zu konstatieren. Aus alledem
kann geschlossen werden, dass dieses Bild nicht so
organisch wie die andern in den Entwicklungsgang Pieros
gehört. Der Schluss ist erlaubt, dass er bei ihm seelisch
nicht betheiligt war.

Eine Bestätigung der vorstehenden Auseinandersetzung
giebt uns Vasari.[1]) Er berichtet, dass Piero dieses Bild
im Auftrage des Piero Pugliese für das Spedale degli
Innocenti gemalt hat. Wenn irgendwo, so ist also
hier die besondere Art des Werkes aus dem Ort seiner
Aufstellung und den Wünschen des Bestellers herzuleiten.
Dieser musste, wie Vasari weiter erzählt, einige Jahre auf
das Bild warten. Dieser Umstand erschwert noch mehr
die Datierung, denn wir wissen nicht, wann es bestellt,
wann abgeliefert wurde. Das erstere lässt sich überhaupt
nicht erweisen und ist auch ohne Belang für uns. Das
letztere ist gleichfalls unsicher, doch lässt es sich annähernd in einen begrenzten Zeitraum versetzen. Stilistische
Gründe, namentlich das Colorit, sprechen dagegen, dass
es vor dem bereits besprochenen Rundbilde der Anbetung
entstanden ist, also vor dem Jahre 1488. Gleichfalls
stilistische Gründe und Pieros Entwicklung machen es
jedoch unwahrscheinlich, dass es nach der Berliner „Anbetung der Hirten" gemalt ist, also nach dem Jahre 1494.
Das Invocentibild fällt somit in den Zeitraum 1488
bis 1494.

---

[1]) Vasari a. u. O., Bd. IV, p. 141.

Auf einem Thron, zu dem drei Stufen emporführen,
sitzt Maria, den Jesusknaben auf dem Schoss. Während
sie still vor sich hinblickt, hat das Christkind aus der
Hand der links knieenden Rosalie eine Rose genommen
und wendet sich nun zu der rechts knieenden Katharina,
um ihr den Ring an den Finger der emporgehobenen Hand
zu stecken. Links in dem Vorsprung, hinter Rosalie,
steht Petrus mit den Himmelsschlüsseln, rechts, ihm entsprechend, hinter Katharina, der Evangelist Johannes. Um
die Pfeiler des Thrones gruppieren sich je drei Engel,
während auf den Voluten des Thronbogens je ein Putto
einen Leuchter hält, in denen stark niedergebrannte
Kerzen leuchten. Im Hintergrunde breitet sich eine Landschaft aus.

Der Einfluss Lionardos äussert sich zunächst in der
Composition. Weder die einfache Erhöhung des Mittelgrundes,
noch die schlichte, wie absichtslos scheinende Gruppierung
hat Piero hier angewendet. Diesmal ordnete er die Gestalten im Halbkreise um einen Mittelpunkt an, den die
Madonna bildet. Unverkennbar ist die von Lionardo zuerst in der „Anbetung" gebrachte radiale Composition das
Vorbild. Die beiden knieenden Frauen zeigen den tiefsten
Stand der Halbkreislinie, die dann nach beiden Seiten hin
aufsteigt, in den Köpfen der beiden männlichen Heiligen
ihre höchsten Punkte findet und nach den Engeln hin sich
wieder senkt. Die ganze Gruppe wird symetrisch durch
den in der Mitte aufragenden Thronsessel getheilt. Es ist
der einzige, den Piero auf einem Bilde gemalt hat, aber
er beweist hinreichend, wie wenig Sinn Piero, vielleicht
bezeichnender Weise als der intimste Landschafter unter
den Florentinern, für die Architektur hatte. Der Thron
wirkt, obwohl er der Mittelpunkt des Bildes ist, kleinlich
und trotz des reichen Schmuckes dürftig. Dabei ist er
flach, nicht räumlich in das Bild hineingesetzt, und anstatt
dem Auge einen Stützpunkt zu bieten, von dem aus die
Landschaft sich sichtbarer in die Tiefe erstreckt, verbaut
er den Durchblick und drückt die Landschaft, so fein

empfunden sie ist als Naturausschnitt, als Werth im Bilde
zu blosser Staffage herab. Dadurch wird dem Werke ein freier, grosser Zug genommen und die Gestaltung der Personen verstärkt noch
den wenig erfreulichen Eindruck. Gegenüber den Gestalten
auf Pieros früheren und späteren Bildern, ihrer Belebtheit
und der Selbstverständlichkeit ihrer Körperhaltung, erscheinen sie gequält, fast unnatürlich. Man vergleiche
nur den Antonius und Nikolaus von Bari von der „Heimsuchung" mit Petrus und Johannes! Die Köpfe sind verschwommen modelliert, charakterloser im Ausdruck, die
Haltung, namentlich bei Petrus, gekünstelt und gesucht.
Die gezwungene Feierlichkeit, die sie erwecken soll, wird
andererseits wieder gestört durch die allzu geistreich auf-
gefassten Engelsköpfe, die unruhig wirken und die einheitliche Stimmung verwirren. Unfassbar aber erscheint die
plumpe, manchmal sogar rohe Modellierung der Hände, da
wir gerade darin Pieros hohe Kunst bewundern müssen.
Völlig unmotiviert strecken die männlichen Heiligen je eine
Hand nach unten und die rechte, das Buch haltende Hand
des Johannes ist in einer Weise verzeichnet, wie man es
kaum bei einem Stümper, geschweige denn bei einem
Künstler vom Range Pieros versteht. Des Künstlers
würdig ist unter den Gestalten allein die von holdem Lieb-
reiz umflossene Maria, die den Typus der Madonna von
der „Anbetung" hat.

Trotz dieser Schwächen gehört jedoch das Bild zu den
wichtigsten Werken Pieros, und zwar des Colorits und der
Lichtmalerei wegen. Farbig erscheint es als Synthese der
coloristischen Bestrebungen auf der „Heimsuchung" und
„Anbetung des Kindes." Denn die warmen Harmonien
der ersteren und die milden Töne der letzteren sind hier
zu einem Farbenglanz von berauschender Wirkung vereint.
Auch farbig erscheint die Madonna als Mittelpunkt, mit
dem Lichtblau des Mantels und des Kopftuches, dem
leuchtenden Roth des Gewandes und dem Grün des Um-
schlages. Diese Töne werden in allen Nüancen von den

umstehenden Personen aufgenommen. Hellgrün schillert
der Mantel Katharinas und roth ihr Kleid, dunkel violett
ist das Nonnengewand Rosaliens. Um den blauen Rock
des Petrus schlingt sich ein gelbes Tuch, röthlich schimmert
das violette Gewand des Evangelisten. Alle diese Farben
leuchten aber in einem weissen Licht, das zu beiden Seiten
vom niederen Himmel strömt, während eine düstere Wolke
gegen den oberen Bildrand abschliesst. Wieder ist das
Licht als Mittel zur Modellierung verwendet und lässt
mit Schatten vermischt die Köpfe hell hervortreten.
Wie die hell beschienenen Hände aber aus den Farben-
harmonien einfach als Lichtflecke leuchten, das sind
luministische Gedanken, wie sie die Gegenwart erst wieder
kennt.

Der Charakter des Bildes erklärt sich aus der Geschichte seiner Entstehung. Piero hat es in Auftrag bekommen, der Gegenstand hat ihn nicht interessiert. Einige
Jahre hat er, mit starken Unterbrechungen daran gearbeitet,
bald angeregt begonnen, bald wieder gelangweilt ausgesetzt.
Keine Gestalt erscheint aus einem Guss, bei allen hat er
experimentiert. Daher stammt wohl das Gesuchte und
Gekünstelte in dem Bilde. Ein Problem hat ihn jedoch
besonders beschäftigt, und das hat er glänzend gelöst:
das leuchtende Colorit und das Licht. Diese bestimmen
auch die Eigenart der folgenden Werke.

d. Das Madonnenbild im Louvre.

Dieses kleine Bild der Madonna wurde von Morelli als
Piero di Cosimo bestimmt.[1] Heute erscheint es uns kaum
glaublich, dass es die längste Zeit nicht unter seinem
Namen, sondern als unbekannter Meister ging, da es sich
ganz notwendig der Reihe seiner Werke einfügt. Trotzdem vermag ich nicht in dem Bilde eine freie Studie zur
Madonna auf dem Innocentibilde zu erblicken.[2]

[1] Iwan Lermolieff a. a. O., Bd. I. Die Galerien Borghese und
Doria Pamfili in Rom, p. 151.
[2] Vergl. Knapp a. a. O., p. 49.

Das Bild steht nicht nur unter den Madonnendarstellungen Pieros, sondern auch unter denen des ganzen Quattrocento einzig da. So wenig das Innocentibild von dem innersten Wesen Pieros auszudrücken vermochte, so reichlich thut es diese Madonna. Sie muthet wie ein persönliches Bekenntniss an und kann darum mit keinem anderen Madonnenbilde verglichen werden. Maria sitzt hinter einer Balustrade, vor einem goldig gemusterten Teppich. Es ist das einzige Mal, wenn man von dem Tondo in der Eremitage absieht, dass Piero sie nicht in freier Landschaft, sondern in geschlossenem Raum gemalt hat. Noch entscheidender aber sind andere Züge. In dem seidenblauen Kopftuch, das unter dem Hals zusammengesteckt, auf der Brust nochmals geknüpft ist und nur das Antlitz frei lässt, wirkt Maria wie eine toscanische Bäuerin. Niemals findet sich in den Bildern des Quattrocento ein ähnlicher Kopfschmuck bei den Frauen. Dem entspricht auch das Gesicht. Der Typus ist wohl in seinen charakteristischen Formen dem der Madonna auf der „Anbetung" und dem Innocentibild verwandt, aber er ist rundlicher, voller, mütterlicher und auch ländlicher möchte man sagen. Denn der Eindruck der Bäuerin kommt immer wieder. Dass er nicht willkürlich ist, wird klar, wenn man sich in Kürze an Pieros momentanes Entwickelungsstadium erinnert. Mit seiner Flucht in die Natur wandelte sich seine beschreibende Schilderung der Landschaft, mit reichen Einzelheiten und schönen Ausblicken geschmückt, zu einer intimen Naturauffassung, die mit Weglassung alles Ueberflüssigen, nur das Charakteristische, die reine Stimmung, wiederzugeben sucht. Mit dem Verlassen der Stadt hängt aber auch die Vorliebe für die stillen, ernsten Menschen auf dem Lande zusammen, die als neuer Menschenschlag jetzt in seine Kunst treten. Nach den leisen Andeutungen in den vorhergehenden Werken ist die Madonna im Louvre das erste starke Anzeichen dafür, das noch mächtiger in den folgenden Bildern anklingt.

Auch coloristisch enthält das Bild wertvolle Qualitäten.

Die Harmonie bewegt sich zwischen roth, blau und schwarz. Leichtere Töne bringen der Körper des Christkindes von mattgelbem Carnat und die weisse Taube auf der Balustrade. Aber auch in diesem Werke, das nur ein ruhiges Dasein ausdrücken will, hat Piero das geistige Moment nicht vergessen. Die Madonna liest mit versonnen gesenkten Augen in einem Buche, das vor ihr auf der Balustrade liegt. Das Roth seines Einbandes ist fein gegen das Braun der Balustrade gestimmt.

e. Rundbild der heiligen Familie, Dresden.

Crowe und Cavalcaselle führen das Bild noch unter den Werken Luca Signorellis an.[1] Sie finden es kühn, in einem Zuge gemalt, dass es viel Florentinisches an sich hat und fühlen sich besonders an Botticelli und Filippino erinnert. Aehnlich lautete das Urteil über die „Anbetung des Kindes", die dann als Piero di Cosimo erkannt wurde. Das Verdienst, das „Rundbild der heiligen Familie" ihrem Schöpfer zurückgegeben zu haben, gebührt Frizzoni.[2]

Auch dieses Bild hat, wie die „Anbetung des Kindes" das in Florenz so sehr beliebte Rundformat. Es wird zum grössten Theil von einer Felsgruppe ausgefüllt. Auf dem unteren, niederen Stein liegt das Christkind und sitzt der kleine Johannes. Ueber das Christkind gebeugt, hält es Maria fest, während sich, links, Josef mit einer Handbewegung zum Johannes wendet. Auf der oberen Felspartie sitzen, sich umschlungen haltend, zwei singende Engel. Seitlich, rechts und links vom Felsen, öffnet sich der Ausblick in eine Landschaft.

Diesmal können wir es verstehen, dass man das Bild für einen Signorelli hielt, können es begreifen, dass man Anklänge an Künstler in ihm fand, mit denen Piero sonst

---

[1] Crowe und Cavalcaselle a. a. O., Bd. IV, p. 36.
[2] Iwan Lermolieff, a. a. O., Bd. II. Die Galerien zu München und Dresden (II. Aufl.) p. 338. Vergl. auch Bode in Zahn, Jahrbücher IV, p. 198.

wenig gemein hat, an Botticelli und Filippino. Denn Pieros Eigenart enthüllt sich erst bei näherem Zusehen und was zunächst in die Augen fällt, das berührt sich mit den Bestrebungen der genannten drei Meister. Ob er von ihnen angeregt oder selbständig dazu gelangte, lässt·sich nicht entscheiden. Aber in der Composition tritt deutlich die Aehnlichkeit mit Signorelli auf und in dem Arbeiten mit der Linie, das uns als einziger Ausnahmefall im Schaffen Pierros erscheint, die Verwandtschaft mit Botticelli und Filippino. Der Aufbau erfolgt in zwei scharf berechneten, hinter einander aufragenden Pyramiden. Die erste, kleinere, wird von Maria, Josef und den beiden Kindern gebildet, ihr Gipfel ist die Spitze des Kreuzes, das Johannes als die richtunggebende Vertikale emporhält. Die zweite, höhere wird von dem oberen Felsen und den darauf sitzenden Engeln begrenzt. und ihr Gipfel, der in derselben Vertikalen wie der der unteren Pyramide liegt, ist jener Punkt, in dem sich die Köpfe der beiden Engel berühren. In dieses streng umrissene Compositionsschema bringt nun das Linienspiel bewegtestes Leben. Der Rückensilhouette der Madonna entspricht die Linie in der geduckten Körperhaltung und dem eingebogenen vorgestreckten, rechten Beine des Josef. Nach der Mitte zu gleitet das Auge über die fast horizontale Linie, vom linken Unterarm der Maria gebildet, ferner über die, der höheren Stellung des Johannes entsprechend, gehobene Linie, die über den Arm des Josef führt und in dem ausgestreckten Zeigefinger seiner Hand endet. Die Gefahr aber, dass der von zwei nackten Kinderkörpern gebildete Compositionsmittelpunkt eintönig und leblos wirkt, ist dadurch beseitigt, dass dieselben fast normal gegeneinander stehen.

Mit dieser ununterbrochenen Bewegung innerhalb der ersten Pyramide, contrastiert in wohlabgewogenem Rythmus die stille Feierlichkeit der oberen Engelgruppe. Sie wird durch die langen, bald aufsteigenden, bald sich senkenden Linien bewirkt, welche die Umrisse der beiden Engel bilden. So klingt die Stimmung ernst und erhaben aus und nur durch das Mittel der Linie hat Piero seinem Bilde eine solche Grösse gegeben, wie sie durch Architekturhintergründe, die für diesen Zweck weit geeigneter sind, kaum erreicht werden kann.

Es wurde bereits erwähnt, dass dies „Rundbild der heiligen Familie" durch die meisterhafte Behandlung der Linien aus dem Rahmen der übrigen Werke Pieros fällt. Andrerseits sind doch wieder Eigentümlichkeiten vorhanden, die nur bei Piero möglich sind. Einzelne Züge stellen sogar den Zusammenhang mit den ungefähr gleichzeitig, also um das Jahr 1490, entstandenen Bildern her. So gleicht Josef nicht nur im Typus sondern auch in der Farbe der Gewänder dem Petrus auf dem Innocentibild. Der Typus der Maria ähnelt dem auf der „Anbetung des Kindes", sie trägt dasselbe, über der Brust rund ausgeschnittene Kleid und hat die Enden des Kopftuches in ähnlicher Weise geknüpft, wie auf dem Louvrebild. Auch begegnen wir den gleichen Farbenharmonieen. Roth, blau und gelb klingen ineinander, der lichteste Ton, der die Mitte hält, ist die Farbe des Polsters, das Weiss, das ohne Uebergang gegen das leicht gebräunte Carnat der Kinderkörper steht. Von bekannter Meisterschaft ist ferner die Führung des Lichtes. Es ist linksseitiges Oberlicht, das zunächst den Kopf des Josef theils beleuchtet, theils im Schatten lässt, dann aufhellend über die Kinderkörper gleitet und zuletzt noch stark Marias Hand trifft.

In der Landschaft aber übertrifft Piero alle seine bisherigen Leistungen. Er hat die beiden Naturausschnitte mit solcher Intimität gesehen, mit so tiefer Empfindung gemalt, dass sie an die Landschaften auf den Flügeln des Portinaribildes heranreichen. Früher hatte er meist Höhenzüge dargestellt, reich bewaldet, mit Kirchen und Häusern bedeckt. Jetzt hat er den melancholischen Reiz der Ebene entdeckt. Weithin erstreckt sie sich und verliert sich im leichten Dunst des Horizontes. Im Vordergrunde bedeckt sie kurzes, grünes Gras, ein schmaler Pfad führt zu einer einsamen Hütte, vor der ein Rind weidet. Es ist ein verlassener Fleck, wohin sich nur selten ein Wanderer verirrt. Die linke Seitenlandschaft muthet etwas heiterer an. In beiden aber hat er an Stelle der breitkronigen Bäume, die er früher liebte, zum erstenmal kahle Baumstämme gemalt, wohl nicht ohne Erinnerung an die blattarmen Bäume auf dem rechten Flügel der Goes'schen „Anbetung". Vielleicht sind sie es, die der Landschaft, im Einklang mit der Feierlichkeit der Gruppe, den stillen Ernst geben.

f. Die Anbetung der Hirten, Berlin, kgl. Galerie.

Knapp[1]) setzt das Bild in das Jahr 1505. Die Gründe, die er dafür anführt, sind jedoch nicht stichhaltig. Alle die Vorzüge, die er erst an diesem Bilde zu erkennen vermag, finden sich schon in früheren Werken, sowohl die glänzende Farbengebung, das leuchtende Licht und die Durchbildung der Gestalten. Ueberdies muss man sich gerade bei Piero davor hüten, nur von der Annahme einer fortschreitenden künstlerischen Entwicklung aus, die Bilder zeitlich zu ordnen. Wir wissen, dass wir es bei Piero mit einer durchaus unberechenbaren Persönlichkeit zu thun haben, die nicht in planmässiger Arbeit regelmässig vorwärtsschreitet, sondern den wechselvollsten Launen unterworfen ist. Wir haben gesehen, wie ungleich er in seinen Werken ist. Künstlerische Qualitäten, die ganz frühe Bilder auszeichnen, fehlen in den späteren oder sind unbegreiflich nachlässig behandelt. Bald interessiert ihn die Lösung eines Problems so stark, dass ihn die künstlerische Ausführung der andern Partieen des Bildes völlig gleichgültig lässt. Es liegt also gar kein Grund vor, von der bestehenden Datierung, dass es nämlich innerhalb der letzten zehn Jahre des fünfzehnten Jahrhunderts entstanden ist, abzugehen. Ulmann[2]) setzt es in die zweite Hälfte

---

[1]) Knapp a. a. O., p. 67.
[2]) Ulmann a. a. O., p. 129, 130.

der Neunzigerjahre, Meyer[1]) in die erste Hälfte derselben. Wir schliessen uns der letzten Ansicht an, da sich auch, unabhängig davon, nach unserer bisherigen Darstellung ein gleicher Termin ergiebt. Die „Anbetung der Hirten" ist um das Jahr 1494 entstanden. Das Innere einer Hütte, die nach aussen hin durch eine niedrige Steinreihe abgezäunt und gegen die Landschaft geöffnet ist. Auf dem Boden sitzt, an einen Getreidesack gelehnt, mit segnender Geberde, das Christkind. Vor ihm kniet, die Hände gefaltet, Maria, hinter ihm, mit emporgehobenen Händen, Josef. Hinter ihm steht aufrecht, in langem Gewande, der Stifter, während seitlich ein Hirt kniet, den Strohhut gelüftet, ein Böcklein unter dem Arm. In der Landschaft, in der Ochs und Esel sind, spielen sich auf der linken Anhöhe zwei Nebenvorgänge ab, ein Engel führt den Tobias, und ein Engel verkündet den Hirten die frohe Botschaft.

In der Composition finden wir also Pieros Lieblingsmotiv wieder: das Podium, welches den Hauptvorgang von allem Nebensächlichen sondert. Nur ist diesmal nicht bloss der Mittel- sondern der ganze Vordergrund erhöht, der räumlich das Innere einer Hütte vorstellt. Durch die fehlende vierte Wand wird die Landschaft in ihrer ganzen Ausdehnung sichtbar. Deshalb ist der Tadel, dass hier keine Verbindung zwischen Vorder- und Hintergrund hergestellt sei, nicht berechtigt.[2]) Sie lag gar nicht in der Idee des Bildes, also auch nicht in der Absicht des Künstlers. Es handelt sich nicht darum, den Vorgang in einer Landschaft darzustellen, sondern in einem Raume, der von ihr gesondert ist. Die Trennung ist gewollt. Aber folgende Incongruenz ist vorhanden. Als Mittelpunkt der linearen Composition erscheint Josef. Einerseits ist er Eckpunkt des einen Dreiecks, das von ihm, Maria und dem Christkind gebildet wird, zugleich aber auch

[2]) Julius Meyer, Jahrbuch der Kgl. preuss. Kunstsammlungen. Bd. XI, 1890, p. 33.
[1]) Diesen Tadel erhebt Knapp a. a. O., p. 69.

Eckpunkt des anderen, in dem sich er, der Stifter und
der Hirt gruppieren. Der eigentliche und zwar geistige
Mittelpunkt des Bildes jedoch ist der Jesusknabe, denn
in Bezug auf ihn sind die Personen in ihrem Gesichtsausdruck und ihren Geberden gestaltet. Und wunderbar
sind in ihnen die verschiedenen Gefühle beim Anblick des
göttlichen Kindes nüanciert. Wir haben schon einmal zu
betonen gehabt, dass Piero es liebt, ein einziges Gefühl
in zahlreichen Abstufungen darzustellen, gleichsam wie
einen Strahl in verschiedenartigen Brechungen. Das war
auch das psychologische Problem des Hylasbildes. Nun
soll das aus Staunen und Ehrfurcht gemischte Gefühl der
Personen bei der Erkenntnis der Gottesnatur im Christ-
kinde gezeigt werden. Maria kniet in demüthiger Andacht
vor dem Kinde, das sie geboren, doch spiegelt sich auch
mütterliche Freude in ihrem Antlitz. Verwundert und
erschrocken erhebt Josef die Hände. Tief erfasst ist die
gerade Schlichtheit in der Natur des wetterharten Hirten.
Er zieht bloss, wie vor seinem Herrn, den Hut. Theil-
namslos scheint nur der Stifter und doch ist diese Gestalt,
und zwar aus Gründen des Stifterbildnisses, besonders
interessant. Es ist, soweit ich es übersehen kann, der
einzige Fall in der Malerei des Quattrocento, dass der
Stifter, mitten in die heilige Handlung als Theilnehmer
versetzt wird und in Florenz besonders bemerkenswerth,
weil hier von Stifterbildnissen auf Altarbildern überhaupt
wenig Gebrauch gemacht wurde.[1]). Auf Fresken kam
allerdings dergleichen vor; so gruppiert Lorenzo Costa
viele Mitglieder der Familie Bentivoglio um die thronende
Madonna in S. Giacomo Maggiore zu Bologna. Auf
Altarwerken aber, die venetianischen Hausandachtsbilder
sind hier also nicht in Betracht zu ziehen, hatte sich
zwar das Stifterbild von der Figurine zum lebensgrossen
Portrait entwickelt; der Abstand des Stifters von der

---

[1]) Vergl. Jacob Burckhardt, Beiträge zur Kunstgeschichte von
Italien. Basel 1898, p. 66—68.

Madonna und den Heiligen aber wurde deutlich sichtbar
gemacht, entweder direkt räumlich oder durch den Ausdruck der Demuth und Schwärmerei, so z. B. in dem
Autlitz des Gonzaga auf der Madonna della Vittoria Mantegna's. Weder das eine, noch das andere hat Piero hier
gethan. Er setzte den Stifter mitten in die heilige
Handlung und zwar als unbetheiligten Zuschauer, der nur,
um dem allgemeinen Brauche zu folgen, die Hände faltet.
Darin ging er selbst über sein grosses Vorbild Hugo van
der Goes hinaus, der den Tommaso Portinari und seine
Familie kleiner als die Heiligen, in fromm knieender
Stellung und nicht auf dem Mittelbilde, sondern nur auf
den Flügeln, dargestellt hat.

Das Bild ist in jeder Beziehung ein Meisterwerk. Es
ist reich an feinsten Einzelzügen und in vielen ist der
Einfluss des Hugo van der Goes deutlich wahrzunehmen.
Zunächst in dem ausdrucksvollen Spiel der Hände. Maria
hat sie nicht eng gegeneinander gedrückt, nur die Finger-
spitzen und Daumen berühren einander, wie bei den
Händen der Madonna auf dem niederländischen Altarbild.
Josef hat seine Hände so freudig erregt mit den Hand-
flächen nach Aussen gekehrt, wie der linke von den beiden
Engeln im Hintergrunde des Goes'schen Mittelbildes.
Der knieende Hirt wirkt wie unmittelbar unter dem Ein-
druck der Goes'schen Hirten entstanden, wenn er auch in
der Stellung dem Hieronymus des Lionardo ähnelt. Es ist
dasselbe wettergebräunte, fast rohe Gesicht, dieselben
plumpen, abgearbeiteten Hände und auch er trägt einen
Strohhut, wie der mittlere von den Hirten des Goes.
Andere Dinge weisen wieder auf Pieros persönlichste
Eigenart. Maria und Josef haben den von früheren
Bildern bekannten Typus, der schwebende Verkündigungs-
engel eine ähnliche Flugstellung wie der Perseus auf der
„Befreiung der Andromeda."

Die naturgetreu vollendete Bildung des Böckleins, des
Ochses und Esels verräth den grossen Thiermaler. Und
auch coloristisch steht das Bild auf gleicher Höhe. Von

dem weisslich grauen Boden, als neutralem Untergrund,
heben sich die leuchtendsten Farbenaccorde ab. Marias
Kleidung bildet eine Harmonie in Blau, Roth und Grün,
durch die schimmernden Schleier leicht abgetönt. Ihr
entspricht die Harmonie in Josefs Gewand, blasser gestimmt, ein matt ins Rothe spielendes Violett und ein
orangefarbenes Gelb. Wie als dunkler Hintergrund stehen
dahinter die Gewänder des Stifters und Hirten, in Braun-
gelb, Dunkelgrün und Grau. Das Licht fällt von zwei
Seiten ein, aus dem Hintergrunde und von links. Seine
Reflexe und Schatten lassen die ohnedies sicher modellierten
Formen der Personen noch schärfer hervortreten. Die
malerischen Qualitäten kommen aber besonders schön in
der Landschaft zur Geltung. Sie ist eine der besten, die
er gemalt. Von der niederen Steinmauer, die den Hüttenraum abschliesst, bis an den Horizont, über dem sich
leichte Dunstwolken bilden, führt ein Thal. Es wird zum
Theil von einem strömenden Giessbach durchflossen, den
ein Steg überbrückt. Weiter rückwärts stehen am Fusse
eines Berges, der sich in breiter Masse links erhebt,
einige Häuser. Die rechte Hälfte ist phantastischer.
Hinter prachtvoll hingemalten Bäumen, die in jungem
Grün vor der blauen Himmelswand stehen, steigt ein
regenverwaschener, schmutzig gelber Getreideschober auf,
daneben ist ein abgestorbener Baum, an dem ein Schutzdach festgenagelt ist. Die ganze Landschaft liegt in den
leuchtenden Farben des Sommers.

Die „Anbetung der Hirten" ist eines der ent-
scheidendsten Werke im Entwicklungsgange Pieros. Wie
er seine künstlerische Eigenart der ersten Schaffensperiode
in „Venus und Mars" oder dem „Tod der Prokris" offenbart hat, so drückt sich die geänderte der zweiten in
diesem Bilde am reinsten aus. Landschaft und Menschen
stehen in herrlichem Einklang. Die erstere hat er in
ihrem einsamsten Weben belauscht, die letzteren in ernster
und schlichter, von allen Zufälligkeiten und Tendenzen
befreiter Menschlichkeit dargestellt. Wie wenig ihm der

rein christliche Gehalt des Vorganges dabei bewusst wurde, beweist, dass er nun auch auf die Heiligenscheine verzichtet hat.

g. Rundbild der Anbetung, Petersburg, Eremitage.

Das Bild hing daselbst unter dem Namen Bugiardini, bis Morelli das verwandte Tondo in der Galerie Borghese als ein Werk des Piero di Cosimo bestimmte.[1] Hierauf wurde das Rundbild in der Eremitage, der Aehnlichkeit wegen, von Harck gleichfalls als Piero di Cosimo bezeichnet.[2] Heute erscheint uns nun gerade das letztere als echtes Bild von der Hand Pieros, während wir im Borghese-Tondo eine manchmal sogar dem Vorbild überlegene Schulcopie, mit wahrscheinlich stärkster Mitarbeiterschaft des jungen Fra Bartolomeo erblicken müssen. Was seine Entstehungszeit anbelangt, so wird es von Ulmann unbegreiflicher Weise in 'das Jahr 1480, also noch vor die römische Reise verlegt. Die Unrichtigkeit dieser Annahme beweisen Typus, Gewand und Handhaltung der Maria, die, früher unmöglich, durchaus im Zusammenhang mit den eben besprochenen Bildern stehen, die körperliche Bildung der beiden Engel und beiden Kinder und schliesslich die Durchführung des Lichtproblems, die in ihrer Gewandtheit unbedingt eine jahrelange Beschäftigung mit solchen Aufgaben voraussetzt. Alle diese Momente sprechen aber für die Zeit, in der wir uns jetzt befinden. Auch kann ein äusserer Grund angeführt werden. Die „Verkündigung" von Mariotto Albertinelli im Dom zu Volterra trägt das Datum 1497. Damals arbeitete er als Schüler in Pieros Atelier und da das Bild dasselbe Problem der Lichtführung zeigt, nämlich das Motiv der aus Beleuchtungszwecken ge-

---

[1] Lermolief a. a. O., Bd. I. Die Galerien Borghese und Doria Pamfili in Rom, p. 149.

[2] In einer mündlichen Mittheilung an Ulmann, vergl. dessen Abhandlung a. a. O., p. 48.

öffneten Rückwand, so dürfte diese Verkündigung bald nach dem Tondo der Anbetung entstanden sein.[1]) Für dieses ergiebt sich somit ungefähr das Jahr 1495. Dargestellt ist, wie auf dem vorhergehenden Bilde in Berlin, eine Anbetung. Wieder sitzt auf dem Boden einer Hütte, an einen Getreidesack gelehnt, das Christkind, ein Kreuz haltend. Vor ihm kniet anbetend der kleine Johannes, hinter diesem die Madonna. Rechts von dieser Gruppe stehen zwei Engel, Rohrflöten in der Hand. Der vordere spielt sie noch, der rückwärtige hat sie schon vom Munde abgesetzt. Die geöffnete Thüre der Rückwand führt in eine hellbeschienene Landschaft, in der Josef die beiden Thiere, Ochs und Esel, hütet. Auf dem Thürgeländer sitzt eine Taube.

Die geringe Aehnlichkeit des Motives verschwindet ganz vor den grossen Gegensätzen. Aber so neu auch das aufgestellte Lichtproblem im Rahmen der bisherigen Werke Pieros berührt, so scheint es doch dasjenige zu sein, welches zuletzt immer einen Lichtmaler beschäftigt, die Darstellung des Lichtes, wie es von draussen in einen dunklen Raum fliesst. Piero dei Franceschi, der grosse Künder des Lichtes, hatte es in dem Tafelbilde zu Sinigaglia gleichfalls, nur noch complicierter, gestaltet. Er hatte zwei Räume gezeigt, die das durch die Spalten der geschlossenen Jalousien eindringende Sonnenlicht verschieden intensiv beleuchtet. Piero di Cosimo begnügte sich mit einem Raume; es ist das Innere einer Hütte. Die Lichtquelle ist der untere Theil des Himmels, den eine höher lastende, schwarze Wolke noch stärker leuchten macht. In diesem grellen Sonnenlichte liegt draussen die ganze Landschaft, in der Pfade zum links sich aufthürmenden Berge führen. Einzelne Lichtstrahlen gleiten nun in den dunklen Hüttenraum. Die rechts einfallenden beleuchten Kopf, Brust und Hände der Maria und den

---

[1]) Vergl. auch Knapp a. a. O., p. 54.

kleinen Johannes, von den links einfallenden werden die beiden Engel getroffen. Einzelne Theile des Bildes liegen theils im Lichte, theils im Schatten. So links der Sattel, ganz im Vordergrunde die Gestalt des Christkindes, rechts die Feldsteine und Kornähren. Als weisser Fleck ist die Taube gegen das schwarze Schutzdach gesetzt.

In dem auffallenden Spiel der Lichtreflexe können wir jene Eigentümlichkeiten Pieros deutlicher wahrnehmen, die wir bereits kennen. Maria gleicht völlig ihrer Schwester auf dem Innocentibilde, die Hände faltet sie, wie die Madonna auf der „Anbetung der Hirten". Der kleine Johannes und der Jesusknabe sind Kindertypen, wie sie auf der Anbetung bei Street, auf dem Innocentibilde und der heiligen Familie in Dresden vorkommen. Das Motiv des mit dem Kreuze spielenden Jesusknaben stammt von Lionardo. Auch die Engel von dem Dresdener Rundbild finden wir wieder, nur sind sie stehend und musicierend, nicht sitzend und singend, dargestellt. Im Typus erinnert der vordere an den rechtssitzenden. Aber gerade an den Engeln können wir jenen grossen Gegensatz empfinden, der dem Bilde eine ganze besondere Stimmung giebt, welche es von allen bisherigen Darstellungen christlicher Legenden unterscheidet.

Wie beim „Tod der Prokris", so glauben wir auch hier etwas wie ein verstecktes, persönliches Bekenntnis zu vernehmen, nur war es dort schmerzliches Abschiednehmen, während hier ein heiteres Lächeln zu uns spricht. Erinnern wir uns der ernsten, stillen Menschen, die auf seinen Bildern dieser Zeit leben, wird der Contrast noch greifbarer. Diese Engel führen uns in Pieros Jugendzeit zurück, da er Carnevalszüge veranstaltete und antike Märchen träumte. Er hat ihnen jene festlichen Gewänder gegeben, in die er einst die Nymphen auf dem Hylasbilde kleidete, und dieselben Sandalen. Vergleicht man sie mit der ernsten Haltung der himmlischen Sänger auf dem Dresdener Tondo, dann bekommen sie etwas erdenfrohes, fast kokettes und stehen wie im Tanzschritt. Eine neue

Wandlung im Gemütsleben Pieros scheint sich anzukündigen.[1])

Capitel VIII.

Piero di Cosimo und Savonarola.

Im vorhergehenden Capitel wurde dargestellt, von welch entscheidender Bedeutung Hugo van der Goes für das Schaffen Piero di Cosimos wurde. Es wurde gezeigt, wie wenig ihn das christlich Religiöse an den Legenden interessierte, wie er vielmehr das rein Menschliche ihres Inhaltes, das schlicht Seelische ihres Geschehens darzustellen sich bemühte. Werk für Werk war ein Ringen darum, von der „Heimsuchung" und „Anbetung des Kindes" bis zum Rundbild der „heiligen Familie" und der „Anbetung der Hirten."

In seiner Sehnsucht nach der Natur war Piero auch ein Ausdruck der Zeit. Uebercultur und Lebensgenuss hatten zu ähnlichen Stimmungen geführt, wie sie später Rousseau sein „Retournons à la nature" ausrufen liessen. Nur dass Piero dem modernen Empfinden der Landschaft näher stand als seine Zeitgenossen, die auf Landgütern in jener patriarchalischen Weise lebten, die noch immer die bukolischen Dichtungen des Theokrit und Virgil bestimmten. Er brachte der Landschaft ein intimes Empfinden entgegen, das beinahe etwas Nordisches hat. Er malte nicht reife Getreidefelder und grasreiche Triften, die dort sind, wo heitere, arbeitsame Menschen wohnen. Dem welt-

---

[1]) **Weder** das Madonnenbild in S. Pietro al Terreno bei Figline, das ihm von **Crowe** und **Cavalcaselle** (a. a. O., Bd. IV, p. 434 f.) gegeben wird, noch das Altarbild in der fürstlichen Sammlung zu Sigmaringen, das ihm **Fr. Harck** (Archivio storico dell'arte, Serie I, 1893, VI, p. 389) zuschreibt, kann ich als Werke des Piero di Cosimo anerkennen, ohne jedoch in der Lage zu sein, einen anderen bestimmten Namen zu nennen. Ueber das von **Dollmayer** im Depot der Wiener Gemäldegalerie aufgefundene Madonna-Rundbild steht noch eine Publikation aus.

flüchtigen Träumer enthüllte gerade der einsamste Fleck
seine Seele: eine Hütte, die zerfallen am Abhang steht,
ein vergessener Rain, den schon lange kein Wanderer gegangen, ein grüner, moosbewachsener Fels, auf dem die
Mittagssonne liegt. Piero malte das Schicksal der Bäume,
wie das vertrauter Gefährten, die im Sommerwind ihre
dunkelgrünen Kronen wiegen und wenn der Herbst gekommen, entlaubt sind und frierend den schlanken Stamm
zum kühlgrauen Himmel heben. Dem menschenscheuen
Sonderling klang auch die Sprache der Thiere, die er in
seine Bilder setzte: den Vogel, der ihm im Walde die
Trauer fortgesungen, den Schmetterling, der vorüberflatterte
und die summende Hummel, die Kühe, die zur Weide
gingen, die Stiere, die am Brunnen tranken und eine am
Geländer sitzende Taube.

Die Menschen nahm er von der Landstrasse, schweig-
sam, verwittert und gebräunt, als wären sie schon tagelang unterwegs. Nur aus Antlitz und Händen spricht
ihre Liebe und ihr Leid. Sie kennen keine Ueberschwänglichkeit, sind still und ernst, werden alt und sind doch
noch jung im Aufsichnehmen der Mühen und in Ergebung.
Das rein Menschliche an ihnen ist so verinnerlicht, dass
die Gegensätze des Alters und Geschlechtes fallen. Darum
haben seine Greise etwas so Elastisches, darum konnte er,
gleich starker Wirkung gewiss, Maria als rührend schönes
Mädchen malen und als gereifte Frau, in plebejisch ge-
bundenem Kopftuch, ein Bauernweib mit seinem Kinde,
das wie ein um Jahrhunderte verfrühter Uhde anmuthet.
In diesem reinsten, auf das Wesentliche vereinfachten Ausdruck der Menschennatur hatte er Goes bald erreicht;
nicht so rasch in der Composition. Deshalb ging er bei
Luca Signorelli, dem zeitgenössischen Meister des Raumes,
in die Schule und schuf das Rundbild der heiligen Familie,
wo allein die scharfen Linien des Aufbaues die Feierlichkeit der Stimmung bewirken. Dem folgte dann die
„Anbetung der Hirten" in Berlin, sein grösstes Werk aus
dieser Zeit, der Höhepunkt an psychologischer und colo-

ristischer Feinheit und so ein ebenbürtiger Dank dem
niederländischen Anreger.

Es war eine strenge Selbstzucht, der sich Piero bisher
unterworfen, aber sie hatte ihm harmonisch und heiter gemacht. Und schon meldete sich der alte Uebermuth wieder,
die ironische Grazie seiner Jugend taucht wieder auf in
der „Anbetung des Kindes" der Petersburger Eremitage.
Das Werk wirkt wie eine galante Satire auf die vorher-
gegangene Hirtenanbetung. Wie ein schüchterner Lieb-
haber wirbt der kleine Johannes, wie eine stolze Dame
wehrt das Christkindlein ab. Zwei Engel sind eingetreten,
wie junge Ballettänzerinnen, in hellem Tricot mit goldenen
Sandalen, mit der einen Hand das Röckchen hochschürzend,
in der andern die Schalmei. Ein wenig Romantik, ein
bischen Rococo und etwas von fröhlicher Märchenstimmung
vereinigt das Bild. Soweit hatten wir Pieros Entwickelungsgang verfolgt und hatten erkannt, dass er neuerlich an
einer Schaffenswende stand. Wollte er an die Märchenträume seiner Jugend wieder anknüpfen, die jäh mit dem
„Tode der Prokris" abgebrochen waren? Oder wollte er
gar in die religiösen Darstellungen jenen phantastischen
Zug tragen, der das entscheidendste Element seiner Veranlagung bildet? Die Frage wird nicht gelöst werden.
Jene Persönlichkeit, die für die meisten Künstler des aus-
gehenden Quattrocento zum Schicksal wurde, trat nun um-
wälzend auch in sein Leben, Girolamo Savonarola. —
Ebenso verschieden wie die Urtheile der Historiker über
die Erscheinung Savonarolas sind auch die Ansichten über
sein Verhältnis zur bildenden Kunst der Renaissance. Je
nachdem sich die Schriftsteller zur Kirche überhaupt ver-
hielten, dem entsprechend war ihr Urtheil gefärbt. So
erklärt sich, um nur die Hauptvertreter der gegentheiligen
Meinungen zu nennen, die vernichtende, hämische Kritik
Bayles, der in seinem Dictionaire Savonarola als abge-
feimten Betrüger bezeichnet,[1] so aber auch die leiden-

---

[1] Dictionaire historique et critique de Pierre Bayle. Paris.
Desver Libraire 1820. Bd. XIII, p. 117—152.

schaftliche Verehrung, die ihm der Padre Vincenzo Marchese zollte.[1]) Aehnlich verhält es sich mit den Urtheilen der Kunsthistoriker. Je nachdem sie in der Renaissance die Wiedergeburt der Antike oder die Verherrlichung des christlichen Glaubens als entscheidendes Moment erblickten, änderte sich ihre Stellung zu Savonarola. An der Spitze der ersteren steht Goethe, der im Anfang der Lebensbeschreibung des Benvenuto Cellini die bittersten Worte für Savonarola fand: „Diesem grossen, schönen, heiteren Leben (nämlich des Kreises um Lorenzo Magnifico) setzt sich ein fratzenhaftes, phantastisches Ungeheuer, der Mönch Savonarola, undankbar, störrisch, fürchterlich entgegen und trübt pfäffisch die in dem Mediceiischen Hause erbliche Heiterkeit der Todesstunde."[2]) Ganz anders lauten zwar die Worte Burckhardts in seiner „Cultur der Renaissance" aber den Kern der Frage entscheiden sie in gleichem Sinne.[3]) Für die Persönlichkeit Savonarolas hat er nur Lob, fast Bewunderung, für all sein Wirken aber nur Mitleid. Denn zum Erdenleben und seinen Bedingungen hatte Savonarola so wenig ein Verhältnis als irgend ein echter und strenger Mönch. Seine Ansichten über die antike Literatur verrathen nicht nur eine ängstliche Moralität, sondern auch die Feindschaft gegen alle Verbreitung der Wissenschaft. Sie sind kindlich. Der Schluss liegt nahe, dass Burckhardt sich Savonarolas Verhältnis zur Kunst ähnlich gedacht hat. Schliesslich möchte ich noch Eugène Müntz nennen, der ihn wiederholt als Feind der Kunst und Gegner aller Renaissancebestrebungen charakterisiert hat.[4])

---

[1]) Storia di S. Marco del S. Vincenzo Marchese dei predicatori, publicata la prima volta a Firenze, nel „San Marco illustrata, e poi negli, Scritti varii" del S. Vincenzo Marchese. Florenz 1855.

[2]) Goethe's sämtliche Werke in 40 Bänden. Stuttgart und Tübingen, J. G. Cotta'scher Verlag. 1856 XXIX, p. 168.

[3]) Burckhardt, Die Cultur der Renaissance in Italien. Basel 1860, p. 476—482.

[4]) Eugène Müntz, Savonarole et la Reaction contre la Renaissance. L'Art, 1881, IV, p. 162 ff. Histoire de l'art pendant la Renaissance. Paris, Librairie Hachette, 1891, Bd. II, p. 25—27, und les Précurseurs de la Renaissance, p. 220—237.

Aber Savonarola fand auch Vertheidiger und Bewunderer seiner Bemühungen um die Kunst. Cartier behandelte sie in einem ausführlichen Aufsatz, betitelt: „Esthètique de Savonarola.[1]) Nachdem er diese auf Thomas von Aquinos Lehre von der Schönheit zurückgeführt, setzt er folgendes auseinander. Savonarola stellte der Kunst ein unendliches Ideal auf und zwar Jesus Christus als höchsten Typus, Gott und Mensch zugleich, die Form der wiedergeborenen Menschheit, neben ihm die heilige Jungfrau, die verkörperte Reinheit, allein würdig, den Sohn vom Vater zu empfangen, die Königin der Künste, einziges Modell und alleinige Inspiration der Künstler. Niemals aber wollte er die Künste aus dem Staate verbannen, wie die antiken Gesetzgeber. Er wollte nur die Laster aus ihnen entfernen und verlangte sogar für das Volk Monumente und Feste. Die Kunst sei zur Lösung der socialen Frage berufen, sie sollte jene Gleichheit herstellen, die Reichthum und Geburtsadel zerstört. Das könne nur die religiöse Kunst. Für die Armen, wochentags Geplagten, sollte sonntags die Kirche der grosse, gemeinsame Palast werden. Die Kunst müsste populär sein. Aber nicht das allein verlangte Savonarola, er wollte sie auch in jede Familie einführen. Er lehrte die Kinder Gebete und Kirchenlieder, führte sie in Processionen, mit weissen Kleidern geschmückt und mit Blumen bekränzt. Am Abend sang man gemeinsam in den Strassen die laudes, ging ins Freie um Guirlanden für die Madonna zu winden, und war der Festtag gekommen, so erwartete man an den Thoren die Bewohner der anderen Städte, um sie für das Fest als Gast bei sich zu haben. Trotz der Verbrennung der Eitelkeiten hat er den Künstlern das Studium des Nackten nicht verboten, er verwarf nur dabei die Oeffentlichkeit. Er billigte auch manche Lehren der antiken Literatur und verlangte nur, dass man den heiligen Hieronymus und Augustin

---

[1]) Annales archéologiques, dirigées per Didron Ainé. Paris au Bureau des Annales archéologiques 1847. Bd. VII, p. 251—266.

gleichzeitig studiere mit Virgil und Cicero. Ebenso wie Cartier blickt auch Rio[1]) zu Savonarola wie zu einem unfehlbaren Heiligen auf. Nur ist seine Art im Vergleiche zu Cartiers beschaulich ausmalender Darstellungsweise, heftiger und entschiedener. Die griechische Kunst und alle jene, welche ihr in der Renaissance nachstrebten, verdammt und verurtheilt er. Für das Nackte an den Venusdarstellungen hat er nur den zornigsten Tadel. „Ce n'est plus seulement le décadence, c' est la prostitution de l'art." Savonarola aber erscheint ihm als Verkünder der edelsten Kunst, als Mittelpunkt und als Prophet aller jener Künstler, welche die besten waren. An diesen hat er noch mehr als ihre Kunst, ihre Treue und Anhänglichkeit gegen Savonarola zu loben. Sie erscheinen dadurch als Apostel und Märtyrer und das stelle sie hoch. Denn wie die Weltgeschichte so sei auch alle Kunst nur Ausdruck des religiösen Gedankens.

Im Laufe der Zeit trat an Stelle des Hasses und der Gunst der Parteien die objektive Geschichtsforschung. Villari[2]) und Ranke[3]) gaben uns, freilich von verschiedenen Gesichtspunkten aus, ein möglichst getreues Bild des Priors von San Marco. Auch die Kunstwissenschaft trat der Savonarolafrage näher und was jene katholischen Schwärmer, allerdings übertrieben gesagt, das musste sie, nach Prüfung feststehender Thatsachen, zum grossen Theil anerkennen. Ein eingreifender Einfluss Savonarolas auf die Kunst vom Ende des Quattrocento liess sich nicht mehr leugnen.

---

[1]) Rio A.-F. De l'art chrétien. Paris, Librairie Hachette 1861, Bd. II, p. 440—551.

[2]) Pasquale Villari, La storia di Girolamo Savonarola. 2 Bde. Firenze 1859 — 61. Deutsche Uebersetzung von Moritz Berduschek, Leipzig, F. A. Brockhaus 1868. Vergl. auch desselben Verfassers: Girolamo Savonarola e l'ora presente. Roma, Società editrice Dante Alighieri 1898.

[3]) L. von Ranke, Savonarola und die florentinische Republik gegen Ende des XV. Jahrhunderts. Hist.-biogr. Studien, Leipzig 1878, Bd. II, p. 181—358.

Bode gab die Anregung zu den neuen Untersuchungen.[1])
Er erinnerte sich der vielen Künstler, auf die Savonarolas
Wirken urkundlich den tiefsten Eindruck gemacht: Der
Maler Botticelli, Perugino, Lorenzo di Credi und Fra
Bartolomeo, des Architekten Cronaca, der Bildhauer
Ferrucci, Baccio da Montelupo, Baccio Baldini, Giovanni
delle Corneole, Andrea della Robbia und seiner Söhne und
verschiedener, bekannter Miniatoren. Eine so tief gehende
Erregung, eine solche Begeisterung, der florentinischen
Künstler für den Dominikaner und seine reformatorischen
Bestrebungen konnte nicht, wie er meint, ohne wesentlichen
Einfluss auf die florentinische Kunst bleiben. Man sei in
der Regel zu sehr geneigt, Savonarolas Verhältnis zur
Kunst nur als ein negatives aufzufassen, ihn nach jenen
bekannten Autodafès auf dem Platze vor dem Rathause,
bei denen auch zahlreiche Kunstwerke den Flammen überliefert wurden, als Kunstverächter oder gar als Bilder-
stürmer hinzustellen. Hätte seine Lehre der Kunst nicht
auch Positives geboten, so wären gewiss nicht so zahlreiche und gerade die besten unter den florentinischen
Künstlern seine begeistertsten Anhänger gewesen. Nicht
die Kunst als solche verdammte der Reformator, sondern
nur die Verweltlichung derselben, die Einmischung irdischer
oder gar unkeuscher Empfindungen und bunten Tandes in
religiöse Motive; die Förderung einer frommen, echt
religiösen Kunst war dagegen gerade ein hervorragendes
Mittel zur Ausbildung und Stütze des von ihm geträumten
und für kurze Zeit in Florenz sogar verwirklichten Ideal-
staates. Bei der Darstellung religiöser Motive wirft er
den Malern den Naturalismus und die individuelle Auffassung vor, die Versetzung der heiligen Scenen ins alltägliche Leben durch die Zeittracht, den Schmuck, das
reiche Beiwerk aller Art und die heimatliche Landschaft.

---

[1]) W. Bode, Gruppe der Beweinung Christi von Giovanni della
Robbia und der Einfluss des Savonarola auf die Entwickelung der Kunst
in Florenz. Jahrbuch der Kgl. preuss. Kunstsmlgn. Bd. VIII, 1887,
p. 217—226.

Dadurch aber wurde der Kunst des Quattrocento die Axt
an die Wurzel gelegt und, durch Savonarola also, der langsame Uebergang ins Cinquecento angebahnt.

Auf diese Anregung, welche von formalen Gesichtspunkten ausgeht, folgten einzelne Arbeiten, welche die
Frage auch psychologisch, im Anschluss an die Darstellung
eines einzelnen Künstlerlebens zu lösen suchten. Bei
Botticelli thaten es Ulmann[1]) und Steinmann.[2]) Sie fanden
nicht nur die ganze letzte Schaffensperiode des Künstlers
vom Geist des Dominikaners beeinflusst, sondern in den
hierher gehörenden Bildern sogar den machtvollsten Ausdruck jener leidenschaftlichen Frömmigkeit, die damals über
Florenz gekommen war. Dass der Einfluss Savonarolas auch über
Florenz hinausreichte, erwähnt Thode[3]) in seinem „Mantegna",
wo er von den letzten, einen furchtbaren Schmerz athmenden
Werken des Paduaner Meisters spricht. Die jüngste umfassende Behandlung erfuhr das Savonarolaproblem durch
Muther.[4]) Auf dem Wege psychologischer und cultur-
historischer Untersuchung gelangte er zu dem Resultat,
dass die gewaltige Wandlung des Empfindens und Gestaltens, die sich am Ende des Quattrocento vollzog, lediglich auf Savonarola zurückzuführen ist. Indem er aber
die seelische Wandlung der Künstler aufzeigte, ergaben sich
ihm die ersten Ursachen jener Wandlung auf die Bode
hingewiesen hat, des langsamen Ueberganges vom Stil des
Quattrocento in den des Cinquecento. Denn alle Kunst-
entwicklung erfolgt nach dem Gesetze der Reaction.

Die Jahre des theokratischen Regimentes Savonarolas[5])

---

[1]) Sandro Botticelli, München, Verlagsanstalt für Kunst und Wissenschaft, 1893, p. 140 ff.

[2]) Botticelli, von Ernst Steinmann, Bielefeld und Leipzig, Verlag von Velhagen & Clasing, 1897, p. 85 ff.

[3]) Mantegna, von Henry Thode, Bielefeld und Leipzig, Verlag
von Velhagen & Clasing, 1897, p. 116.

[4]) Richard Muther, a. a. O., Bd. II, p. 5—86.

[5]) Vergl. auch Ludwig Pastor. Geschichte der Päpste im Zeitalter der Renaissance, von der Wahl Innocenz VIII. bis zum Tode
Julius II. Freiburg, Herdersche Verlagsbuchhandlung 1895, Bd. III,
p. 132—147.

bedeuten also auch im künstlerischen Sinne eine Revolution. Sie bringen die Erfüllung dessen, was sich um 1450 als ein Wetterleuchten angekündigt hatte und sind die endgiltige Empörung des unterdrückten, religiösen Volksgefühls gegen eine vornehme, überfeinerte Artistenkunst. Zu neuer Macht entstand das Christenthum, nicht in Florenz allein, sondern überall. Auf die Renaissance des Körpers folgte die der Seele, auf den Triumph des wissenschaftlichen Denkens die Sehnsucht nach übersinnlichem Traum, allgemein war am Jahrhundertsende die Rückkehr zu den Tiefen des Glaubens. Savonarolas Zauber und Grösse liegt darin, dass er das gewaltigste Sprachrohr für die Stimmung seiner Zeit wurde, der fanatische Künder der Gefühle aller, dass er seine der Renaissance feindliche Lehre mit der rücksichtslosen Gewalt eines wahren Renaissancemenschen in die Wirklichkeit umsetzte. So konnte er für die Künstler auch ein Schicksal werden. Botticelli wurde durch ihn zum Jeremias der Renaissance, Filippino Lippi zum schauspielerisch aufgeregten Vorläufer des Barock, Mantegna, der stolze, eherne Ritter neigte sich demuthsvoll vor dem Kreuz. Bewusst und raffiniert lebten die alten Stile wieder auf, die byzantinische Pracht in Crivelli, die mittelalterliche Miniaturmalerei in Pinturicchio. „Traurig und fröhlich zugleich" diese Worte Savonarolas für die Madonna wiesen dem Perugino den Weg und immer wieder malte er Maria. als unter Thränen lächelnde Hirtenkönigin in den grossen Linien der umbrischen Landschaft. Giovanni Bellini gestaltete den Stimmungsgehalt der Zeit durch die Elemente, welche nur Venedig eigen waren: durch die grossen, schweigenden Kirchen, das geheimnisvolle Flimmern der Lagunen und die Reste des byzantinischen Einflusses. Oben im Norden klang dann in blassen, milden Tönen der Savonarolastum aus, im Johanneshospital zu Brügge, wo Memling lebte und schuf.

Wie aber stand Piero die Cosimo zu den Lehren Savonarolas und zu der erregten Begeisterung, die dieser hinaufbeschworen? Thatsachen sprechen deutlicher als

Worte. Savonarola predigte[1]): „Lasst ab von den Götzen, die ihr in euren Häusern habt, ich meine die unanständigen. Gemälde. Es giebt gewisse Leute, welche unzüchtige Bilder in ihren Häusern haben und sagen, die haben uns so und soviel gekostet, wir dürfen sie nicht vernichten. Solche Leute jedoch haben nicht den Geist Gottes in sich." Das war das Verbot der Darstellung antiker Stoffe. Und Piero? Seine glückliche Jugend hatte er mit ihnen verbracht, seine schönsten Werke dankte er ihnen und wieder schien er in ihr Märchenreich zurückkehren zu wollen. Nun hatte es der Bannstrahl des Propheten getroffen. Savonarola predigte: „Aristoteles, der doch ein Heide war, sagt schon in seiner Politik, dass man keine unzüchtigen Figuren malen dürfe, allein aus Rücksicht auf die Kinder, die durch solchen Anblick verdorben werden. Was sollte ich da gar über euch christliche Maler sagen, die ihr halbnackte Figuren hinstellt. Das ist Unrecht, enthaltet euch dergleichen." Das war das Verbot der Darstellung nackter Figuren. Und Piero war sie das liebste Problem gewesen. Von der „Befreiung der Andromeda" bis zum Tod der Prokris" hatte er immer nackte Figuren dargestellt. Dann war vor andern dieses Problem zurückgetreten und in den „halbnackten" Engeln der Petersburger Anbetung meldete es sich wieder. Nun hatte der Prophet das Nackte verdammt. Savonarola predigte; „Die Figuren, die ihr in den Kirchen malen lasst, sind die Bilder eurer Götter und die jungen Leute sagen sofort beim Anblick dieses oder jenes Mädchens, diese ist eine reine Magdalena oder dort ein wahrer Johannes. In der Kirche aber Heilige malen, die dem ersten Besten auf der Strasse gleichen, ist ein

---

[1]) Die Aeusserungen Savonarolas sind zusammengestellt von G r u y e r, Les illustrations des écrits de Jerome Savonarola publieés en Italie au XVᵉ et au XVIᵉ siècle et les paroles de Savonarole sur l'art. Paris 1879, wonach ich citiere. — Die neueste Auswahl von Savonarolas Predigten wurde besorgt durch V i l l a r i c C a s a n o v a, Scelta di prediche e scritti di Fra Girolamo Savonarola con nuovi documenti intorno alla sua vita. Firenze, G. C. Sansoni 1898.

grosses Unrecht und schweres Verbrechen gegen die göttlichen Dinge. Ihr Maler handelt übel; wenn ihr die Folgen solches Thuns voraussehet, wie ich es voraussehe, ihr würdet nicht mehr derlei Bilder malen." Piero aber hatte den menschlichen Gehalt aus den christlichen Legenden gezogen. Er hatte keine Heiligen, vom Glanz des Jenseits umflossen, dargestellt, sondern leibhaftige Menschen, wie sie auf der Strasse gehen, auf dem Felde arbeiten, in der Hütte ruhen. Er hatte den Stifter eines Bildes mitten unter Maria, Josef und das Christkind gesetzt und keinen Unterschied gemacht zwischen ihm und den Heiligen. Das galt jetzt als Unrecht und Verbrechen. Unaufhörlich wies Savonarola auf die Leidensgeschichte des Erlösers hin, als hehrsten Stoff für den Künstler und verwarf diese Darstellungen in heimischer Landschaft. Niemals aber hatte Piero die Kreuzigung, Kreuzabnahme und Grablegung gemalt, immer jedoch, gerade mit grösster Liebe die von Thieren belebte Natur.

Das sind die Gegensätze die hier aufeinanderprallten und es wird deutlich, dass Piero sich entscheiden musste. Einfach Piagnone werden konnte er nicht; soweit haben wir sein Wesen erkannt. Sich gegen den Strom stemmen ebensowenig; dazu war dieser zu mächtig, und er selbst ein phantastischer, weltflüchtiger Träumer, den sonderbarsten Launen unterworfen. In einer Predigt vom Jahre 1497 sagt Savonarola mit scharfer Erkenntnis der Künstlernatur: „Jeder Maler malt sich selbst. Er malt sich nicht sowohl als Mensch, da er ja auch Löwen, Hirsche, Frauen, Männer bildet, sondern er malt sich vielmehr als Maler, d. h. er realisiert seine eigenen Gedanken. Wie verschieden auch der Inhalt seiner Darstellungen sein mag, immer tragen dieselben den Stempel seines Geistes." Eine solche Persönlichkeit, die in allem nur sich selbst ausdrückt, war Piero. War ihm das durch fremden Zwang genommen, dann hörte seine Schaffenskraft überhaupt auf. Das wurde auch sein Schicksal. Seine unnachgiebige, selbstherrliche Persönlichkeit, der er die schönsten Werke

verdankte, wurde die Ursache seines künstlerischen Unter-
ganges.

Im Jahre 1492 war Lorenzo Magnifico gestorben und als
unversöhnlicher Gegner hatte Savonarola an seinem Todten-
bette gestanden[1]) Zwei Jahre später ist ihm Polizian,
sein Freund und Dichter, gefolgt, „unter soviel Schmach
und soviel Tadel, als ein Mensch nur immer auf sich laden
kann."[2]) Auf eigenen Wunsch wurde der Sänger der
„Giostra" im Ornat des Dominikanerordens in der Kirche
von San Marco beigesetzt. 1495 hatte Savonarola über
den Eingang des Palazzo Vecchio die Inschrift anbringen
lassen: Jesus Christus rex Florentini populi S. P. decreto
creatus. Um diese Zeit beginnt die Tragödie Piero di
Cosimos.

a. Heilige Magdalena, Rom, Sammlung Baron Baracco.

Bei offenem Fenster sitzt, nur als Halbfigur sichtbar,
die heilige Magdalena, in einem Buche lesend. Vor ihr
auf dem Fensterbrett liegt ein beschriebener Papierzettel,
in der Ecke steht eine Salbenbüchse. Hell beleuchtet
die Sonne die Gestalt der Heiligen.

Das Bild, welches von Morelli[3]) als Piero di Cosimo
erkannt wurde, hat Qualitäten, die wir bereits kennen.
Namentlich erinnert es durch die Güte des Colorits und
der Lichtführung an die Berliner „Anbetung der Hirten"
weshalb es wohl bald darnach entstanden sein wird. Dafür
spricht auch andrerseits der Umstand, dass es in seiner
Ruhe noch nichts von der verwirrten Aufgeregtheit der
folgenden Werke hat. Die Farbenharmonie bewegt sich
in gewohnten Klängen. Aber das glühende Roth des

---

[1]) Vergl. Reumont, a. a. O., Bd. II, p. 559—560, und Beilage III,
p. 590—592.

[2]) Parenti, Storia Fiorentina I, 51: settembre 94. Vergl. auch
A, Gaspary, Geschichte der italienischen Literatur (I, II, Strassburg
1885, 1888) Bd. II, p 227.

[3]) a. a. O., Bd. I, p. 151.

Mantels, das violett schimmernde Blau der Umhüllung und
der Bänder am Ende des Aermels und das lichte Gelb
des freien linken Aermels leuchten noch intensiver auf
der dunklen, einfarbigen Hinterwand, vor der sie stehen.
Gleich meisterhaft ist die Führung des voll einfallenden
Lichtes, das gleichmässig stark die ganze Gestalt beleuchtet. Es strömt über das Antlitz, die Brust, den
linken Arm und die schön modellierte, schmale linke Hand,
während es über die linke Partie des Bildes nur in auf-
hellenden Reflexen huscht. Besonders fein ist das flüchtige
Glitzern gemalt, mit dem es über die zu beiden Seiten des
Halses über die Brust niederfallenden Haarsträhne eilt.
Auch den Gesichtstypus kennen wir aus früheren Bildern.
Die Madonna auf der „Anbetung des Kindes" bei Street
oder auf dem „Rundbild der heiligen Familie" in Dresden
trägt ihn auch. Nur ist er herber, das Oval schmäler,
die Formen sind überhaupt strenger. Endlich erinnert das
Motiv des Lesens an manche Gestalten auf Bildern der
vergangenen Zeit.

Neben diesen Aehnlichkeiten, die Morellis Bestimmung
bestätigen, enthält das Bild jedoch Züge, die uns fremd
anmuthen. Es klingt eine Note in ihm an, die wir bisher
bei Piero nicht fanden. Ein strenger, fast asketischer
Geist weht aus ihm, der seltsam mit den heiteren Märchen-
darstellungen und den christlichen Legendenbildern, die
voll stiller Güte sind, contrastiert. Nicht der Umstand
allein, dass die ganze Darstellung der Heiligen am offenen
Fenster und dem einfarbigen Hintergrund unflorentinisch
ist und in die lombardische Kunstübung weist, gibt dem
Bilde etwas völlig Neues. Die Herbigkeit des Antlitzes
haben wir bereits erwähnt, in dem Morelli[1]) den Ausdruck
milder Melancholie findet. Auch der Körper macht den
Eindruck übermässiger Hagerkeit, der durch die fast zu
lange, scharfe Schulterlinie und den eckigen, mageren Arm
noch mehr betont wird. Es ist bezeichnend, dass man das

[1]) a. a. O.

Bild für einen Mantegna hielt. Dass Piero der Heiligen Perlengeschmeide in das Haar geflochten hat, und dies wohl nur aus coloristischen Gründen, kann die Beobachtung nicht abschwächen, wie ernst und verhalten sie neben den heiteren und versonnenen Frauengestalten aus Pieros früherer Zeit steht. Auch dass es gerade die heilige Magdalena ist, macht nachdenken. Sonst hat er immer die Madonna gemalt, nur in Ausnahmsfällen auch weibliche Heilige, wenn es ein äusserer Anlass verlangte. Niemals zuvor und niemals nachher hat er die reumütihge Sünderin zum Gegenstande eines Bildes gemacht und wenn er es jetzt, in den Jahren allgemeiner Busse that, so entbehrt es keines Grundes. Savonarola war es, der oft auf diese Heilige, wie auf ein Vorbild der Besserung hingewiesen hat und in der Wahl des Gegenstandes sowohl wie in der gedrückten Stimmung des Bildes ist vielleicht die erste Spur des beginnenden Einflusses festzustellen. Noch ist Piero im Besitze seines Könnens und seiner Arbeitsfreudigkeit, aber die ersten Schatten machen sich bemerkbar. Nur ist bei seiner zu Extremen geneigten Veranlagung ein rasches Umsichgreifen des lähmenden Einflusses vorauszusehen.

b. Rundbild der Madonna mit den beiden Kindern, Glasgow, Sammlung Th. Lawrie.

Das Bild stammt aus der „Casa Ginori" in Florenz und gelangte erst vor kurzer Zeit in die schottische Privatsammlung. Crowe und Cavalcaselle,[1]) die es noch in Florenz gesehen haben, zählen es unter den Werken Signorellis auf und zwar hinsichtlich des Farbentones, als eines der ansprechendsten. Die Kinder erinnern sie an Arbeiten Sodomas. Das Bild gilt heute allgemein als Piero di Cosimo und gehört zeitlich in die Nähe der heiligen Magdalena. Dafür sprechen das warme Colorit, das compositionelle Motiv der vorn abschliessenden Brüstung

---

[1]) a. a. O , Bd. IV, p. 7.

und die Haare der Madonna, die wie bei der Magdalena, in zwei Strähnen über die Brust fallen, ein Motiv, das sonst nicht wieder bei ihm vorkommt. Uns werden sich noch weitere Gründe für die Zusammengehörigkeit ergeben.

In der Mitte des Rundbildes steht, wie Magdalena nur als Halbfigur sichtbar, die Madonna und hält die beiden Kinder, den Jesusknaben und den heiligen Johannes, welche sich auf der Brüstung umarmen. Hinter ihr erstreckt sich eine weite Landschaft. Links ragt ein Kreuz auf und davor kniet, sich die Brust mit einem Steine schlagend, der heilige Hieronymus. Rechts sitzt an einem Pulte der heilige Bernhard, wie horchend auf den Lärm, mit dem ein krallenfüssiger Teufel Säulen und Mauern umwirft. Links erhebt sich ein Fels, während rechts eine Anhöhe aufsteigt, auf deren Gipfel eine grosse Klosterkirche, mit einem freien Platz davor, steht. Im Vordergrunde liegt auf der Wiese ein Löwe.

Es ist wohl schon aus der Beschreibung deutlich geworden, dass wir es mit einem durchaus neuartigen Werke Pieros zu thun haben. Das ist überhaupt das Charakteristikum der drei in dieser aufgeregten Zeit entstandenen Bilder, dass sie wie losgelöst aus dem übrigen Oeuvre Pieros erscheinen. Wenn ein Zusammenhang besteht, dann ist er nur äusserlich. Die Bilder sind nicht mehr Glieder einer organischen Entwicklungskette. Sprunghaft war das Schaffen Pieros immer. Jetzt wirken aber Zufälligkeiten, die verschiedensten Erlebnisse auf ihn ein und in ihrer Buntheit und Gewalt verrücken sie das Ziel einer wohlabgewogenen künstlerischen Absicht. Sie wirken wie elementare Entladungen schmerzlicher, qualvoller Gefühle. So verhält es sich auch mit dem vorliegenden Bilde. Noch sind Züge vorhanden, welche den alten Piero verrathen, aber eine gesteigerte Unruhe macht sich bemerkbar. Das Colorit steht zum Theil auf der früheren Höhe; blau leuchtet der Mantel der Madonna, roth sind die Aermel des Gewandes. Aber eine aufgeregte Buntheit tritt an

die Stelle ruhiger Harmonie. So schillert das Kopftuch
Marias in den verschiedensten Tönen und über ihre Schulter
fällt ein grellfarbiger Shawl. Erschreckend ist der Rück-
gang in der Behandlung des Lichtes. Stumpf, in todten
Flecken, liegt es auf den Kinderkörpern und dem Antlitz
der Madonna und lässt ihr bräunliches, ungetöntes Carnat
noch fahler erscheinen. Die Formen haben an Plastik
verloren. Im Vergleich zu den früheren Madonnatypen
wirkt der auf dem Glasgower Rundbild schwer und un-
beseelt; neben den elastisch modellierten Kinderkörpern
auf anderen Bildern erscheinen die des Christkindes und
Johannes fettig und verquollen. Ueberdies fühlt man sich
an die verschiedensten zeitgenössischen Meister erinnert,
ein Umstand, der bei dem sonst eigene Wege gehenden
Piero umso schwerer ins Gewicht fällt. Lange Zeit konnte
das Bild als echter Signorelli gehen. Crowe und Cavalcaselle[1]) denken bei den Kindern an Sodoma, Ulmann[2])
findet Anklänge an Filippino Lippi und Raffaelino del
Garbo, Knapp[3]) an oberitalienische Schulen. Es ist als
hätte eine grosse Rathlosigkeit Piero überfallen.

Von dieser spricht noch eindringlicher die Landschaft.
In sie hatte er ja immer sein geheimstes Empfinden verwoben, sie hatte uns, wie ein Spiegel, jederzeit sein
innerstes Wesen offenbart. Sie thut es auch diesmal.
Aber wie hat sie sich geändert! Früher hatte er, seiner
stillen, einsamen Lebensführung entsprechend, stille Wald-
winkel, einsame Wiesen gemalt, kleine Baumgruppen und
grasbewachsene Wege, eine Natur, in die kein Laut des
Lebens drang, kein Mensch mit seiner Freude und Qual
kam. Jetzt hat sie ihren intimen Zauber verloren, ist
unruhig geworden und durch die Ueberfülle der Motive
verwirrt. Jeder Ausschnitt für sich bedeutet ein abgeschlossenes Ganze, aber sie alle stimmen zu keiner Ein-

---

[1]) a. a. O.
[2]) a. a. O., p. 126/7.
[3]) a. a. O., p. 65.

heit zusammen. Noch sonderbarer berührt das Gegenständliche der einzelnen Scenen. Links kniet vor einem Kreuze, mit einem Steine sich die Brust zerschlagend, der heilige Hieronymus. Niemals vorher hatte Piero eine ähnliche Scene gemalt, niemals vor allem ein Kreuz, das Symbol des Christenthums. Offenbar hängt diese Darstellung der wildesten Kasteiung mit der Savonarolabewegung zusammen. Rechts sitzt der heilige Bernhard, der Lieblingsheilige dieser Epoche und neben ihm wirft ein schwarzer Teufel eine antike Säule um. Wir haben es bisher schon öfters erfahren, wie Piero sein eigenes Schicksal in bildliche Symbole umsetzte. Auch für dieses lässt sich vielleicht ein bestimmtes Ereignis angeben. Im Jahre 1497 wurde durch Savonarola die „Verbrennung der Eitelkeiten" vorgenommen. Mit den Masken und Flittern des Carnevals, mit den Schleiern und Spiegeln der Frauen, gingen auch die Werke der lateinischen und italienischen Dichter, Petrarca, Boccaccio und Pulci, und endlich Statuen, Gemälde und Zeichnungen der Künstler in Flammen auf. Wenn jemanden, so musste gerade Piero diese öffentliche Verdammung schwer treffen, denn alle die armen, verbrannten Dinge waren ihm so lieb und seiner Kunst nah verwandt. Hat er also dieses Ereignis in dem Bilde des säulenstürzenden Ungethüms versinnbildlicht, und kein Grund spricht dagegen, dann ist das vorliegende Werk, ein so bezeichnendes Document für Pieros rasch fortschreitenden Verfall, bald nach 1497 entstanden.

c. Die Conception der Maria, Florenz, Uffizien.

Dies Bild wurde, wie Vasari[1]) berichtet, für die Kapelle dei Tedaldi in der Kirche de' Frati de' Servi gemalt. Es entstand also auf Bestellung und der Künstler muss, als ihm dieser Auftrag wurde, noch mitten im Florentiner Künstlerleben gestanden haben. Nun ist uns als der letzte Termin, da Piero öffentlich genannt wird,

---

[1]) Bd. IV, p. 137—138.

vom Triumphzug des Todes abgesehen, das Jahr 1503
überliefert. Damals betheiligte er sich an dem Schiedsgericht über die Aufstellung des David von Michelangelo,
und bald darauf beginnt sein. Leben in einsamer Verwilderung. Spätestens 1503 dürfte also dieses Bild gemalt
sein. Andererseits weist es einen erneuten Einfluss des
Lionardo auf, der auf direkte Berührung Pieros mit seinem
Vorbild oder dessen Werken schliessen lässt. Lionardo
kehrte aber nach 10 jähriger Abwesenheit erst 1501 nach
Florenz zurück. Vorher kann somit das Bild nicht gemalt
sein. Demnach ergeben sich als vermuthliche Entstehungszeit des Bildes die Jahre 1501—1504.

Auf einem Steinsockel steht Maria, den Blick zu dem
in Gestalt einer Taube über ihr schwebenden heiligen
Geist gehoben, die rechte Hand auf den Leib legend, der
den Herrn tragen soll, die linke wie erschrocken empor-
haltend. Zu ihren Füssen knieen zwei weibliche Heilige,
rechts Margaretha, ein Krucifix in den gefalteten Händen,
links Katharina, ein Buch und einen Palmwedel haltend.
Hinter beiden je zwei männliche Heilige: rechts Petrus
mit den Himmelsschlüsseln und der heilige Antonius, links
der Evangelist Johannes und der heilige Filippus, einen
schlanken Lilienstengel in den gefalteten Händen. Zu
beiden Seiten des Steinsockels erhebt sich ein steil ab-
fallender Hügel, oben mit Bäumen bewachsen, mit Kirchen
und Hütten verbaut. Auf dem rechten ist die Flucht
nach Aegypten, auf dem linken die Verkündigung an die
Hirten dargestellt. Die Mitte öffnet sich gegen einen
Bergkessel, in dessen Grunde Häuser stehen.

Die Conception Mariae ist ein einzig dastehendes Werk,
sowohl im Rahmen der Werke Pieros als auch der ganzen
zeitgenössischen Kunst. Es gehört zu jenen, die man
zeitlich schwer zu bestimmen vermag, wenn nicht der
Name des Künstlers überliefert ist. Da dies aber der
Fall ist, erscheinen nicht nur die hergebrachten Eigenthümlichkeiten Pieros sondern auch seine neuen Charakter-
züge besonders auffallend. Betrachten wir zunächst die

ersteren. Die „Conceptio Mariae" ist unter denselben
äusseren Bedingungen entstanden wie die „thronende
Madonna mit Heiligen" im Findelhause zu Florenz, das
heisst, als ein Altarbild und wahrscheinlich auf Bestellung,
wenn uns auch der Name des Auftraggebers nicht bekannt
ist. Die Gleichheit der Bedingungen führte eine Gleichheit in der Composition herbei. Es handelt sich wieder
um die von Lionardo ausgehende radiale Anordnung nach
dem Centrum hin. Nur erfolgt der Aufbau diesmal in
einer dreifachen Pyramide mit je einem Gipfel. Den
niedrigen der kleineren Pyramiden stellt Maria dar. Die
erste Pyramide bildet sie mit beiden weiblichen Heiligen,
deren Profilstellung rythmisch mit dem vollen Gesichtsrund
der Madonna contrastiert. Die zweite und dritte Pyramide
bildet sie mit je zwei männlichen Heiligen. Durch diese
Verlegung der Composition in eine Ebene wirkt die
Gruppe scharf concentriert und doch in gutem Sinne
räumlich breit. Den Eindruck des Aufstrebens macht sie
dadurch, dass als zweiter Gipfel der drei Pyramiden die
Taube erscheint. In dieser kreuzen sich die Blicke aller
Personen und das Bild bekommt so, auch der Idee des
Gegenstandes entsprechend, einen Zug nach aufwärts, in
gleicher Weise etwa, wie sich der Satyr, der Hund und
die Pflanzen auf dem „Tod des Prokris" nach abwärts
neigten. Als Gegenrichtung, welche das Aufstreben der
Gruppe noch schärfer markieren soll, fällt über den Arm
Marias ein Tuch, fast vertikal nach abwärts. Bildet so
die Taube den Mittelpunkt der Composition, so ist sie
zugleich auch die Quelle des Lichtes, das Piero in diesem
Bilde mit unerreichter Meisterschaft behandelt hat. Von
der Taube fällt es zunächst über das Antlitz und Gestalt
der Maria. Mit gleicher Helligkeit trifft es die Köpfe der
Heiligen, nur in leichten Schattierungen von den vorderen
nach den rückwärtigen zu abgestuft. Auch an ihren
Gestalten gleitet es nach unten, lässt besonders licht die
fein modellierten Hände hervortreten und beleuchtet noch
die rechten und linken Bodenstreifen, während über den

Vordergrund der Sockel seinen Schatten wirft. Das ganze reflektiert sich aber in dem weiss glühenden Schimmer des spärlich bewölkten Himmels. Theils durch die Composition, theils durch die Lichtführung werden die Farben bestimmt. Maria bildet, allein stehend, eine Harmonie in tiefem Roth und Grün, gegen das Blau des Himmels gesetzt. Die beiden Heiligen, die mit ihr zu je einer Pyramide gehören, entsprechen sich auch farbig; so Katharina und Margarethe in Roth und Grün, mit violettem Grundton, Petrus und Johannes in Gelb und Roth, mit blauem Grundton, Antonius und Filippus in einfarbigen, dunklen Gewändern, schwarz und violett getönt. Dieser grossen Einheitlichkeit entspricht schliesslich auch das psychologische Lieblingsmotiv Pieros, dem wir öfters schon begegneten: ein Gefühl in verschiedenen Abstufungen zu zeigen. Diesmal ist es die Verehrung für die Madonna und die Ehrfurcht vor dem Geschehen, das sich verschieden im Gesichtsausdruck namentlich der männlichen Heiligen spiegelt. Schwärmerisch blickt Johannes, der Jüngling, Filippus, der feiste Mönch, hebt mit fast sinnlichem Ausdruck den Kopf, Petrus steht in fanatischer Leidenschaftlichkeit da, voller Demuth ist der heilige Antonius.

Aber in allen diesen, uns vertrauten Eigenthümlichkeiten Pieros stecken Anzeichen eines völlig neuen Geistes. Ueber Farbe und Licht lässt sich nur schwer sprechen, denn das Bild befindet sich in sehr schlechtem Zustande. Nicht zum Geringsten wird ihn jene Unruhe verschuldet haben, mit der Piero wohl auch mit ' längeren Unterbrechungen, daran gemalt hat. Die künstlerische Besonnenheit, mit der er sonst die Farben mischte, dass sie noch heute meist im alten Glanze leuchten, ist verschwunden. Die Gestalten belebt ein übermässig gesteigertes Empfinden. Das ruhige abgeschlossene Dasein im Kreise der anderen Dargestellten genügt ihnen nicht mehr. Sie blicken erregt aus dem Bilde heraus und wenden sich mit lebhaften Gesten an den Beschauer. Wie sich diese exaltierte Erregung in den Gesichtern ausdrückt, wurde schon erwähnt. Etwas seltsam Ueberhitztes haben sie, das auch der Landschaft nicht fehlt. Sie wirkt kahl und seelenlos, ohne die liebevolle Vertiefung in die Natur von ehedem hat sie Piero gemalt. Diesen Eindruck steigern nur noch die exotischen Gewächse, wie Palmen und Oliven. Man fühlt, dass ihm die Landschaft nicht mehr das notwendige Mittel für den Ausdruck seiner Stimmung bedeutet. Am deutlichsten aber spricht der Inhalt des Bildes für die Umwälzung, die sich in ihm vollzogen. Die unbefleckte Empfängnis ist dargestellt von der der Evangelist Lucas erzählt.[1] Dieser Stoff wurde im Quattrocento niemals gemalt. Wie dieses erdenfrohe Jahrhundert sich zu solchen Dingen stellte, bezeugte am besten Piero dei Franceschis Madonna del Parto in der Friedhofskapelle zu Ville Monterchi. Erst die agitatorische, übersinnliche Kunst der Gegenreformation bevorzugte diesen Stoff. Wie verfiel Piero auf ihn, der Maler reiner Menschlichkeit auch in religiösen Bildern? Nur durch Savonarola vermag man es zu erklären. Zwar war der Prophet schon verbrannt, aber „er hatte ja eine Geschichte, auch nach seinemTode".[2] Auch Botticellis schreckensgewaltige „Geburt Christi" ist erst im Jahre 1501 entstanden. So schuf denn Piero unter dem nachwirkenden Banne des Mönches gleichfalls sein letztes grosses Werk. Frömmigkeit ist keine in ihm,[3] wenn ihn auch Vasari, vielleicht dieses Bild wegen, „zelantissimo" nennt. Aber es erschüttert uns, weil wir Pieros Zusammenbruch darin erkennen.

In wenigen Jahren war er erfolgt. In dem Aufruhr alles Bestehenden war auch Piero aus seinem Gleise geschleudert worden. Erschrocken und widerspenstig mag er anfangs dem fremden Toben gegenüber gestanden sein, wieder jene arbeitslose Zeit gehabt haben, von der Vasari berichtet. . Aber die Strömung war zu mächtig, er selbst

---

[1] Ev. Lucas I, 34—35.
[2] Ranke a. a. O., p. 356.
[3] Denselben Eindruck verzeichnen auch Ulmann a. a. O., p. 134 und Knapp a. a. O., p. 78.

zu reizbar, dass es ihn nicht zur Auseinandersetzung getrieben hätte. Wie am Uebergange dazu steht Magdalena, die schöne Büsserin, die gleichsam noch der unsichere Zweifel ist, an der Echtheit der allgemeinen Busse. Bald wurde Piero jedoch schmerzlich überzeugt. Auf dem Hintergrunde des Marienbildes in Glasgow ragt in die Landschaft ein hohes Kreuz, vor dem sich knieend der heilige Hieronymus kasteit, unter freiem Himmel hat der heilige Bernhard sein Betpult aufgeschlagen und deutet das göttliche Wort. Die Erinnerung aber an den Glanz und die Heiterkeit früherer Tage, Säulen und Mauern griechischer Tempel, wirft mit lärmendem Geräusch ein krallenfüssiger Teufel zu Boden. In der Natur, in der Piero die friedensvolle Zuflucht gefunden, herrschte der Mönch; das antike Märchenreich war zerschlagen und vernichtet. Savonarola hatte gesiegt. Und mit der rathlosen Verbitterung, die keine Zukunft mehr sieht, mit der jähen Ueberschwänglichkeit, die immer sein Wesen gekennzeichnet hatte, brachte auch Piero dem Propheten sein Opfer. Es ist die immaculata conceptio in den Uffizien von Florenz, jenes Werk, mit dem er der kunstgeschichtlichen Entwicklung um fast hundert Jahre vorgriff. Wie es erst die Künstler der Gegenreformation thaten, malte er jenen Augenblick, da der heilige Geist über die Jungfrau kam und die Kraft des Höchsten sie beschattete. Ueberreich ist diese Schöpfung an psychischem Ausdruck; sie besitzt eine Vergeistigung, in welcher jede Geste laut spricht und aus den Augen tiefe Offenbarungen leuchten. Doch fühlt man das Ueberhitzte, krampfhaft Hinaufgetriebene der Stimmung. Es ist wie bei einem Bogen, der möglichst stark gespannt, den Pfeil in weite Höhen trug, dann aber entzweibrach.

In diesem Bilde liegt das Schicksal Piero di Cosimos beschlossen: Savonarola, der andere zu einer neuen Kunst geführt, hatte seine zerstört.

Capitel IX.
Die letzten Werke Piero di Cosimos.

Für Piero ist jetzt jene Abnahme der künstlerischen Kraft gekommen, die wir, dem Bericht Vasaris folgend, im Eingangscapitel geschildert haben. Gebrochen hat er sich aus dem Florentiner Kunstleben in die Einsamkeit zurückgezogen, haust allein in einer entlegenen Vorstadt, gewährt niemandem Zutritt und lässt seinen Garten verwildern. Seine absonderlichen Phantastereien überfallen ihn immer häufiger und bedrohlicher, da er sich nicht mehr durch die Kunst von ihnen befreien kann. Dazu kommt ein körperliches Uebel, eine schleichende Lähmung, die es ihm immer schwerer macht, den Pinsel zu führen. Allein lebt er mit den Schreckgebilden seiner Phantasie; wenn es blitzt und donnert, kauert er ängstlich, in den Mantel gehüllt, in einer Ecke und hat sich das Gewitter verzogen, strömt nur der Regen noch, dann eilt er hinaus in den Garten und sieht in kindischer Freude zu, wie die Tropfen niederfallen. Sein seelisches Gleichgewicht ist gestört und immer heftiger überfällt ihn eine dumpfe Melancholie. Er ist Hypochonder geworden, die Furcht vor dem Tode ergreift ihn. In jedem Arzt sieht er seinen Feind, in jedem Heilmittel Gift. In diesem Verfolgungswahn erscheint es ihm herrlich, wie ein Verbrecher jung und aufrecht zum Hochgericht zu schreiten und während der Himmel blaut, die Menge Gebete singt, eines raschen Todes zu sterben. Dieser Wunsch soll ihm aber nicht erfüllt werden. Lange Jahre schleppt er sich noch hin und nur allmählich tritt das Sterben an ihn heran.

So, als Verfallender, vom Leben ausgeschaltet, hat Piero seine letzten Werke geschaffen. Ihre Entstehungsjahre sind unbekannt. Aber aus ihrer Art erkennen wir es deutlich, dass sie der letzten Zeit angehören. Denn der Verfall offenbart sich in ihnen, sie sind ein trüber, trauriger Ausklang eines heiteren, schönen Schaffens. Die Märchen seiner Jugend nahten ihm wieder, er vermochte nicht mehr, ihnen Gestalt zu geben. Schwache, altersmüde Malereien wurden daraus. Er versuchte noch einmal, christliche Legenden zu malen, nur ein schlechtes Bild gelang ihm. Nur zwei Männerbildnisse und das Phantasieporträt einer Frau stehen auf der alten Höhe. Sie werden darum am Anfang dieses Zeitraums entstanden sein.

a. Die beiden Porträts im Haag.

Vasari rühmt Piero als Porträtisten und erwähnt als dessen erstes Porträt das des Cesare Borgia, das jedoch schon zu seiner Zeit nur noch als Carton vorhanden war.[1] Ein ähnliches Schicksal hatten wohl die meisten Bildnisse Pieros; sie sind gleichfalls verschollen. Obzwar Vasari davon spricht, dass Piero „viele Bildnisse von namhaften Leuten" schuf, so wusste man dennoch von keinem und wollte man sich einen Begriff von Pieros Kunst als Porträtist bilden, musste man sich auf einzelne Personen auf den römischen Fresken und auf Tafelbildern beschränken, weil sie vielfach bildnismässigen Charakter tragen. Frizzoni machte es sich zur Aufgabe, diese Lücke soweit als möglich auszufüllen und nach jenen Bildnissen zu forschen, die überall hin verstreut, theils aus stilistischen Gründen, theils wegen mancher Bemerkungen Vasaris als Piero di Cosimo zu gelten haben.[2] Diejenigen, in denen ich nicht, wie Frizzoni. Pieros Hand erkennen kann, möchte ich zunächst anführen.

Das eine ist das Brustbild eines Jünglings in der Galerie Dulwich, das früher als Boltraffio ging. Ist es auch diesem Meister nicht mit Sicherheit zuzusprechen, so liegt doch kein Grund vor, es der lombardischen Schule wegzunehmen und keine Berechtigung, es dem Piero zu geben. Schon das Gewand und die Haartracht sind unflorentinisch. Dann sind die Lichtbehandlung und Modellierung des Gesichts von der Art Pieros durch-

---

[1] IV, p. 133.
[2] Frizzoni a. a. O., p. 247—253.

aus verschieden. Das Licht fällt scharf, ohne feine
Nüancierung von einer Seite ein und lässt die ver-
schwommene Gesichtsbildung noch kraftloser erscheinen.
Niemals hat Piero in solcher Weise Auge, Nase und Mund
geformt. Der verschmolzene Farbenauftrag, der dem
Boltraffio eigen ist, soll bei Piero, der sich darin eher der
Malweise Lorenzo di Credis nähert, durch die Annahme
eines gleichen Vorbildes erklärt werden. Vor allem aber
erscheint die Auffassung für Piero zu geistlos, der selbst
auf Tafelbildern immer nur Charaktertypen geschaffen hat.
Der weiche, etwas träumerische, etwas gedankenlose Gesichtsausdruck des Jünglings weist unbedingt nach Mailand,
als Ursprung hin, wofür auch das völlige Zurücktreten
der Landschaft spricht, das sich bei Piero nur schwer erklären liesse. Das andere ist das Portrait eines
Ritters in der Londoner Nationalgallerie. Die Berechtigung der Zuweisung dieses Bildes, das früher als
Costa ging, bestreitet auch Ulmann, der es dem Ridolfo
Ghirlandajo geben möchte.[1] Darin vermag ich weder bei-
zustimmen, noch zu widersprechen, sicher scheint mir nur,
dass es nicht ein Werk Pieros ist. Müsste schon die
Rüstung bei Piero befremden, der seinen schlichten Gestalten immer nur schlichte Kleidung gab, so widersprechen
gänzlich die Lichtbehandlung und der Hintergrund seiner
Autorschaft. Dagegen scheint mir das Bild einen venetianischen Einschlag zu besitzen und seinem Maler dürften
manche Werke Giorgiones nicht unbekannt gewesen sein.

Von unbedingter Sicherheit jedoch ist die Zuweisung
der beiden Haager Porträts an Piero.[2] Sie tragen nicht
nur völlig seine Eigenart, sondern werden auch von Vasari
erwähnt, der sie im Hause des Francesco da San Gallo,
des Sohnes und Enkels der Dargestellten, sah. Die
Identität des jüngeren der beiden Männer mit Giuliano

---

[1] Ulmann a. a. O., p. 137.
[2] Vergl. Frizzoni, Archivio Storico Italiano 1879, p. 255 und
Arte italiana nel Rinascimento, p. 249.

da San Gallo, dem graziösen Baumeister der Kirche Madonna del Carceri in Prato, ist dadurch erwiesen, dass es dem von Vasari seiner Vita vorgesetzten Bildnis durchaus ähnlich erscheint. Und da die beiden Porträts sowohl nach Verhältnis der Masse als auch nach Besonderheit der Auffassung einander entsprechen, so ist auch die Annahme gerechtfertigt, dass in dem Aelteren, Giulianos Vater, Francesco di Bartolo Giamberti, der Ahne der Künstlerfamilie San Gallo, dargestellt ist.

Betrachten wir zunächst das Porträt der für uns interessanteren Persönlichkeit, des Architekten Giuliano da San Gallo. Es ist ein Brustbild. Giuliano ist reich gekleidet, ein schwarzer Mantel fällt über ein bunt gemustertes Gewand. Oben endigt es in einen Kragen aus weissem Linnen, der den breiten Hals frei lässt. Der Kopf, auf dem ein buntes Barett sitzt, blickt in $^3/_4$ Ansicht aus dem Bilde heraus. Die Art, wie die Gestalt in den Raum gesetzt ist, kennen wir bereits von der heiligen Magdalena her. Vorne schliesst eine Brüstung ab, durch welche die seitliche Wendung des Dargestellten und damit die Körperlichkeit seiner Erscheinung schärfer hervorgehoben wird. Auf der Brüstung liegen, als Symbole des Architekten, Zeichenfeder und Zirkel, die jedoch gleichzeitig als coloristische Werthe auf die rothe, schwarzgestreifte Balustrade gestimmt sind. Im Gegensatz zur Magdalena aber ist hier an Stelle des einfarbigen Hintergrundes eine Landschaft. Vielleicht hat Piero hier den Giuliano vor dessen Garten porträtiert; denn eine Gartenmauer zieht sich hin und hinter dieser leuchtet zwischen dem Grün der Bäume ein weiss getünchtes Wohnhaus. Ganz rückwärts erhebt sich eine Bergkette, über der blau der Himmel liegt. Der Kopf wirkt trotz der etwas weichen Züge kraftvoll und energisch. Dieser Eindruck wird durch die breite Modellierung erzielt. Piero arbeitet hier mit grossen Lichtmassen und starken Schattenwirkungen. So wird der Uebergang zwischen Hals und Wange, die Einfurchung zwischen Auge und Nase und der tiefe Einschnitt von der

Nase zum Mund nur durch entsprechende Licht- und Schattenverteilung markiert. Flimmernde Lichtpunkte zittern auch hier, wie bei der Magdalena, durch das Haar und geben seinem Grau einen weisslichen Schimmer. Denn als alter Mann schon ist Giuliano dargestellt, ungefähr im Alter von sechzig Jahren. Da er 1445 geboren wurde, dürfte das Bild um 1505 entstanden sein.

Das Porträt des Giuliano da San Gallo zeichnet sich durch strenges Modellstudium aus, das durch die sichtbare Liebe, mit der es gemalt wurde Piero war ja ein Freund der Familie San Gallo vertieft wird. Das setzt es in scharfen Gegensatz zu dem anderen Bildnis, dem des Francesco di Bartolo Giamberti, Giulianos Vater. Denn dass dieser und nicht irgend ein Musiker dargestellt ist, steht wohl ausser Zweifel. Wie bereits erwähnt, sah es Vasari im Hause des Enkels Francesco da San Gallo; vielleicht darf hier zur Begründung darauf hingewiesen werden, dass der Enkel, nach althergebrachter Sitte, den Namen des Grossvaters führte. Ferner darf aus dem Notenblatt auf der Brüstung und jener Scene im landschaftlichen Hintergrunde, wo beim Spiel der Orgel ein Priester die Messe liest, nicht geschlossen werden, dass deshalb der Dargestellte ein Musiker sei. Piero mag im Hause der Nachkommen von des Grossvaters Liebe zur Musik gehört und deswegen, gleichsam um dem Todten eine liebevolle Ehrung zu erweisen, jene Dinge dargestellt haben. Denn als Piero dies Bildnis malte, war Francesco Giamberti schon todt; er war 1480 gestorben. Es geschah also sicherlich nach einer Zeichnung oder einem älteren Porträt, die sich im Hause San Gallos befanden. Für das letztere spricht auch die Profildarstellung, die sonst zu Beginn des 16. Jahrhunderts unerklärlich sein würde. Daraus geht aber auch hervor, warum diesem Porträt im Vergleich zum ersten, trotz der Feinheit der Ausführung eine individuelle Note fehlt. Der scharf profilierte, bartlose Greisenkopf, mit der heftigen Nasenlinie, dem spitz vorspringenden Kinn und den Runzeln, die ihn durchfurchen, macht den Eindruck eines stilisierten, nicht aber naturalistischen Porträts. Vielleicht aus der Erinnerung, wahrscheinlich jedoch nach Vorlagen ist es entstanden.

b. Bildnis der Cleopatra, Chantilly, Gallerie des Duc d' Aumale.

In der Form gleicht dieses Bildnis dem Porträt des Giamberti: es ist eine Halbfigur in Profilstellung. Sonst ist es von ihm durchaus verschieden und Gegenstand der mannigfachsten Streitfragen. Die nackte Büste eines jungen Weibes ist in einer öden, gespenstischen Landschaft dargestellt. Sein steinern scharfes Profil hebt sich von einer schwarzen Gewitterwolke ab. In phantastischer Form mit Perlen und Edelsteinen reich geschmückt, ist das Haar geordnet. Um die schmal abfallenden Schultern ist ein orientalisches Tuch gezogen, auf der Brust windet sich um eine goldene Kette eine gelb und grün schillernde Schlange, zum tödtlichen Biss bereit. Unter dem Bilde steht aber die Inschrift: Simonetta Januensis Vespucci.

Das Bild ging bald als Antonio Pollajuolo, bald als Botticelli. Noch heute halten sich einzelne Kunsthistoriker an den einen oder anderen Namen, trotzdem Frizzoni[1]) mit zwingender Sicherheit die Autorschaft Pieros nachgewiesen hat. Auch Vasaris Zeugnis spricht für ihn, der das Bild im Hause des Francesco da San Gallo gesehen hat und es beschreibt.[2]) Vasari ist jedoch auch ein sehr zu beachtender Zeuge in einer Streitfrage, in der nämlich, ob Simonetta Vespucci oder ein Phantasiebild der Cleopatra dargestellt sei. Die erste Bezeichnung hat die meisten Anhänger und doch scheint mir die zweite, die einzig richtige.[3]) Ein Porträt nach der lebenden Simonetta kann das Bild nicht

---

[1]) a. a. O., p. 249 ff.

[2]) IV, p. 144.

[3]) Für diese enscheiden sich noch Müntz a. a. O., Bd. II, p. 129, Ulmann a. a. O., p. 136—137, Muther a. a. O., Bd. II, p. 16, Warburg, Botticelli und Strzygowski in der Strena Helbigiana, Leipzig 1900.

sein, denn diese schöne, von Giuliano dei Medici geliebte
Frau des Florentiners Marco Vespucci ist am 26. April 1476,
dreiundzwanzigjährig, an der Schwindsucht gestorben.[1])
Polizian hat im zweiten Buch der „Giostra" ihren Tod
besungen, Bernardo Pulci und Francesco Nursio Timideo
haben Klagegedichte[2]) verfasst. Piero müsste sie also als
vierzehnjähriger gemalt haben, was wohl ausgeschlossen
ist. Aber Simonetta ist überhaupt nicht auf dem Bilde
dargestellt. Dieser Behauptung widerspricht nur scheinbar
die Inschrift. Diese wäre, wenn sie immer unter dem
Bilde gestanden hätte, gerade dem Vasari nicht entgangen,
der als erster florentinische Frauenbildnisse als Darstellungen
der Simonetta bezeichnete;[3]) das vorliegende nennt er direkt
„una testa bellissima di Cleopatra". Es kann daher angenommen werden, dass die Inschrift erst später unter das
Bild gesetzt wurde, wofür auch der jüngere Charakter der
Buchstaben spricht. Das Bild befand sich in der Casa
Vespucci und die Annahme liegt nahe, dass hier die Nachkommen die Inschrift anbringen liessen, um ein Porträt
ihrer schönen Vorfahrin zu besitzen, die für die Generation
des Lorenzo Magnifico dasselbe bedeutete, was Beatrice
für Dante.[4])

Auch die Datierung des Bildes ist strittig, es wird
bald an den Anfang, bald an das Ende von Pieros Schaffen
gesetzt. Das letztere scheint richtig. Denn Knapp[5]), der
für die frühe Zeit eintritt, muss zu wenig stichhaltigen
Gründen Zuflucht nehmen; er hält an der Bezeichnung
Simonetta fest und setzt es darum so früh an, weil ihr
Name damals gewiss in aller Munde war. Nun haben wir
gerade ausgeführt, wie wenig die Bezeichnung gerecht-

[1]) Vergl. A. Neri, La Simonetta, Giornale Storico Italiano, Bd. V,
1885, p. 130 ff., ferner Gaspary a. a. O, Bd. I, p. 47, 48, Bd. II, p. 230.
[2]) Abgedruckt bei Neri a. a. O.
[3]) III, p. 322 Vita di Botticelli).
[4]) Vergl. Poesie di Lorenzo dei Medici, ed. Barbèra Bianchi Co. 1859,
Trionfo di Bacco ed Arianna, p. 423.
[5]) a. a. O., p. 29 ff.

fertigt ist. Den entscheidenden Grund aber, der gegen
eine frühe Datierung spricht, umgeht er dadurch, dass
er Piero einen weit vorgeschrittenen Künstler nennt. Denn
um 1480 setzte man noch das Modell, wenn man überhaupt
von einem einfarbigen Hintergrund abging, in einen geschlossenen Raum, mit einem Fenster, das in eine Landschaft geöffnet war. Diesen Bann hat erst ein viel grösserer
als Piero gebrochen, nämlich Lionardo in der Mona Lisa, die er
als erster in freier Natur malte. Vorher kann also das Bild
nicht entstanden sein. Für die Jahre um 1505 spricht
aber auch Pieros düster phantastische Stimmung, die er in
dem Bilde ausdrückt. Es ist, als hätten sich die heitern
Visionen seiner Jugend ins Schreckhafte, Gespenstische
gewandelt. So erinnert noch der Typus der Kleopatra,
für dessen Neuschaffung seine künstlerische Kraft nicht
mehr ausreichte, an manche frühere Köpfe, so besonders
der Hauptschmuck an jene Haartracht, die man den
Nymphen zuschrieb.[1] Aber um so schmerzlicher wirken
diese Erinnerungen an eine schöne Vergangenheit in der
trostlos ärmlichen Landschaft. Schwüle Gewitterstimmung
brütet über ihr. Am Himmel drohen schwarze Wolken.
Braune Felsen erheben sich ohne Blumen, ohne Gras.
Ein verdorrter Baum streckt seine kahlen Aeste aus.
Andere neigen, wie den Sturm erwartend, ihre seltsam
missgeformten Blätter. Die Büste ragt in gelblich fahlem
Carnat auf und grell leuchtet das weisse, scharf profilierte
Gesicht auf der schwarzen Wolke. Die Augen starren
voller Bangen in die verderbenschwangere Ferne. Die
Farben haben ihre Kraft verloren und verlieren sich in
einem matten, unbestimmten Dämmer. Gelblich grün glüht
nur die Schlange heraus, das todtbringende Thier. Vor
dem furchtbaren Weh, das sich in diesem Bilde offenbart,
verstummen die Worte. Erinnern wir uns an Pieros erste
Werke und wir erkennen die tragische Wandlung, die
sich in ihm vollzogen.

---

[1] Isidoro del Lungo a. a. O., p. 38.

c. Madonnenbild in Wien, Gallerie Lichtenstein.

Das Bild offenbart die gleiche Trauer, aber einen noch fortgeschritteneren Verfall. Es ging früher als Bugiardini und die Zweifel, die man in die neue Bezeichnung setzte, hatten wohl ihren Grund in dem geringen Werth des Werkes. Denn neben schönen Ansätzen zu Besserem enthält es eine fast schülerhafte Unfähigkeit. Das spricht aber für einen Meister, der tief von der Höhe eines ehemaligen Könnens gesunken ist. Auch wurde seine Minderwerthigkeit daraus zu erklären versucht, dass es Piero vielleicht aus Noth gemalt hat.[1] Sollte sich diese Annahme bewahrheiten, dann ist es um so schmerzlicher, dass zu Pieros innerer Verarmung die äussere hinzutritt.

Auf dem Boden, unter einem Baume, sitzt die Madonna, das Christkind im Schoss. Links von ihr liegt auf einem Baumstumpf ein Buch, in dem sie liest, von rechts kommt der kleine Johannes heran, zu dem sich das Christkind segnend wendet. An dem Baume ist ein schwarzes Tuch festgebunden, das so als Hintergrund für die Madonna erscheint. Rückwärts breitet sich eine Landschaft aus. Links ein Berg, auf dem ein Hirte eine Schafherde hütet, rechts eine Hügellandschaft mit ·Bäumen und den Türmen einer Stadt.

Das Werk enthält zahlreiche und bekannte Motive Pieros, alle aber unverarbeitet. Fast scheint es, als habe er sie als Versatzstücke verwertet, ohne sie zu einem einheitlichen Ganzen vereinen zu können. Das Motiv ist das damals in Florenz so beliebte der sitzenden, lesenden Madonna. Fra Bartolomeo und vor allem Rafael haben es immer wieder behandelt, zum Theil in endgiltigen Lösungen des Problems. Das kann man von Pieros Madonnenbild nicht sagen. Die Haltung der Maria ist nicht ganz verständlich und an Stelle der früheren ·plastischen Durchbildung der Gestalten tritt hier ein Spielen mit bauschigen Gewandfalten. Der Typus der

---

[1], So Knapp a. a. O., p. 85.

Madonna erscheint auf den ersten Blick als sonst nicht bei Piero vorkommend. Bei näherem Zusehen erkennt man jedoch Gesichtszüge früherer Typen, die zu einem sonderbaren neuen vereint sind. Doch dürfte das nicht bewusster Absicht als vielmehr einer gestörten Anschauungskraft zuzuschreiben sein. Gleich verschwommen sind die Hände, die sonst bei Piero voll lebendiger Charakteristik waren, behandelt. Das Colorit ist wie auf dem früheren Bilde hart und glanzlos. Die Farben sind bunt, ohne Uebergänge nebeneinander gesetzt, zu keiner Harmonie verbunden. Dieser Mangel macht sich noch stärker bemerkbar durch das Fehlen des Lichtes. Piero, der grosse Lichtmaler, hat das Empfinden für Licht- und Schattenwirkungen verloren.

Am auffälligsten äussert sich aber die Zerrüttung in der Landschaft. Es ist die letzte, die Piero gemalt hat, denn die unbeholfenen Farbenflecke auf den Cassoni, die noch zu besprechen sind, kommen nicht mehr in Betracht. Sie wirkt unbeobachtet und unerlebt, wie aus der Erinnerung und nicht von der Natur gemalt. Pieros düstere Schwermuth drückt sich mit schrecklicher Wahrheit in ihr aus. Die stürmisch phantastische Landschaft auf der „Cleopatra" bedeutete immerhin noch ein trotziges Auflehnen gegen die erdrückende Gewalt des Schicksals. Die monotone Landschaft auf dem Madonnenbilde ist schon ein dumpfes Sichfügen. Oed erstrecken sich braune Landstreifen, kahl, ohne Gras, dann und wann kümmert auf ihnen eine ärmliche Blume. Wie sich die Wege verzweigen, das wirkt wie eine ohnmächtige Spielerei. Ein verdorrter Baum streckt seine Aeste in Form eines Kreuzes aus. Ein schwarzes Tuch hängt daran.

d. Die Cassoni.

Die Cassoni, die uns von Piero di Cosimo erhalten sind, vertheilen sich über seine ganze Schaffenszeit. Bei keinem ist eine Jahreszahl überliefert, und es ist kaum möglich sie einer bestimmten Zeit einzuordnen. Bei einigen

nur spricht ihre unbeholfene Mache dafür, dass sie am
Ende seines Lebens entstanden sind. Wir wollen alle im
Zusammenhang betrachten. Unter allen Künstlern, die
sich mit der Herstellung der Truhenbilder beschäftigten.[1])
war wohl Piero der dafür geeignetste. Auch mag er sie
gern gemalt haben. Bei ihnen war der Phantasie der
freieste Spielraum gelassen und sie waren es ja, auf denen
die antiken Stoffe Einzug hielten in die Kunst der
Renaissance. Vasari erzählt in der Biographie des Dello,[2])
des ersten Truhenmalers, dass die Bilder an der vorderen
Seite der Truhe gewöhnlich Fabeln aus Ovid und anderen
Dichtern darstellten, Erzählungen aus lateinischen und
griechischen Schriftstellern oder sonst nur Jagden, Liebes-
abenteuer, Lustgefechte und ähnliche Dinge. Hier fanden
sich auch zuerst die Triumphzüge des Amor, der Religion,
des Ruhmes, die dann in die Bilder oder das Leben über-
gingen. Aber von solchen Darstellungen Pieros, die gerade
Vasari nennt, ist nichts erhalten geblieben, sowohl von den
kleinen Figuren, Thieren und Instrumenten, die er im
Hause des Francesco Pugliese an die Wände eines
Zimmers gemalt hat, als auch von den kleinen Bildern
aus dem Gefolge des Bacchus für Pier Salviati, unter
denen ein Silen auf einem Esel, von Kindern umgeben,
besonders gelungen gewesen sein soll. Dagegen befinden
sich in zahlreichen Galerien einzelne Bilder, die aus
stilistischen Gründen dem Piero zuzusprechen, ihres
Formates wegen aber als Truhenbilder anzusehen sind.
Ein Cassone war eine längliche Truhe, mit einem Deckel
verschliessbar, zur Aufbewahrung von Kleidern und Kost-
barkeiten bestimmt. Da die Bilder vorn angebracht waren,
so hatten sie daher die Form eines Frieses, und waren
gewöhnlich anderthalb Fuss hoch und drei bis fünf Fuss lang.[3])

---

[1]) Vergl. Jacob Burckhardt, Geschichte der Renaissance in
Italien, Stuttgart, Verlag von Ebner und Seubert (Paul Neff) 1891.
III. Aufl., p. 321—322.
[2]) II, p. 148 ff.
[3]) Gottfried Kinkel, Mosaik zur Kunstgeschichte, Berlin, Verlag von Robert Oppenheim, 1876, p. 380.

Diese Form und diesen Dimensionen entsprechen meistens die nun zu besprechenden Cassoni Pieros. Ein Kampf zwischen Kentauren und Lapithen ist dargestellt auf einem Cassone, in englischem Privatbesitz, bei J. Burke in London. Die wildesten Kampfscenen sind ohne einheitliche Composition aneinandergereiht. Bald ist ein Kentaure, bald ein Lapithe Sieger, der Kampf wird um die Frauen geführt. Als Waffen dienen Lanzen, Baumstämme, aber auch Krüge und Speisegeschirr. Auch Herakles nimmt an dem Kampfe theil. Zeitlich lässt sich das Bild nicht bestimmen. Das bunte, etwas grelle Colorit erklärt sich aus der Verwendung des Werkes als Schmuck einer Holztruhe oder als in die Wand eingelassene Vertäfelung.

Gleichfalls in englischem Privatbesitz, bei Seebright in Beechwood, befinden sich zwei bacchische Scenen. Dort sah sie Waagen und lobte sie wegen der lebhaften Erfindung.[1]) Ulmann möchte in ihnen Reste jener Wandvertäfelung sehen, die Piero für Giovanni Vespucci schuf, eine Annahme, die jedoch unsicher ist.[2]) Dagegen erinnert stofflich die eine Darstellung einer trunkenen beleibten Gestalt, auf einem Thiere reitend, und von Trunkenen umgeben, an eines jener bereits erwähnten kleinen Bilder, die Piero für Pier Salviati gemalt haben soll. Die andere Scene scheint nicht vollendet worden zu sein.

Die Strassburger Prometheus-Tafel ist besonders interessant durch ihren Inhalt. In einer Landschaft steht links auf einem Sockel Apollo. Prometheus ist herangekommen und hält einen Stab gegen seine Brust, der sich am Herzen des Gottes entzündet. Rechts wird er dafür von Merkur an einen Baumstamm gebunden, auf dem schon wartend der Adler sitzt. Im Hintergrunde befinden sich theils sitzende, theils stehende Personen ganz rückwärts zwischen den Wiesen weissschimmernde Häuser.

[1]) Waagen, Treasures of art' en Great Britain II. Supplement, p. 327.

[2]) Ulmann a. a. O., p. 129.

Auch in den Wolken ist eine Scene dargestellt. Nach einer ziemlich guten Restauration des schlecht erhaltenen Bildes kann man oben einen Wagen, wahrscheinlich den des Apollo, erkennen, von sieben weissen Pferden gezogen. Eine Gestalt schwebt aufwärts und lässt wieder einen Stab an dem Lichte aufleuchten.

Auch dieses Bild lässt sich zeitlich nicht genau ansetzen, aber es ist sicherlich eines der echtesten Werke Pieros. Schon äusserliche Merkmale sprechen dafür. So erinnert die Haltung des gefesselten Prometheus an die der gefesselten Andromeda, die Hintergrundsfiguren an manche Seitengruppe auf demselben Bilde, der seltsam geformte Baum an den auf dem Wiener Madonnenbilde und der meisterlich gebildete Adler, wie er gierig und doch mächtig auf Prometheus niederblickt, kann von niemandem andern, als von Piero, dem grossen Thiermaler stammen. Aber auch die tiefsinnige Schönheit der Mythusauffassung könnten wir nur Piero zuschreiben. Sie verräth, welch grosser Dichter dieser schwermüthige Phantast war. Das Feuer, das die Menschen beglücken soll, hat der Gott, streng verschlossen, in seinem Herzen getragen. Für sich allein und für die Götter. Prometheus will es den Menschen bringen. hält trotz der drohenden Geberde des Gottes den Stab an dessen glühendes Herz und das Licht flammt auf. Nun muss er für seine That leiden, jahrelang, qualvolle Schmerzen. Aber er hat gesiegt. Niemals mehr kann das Licht den Menschen genommen werden. Und wie eine Apotheose seines Sieges scheint die Scene in den Wolken: zum Sonnenwagen Apollos schwebt Promethens, dem Gotte nun gleichwerthig, auch ein Lichtbringer. empor. Diese Auffassung des Prometheus als stolzen, schöpferischen Menschen, der unter Leiden und Kampf sich und die Menschheit zum Lichte durchringt, bringt Piero fast Goethe nahe und dessen gewaltigem Prometheus-Fragment.

Alle diese Bilder, bald besser, bald schlechter erhalten, gehören sicherlich Pieros guter Zeit an, da er noch im Einklang mit sich und der Welt lebte, noch im Vollbesitz seiner künstlerischen Kräfte war. Das ist nicht mehr der Fall bei den drei Tafeln aus der Andromedasage in den Uffizien und dem Urtheil Salomos in der Galerie Borghese in Rom. Sie stehen am Ausklang seines Schaffens, als schmerzliches Zeugnis des endgiltigen Zusammenbruchs. Ein gebrochener, wieder kindisch gewordener Greis hat sie gemalt, als hilflose, schwächliche Erinnerung an seine schönen Werke von ehemals. Seine Phantasie ist geschwunden, die Figuren sind lächerlich unbeholfen und in allem verzeichnet das Colorit, wenn man noch von einem solchen sprechen darf, stumpf und verblasen, die Landschaft mit schmutzig braunen Flecken markiert. Die erste Tafel stellt die Befreiung der Andromeda dar.[1]) Ihre Aermlichkeit wird noch deutlicher bei einem Vergleich mit Pieros Bild, desselben Namens. Die zweite Tafel gilt der Trauung des Paares. Drei getrennte Tempel. Nur der mittlere ist geöffnet und eine Zeusstatue steht in ihm, vor der das Brautpaar kniet. Aus den Opferbecken steigt Weihrauch und Posaunen werden geblasen. Die Tempel umsteht müssiges Volk. Auf der dritten Tafel stört Phineus die Hochzeit und wird mit seinen Genossen in Stein verwandelt.

Das Urtheil Salomos hat Morelli als Piero bestimmt.[2]) In der Mitte thront der König, wieder in dreifach getheilter Architektur, vor ihm steht der Scharfrichter das Kind haltend. Rechts und links von ihnen die beiden Frauen und Zuschauer. Es ist noch schlechter als die Bilder des Andromedacyclus.

Das ist Pieros di Cosimos, des grossen Künstlers, tieftrauriges Ende. Ein einziges Mal wurde noch sein Name in der Oeffentlichkeit genannt, im Jahre 1511, als Piero jenen „Triumphzug des Todes" veranstaltete, den wir im Eingangscapitel geschildert haben. Er war zeitlebens ein Meister der Carnevalszüge gewesen, und sie waren ihm

---

[1]) Vergl. Kinkel a. a. O., p. 381, 382.
[2]) a. a. O., Bd. I, p. 152.

das, was Burckhardt überhaupt vom italienischen Festwesen
sagte: „ein wahrer Uebergang vom Leben in die Kunst."[1]
Der „Triumphzug des Todes" konnte sich nicht mehr in
seiner Kunst spiegeln, denn diese war vernichtet. Ob er
sich bei der Veranstaltung von den Trionfi des Petrarca
leiten liess,[2] oder ob er von gleichen Triumphzügen aus
früherer Zeit[3] gehört hatte, ist unentschieden und ohne Bedeutung. Uns scheint es, dass er mit dieser Verherrlichung
des Todes seinem Wirken einen schmerzlichen und stil-
vollen Abschluss gesetzt.

Für sein Todesjahr 1521 ist Vasari der einzige Zeuge.
Crowe und Cavalcaselle[4]) betonen dies besonders, als
wollten sie die Unwahrscheinlichkeit eines so späten Todes
hervorheben und auch Müntz[5]) zweifelt. Gewissheit darüber
wird wohl nie erlangt werden. Doch möchten wir fast
hoffen, dass ihn der Tod früher befreit hat, vielleicht bald
darnach, nachdem ihn der Lebensmüde, unter Thränen
lächelnd, gefeiert.

[1]) Cultur der Renaissance in Italien, p. 401. Vergl. auch desselben
Autors: Geschichte der Renaissance in Italien, III. Aufl., p. 370—372.
[2]) Müntz a. a. O., Bd. II, p. 151.
[3]) Vergl. Essai historique, philosophique et pittoresque sur les
Danses des Morts, par E. H. Langlois, Rouen 1851, Bd. I (Lettre de
M. Leber à M. Langlois sur l'origine de la Danse macabre ou danses
des Morts, p. 1—7.
[4], a. a. O., Bd. IV, p. 438.
[5] a. a. O., Bd. II, p. 659.

Lebenslauf.

Am 24. November des Jahres 1875 wurde ich, Hugo Haberfeld, zu Oswiecim in Oesterreich als der Sohn des verstorbenen Fabrikanten Julius Haberfeld und seiner Ehefrau Rosa geboren. Ich besuchte das k. k. Staatsobergymnasium in Bielitz, das mich mit dem Zeugniss der Reife im Juli 1895 entliess. Hierauf studierte ich an den Universitäten Berlin und Wien Rechtswissenschaft und Philosophie, an der Universität Breslau Kunstgeschichte, daneben Archäologie, Geschichte und Philosophie. Ich hörte die Vorlesungen folgender Herren Professoren und Docenten:

Adler, Freiherr von Berger, Berner, Brunner, Caro, Curtius, von Czyhlarz, Dessoir, Ebbinghaus, Eck, Förster, Hübler, Jodl, Kaufmann, Kahl, Muther, Oertmann, Semrau, Simmel, Zallinger.

Ausserdem nahm ich an den Seminarübungen der Herren Professoren *Förster, Muther, Schulte* und *Semrau* theil, denen ich an dieser Stelle meinen ergebensten Dank sage.

Ganz besonderen Dank aber schulde ich Herrn Professor *Muther* für die wertvollen Ratschläge, durch die er meine Studien stets in liebenswürdigster Weise förderte.

Thesen.

1. Die Stilformen in der Kunst gehen in der Hauptsache nicht auf nationale Unterschiede, sondern auf allgemeine geistige Strömungen zurück.

2. Unser Verhältniss zu den alten Meistern wird bestimmt durch die Bahnen, in denen sich die mitlebende Kunst bewegt.

3. Zu allen Zeiten religiöser Gährungen wird die Kunst barock.

4. Der Mädchenkopf des Berliner Museums Kat. No. 80 ist nicht von Lorenzo di Credi, sondern von Verrocchio.

5. Die ganze Entwicklung der Florentiner Kunst seit 1460 hat ihre Ursache im Portinari-Bild des Hugo van der Goes.

Andrea del Castagno.

INAUGURAL-DISSERTATION

ZUR

ERLANGUNG DER DOCTORWÜRDE

VON DER PHILOSOPHISCHEN FACULTÄT

DER

FRIEDRICH-WILHELMS-UNIVERSITÄT ZU BERLIN

GENEHMIGT

UND

NEBST DEN BEIGEFÜGTEN THESEN

ÖFFENTLICH ZU VERTHEIDIGEN

am 8. August 1900

VON

Wolfram Waldschmidt

aus Metz.

OPPONENTEN:

Herr Cand. phil. Emil Kühne.
- Cand. phil. Heinrich Eysen.
- Dr. phil. Hans Volkmann.

BERLIN.

Buchdruckerei von Gustav Schade (Otto Francke).

Linienstr. 158.

Dem Andenken meines Vaters.

Unter den verschiedenen Richtungen, welche am Anfang des Quattrocento in der Malerei teils neben einander herlaufen, teils sich kreuzen, vereinigen und neue Strömungen aus sich erzeugen, fallen dem aufmerksamen Beobachter besonders zwei deutlich ins Auge. Die eine Richtung ist diejenige, welche die Ziele des grossen Giotto weiter verfolgt und seine Formensprache in die der Renaissance übersetzt. Das Streben dieser Künstler ist vorzüglich gerichtet auf Monumentalität, auf die einfache, grosszügige Darstellung einer über das Alltägliche erhabenen Natürlichkeit. Ihr grosser Vertreter ist Masaccio; in der eminenten Beherrschung des Nackten sowohl wie im freien Wurf der Drapierung muten uns seine Werke fast wie Erzeugnisse der Hochrenaissance an.

Neben diesen genialen Männern sehen wir minder begabte, jedoch sehr strebsame Talente, die durch unablässiges Studieren, durch Berechnungen und theoretische Untersuchungen mühsam der Natur abzuringen suchen, was jenen im grossen Wurf gelang. Dass bei diesem emsigen Nachspüren nach dem Kleinen und Kleinsten ihnen der monumentale Zug nicht innewohnt, dass sie sich oft in gesuchten Problemen, ja in Spielereien verloren und das eigentlich Künstlerische der Darstellung aus dem Auge liessen, ist begreiflich. Sie setzten durch ihren nüchternen Fleiss jenem Drängen ins Weite und Grosse eine Schranke entgegen, ein Umstand, der für die ruhige Entwickelung der Kunst in jenem gährenden Zeitalter nur von Nutzen sein konnte. Ihr erster und hauptsächlicher Repräsentant ist Paolo Uccello.

Eine eigentümliche Zwischenstellung zwischen diesen beiden Richtungen nimmt, wenigstens was die Werke seiner Reifezeit anlangt, der Florentiner Maler Andrea del Castagno ein. Von der herben Kunstsprache eines Donatello ausgehend, erlernt er später von Masaccio den grossen Zug, von Uccello die Sicherheit in der plastischen Modellierung und Zeichnung, die Sauberkeit in der Ausführung des Details und die richtige Perspektive. Kein Bahnbrecher, macht er sich doch in genialer Weise die Errungenschaften der anderen Meister zu Nutze und erzielt in seiner Kunst eine durchaus originelle, ja grosse Wirkung, wie sie selbst in jenem an künstlerischen Individualitäten überreichen Zeitalter auffällt.

Obwohl Andrea del Castagno, wie angedeutet, eine nicht unwichtige Rolle in der Kunstentwickelung der Frührenaissance spielt, so hat er doch bis jetzt noch keine erschöpfende Biographie erfahren. Am ausführlichsten haben Crowe und Cavalcaselle in ihrer Geschichte der italienischen Malerei (Deutsch von M. Jordan, Leipzig 1870, Band III S. 33 ff.) über ihn gehandelt, doch sind ihre Ansichten zum Teil überholt, besonders da seit dem Erscheinen ihres Werkes ein paar unzweifelhafte Arbeiten des Künstlers neu entdeckt worden sind. Im übrigen ist Castagnos Lebenswerk entweder ganz kurz, in summarischer Weise besprochen worden, wie dies in älterer Zeit Lanzi und Baldinucci, in neuerer Zeit Woltmann in der Geschichte der Malerei, Burckhardt im Cicerone thaten, oder es sind Aufsätze erschienen, welche diesen oder jenen strittigen Punkt einer kritischen Untersuchung unterzogen. So hat Milanesi in seiner Vasariausgabe (Florenz 1878, Band II S. 683 ff.) das Verhältnis zwischen Castagno und Domenico Veneziano beleuchtet und die Überlieferung von der Mordthat des Andrea an seinem Genossen endgültig in das Gebiet der Mythen verwiesen. Carl Frey hat in der Ausgabe des Codice Magliabecchiano vornehmlich die Frage über die Lehrer des Malers berührt. Endlich hat neuerdings Henry Thode (in „Festschrift für Otto Benndorf zu seinem sechzigsten Geburtstag", Wien 1898) einen Aufenthalt unseres Künstlers in Venedig nachgewiesen und damit der stilkritischen Untersuchung eine ganz neue Richtung gegeben. So schien es eine dankbare Aufgabe, mit Berücksichtigung aller dieser wissenschaftlichen Beiträge und auf Grund der dokumentarisch belegbaren Fakta eine das Leben und die ganze künstlerische Entwickelung Castagnos umfassende biographische Darstellung zu versuchen.

Was zunächst die Quellen zu einer Vita des Castagno anlangt, so ist die älteste derselben der „memoriale di molte

statue e picture etc.‟ des prete Francesco Albertini vom Jahre
1510, erhalten in zwei Exemplaren, von denen sich das eine
in der Riccardiana, das andere in der Biblioteca Nazionale befindet. In dieser lückenhaften und trockenen Aufzählung be-
merkenswerter Kunstwerke von Florenz erwähnt der Verfasser
von Andrea, den er übrigens Andreino nennt, das Reiterbild
des Niccolo da Tolentino im Dom, die jetzt zu Grunde gegangene Geisselung Christi in Santa Croce und die Fresken in
der Villa des Pandolfo Pandolfini zu Legnaja.
Etwas mehr Stoff bietet uns der libro di Antonio Billi
(Ausg. v. C. Frey, Berlin 1892). Von diesem Werke befindet
sich eine allerdings unvollständige Abschrift in der Biblioteca
Strozziana. Ausserdem hat Antonio Petrei um 1565 dasselbe
copiert und mit Zusätzen aus Vasari versehen. Es ist dies eine
ziemlich oberflächliche Arbeit. Antonio Billi, welcher nach
Freys Untersuchungen (Codice Magliabecchiano S. LVI—LX.)
ñach 1480 geboren ist und 1550 als noch lebend erwähnt wird,
hat seinerseits wieder einen uns unbekannten Verfasser benutzt.
Von ihm selbst sind lediglich einige Mitteilungen über solche
Künstler, die zu seiner Zeit lebten.
An dritter Stelle ist der Anonymus Magliabecchianus (Herausgegeben von C. Frey, Berlin 1892 S. 97.) zu nennen, welcher
eine fast vollständige Compilation aus Billi lieferte. Lediglich
der zweite Teil des Buches, der von den florentiner Künstlern
handelt — im ersten Teil bespricht der Verfasser die Antike —
kommt für uns hier in Betracht. Dieser Anonymus scheint im
Leben mit Vasari verkehrt zu haben, ist aber als Schriftsteller
von letzterem durchaus unabhängig. Über seine Persönlichkeit
sind wir im Unklaren. Er scheint zwar ein gebildeter Mann,
aber kein Gelehrter oder Schriftsteller von Beruf gewesen zu
sein, da sein Werk stilistisch nicht eben hoch steht. Glücklicher-
weise hat er uns über Andrea verhältnismässig eingehend berichtet. Der Künstler wird hier mit seinem Beinamen Andreino
degli impiccati genannt. Schon hier findet sich die Geschichte
von seiner Kindheit, wie er die Schafe geweidet und dabei auf
Steinen Zeichnungen ausgeführt habe. Zur Charakteristik des
Meisters erwähnt der Verfasser eine grosse Begabung für die
Zeichnung und eine Vorliebe für die Schwierigkeiten in der
Kunst, besonders für Verkürzungen. Auch die angebliche Er-

mordung des Domenico Veneziano durch Castagno wird hier
kurz gestreift. Die ausführlichste Vita liefert natürlich Vasari, doch muss
man seinen Ausführungen gegenüber am vorsichtigsten sein.
Er scheint die Vita des Castagno besonders flüchtig behandelt zu
haben. Dass er ein und dasselbe Werk des Künstlers, die Fresken
aus Legnaja, zweimal erwähnt, ist eine selbst bei diesem etwas
leichtfertig novellistischen Biographen sonst unerhörte Thatsache.
Andrea del Castagno wurde geboren im Jahre 1390, was
aus den Steuerrollen der Stadt Florenz hervorgeht, in welche
der Maler selbst sich eingetragen hat. Wir erfahren hier, dass
sein Vater Bartolomeo di Simone Arbeiter zu S. Andrea a Linari
im contado di Firenze war. Während Billi und der Anonymus
den Künstler nur schlechthin aus Castagno (da Castagno)
nennen, führt Vasari ein kleines Dörfchen Castagno als Geburts-
ort an, von welchem der Künstler seinen Namen erhalten habe.
Der Ort soll im Mugello gelegen haben, jenem schönen, von
hohen Bergen umschlossenen Thale am Fusse der Centralappeninen,
welches vom Sieve, einem Nebenfluss des Arno, durchströmt
wird. Unser Maler war jedenfalls niederer Herkunft, und der
Charakter des robusten Bauernsohnes tritt uns mit Entschieden-
heit in seiner energisch derben, dabei kraftvollen und eigenartig
grossen Kunst entgegen. Vasari weiss uns ferner zu erzählen,
dass der kleine Andrea früh seinen Vater verlor und dann zu
seinem Oheim kam, der ihn seine Heerden weiden liess. Auch
Billi und der Anonymus berichten von diesem ursprünglichen
Hirtenberuf, freilich in sehr wortkarger Weise, während der
Aretiner nach seiner Art die dürftige Bemerkung jener Männer
novellistisch ausschmückt. Immerhin mag die Sache auf Wahrheit beruhen und dem Knaben ist auf diese Weise eine höhere
Bildung nicht zuteil geworden. Sich selbst überlassen, mag er
sich den ganzen Tag auf der Weide herumgetrieben haben und
hat sicher nicht die Zucht einer strengen Erziehung genossen.
Daher waren denn auch später die vielen Anekdoten im Um-
lauf, in denen uns Castagno als ein ungebildeter, brutaler und
in seinem Jähzorn massloser Mensch entgegentritt. Ging man
doch so weit, ihn des Mordes zu bezichtigen!
Der berühmte Künstlerbiograph tischt uns ferner die
niedliche Anekdote auf, wie das Genie des kleinen Andrea ent-

deckt wurde. Einst kam, so erzählt er, ein Maler in das kleine
Gebirgsdorf und begann dort seine Arbeit. Andrea hatte nie
dergleichen gesehen, er war sofort voller Leidenschaft für dieses
Handwerk und begann nun unverzüglich auf allen Mauern und
Steinen mit Kohle oder mit der Messerspitze allerhand menschliche und tierische Figuren zu zeichnen, wodurch er seine
Bauern in nicht geringes Staunen versetzte. Schliesslich erfuhr
ein Edelmann, Bernardetto de' Medici mit Namen, von dem
aufgeweckten, begabten Knaben und nahm ihn mit sich nach
Florenz. Diese ganze Geschichte hat eine auffallende Ähnlichkeit
mit jener Anekdote, die Vasari von dem jungen Giotto erzählt,
wie er die Heerden weidete und gerade von Cimabue zeichnend
angetroffen wurde. (Vergl. Frey a. a. O. S. 346.) Es sind dies
liebenswürdige Erfindungen, mit denen der Schriftsteller seine
Darstellung interessant zu machen, im gegebenen Falle auch
Lücken in seiner Kenntnis des Sachverhalts auszufüllen sucht.
Wahrscheinlich ist auch der Name des Bernardetto völlig aus
der Luft gegriffen. Dieser Mann nun soll den Knaben in die
Lehre gegeben haben „bei einem der Meister, welche damals
für die besten galten“.

Die Frage, wer der Lehrer des Castagno gewesen sei, ist
noch immer eine offene. So lange wir nicht einen dokumen-
tarischen Beleg beibringen können, sind wir auf Vermutungen
hingewiesen. Es liegt nahe, Andrea für einen Schüler des
Masaccio zu halten, wie dies besonders Baldinucci (Opere, Milano 1812 B. V. S. 331) gethan hat. Auch Lanzi (storia pittorica,
Pisa 1817 B. I. S. 80 ff.) hat ihn wenigstens für unter dem Einfluss des Masaccio stehend erklärt; man ist ja leicht geneigt,
alle Künstler vom Anfang des 15. Jahrhunderts dem gewaltigen
Bahnbrecher der neueren Malerei unterzuordnen. Indessen zeigt
die Malweise Castagnos doch verhältnismässig geringe Verwandtschaft mit der des Masaccio, wenn man auch immerhin annehmen mag, dass Andreas Sinn für monumentale Grösse durch
das Studium der Brancaccikapelle gefördert worden sei. Überdies ist die Kirche Santa Maria del Carmine erst am 19. April
1422 geweiht worden, in demselben Jahre, in welchem Masaccio
als Maler in die Matrikel eingeschrieben wurde. Vor diesem
Termin kann er also weder in der Brancaccikapelle noch überhaupt irgendwo in Florenz etwas gemalt haben, denn die

Zünfte sahen streng darauf, dass die verschiedenen Arten des Handwerks nur von Zünftigen ausgeübt wurden. Damals aber war Castagno bereits 32 Jahre alt. Es ist ziemlich unwahrscheinlich, dass er erst in diesem Lebensjahre zu malen angefangen hätte. Überzeugender klingt die Vermutung von Crowe und Cavalcaselle (a. a. O. S. 34), welche glauben, dass er unter dem Einfluss jener Schule stand, die von Paolo Uccello und Pesellino ausging. Die Ähnlichkeit seiner Malweise besonders mit der des ersteren Künstlers ist in der That evident. Hat man doch das Abendmahl des Castagno bei seiner Entdeckung dem Uccello zuschreiben können! Beide Künstler sind ehrliche Naturalisten, die durch unermüdliches Studium der Natur, durch theoretische Versuche aller Art ihr Können zu fördern suchten. Was aber bei beiden ganz besonders auffällt, ist die ähnliche Art der Modellirung, die eigentümlich plastische Schärfe, die fast an Bronze erinnernde Gewandbehandlung, die drahtartig detaillirten Haare, sodann auch, bei allem Streben nach individueller Bildung, eine gewisse Starrheit im Gesicht, besonders aber in den Augen. Thode hat bemerkt, dass für die Gestalten des Castagno ein eigentümliches Zurückdämmen ihres leidenschaftlichen Wesens, eine äussere Gelassenheit charakteristisch sei, hinter welcher man das glühend pulsierende Leben erst allmählig gewahr wird. Ähnliches liesse sich auch in mancher Beziehung von Uccello sagen. Dieser nun hat im Atelier des Ghiberti als Schüler seine künstlerische Laufbahn begonnen. Er war als Gehülfe an der ersten Thüre des Baptisteriums beschäftigt, bei welcher Gelegenheit er aber wohl nur Handlangerdienste verrichtete. Immerhin ist der Künstler durch diese Vorbilder, welche er beständig vor Augen hatte, bei seiner späteren Thätigkeit als Maler in eine mehr plastische Richtung gedrängt worden. Es ist uns nichts davon überliefert, dass auch der junge Castagno in irgend welche Beziehungen zu Ghiberti getreten sei. Seine künstlerische Verwandtschaft mit Uccello liesse sich dann aus der gemeinsamen Arbeit in derselben Bottega erklären.

Die Frage nach dem Lehrer des Castagno ist übrigens auch insofern schwierig, als Masaccio sowohl wie Uccello jünger sind als er. Der letztere ist 1397 geboren, der erstere gar erst

1401. Frey hat deshalb die Vermutung ausgesprochen (Codice Magliabecchiano S. 346), dass Andrea bei einem jener Übergangsmeister, die noch zum grossen Teil in den Traditionen der Gotik stecken, also etwa Lorenzo di Bicci oder Giuliano d' Arrigo il Pesello, gelernt habe. Fast belustigend ist es, dass Vasari den Castagno für den Lehrer des letzteren hält, obwohl er 23 Jahre jünger war. Im übrigen wirft er Namen und Werke des Pesello mit denen seines Enkels Francesco di Stefano il Pesellino vollständig durcheinander. Auf Pesello lässt sich nun überhaupt nichts mit Bestimmtheit zurückführen; seine künstlerische Richtung liesse sich höchstens aus den Werken seines Enkels ersehen; dieser jedoch steht bereits nicht nur unter dem Einfluss des Masaccio, sondern sehr stark unter dem des Uccello und Castagno selbst, sodass man den Pesellino für einen Schüler Castagnos zu halten versucht ist. Was den Giottisten Lorenzo di Bicci anlangt, so sind seine Arbeiten so ziemlich Fabrikwaare. Sollte er wirklich der Lehrer des Castagno gewesen sein, so kommt er doch für die stilistische Würdigung seines Schülers nicht sonderlich in Betracht. Übrigens ist ja auch nicht diese Frage die wichtigste, wer der erste Lehrer unseres Künstlers war, sondern, von wem er die ersten und stärksten Impulse empfangen hat, die sich in seinen erhaltenen Werken nachweisen lassen. Und greifbar ist erst der Einfluss eines Mannes zu fixieren, der an der Spitze der neuen Bewegung steht und als ein Revolutionär auf künstlerischem Gebiet durch seinen rücksichtslos energischen Naturalismus der ganzen heranwachsenden Künstlerschaar vielleicht noch mehr imponieren musste, als später der massvollere, abgeklärte Masaccio. Wir meinen den Künstler des Sturms und Drangs, den Plastiker Donatello.

Was das uns erhaltene Material anlangt, so sind wir in Bezug auf Castagno besser daran, als bei manchem anderen Künstler des Quattrocento. Bei einigen Werken, z. B. bei dem Abendmahl in S. Apollonia, ist die Erhaltung sogar fast beispiellos glücklich. Wenn wir indessen das ganze Werk des Meisters übersehen, wie es uns von Vasari aufgezählt wird, so bemerken wir erst, wie viel Verlorenes wir zu beklagen haben. Ehe wir zur Betrachtung des Einzelnen übergehen, ist es angebracht, dass wir uns über den Entwickelungsgang im Allgemeinen klar werden. Soweit uns das vorhandene Material eine solche Kritik gestattet, können wir drei deutlich geschiedene Stilepochen wahrnehmen. Die Jugendzeit wird dargestellt durch das Fresko der Exkirche San Matteo. Charakteristisch für diese Epoche ist ungezügelter Naturalismus, brutale Leidenschaft, die fast zur Karrikatur wird. Die volle Reife des Künstlers tritt uns in den Fresken der Villa Pandolfini entgegen. Weises Masshalten im Affekt, ja ein hervorragender Sinn für Schönheit macht sich geltend. Wir bemerken deutlich den Einfluss der Antike. Den Abschluss der Entwickelung bildet das cenacolo von S. Apollonia. Hier sehen wir wieder ein erneutes Vordringen des Strebens nach naturalistischer Durchbildung und nach Charakteristik bis zum Unschönen. Das Seelenleben ist eigentümlich vertieft. Die drei genannten Werke sind Marksteine im künstlerischen Werdegang Castagnos. Sie lassen ein Fortschreiten nach technischer und inhaltlicher Seite deutlich wahrnehmen. Eigentümlich ist, dass auch Donatello eine ähnliche Entwickelung durchgemacht hat. Man denke an die Campanilestatuen, dann an die darauffolgenden, in Verbindung mit Michelozzo geschaffenen antikisierenden Werke, und schliesslich an den Hochaltar im Santo zu Padua oder die Kanzeln in San Lorenzo zu Florenz, in welchen sich wieder der stärkste Realismus geltend macht.

Das erste selbständige Werk, das Castagno ausführte, waren nach Vasari Fresken im Kreuzgang von San Miniato in Florenz, Darstellungen aus dem Leben der Heiligen Miniatus und Crescius, die jedoch verloren sind. Die Malereien im Kloster San Benedetto vor Porta a Pinti waren schon zu Vasaris Zeiten nicht mehr zu sehen, da sie bei der Belagerung von Florenz vernichtet wurden. Das älteste erhaltene Werk sind die Fresken im Kloster S. Maria degli Angeli. Es ist ein Gemälde im ersten Kreuzgang an der dem Eingang gegenüber liegenden Seite rechts. Dargestellt ist Christus am Kreuz, dabei die Madonna, sowie die Heiligen Johannes, Benediktus und Romuald, und zu Füssen des Kreuzes Maria Magdalena. Das Bild verrät in allen Einzelheiten noch die unsichere Hand des jungen Künstlers. Die einzelnen Gestalten sind in ihrer Bewegung eckig, die

Typen sind bei dem ungestümen Drang nach Realismus beinahe zu Karrikaturen geworden. Die Haare sind ganz schematisch
behandelt und fallen in gleichmässigen Wellenlinien herab, wobei der Künstler nur immer ganze Haarmassen darstellt und die
einzelnen Haare nicht zur Geltung kommen lässt; die Bärte erscheinen wie aus Watte geformt. Die Gewänder sind bauschig,
knitterig, und die Falten treten in dicken Wulsten röhrenartig
heraus. Auch das Colorit ist unerfreulich. Auf blauem Hintergrunde treten die verschiedenen roten, grünen, violetten und
hellgelblichen Töne recht unharmonisch zusammen. Nur der
prächtig modellierte Körper des Gekreuzigten verrät ein ungewöhnliches Talent. „Castagno hat“, so schreiben Crowe und Cavalcaselle
(a. a. O. S. 35), „offenbar nur Sinn für die äusserlich sichtbaren
Zeichen des Tragischen. Seelenschmerz zu schildern vermag
er nicht. Die Gewänder haben die Steifheit von Papier, die
Konturen sind hart und eckig, die Behandlung der Extremitäten
plump.“ Milanesi spricht das Bild überhaupt dem Andrea ab,
da es zu hässlich für ihn sei (a. a. O. S. 669). Indessen ist es
trotz allem gerade für Castagno charakteristisch. Selbst in
seinen späteren Werken findet sich noch jene Steifheit der Gewänder wieder, jenes bewusste Streben nach der Darstellung
derber, plumper Formen, eines bis zur Verzerrung gesteigerten
Ausdrucks der Leidenschaft. In allen diesen Zügen sucht es
Castagno dem Donatello gleichzuthun, ja ihn noch zu überbieten oder zu übertreiben.

Stilistisch durchaus verwandt mit dieser Arbeit ist der
Kruzifixus in der Exkirche San Matteo, sodass dieses Fresko
ungefähr in dieselbe Zeit fallen muss. Es ist fast noch brutaler
in seiner Wirkung als das erstgenannte. In dem Körper Christi
leistet sich der Maler das äusserste an Unschönheit der Formen.
Die Typen der das Kreuz umstehenden Heiligen scheinen Vorbildern aus den niedersten Volksschichten entlehnt. Besonders
die Madonna erinnert durch die dicke Nase, die gekniffenen
Augen, den breiten, von Falten umzogenen Mund an das Aussehen einer alten Bauersfrau. Sicherlich war der Künstler in
solchen Werken dem allerstärksten Einfluss der Werke Donatellos
aus dessen naturalistischer Periode ausgesetzt. Besonders ist
hier an die Prophetengestalten am Campanile des Doms zu er-

innern. Es finden sich sogar ganz auffallende stilistische Ähnlichkeiten, so z. B. hinsichtlich der Gewandbehandlung. Die Kleidung ist schwer und wulstig. Die Falten verlaufen nur in einzelnen grossen und groben Zügen, ohne Angabe des Details. Wo die Gewänder zusammengerafft sind, bilden sich ganz eigentümliche, muldenartige Vertiefungen. Besonders dieser letztere Zug erinnert sehr an die Behandlung des Steines durch den Meissel. Es ist, als ob der Künstler Donatellos Plastik in Malerei umgesetzt hätte. Dazu kommt nun noch die Ähnlichkeit des Gekreuzigten mit dem Kruzifix Donatellos in Santa Croce. Bekannt ist die Geschichte aus Vasari von dem Wettstreit Donatellos und Brunelleschis. Als Donatello, so erzählt Vasari, sein Kruzifix vollendet hatte, zeigte er es dem Freunde, um dessen Urteil darüber zu erfahren. Aber weit entfernt, das Bildwerk zu loben, gab ihm Messer Filippo zur Antwort, er habe ja da einen Bauern ans Kreuz geschlagen. Darauf soll ihm Donato geantwortet haben: Nimm Du Dir Holz und schnitze selbst ein Kruzifix. Brunelleschi hat sich nun mehrere Monate ganz still verhalten und währenddessen ein Werk von wunderbarer Schönheit geschaffen. Er lud darauf Donatello zu einem Frühstück ein und dieser betrat gerade das Atelier während der Abwesenheit seines Freundes. Er war über den Anblick des Kunstwerkes so erstaunt, dass er das ganze eingekaufte Essen auf die Erde fallen liess und sich für besiegt erklärte. Das Kruzifix des Brunelleschi befindet sich jetzt in S. Maria Novella.

Die ganze Anekdote ist wahrscheinlich nur eine liebenswürdige Erfindung, und eine sachliche Kritik muss sie einfach streichen. Vor allem will es uns nicht einleuchten, dass Brunelleschis Werk wirklich das bedeutendere sei.

In den älteren Darstellungen ist die Haltung des Gekreuzigten nur wenig naturwahr. Das Hängen der Gestalt ist nicht eindringlich genug verdeutlicht; die Arme müssten vielmehr durch die Last des Körpers herabgezogen werden. Abgesehen von Fehlern in der anatomischen Durchbildung ist für diesen Typus noch charakteristisch, dass der Körper nicht von vorne, sondern in einer Dreiviertelsansicht gesehen wird. Die Beine sind nicht, wie es der Lage des Körpers entsprechen würde, nach vorne gekrümmt, sondern es sieht aus, als wären

sie beide nach der linken Seite hin gebogen. Die Künstler
konnten offenbar die schwierige Darstellung in der Vorderansicht nicht bewältigen. Wir finden diesen Typus z. B. bei Giotto
oder Giovanni Pisano. Erst Donatello gelangte zur vollen Freiheit. Der Körper ist ausgezeichnet modelliert, ausserdem ist
das Hängen der Gestalt wahrscheinlich gemacht, und die
Beine sind richtig in der Vorderansicht gegeben. Brunelleschis
Statue dagegen folgt der alten Darstellungsweise der Gotik.
Auch bei ihm finden wir, abgesehen von der allgemeinen, etwas
leeren Schönheit der Formen, jene genannten Schwächen und
vor allem die charakteristische Stellung der Beine. Castagno
hingegen folgt den Spuren Donatellos, dessen Einfluss hier
geradezu handgreiflich ist. So sind die beiden besprochenen
Fresken die ersten wahren Darstellungen des Kruzifixes in der
Malerei der Renaissance.

Im Jahre 1416 wurde die Johannesstatue am Campanile
bei Donatello in Auftrag gegeben, bis 1426 folgten der Prophet
Habakuk, Jeremias und der sogenannte König David. Somit
haben wir ein ungefähres Datum für die uns erhaltenen frühesten
Werke Castagnos gewonnen. Wir werden ihre Entstehungszeit
in die Jahre 1420—25 setzen können. Viel später können sie
nicht entstanden sein, denn von einem Einfluss Masaccios, wie
er sich in späteren Jahren findet, ist hier noch nicht die leiseste
Spur vorhanden.

„In Legnaja malte er dem Pandolfo Pandolfini in einem
Saale viele berühmte Männer." Mit diesen paar dürftigen
Worten fertigt der Biograph eines der Hauptwerke des Künstlers
ab. Da er über die stilistischen Qualitäten dieses Freskencyclus
kein Wort verliert, so scheint es, als ob er nie in die genannte
Villa gekommen wäre. Auch der vage Ausdruck: „viele berühmte Männer" beweist, dass Vasari nur nach Hörensagen berichtet und Einzelheiten nicht anzugeben weiss. Daher dürfen
wir es auch nicht zu genau nehmen, wenn er das genannte
Werk ziemlich am Anfang von Castagnos Künstlerlaufbahn erwähnt, was zweifellos unrichtig ist. Die Ungenauigkeit Vasaris
geht, wie bemerkt, so weit, dass er diese Fresken zweimal erwähnt, einmal in Legnaja und das andere Mal in der Casa
Carducci zu Florenz. Der Irrtum rührt daher, dass sich jene
Villa ursprünglich im Besitze der Carducci befand, bevor sie an

die Pandolfini überging. Augenblicklich gehört sie der Familie
Rinucci; die Fresken befinden sich nicht mehr an Ort und Stelle.
Eine Zeitlang fanden sie Aufstellung in der Akademie in
Florenz, jetzt sind sie mit anderen, später zu besprechenden
Werken Castagnos in dem Refektoriumssaal des ehemaligen
Klosters Santa Apollonia vereinigt.

Schon vor Vasari berichtete der prete Francesco Albertini
in seinem memoriale: et le bellissime sale di Pandolfo Pandolfini
e à Legnaja per mano d'Andreino con sibylle ed uomini famosi.
Es sind uns im ganzen neun dieser Figuren erhalten. Sie
füllten nur die eine Wand des Saales aus, und zwar diejenige,
in welcher sich die Thüre befand, weshalb auch die Esther nur
als Brustbild gedacht ist. Die Malereien der übrigen Wände
sind zu Grunde gegangen.

Betrachten wir nun die einzelnen Gestalten. Da ist zunächst Filippo Scolari, der tapfere Obergespan von Temesvar;
daher sein volkstümlicher Name Pippo Spano. Die Unterschrift
lautet: Filippus Hispanus de Scolaris, relator victoriae Theucrorum.
Dieser Mann, von Geburt arm, entstammte einer alten Ghibellinen-
familie und kam als Kaufmann nach Deutschland. Später trat
er in die Dienste des Königs Sigismund von Ungarn und er-
langte bald Ehren und Reichtum. Schliesslich brachte er es
infolge seiner ausgezeichneten Dienste im Kampfe gegen auf-
ständige Grosse des Reiches bis zum Obergespan von Temesvar.
Seine glänzendste Kriegsthat war die Besiegung der Türken.
Für die Kunst hat er manches gethan; er baute Kirchen und
öffentliche Gebäude. Bekannt ist, dass er Masolino von Florenz
nach Ungarn berief. Gestorben ist er 1426.

Eine kriegerische Erscheinung ist es, die uns Castagno
vorführt. Die kraftvolle Gestalt steht, wie zum Kampf gerüstet, breitbeinig da, den Leib vorgestreckt, den krummen
Säbel mit beiden Händen quer vor sich haltend. Die ganze Stellung
ist trotzig, herausfordernd. Eine schwarze Haarmasse umgiebt
in wirren Locken ein knochiges Gesicht von fast magyarischem
Typus. Der Kopf ist leise nach links gewendet; über die
Achsel hinweg scheinen die stechenden schwarzen Augen einen
Gegner geringschätzig von oben bis unten zu messen. Das
höhnische Lächeln, die aufgeworfenen Lippen drücken unverkennbar unsägliche Verachtung aus, einen gewissen barbarischen

Hochmut. Man glaubt es diesem Manne kaum, dass er in Ungarn.den Mäcen gespielt hat. Die Gestalt hat etwas dünkelhaftes, und man ist versucht anzunehmen, dass für Pippo Spano das Protektorat der Künste mehr Modesache war und ihm ein geeignetes Mittel zur Selbstverherrlichung bot. Wie dem auch sei, unser Künstler hat die Absicht gehabt, vor allem den Soldaten, den tapferen Haudegen zu charakterisieren. Wir sehen hier Castagno als Schöpfer eines neuen Typus, der besonders in der Frührenaissance eine hervorragende Rolle spielt. Ich meine die Darstellung des Condottiere. Von diesem Pippo Spano aus lässt sich eine gerade Linie ziehen bis zum Colleoni des Verocchio. Die Auffassung des trotzig hochmütigen Haudegens ist bei beiden Künstlern dieselbe. Castagno jedoch gebührt das Verdienst, den Typus festgestellt zu haben. Der Condottiere spielt dann in der Kunstgeschichte eine ganz bedeutende Rolle, sodass er einer besonderen Darstellung wert wäre. Zeitlich folgt auf den Pippo Spano zunächst der John Hackwood von Uccello und der Niccolo da Tolentino von Castagno im Dome. Unser Künstler hat in dieser zweiten Darstellung die erste desselben Genres durchaus nicht übertroffen. Jedenfalls dominiert hier der Pferdekörper zu sehr dem Manne gegenüber, als dass eine so eindringliche Charakteristik hätte erzielt werden können. Auch bei dem Gattamelata des Donatello ist schliesslich das Ross die Hauptsache. Erst Verocchio gelang es, dem kriegerischen Geist jener Zeiten den höchsten monumentalen Ausdruck zu verleihen. Der letzte Repräsentant dieser Reihe, die bei Castagno beginnt, ist der Marchese Alessandro del Borro, welcher früher Velasquez zugeschrieben wurde, jetzt aber vielfach für Tiepolo in Anspruch genommen wird. In diesem in einer ganz anderen Zeit und Atmosphäre entstandenen Bilde, das sich jetzt in der Berliner Galerie befindet, ist das Reckenhafte der früheren Söldnerführer ganz verschwunden gegenüber dem Humor, mit welchem der Künstler einen im Vollgefühl seines Triumphes geradezu aufgeblasenen Mann vor uns hinstellt. Wir sehen, wie die Auffassung Castagnos auch hier noch nachwirkt.

Der zweite in der Reihe ist Farinata degli Uberti: Unter dem Bilde steht die Inschrift: Dominus Farinata de Ubertis suae patriae liberator. Es ist der grosse Anführer der Ghibellinen,

der am 4. Sept. 1260 jenen blutigen Sieg über die Guelfen bei
Monte Aperto an der Arbia gewann, später aber, als seine
Partei in Florenz die Oberhand verlor, seine Vaterstadt verlassen musste und nicht wieder zurückkehrte. An Stelle des
damals niedergerissenen Hauses der Uberti erhob sich späterhin
der Palast der Signoria. Dante erwähnt den Farinata im
zehnten Gesange des Inferno unter den Ketzern, oder besser
gesagt den Atheisten, weil von ihnen gesagt wird, dass sie ein
Fortleben nach dem Tode läugnen. Auch er ist von Castagno in voller Rüstung dargestellt.
Die Gestalt ist vorwärts schreitend gedacht, die Last des
Körpers ruht momentan auf dem rechten Bein, das linke ist
in der Bewegung des Gehens zurückgesetzt. Der linke Arm
ist in die Seite gestemmt, der rechte stützt sich auf das
Schwert. Die ganze Haltung kündet Stolz, Selbstbewusstsein
und Energie. In dem mächtigen, bartlosen Kopfe sitzen ein
Paar leuchtende, durchdringende Augen, über den fest zu-
sammengepressten Lippen wölbt sich eine starke Adlernase,
unter der kolossalen Kopfbedeckung kommen einige weisse
Haare zum Vorschein. Kaltblütigkeit und eiserne Entschlossen-
heit prägen sich in diesen Zügen aus. Die Darstellung entspricht ganz den Worten Dantes:

Ed ei s'ergea col petto e colla fronte,
Come se avesse lo inferno in gran dispetto.

Wir haben den Eindruck einer geistig hochbedeutenden
Persönlichkeit. Der Typus des Kopfes, der uns fast an einen
gelehrten Humanisten oder Dichter denken lässt, und die feinen
Hände bekunden den Aristokraten, der auf der Höhe der
Bildung seiner Zeit steht. Hier sehen wir den Feldherrn, der
durch einen blitzenden Blick seines Adlerauges eine Armee
beherrscht; Pippo Spano erscheint daneben als ein unter-
geordneter Soldat, der seinen Stolz in seine persönliche Tapfer-
keit beim Dreinschlagen setzt.

Neben der trefflichen Charakteristik dieser beiden Männer
treten die übrigen Gestalten allerdings um einiges in den Hinter-
grund. Es folgt der Reihe nach Niccolo Acciajuoli „magnus
Thetrarca de Acciarolis Neapoli regni dispensator". Es ist der
Seneschall des Königreichs Neapel, derselbe, der die Certosa di
Val d'Ema bei Florenz gegründet hat. Die Figur steht in

ruhiger Haltung da, über die Rüstung ist ein langes Gewand gezogen, das über dem scharf im Profil gesehenen Kopfe in einer Kapuze endigt. Niccolo hält einen Stab mit beiden Händen schräg vor den Leib. Das bartlose Gesicht verläuft in einer hohen Stirn, die Züge sind regelmässig.

Hierauf folgen die drei weiblichen Gestalten, doch fahren wir zunächst in der Schilderung der dargestellten Männer fort. Den drei politischen Grössen sind drei Männer der Kunst und Wissenschaft gegenübergestellt. Bei allen dreien — dargestellt sind Boccaccio, Dante und Petrarca — sind die Bewegungsmotive ähnlich, bei den beiden letztgenannten sogar dieselben, nur sind die Gestalten im Gegensinne gezeichnet. Sie stehen ruhig da, das eine Bein trägt den Körper, das andere ist entlastend zur Seite gesetzt. Beide halten in der einen Hand ein Buch, die andere ist wie mit einer Geste des Vortragens erhoben. Die Gesichter sind fast im Profil gesehen. Boccaccio hält sein Buch mit der rechten Hand vor die Brust und weist mit der Linken bedeutsam darauf hin. Alle drei Figuren tragen ein langes, glatt herabfallendes Gewand mit weiten, faltigen Ärmeln. Die Gesichtsbildung ist bei Dante und Boccaccio ziemlich ähnlich. Es sind die gleichen bartlosen Typen von etwas magerem, knochigem Charakter, scharfgeschnitten, ohne Fülle und Rundung. Dabei haben die Augen etwas starres, der Mund ist breit und von Furchen umzogen. Demgegenüber hat Petrarca weichere, vollere Züge. Die Augen blicken freundlicher, die Nase ist gerade und spitz, der Mund ist klein. Die Kapuze im Verein mit diesem Typus geben der Gestalt etwas Mönchisches.

Die drei Frauengestalten sind die Cumäische Sibylle, die Königin Esther und Thomyris. Die Sibylle steht in ruhiger Pose da; in der linken Hand trägt sie ein Buch, die rechte Hand und Zeigefinger sind bedeutsam erhoben. Die Seherin ist soeben im Begriff, eine Weissagung auszusprechen. Das Gesicht bildet ein längliches Oval, die Stirne ist hoch, die Augenbrauen geschwungen, die Nase lang und spitz, mit scharfgeschnittenem Rücken. Die knappen, mageren Formen verleihen diesem Kopf, der auf einem sehr langen Halse sitzt, eine eigentümliche, herbe Schönheit. Das Diadem mit dem feinen Stirnband und das volle schwarze Haar erhöhen den Eindruck

königlicher Würde und jungfräulicher Strenge. Das weite Gewand ist unter der Brust gegürtet und bildet über der Magen-
gegend einen weiten Bausch. Die Königin Esther ist nur in halber Figur sichtbar. Mit
der linken Hand führt sie den weiten Mantel an den Gürtel
ihres Gewandes, vermutlich um ihn dort zu befestigen. Die
auf dem unteren Rande des Bildes aufruhende Rechte scheint
eine Art Griffel zu halten. Was hiermit gemeint sei, ist aus
der biblischen Erzählung schwer zu erraten. Der Künstler
könnte sich höchstens auf die Worte Buch Esther IX, 29, 30
bezogen haben: „Und die Königin Esther, die Tochter Abihails,
und Mardochai, der Jude, schrieben mit ganzer Gewalt, zu bestätigen diesen anderen Brief (des Mardochai an das Volk
Israel) von Purim; und sandte die Briefe zu allen Juden in
den hundert und siebenundzwanzig Ländern des Königreiches
Ahasveros, mit freundlichen und treuen Worten." Esther wäre
also hier als Stifterin des grossen jüdischen Erinnerungsfestes
an den Sturz Hamans und die Befreiung ihres Volkes dargestellt. Indessen ist es möglich, dass die ganze rechte Hand
der Figur ergänzt ist; es ist überhaupt nur der Daumen und
Zeigefinger zu sehen, alles übrige ist durch Ausbesserungen
verwischt. Auch oberhalb der Hand ist eine Stelle, welche
deutlich eine Verputzung verrät. Vielleicht lag die Hand
ursprünglich höher als jetzt und machte eine nicht mehr zu
ermittelnde Gebärde. Der ganze untere Rahmen des Bildes mit
der Inschrift ist möglicherweise später hinzugefügt; auffällig ist
nämlich der Umstand, dass der obere Rand dieses Rahmens über
der Linie liegt, auf welcher die Basen der Pilaster aufstehen,
was wir bei keinem der anderen Bilder bemerken.

Das Haupt der Königin wird durch eine Krone geziert,
die ein Kopftuch in herrlicher Drapierung umspannt. Das
Gesicht ist voller, als das der Sibylle, aber von derselben archai-
schen Strenge und überhaupt im Schnitt dem oben besprochenen
durchaus ähnlich. Die Formen sind etwas derber geraten, besonders die Backenknochen sind sehr kräftig gebildet, um Mund
und Nase ziehen sich leise Spuren von Falten, auf ein höheres
Lebensalter hinweisend. Der Mund ist fest zusammengekniffen,
das Kinn springt stark vor, ein Zug von Energie geht durch
die ganze Gestalt. Darauf deutet auch die selbstbewusste Hal-

tung. Der scharf zur Seite gewandte Kopf scheint seine klugen Augen starr auf ein bestimmtes Ziel zu richten, der linke Arm ist kräftig in die Seite gestemmt. Die Hände sind übrigens nicht so schön wie diejenigen der Sibylle. Die Finger sind fleischig, die linke Handfläche sieht wie geschwollen aus. Diese Esther ist reifer und frauenhafter als ihre Nachbarin. Die letzte Figur, die Thomyris, erscheint neben ihren Genossinnen etwas hölzern; die ganze Stellung verrät Ungeschick. Wenn diese Frau sich bewegt, muss sie einen sehr ungraziösen Gang haben. Sie steht, wie fast alle diese Persönlichkeiten, fest auf dem einen Fuss, während sie das Spielbein etwas vorsetzt. Die linke Hand ist im Begriffe, den Rock zu schürzen, die Rechte stützt sich auf einen langen, mit der Spitze nach unten gekehrten Speer. Unter dem Frauenkleide ist die Gestalt gepanzert, wie man an den Armen sieht. Trotz des Diadems, welches das Haar schmückt, hat diese Thomyris die Bewegungen und das Aussehen einer Bäuerin. Die Art, wie sie das Kleid schürzt, hat etwas ungemein linkisches. Der Leib ist vorgestreckt, die Brust flach, der Hals oben schmal und unten breit. Im Gegensatz zu den Gesichtszügen ihrer beiden Genossinnen sind die ihrigen äusserst hart und unregelmässig. Die hohe Stirn, die glanzlosen Augen und das spitze Kinn machen diese Frau wenig anziehend. Dazu kommt noch, dass die Haare in einem dicken Zopf geflochten sind, der über die rechte Schulter nach vorne fällt. Wir haben es hier wieder mit der Schöpfung eines Typus zu thun, der in der Renaissance eine bedeutsame Rolle spielt. Thomyris, die Barbarenfürstin, welche nach der Sage den Kopf des Cyrus in einen mit Blut gefüllten Schlauch gesteckt haben soll, damit er sich am Blute satt trinken könne, dieses amazonenhafte wilde Weib sucht der Künstler mit naivem Realismus darzustellen. Es ist die erste virago, das Mannweib in der modernen Kunst. Ihre Nachfolgerinnen sind zunächst jene gewaltigen Weiber, die Pollajuolo als Vertreterinnen der sieben Tugenden malte. Michelangelo war es, der schliesslich dieser Gattung die höchste künstlerische Weihe verlieh, indem er seine Sibyllen in der Sixtinischen Kapelle schuf, deren klassische Grösse freilich unendlich weit von dem naiven Realismus unseres Künstlers entfernt ist.

Wie hat man sich wohl den ganzen Cyclus zu denken? Lag demselben ein bestimmter einheitlicher Gedanke zu Grunde? Wir werden hier nur auf Vermutungen hingewiesen. Auffallend ist, dass Albertini von mehreren Sibyllen spricht, während von den uns erhaltenen Frauengestalten doch nur eine diesen Namen verdient. Seine Bemerkung müsste sich dann hauptsächlich auf die untergegangenen Fresken beziehen. Wahrscheinlicher ist, dass alle hier dargestellten Frauen solche waren, die sich in der Geschichte oder in Kunst und Wissenschaft irgendwie hervorgethan haben. Diese Zusammenstellung berühmter und gelehrter Männer und Frauen hat im Zeitalter der Renaissance nichts befremdendes. Vielleicht war der Saal des Pandolfo Pandolfini ursprünglich eine Bibliothek, die man ja mit Darstellungen solcher Art zu schmücken liebte. Castagno ist hierin nicht der erste. Schon von Giotto berichtet Ghiberti in seinem Commentar, dass er den Saal des Königlichen Palastes in Neapel mit Darstellungen berühmter Männer geziert habe. Diese Vorliebe für cyclische Darstellungen, und das Bestreben, in denselben zugleich gewissermassen eine Encyclopädie des gesamten Wissens zu geben, geht auf das Mittelalter zurück. Die Dominikaner insbesondere waren es, die durch das Begriffssystem ihrer Scholastik alle menschliche Kunst und Gelehrsamkeit zu erschöpfen glaubten. Ihr Einfluss auf die bildende Kunst zeigt sich vielfach. Derartige durch einen einheitlichen Gedanken verbundene Darstellungen, wie die Fresken der Spagnuolikapelle in S. Maria Novella, die Reliefs der fonte maggiore in Perugia und am Campanile zu Florenz verdanken den scholastischen Ideen ihr Dasein. Auch in der Renaissancezeit blieben solche Darstellungen beliebt; indessen wurzelten sie nicht mehr in jenen Anschauungen, wie sie dem Mittelalter geläufig waren, sondern dienten mehr als leichte Dekoration, als willkommener Vorwand, prächtige Gestalten in freier Bewegung und reicher Gewandung hinzustellen. So malte Perugino im Cambio die Kardinaltugenden und ihre Vertreter, Pinturicchio im Apartamento Borgia die sieben freien Künste mit ihren Anhängern. Immer aber war es die thronende Allegorie, welche den Mittelpunkt der Darstellung bildete. Castagno brach mit dieser Tradition. Ihn, der mit beiden Füssen auf realem Boden stand, interessierten offenbar diese wesenlosen Schemen nicht.

Er schilderte Menschen von Fleisch und Blut; und so sehen wir ihn in diesen Fresken auf allen gelehrten allegorischen Apparat verzichten. Es ist die erste Gallerie von Einzelfiguren in der Renaissance. Dargestellt sind Vertreter von Kunst und Wissenschaft, sowie des Staatslebens, vielleicht nach dem Schema der weltlichen und geistlichen Tugenden geordnet. Es scheint also, dass in Bezug auf die Frauengestalten hier nicht an Sibyllen zu denken ist, sondern dass die Bemerkung Albertinis aus der Ungenauigkeit des Schriftstellers zu erklären ist. Auch der Cumäa ist wohl ihr Platz neben den anderen nur im Hinblick auf die politische Rolle, welche ihr die Sage des Altertums zuwies, eingeräumt worden. Hatte sie doch dem König Tarquinius Superbus jene drei berühmten sibyllinischen Bücher übergeben, die auf dem Kapitol aufbewahrt wurden. Ferner sind Esther und Thomyris Frauen, die sich in der Geschichte einen grossen Namen gemacht haben und desshalb hier auf die drei Männer Pippo Spano, Farinata und Accajuoli folgten. Gerade diese Zusammenstellung von berühmten Persönlichkeiten aus der Zeitgeschichte, aus der antiken Welt und der Bibel ist in ihrer Naivetät charakteristisch. Man denke nur an Ähnliches bei Dante. Auch dass den Frauen eine gleiche Stellung neben den Männern eingeräumt wird, ist bezeichnend für die Renaissance, jene Zeit der Emanzipation des Weibes. In der That war die Bildung der Frauen damals oft sehr gründlich; es sind uns zahlreiche Berichte über gelehrte und humanistisch gebildete Schriftstellerinnen erhalten. Auf Dante, Petrarca und Boccaccio folgten dann vermutlich berühmte Dichterinnen. So war diese Halle als ein idealer Versammlungsort von erlesenen Geistern beiderlei Geschlechts und aus allen Zeiten gedacht.

Fassen wir nun die stilistischen Merkmale dieser Fresken ins Auge. Zunächst fällt uns die grandiose Ruhe und die statuarische Haltung der Figuren auf, ja, sie sind geradezu als plastische Werke gedacht, und zwar als in Flachnischen stehend; darauf deutet die Umrahmung hin, die durch ornamentierte Pilaster bewirkt wird, und der Hintergrund, der als Marmor von verschiedener Farbe und Zeichnung behandelt ist. Aber noch mehr: Castagno lässt, offenbar aus einem inneren Bedürfnis nach plastischer Wirkung, Gewand- und Körperteile aus dem architektonischen Rahmen des Bildes herausragen, meist

die eine etwas erhobene Hand und den vorgesetzten Fuss. Die
Figuren waren in einer gewissen Höhe an der Wand angebracht,
und der Maler hat dementsprechend den Augenpunkt ziemlich
tief gewählt. Infolgedessen wird der Fuss des Standbeines
regelmässig durch den unteren Rand der als Architektur ge-
dachten Umrahmung überschnitten. Dieser künstlerische Zug
stimmt aufs genaueste überein mit der Art, wie Mantegna auf
seinen reliefmässig behandelten Fresken eine so ungemein
frappante Raumwirkung erzielt. Wir kommen später auf diese
Thatsache zurück. Man könnte sogar fast behaupten, dass schon
hier bei Castagno ein Versuch der sogenannten Froschperspektive
gemacht worden sei, als deren Erfinder allgemein Mantegna gilt.
Ganz abgesehen davon, dass man den meisten dieser Figuren
unter die Röcke sieht, kommt noch der weitere Umstand in
Betracht, dass der Unterkörper zu breit und stark ist im Verhältnis zum Oberkörper. Wenn man die Gestalten in Abbildungen betrachtet, so scheinen sie alle den Leib vorzustrecken;
die Körperformen sind merkwürdig gedrückt, der Oberkörper
fällt fast nach hinten über. Erst in der richtigen Höhe an der
Wand gesehen, gewinnen die Bilder ihre richtigen Verhältnisse.

Bei dem grossen Paduaner ist die genannte plastische
Richtung aus seinem intensiven Studium der Antike herzuleiten,
und auf den Einfluss der Antike sind auch die analogen Erscheinungen in Castagnos Kunstschaffen zurückzuführen. Denn
ausser der plastischen Durchbildung gewahren wir hier überall
ein weises Masshalten, ja ein entschiedenes Streben nach Schönheit im klassischen Sinne. Die Typen sind edel zu nennen,
der pathetisch erregte Ausdruck der früheren Werke, welcher
allerdings zum Teil in dem Thema der Kreuzigung lag, ist hier
verschwunden. Bei aller Energie der Charakteristik sind die
Gesichter einfach behandelt und nicht in zahllose Furchen und
Fältchen zerlegt. Wie ein Hauch von antiker Schönheit liegt
es über diesen herrlich modellierten Köpfen. Dieselbe Ruhe
und Einfachheit, dieselben grossen und klaren Züge charakterisieren auch die Gewandbehandlung. Fast monoton wirkt die
Kleidung einiger männlicher Gestalten. Senkrecht verläuft
Falte neben Falte, höchstens das vorgesetzte Spielbein unter-
bricht den strengen Linienfluss. Etwas reicher ist die Drapierung bei den Frauen; klassisch schön in seiner Faltengebung

ist das Kopftuch der Esther. Am lehrreichsten aber ist die
Sibylle. Ihre ganze Haltung erinnert fast an die einer antiken
Statue. Die Stellung des rechten Beines, die strenge Symmetrie
der Faltengebung lassen beinahe an irgend ein klassisches Vorbild denken. Das ganze Gewand ist antikisierend, die Schürzung und die bauschigen Falten über der Magengegend könnte
man auf die etwas missverstandene griechische Tracht zurückführen. Dieselbe eigentümliche Gewandung finden wir auch bei
einigen Frauengestalten auf der zweiten Thüre des Ghiberti
am Baptisterium. Nur ist sie hier ärmellos und durch Spangen
auf den Schultern befestigt, wodurch ersichtlich wird, dass in
allen diesen Fällen eine Nachahmung des griechischen Chiton
versucht war. Zwei solche Frauengestalten befinden sich z. B.
bei Ghiberti in der Gesetzgebung auf dem Sinai, dieselbe Tracht
hat auch das tambourinschlagende Mädchen in der Nische links
davon, ferner die Nischenfigur links von der Geschichte des
Kain und Abel, sowie noch manche andere. Auch das Tuch,
welches die Cumäische Sibylle wie einen Schleier um die
Schultern trägt, findet sich hier, nur umweht es bei Ghiberti
die Gestalt in einem schwungvollen Bogen, wie vom Winde
gebauscht. Ob hier beiden Künstlern ein gemeinsames antikes
Vorbild vorschwebte? Vielleicht liesse sich sogar die empor-
weisende Bewegung der rechten Hand bei der Sibylle auf die
Antike zurückführen, und Castagno irrte sich ebenso wie die
späteren Restauratoren griechischer Bildwerke, wenn er eine
derartige Stellung des Armes und der Hand bei einer antiken
Statue für ein bedeutsames Hinaufweisen nach oben hielt, während nur ein Scepter, eine Lanze oder ähnliches zu ergänzen
ist. Der Kopf der Cumäa hat regelmässige Züge; die glatte
Stirn, die verhältnismässig schmalen Augen mit den scharf
vorspringenden Lidern, die knappen, rundungslosen Wangen
mit ihrer etwas trockenen Zeichnung verleihen dem Gesicht
einen eigentümlichen Reiz. Eine gewisse Ausdruckslosigkeit
des Kopfes ist auffällig, besonders wenn man an die anderen
Werke des Künstlers, das Abendmahl und ähnliches denkt.
Auch dieser Umstand, dass der Ausdruck des Kopfes zu Gunsten
der Gesamterscheinung herabgestimmt ist, liesse sich vielleicht
auf antike Vorbilder zurückführen, ebenso die Form des
Diadems.

Sehen wir so bei Castagno gewisse antikisierende Elemente auftauchen, so kündigt sich in anderer Beziehung doch wieder die Geistesverwandtschaft mit Donatello an. Schon die Art, wie die Figuren in Nischen aufgestellt sind, erinnert an die Statuen am Campanile. Die Gewandung hat eine gewisse Schwere, die ihr das Aussehen eines starken Stoffes giebt. Man könnte fast meinen, sie sei aus Blech gehämmert. Die Falten sind röhrenartig, sie wirken ungemein plastisch, indem ihre scharfen Kanten durch kräftig aufgesetzte facettenartige Lichter aus dem tiefen Schatten hervorgehoben werden. Diese eigentümliche plastische Schärfe gemahnt wieder an Piero del Pollajuolo und Mantegna. Gerade wie diese Künstler bildet auch Castagno die Haare drahtartig, sodass man an Bronzestatuen erinnert wird. Neben den grossartigen zeichnerischen Leistungen tritt übrigens das coloristische dieser Werke etwas in den Hintergrund. Die Farbe ist schwer und erdig; trüb, braunrot ist der Gesamtton, daneben findet sich vorzugsweise Hellblau, auch ein schmutziges Grün in geringem Masse und einige gelbweissliche Töne. Man sieht, die Farbenscala ist nicht viel reicher geworden als in der Kreuzigung von S. Maria degli Angeli, während der Maler in der Zeichnung so bedeutende Fortschritte gemacht hat. Damit stimmt überein, was Vasari zur Charakteristik Castagnos sagt: „Er zeigte grosses Geschick in den Schwierigkeiten der Kunst und vor allem in der Zeichnung. Nicht soviel leistete er im Colorit seiner Werke, das ein wenig herb und schwer ausfiel, wodurch seine Werke einen nicht geringen Teil ihrer Güte und Schönheit einbüssten; und vor allem ist es der Mangel an Anmut, den man in seinem Colorit empfindet. Er zeichnete die Bewegungen seiner Figuren sehr heftig, und gewaltig den Ausdruck der männlichen und weiblichen Köpfe, indem er sie würdig auffasste und vorzüglich zeichnete.“

Was die Ornamentik anlangt, so macht sich in derselben eine gewisse Dürftigkeit geltend, auch wiederholt sich dasselbe Motiv fast auf allen Pilastern. Diese tragen über korinthischen Kapitellen einen Architrav mit Palmettenmuster, darüber einen Fries von Putten, welche Festons halten, alles in hohem Masse antikisierend. Ein naiver Versuch, diese architektonischen Schranken, welche die einzelnen Figuren von einander trennen, zu durchbrechen, besteht darin, dass der Künstler seine Helden sich einander zuwenden lässt, sodass es oft beinahe den Anschein hat, als wenn sie mit einander in Unterhaltung begriffen wären. Übrigens bleibt von jetzt an in der Dekoration, im Ornamentalen und im architektonischen Aufbau die Antike für Castagno der einzige Leitstern, wie wir dies bei dem Reiterbild des Niccolo da Tolentino und bei dem Abendmahl in S. Apollonia beobachten. Im Figürlichen dagegen war dieses Streben nach klassischer Schönheit nur eine vorübergehende Erscheinung. In Zukunft drängt es den Maler wieder mehr zu naturalistischer Hässlichkeit. Etwas ganz analoges bemerken wir ja auch bei Donatello. In seinem spätesten Werk, den Kanzeln von San Lorenzo, verraten die dargestellten Menschen mit ihren pathetischen Gebärden und ihren schreienden Affekten ebenso wie die überfüllte Komposition keine Spur mehr von antiker Linienführung und Raumverteilung. Alles Ornamentale dagegen, die Putten und dergleichen, ist im Sinne der alten Kunst gestaltet.

Schliesslich wäre noch die Frage aufzuwerfen, ob wir hier in den Männergestalten wirkliche Portraits vor uns haben. Am meisten interessiert uns da natürlich Dante. Seit dem Anfang des 15. Jahrhunderts treten zwei Typen von Dantebildern auf. Die eine Reihe schildert mehr den jugendlichen Dante und lehnt sich an das bekannte Bild im Bargello an. Die andere Gattung zeigt den älteren Dante, den Verfasser der divina commedia, mit einem von Falten durchfurchten, ernsten Charakterkopf. So tritt der Dichter uns auch auf dem Bilde von Castagno entgegen. Man vermutet, dass dieser Typus auf ein untergegangenes Fresko von Taddeo Gaddi in S. Croce zurückgeht. Andrea hat nun das erste Portrait Dantes in der Renaissance geliefert. Von ihm sind gewissermassen alle späteren Bilder des Dichters bis auf Raffael abhängig. In Bezug auf Petrarca und Boccacio hat sich der Maler an die Tradition gehalten. Die drei anderen Männer sind schwerlich Portraits. Pippo Spano ist zwar ein Zeitgenosse Castagnos, kam aber schon in jungen Jahren aus Florenz fort, sodass eine Darstellung nach dem Leben ausgeschlossen ist. Bei Farinata war eine solche natürlich erst recht unmöglich, da er fast zweihundert Jahre früher lebte. Um so bewunderungswürdiger ist die Kunst des Meisters in der sprechenden Charakteristik dieser Figuren.

Ein festes Datum, wann diese Fresken entstanden sind, ist uns nicht überliefert. Ungefähr aber können wir ihre Entstehungszeit fixieren. Sie verraten nämlich noch keinen Einfluss des Domenico Veneziano, müssen also vor den gleich näher zu besprechenden Fresken Castagnos in S. Maria Nuova entstanden sein, in welchen ein solcher Einfluss sich entschieden geltend macht. Diese letzteren Arbeiten fallen in den Anfang der fünfziger Jahre. Nach diesem Zeitpunkt können wir den Cyklus der Villa Pandolfini kaum ansetzen, denn in die letzten Lebensjahre des Künstlers fällt allem Anschein nach die Ausführung des cenacolo in Santa Apollonia, eines Werkes, welches Castagno auf der Höhe seines Könnens zeigt und stilistisch den Abschluss seiner Entwickelung bildet. Es ist wohl kaum anzunehmen, dass die soeben behandelten Gemälde gleichzeitig mit jener Abendmahlsdarstellung sind.

Die erste Nachricht von Domenico Veneziano ist uns in einem Brief erhalten, den dieser Künstler aus Perugia am 1. April 1438 an den damals in Ferrara weilenden Piero de'Medici geschrieben hat und darin die Bitte ausspricht, ein Bild für die Familie Medici malen zu dürfen. Vielleicht war es auch die Gunst der letzteren, welche ihm im folgenden Jahre 1439 den Auftrag verschaffte, den Chor von S. Maria Nuova auszumalen. Aus Perugia hatte er den jungen Piero della Francesca mitgenommen. Wann und wo Domenico geboren ist, wo er gelernt hat, ist unbekannt. Nur das Datum seines Todes, der 15. Mai 1461, steht fest. Ob er selbst aus Venedig stammte, oder ob nur seine Eltern Venezianer waren, bleibt fraglich. Jedenfalls kann er von der Kunst der Lagunenstadt, welche am Anfang des Quattrocento noch unbeirrt an den byzantinischen Traditionen festhielt, keine bestimmenden Impulse erhalten haben. Nur die jetzt untergegangenen Malereien des Vittore Pisano im Dogenpalast werden ihm eine Ahnung von den neuen Kunstströmungen gegeben haben. Was uns von Veneziano überkommen ist, zeigt in der Zeichnung durchaus den florentiner Stil; der farbige Eindruck jedoch unterscheidet seine Bilder nicht unwesentlich von dem, was damals in der Arnostadt auf dem Gebiete der Malerei geleistet wurde. Es ist ein auffallendes Phänomen, dass dieser Mann, welchen die Überlieferung doch in irgend einen Zusammenhang gerade mit Venedig bringt, als der erste eine coloristische Neuerung in das plastische, zeichnerische Florenz trug. Vasari berichtet uns, Domenico habe zuerst das Oel als Bindemittel für seine Farben benutzt, und zwar sei es die Technik der Brüder van Eyk gewesen, welche ihm Antonello da Messina übermittelt habe. Dies letztere ist allerdings unwahrscheinlich, ausserdem aber hat die Malweise Domenicos überhaupt sehr wenig mit der niederländischen zu thun. Es war ein in Florenz durchaus nicht unbekanntes Verfahren, den Farben einen Oelzusatz zu geben, und über die hergebrachte Technik ist auch Veneziano im allgemeinen nicht herausgekommen. Indessen scheint er coloristisch viel experimentiert zu haben, und wie etwa Uccello die Perspektive theoretisch zu ergründen suchte, und sie zu seinem Spezialstudium erhob, so spürte er zeitlebens den Problemen der Licht- und Luftwirkung nach. In der That hat er es verstanden, den Farben einen eigentümlichen hellen Schimmer zu verleihen. Die Töne sind weich, emailartig und ordnen sich dem weisslichen Gesamtton unter. Auf seinen Bildern erscheinen · die Gestalten wie von einem hellen, kalten Licht umflutet, wie wir dies unter anderem auf seinem einzigen bezeichneten Tafelbilde sehen, der Madonna mit Heiligen, die sich jetzt in den Uffizien befindet.

Das Hauptwerk Domenicos, die Fresken in S. Maria Nuova, ist zu Grunde gegangen. Der Meister arbeitete daran bis 1445. Ebendort hat auch Castagno eine Reihe Fresken geliefert. Albertini schreibt darüber: La capella maiore è mezza di Andreino e mezza di Dominico Veneto, benchè alcune figure dinanzi sieno di Alex. Baldovinetti. Während dieser gemeinsamen Arbeit soll Andrea gegen Domenico, weil er wegen seiner Farbentechnik so sehr geschätzt wurde, einen solchen Neid empfunden haben, dass er ihn schliesslich erschlagen haben soll. Dass dieser angebliche Mord eine Erfindung ist, geht aus zwei Thatsachen hervor, einmal daraus, dass Castagno seine Arbeit im Chor von S. Maria Nuova erst 1450, also fünf Jahre nach Domenico Veneziano, begann, und zweitens daraus, dass dieser letztere seinen vermeintlichen Mörder überlebte. Wie aus den Totenregistern hervorgeht, starb er erst 1461, also vier Jahre nach Castagno. Thatsache ist nur, dass eine wechselseitige Beeinflussung dieser beiden Künstler stattgefunden hat. Castagno nahm, wenn auch nur vorübergehend, die Farbengebung Domenicos an, dieser die Zeichnung Castagnos.

Die Malereien Andreas im Chor von S. Maria Nuova sind ebenfalls untergegangen. Das eine dieser Fresken stellte die Verkündigung dar, wobei der Engel in der Luft schwebend gemalt war. Man darf sich hier vielleicht eine in kühner Verkürzung gezeichnete Figur denken. Vasari rühmt aber besonders einen Tempelgang Mariae. Auf den Treppen des Tempels waren viele Bettler dargestellt, unter anderen einer, der seinem Genossen mit einem Becher über den Kopf hieb. Gerade dieser Stoff, der Tempelgang, bot später den Malern willkommene Gelegenheit, genreartig aufgefasste Nebenfiguren anzubringen; auch ein Tizian verschmähte es nicht, die berühmte Eierfrau an die Stufen der grossen Freitreppe zu setzen. Castagno dürfte mit seinem freilich etwas trivialen Motiv einen Anstoss nach dieser Richtung hin gegeben haben. Vasari rühmt ferner die Darstellung eines achtseitigen Tempels, der allein mitten auf einem Platze stand und dessen Wandflächen durch Pilaster und Nischen belebt waren; die Fassade war mit Marmorstatuen geschmückt. Rings um den Platz befanden sich andere Baulichkeiten, die auf der einen Seite durch den im hellsten Sonnenlicht stehenden Tempel mit Schatten bedeckt wurden. Alles dies war nach den Regeln der Perspektive gezeichnet. Wenn uns diese Gemälde erhalten wären, so könnten wir Castagnos Verhältnis zur Architektur beurteilen. Die Darstellung des Todes der Maria enthielt mehre Portraits, auch das des Meisters selbst. Vasari behauptet, alle genannten Bilder seien in Oel gemalt gewesen, weil Andrea dem Domenico habe Konkurrenz machen wollen. In wieweit diese Angabe richtig ist, lässt sich nicht mehr feststellen, Thatsache ist jedoch, dass Castagno eine Zeit lang unter dem Einfluss Domenicos stand.

Es hat sich nämlich ein ziemlich umfangreiches Fresko unseres Meisters in dem schon mehrfach genannten Refektorium des ehemaligen Klosters S. Apollonia erhalten und befindet sich dort über dem später zu besprechenden cenacolo. Das Bild zerfällt in drei Teile, in der Mitte sehen wir Christus am Kreuz, zu welchem von beiden Seiten Engel mit Gebärden des heftigsten Schmerzes herbeifliegen, ein an Giotto gemahnendes Motiv. Die den Stamm des Kreuzes umstehenden Personen teilen sich

in zwei Gruppen. Links wird die ohnmächtige Maria von zwei
Frauen unterstützt, rechts stehen zwei nicht mehr ganz erkennt-
liche Figuren, anscheinend mit Bewegungen des Klagens. Den
Stamm des Kreuzes umfasst Magdalena in leidenschaftlichem
Jammer. Rechts von ihr sitzt auf der Erde eine andere
Frauengestalt, den Kopf in die Hände gestützt, in stummer Ver-
zweiflung.

Der linke Teil des Fresco zeigt den unbärtigen Christus
dem Grabe entsteigend, daneben die Wächter, rechts wird der
Leichnam ins Grab gesenkt. Eine Figur im weiten Mantel fasst
den Körper an den Füssen, eine andere, wohl Johannes, um-
schlingt mit beiden Armen den Toten und drückt ihm einen
letzten Kuss auf die Stirne. Zwischen beiden Gestalten erscheint
noch ein weiblicher Kopf mit schmerzentstellten Gesichtszügen,
rechts eine imposante Frauengestalt in weitem Gewande, die
Hände verzweiflungsvoll ringend.

Wir haben hier eine hochbedeutende, in allen Einzelheiten
wohl abgewogene und gerundete Komposition vor uns. Die
Gruppierung ist klar und in freier Symmetrie aufgebaut. Alle
dargestellten Personen sind in lebhafter Aktion. Ein Schrei
der Leidenschaft giebt die Grundstimmung zu dieser mit den
stärksten Accenten ausgestatteten Schilderung des höchsten
seelischen Schmerzes. Geradezu ergreifend und von grandiosem
Pathos erfüllt ist die Gruppe der Grablegung. In ihrer ganzen
Auffassung und Anordnung erinnert sie an die später entstandenen Reliefs der Kanzeln von San Lorenzo, ja noch mehr an
den Kupferstich Mantegnas! Überall fällt das gründliche Studium
des Nackten besonders in die Augen, man braucht nur diesen
Christus mit dem immerhin noch etwas befangenen in S. Maria
degli Angeli zu vergleichen, um den Forschritt des Künstlers
gewahr zu werden. Die Gewandung ist einfach und gross behandelt, wenn auch hier und da jene bekannten Wülste und
Brüche störend wirken. Auch die Haarbehandlung ist manchmal noch etwas conventionell. Interessant sind diese Bilder
besonders dadurch, dass wir Castagno hier besser als in seinen
anderen uns erhaltenen Werken als Landschafter studieren
können, denn der Hintergrund gewährt den Ausblick in eine
weite hügelige Landschaft von fast umbrischem Charakter. Im
Vordergrunde zeigen sich einige Palmen und Lorbeerbäume.

Der Betrachter, welcher dieses Fresko an derselben Wand über dem Abendmahl sieht, fühlt auf den ersten Blick hin einen frappanten Unterschied in der Färbung dieser beiden Bilder. Das Colorit des cenacolo ist von von jenem schweren, braunroten Gesammtton beherrscht, wie wir ihn bei Castagno gewohnt sind. Dabei sind die Umrisse scharf gezogen, jede Weichheit ist in den Übergängen vermieden, alles wirkt plastisch, wie aus Erz gegossen. In der Kreuzigung dagegen sind die Körper von hellem Licht umflutet. Die einzelnen Lokaltöne, braun, grün, gelb und hellrosa, sind ganz matt gehalten, gleichsam leise umschleiert. Die Konturen treten nicht so energisch vor, Farbe setzt sich nicht hart von Farbe ab, die Figuren sind wie in atmosphärische Luft gehüllt. Dieser eigentümliche Silberton ist thatsächlich dem Domenico Veneziano entlehnt. Das Fresko wird also ungefähr in derselben Zeit entstanden sein, wie die untergegangenen Malereien von S. Maria Nuova.

Aber noch etwas anderes ist an diesen Bildern interessant. Schon vorhin wurde auf den umbrischen Charakter der Landschaft hingewiesen. Auch dieser Zug ist auf das Vorbild Domenicos zurückzuführen, der lange Zeit in Perugia geweilt hatte; und die Umgebung dieser Stadt, diese Höhenzüge mit ihren sanft geschwungenen Linien hatten sich ihm tief eingeprägt. Vergleicht man Castagnos Gemälde mit den Fresken des Piero della Francesca, der ein Schüler des Domenico war, so ergeben sich auffallende Ähnlichkeiten. Piero gab seinen Landschaften eine eigentümliche Raumvertiefung. Dasselbe sehen wir hier von Castagno wenigstens versucht. Die Landschaft steigt nicht vertikal empor, sondern erstreckt sich wirklich in die Tiefe. Die Art, wie die Personen in der Landschaft stehen, ist dieselbe wie bei Piero della Francesca, ja, die charakteristische Eigenart des letzteren, mächtige vereinzelte Bäume in den Vordergrund zu schieben und zwischen ihren Stämmen hindurch den Blick auf die Landschaft zu eröffnen, findet sich hier schon angedeutet. Alle diese Eigentümlichkeiten sind also auf den Domenico Veneziano zurückzuführen. Dieser hat übrigens nicht nur gegeben, sondern auch empfangen. Seine hageren oder derben Gestalten weisen auf Castagno hin. Das bäuerische, naturalistische Element entsprach aber seiner Eigenart nicht, wie man dies auf seinem Bilde in den Uffizien sieht. Seltsam genug

nehmen sich da neben seinen ungemein hässlichen Heiligen
Nicolaus, Franz und Johannes die lieblichen, fast trecentistisch
anmutenden Gestalten der Madonna und der hl. Lucia aus.
Derber Naturalist ist der Künstler auch wieder in Santa Croce,
wo er die Heiligen Franz und Johannes malte. Sie wurden
früher Castagno zugeschrieben, sind aber fast nur Wieder-
holungen derselben Heiligen auf dem Bilde Domenicos in den
Uffizien. Diese oft plumpen Gestalten begegnen uns dann wieder
bei Piero della Francesca, auf den Castagno in dieser Weise
mittelbar einwirkte.

Das einzige sicher datierte Werk unseres Künstlers ist
das Reiterbildnis des Niccolo da Tolentino. Dieser, mit seinem
vollen Namen Niccolo di Giovanni de' Maurucci da Tolentino
genannt, wurde Generalcapitän der Florentiner im Jahre 1433.
Im folgenden Jahre war er Gefangener des Niccolo Piccinino.
Er starb kurz darauf, wahrscheinlich durch Gift. 1435 wurde
der Entschluss gefasst, ihm ein Marmoldenkmal zu errichten;
indessen wurde hieraus nichts und man begnügte sich damit,
das Bild dieses Feldherrn auf die innere Eingangswand des
Domes malen zu lassen. Dieser Beschluss wurde am 19. Okt.
1455 gefasst (Gaye carteggio inedito B. I S. 562) und die Ausführung dem Andrea del Castagno übertragen, der seine Arbeit
im Jahre 1456 für 24 fiorini in Gold vollendete. 1884 wurde
das Bild auf Leinwand übertragen. Es war übrigens nicht das
erste Mal, dass unser Künstler von der Domopera beschäftigt
wurde. Schon 1444 hatte er für die Kuppel des Domes ein
Glasfenster gezeichnet, darstellend eine Kreuzabnahme, und im
folgenden Jahre malte er in Bronzeimitation eine Lilie und
zwei Putten über der Orgel.

Aus dem Umstande, dass man dem Niccolo da Tolentino
ursprünglich ein statuarisches Werk zu errichten beabsichtigt
hatte, erklären sich viele Eigentümlichkeiten dieses gemalten
Monuments. Es ist in Form eines Wandgrabes gehalten. Ein
durch Consolen gestützter Sarkophag trägt die Reiterstatue.
Der Sarkophag steht auf einer stark vortretenden Plinthe, welche
über zwei antikisierenden Consolen ruht und ausserdem noch
in der Mitte durch ein muschelförmiges Gebilde unterstützt
wird. Der Sarkophag wird an den Ecken durch eine Art von
Pilaster geziert, in der Mitte trägt er eine Inschrifttafel. Der

W. 3

Deckel, auf welchem die Figur steht, ist in Form eines Daches abgeschrägt und dementsprechend dekoriert, als ob er mit Dachziegeln bedeckt wäre. Zu beiden Seiten stehen nackte behelmte Jünglingsgestalten; sie erinnern in der Durchbildung des Körpers, in der Stellung, auch in den barock verzierten Helmen auffallend an den Bronzedavid des Donatello. Solche Knaben mit Wappen zu Seiten des Sarkophags wurden vorbildlich und waren später bei Grabmonumenten ein beliebtes Motiv. So zeigt dies zum Beispiel das Denkmal des Marzuppini in Santa Croce von Desiderio da Settignano.

Über dem Sarkophag erhebt sich, wie gesagt, die Reiterfigur. Auf derbem, kräftigem Rosse sitzt gewappnet und gerüstet der Condottiere in strammer, militärischer Haltung. Die Beine stehen fest im Bügel, und die rechte Hand stützt den Kommandostab auf den rechten Oberschenkel. Ein kurzer Mantel flattert von den Schultern, den Kopf deckt ein mächtiges Barett. Das scharf im Profil gesehene Gesicht ist jedenfalls durchaus portraitmässig aufgefasst, wenn auch Castagno den Dargestellten nicht nach dem Leben malen konnte. Die dicken Lippen, die plumpe Nase, die Säcke unter den Augen zeigen einen bis ins Detail dringenden Naturalismus. Auch das auffallend grosse Ohr ist entschieden ein Portraitzug. Das Pferd ist ein ziemlich plumpes dickes Tier und wird dem Reiter gegenüber fast zur Hauptsache. Die Muskulatur, besonders der Beine und des Kopfes, ist sorgfältig studiert und gewissenhaft wiedergegeben. Das Pferd ist Passgänger, wie wir dies bei fast allen Pferden der Renaissance bemerken; es repräsentiert eine noch jetzt in Italien vorhandene Gattung von schweren Reitpferden. Der Bau des Körpers ist so ziemlich derselbe wie bei allen den Feldherren der damaligen Zeit gehörigen Rossen. Es ist ein kurzgebautes kraftvolles Tier von strammer Gangart. Der auffallend dicke Kopf mit dem breiten Maul und der mächtige Hals sind von ungemein derber Bildung. Recht hässlich wirkt auch die tiefe Einsenkung des Rückens.

Auch bei diesem Werke verwendete Castagno seine Kenntnis der Perspektive in sehr geschickter Weise, um die Illusion zu erregen, dass sich dieses Monument wirklich hoch oben an der Wand befinde. Der Augenpunkt ist tief unter dem Bilde gewählt, dem Pferde sieht man unter den Bauch. Aber nicht nur durch perspektivische Mittel, auch durch die graue Steinfarbe, in welcher das Gemälde ausgeführt ist, soll der täuschende Eindruck eines plastischen Werkes, das sich in ansehnlicher Höhe an der Wand befindet, erzielt werden. In diesen beiden Punkten trifft Castagno mit Uccello zusammen, welcher bereits 1436 sein Reiterbildnis des John Hackwood vollendet hatte; das Fresko unseres Künstlers war offenbar als Pendant dazu gedacht. Ein Vergleich mit demselben ist daher in mancher Beziehung lehrreich. Das Verdienst, zum ersten Male seit den Zeiten der Antike ein Reiterstandbild, wenigstens als Flächendarstellung, dabei ganz im Sinne der Renaissance, entworfen zu haben, gebührt Paolo Uccello. Auch bei seinem Monument des John Hackwood war die täuschende Imitation eines plastischen Werkes angestrebt worden. Wie schon oben angedeutet, ist es nicht nur auf die Untenansicht berechnet, sendern auch in einförmigem, graugrünlichem Tone gehalten. Die Anordnung einer Statue über einem Sarkophag ist dieselbe, wie bei Castagno. Indessen, neben letzterem betrachtet, fehlt Uccello doch die rechte ursprüngliche Kraft. Sein Pferd ist zwar weniger plump, doch schreitet es nicht so energisch daher; vor allem aber macht der Reiter selbst in seiner lässigen, fast hängenden Haltung einen nicht so bedeutenden Eindruck wie sein Partner. Dazu kommt noch, dass der Maler ein scharfes Licht auf die Rückseite der Gruppe fallen lässt, wodurch zwar die plastische Wirkung einer statuarischen Gruppe bis zur Täuschung gehoben wird, die Vorderseite aber, vor allem das Gesicht des Reiters, nicht zu erkennen ist. In der Ornamentik zeigt sich Uccello bedeutend reicher als Castagno. Der architektonische Aufbau ist von ähnlicher Anordnung, nur schrumpft bei Uccello der Sarkophag zusammen, während sich der Unterbau, der hier auf drei Consolen ruht, unverhältnismässig erweitert. Der Aufbau Castagnos ist entschieden glücklicher, die einzelnen Glieder sind mit feinem architektonischen Verständnis in das richtige Verhältnis zu einander gesetzt, während bei Uccello der Sarkophag zwischen dem Standbild und dem kolossalen Untersatz gedrückt erscheint und fast verschwindet. Ausserdem sind bei Castagno die bedeutungsvollsten Teile des Grabmals viel wirkungsvoller durch den Contrast von Licht und Schatten hervorgehoben. Um die Bilder beider Künstler zieht sich ein breiter Ornamentstreifen.

Hier allerdings hat Uccello ein köstliches, schon fast an Raffaels Loggien gemahnendes Dekorationsmotiv ersonnen, während das Palmettenmuster bei Castagno in seiner ewigen Wiederholung ermüdend wirkt. Schon bei den Fresken von Legnaja machten wir auf die Dürftigkeit des ornamentalen Schmuckes aufmerksam. Sie ist charakteristisch für Castagno; man fühlt sich fast an Michelangelo erinnert, dessen Streben ja auch nur auf Monumentalität gerichtet war und alles zierliche Detail verschmähte.

Uccello war es, welcher zum ersten Male in der Neuzeit ein Reiterstandbild entwarf. Die plastische Ausführung dieses Gedankens ist aber erst vierzehn Jahre später in dem Gattamelata des Donatello zu Padua realisiert worden. Auch hier wird das Ross dem Reiter gegenüber entschieden zur Hauptsache. Durch die ausgestreckte Rechte des Feldherrn mit dem Commandostab wird die Horizontale noch mehr betont, als dies schon ohnehin durch den mächtigen Pferdekörper geschieht, sodass der Mann fast ganz hinter dem Kopf des Tieres zu verschwinden scheint. Dieser Zug lässt das Werk des Donatello mit denen Uccellos und Castagnos verwandt erscheinen, im übrigen aber weist es in seiner milderen Auffassung auf die Antike zurück. Erasmo de' Narni trägt die gelassene Würde eines römischen Cäsaren zur Schau; der Typus des Kopfes scheint von römischen Büsten beeinflusst, auch die Rüstung mit den Lederstreifen ist antikisierend. Eine neue bedeutende Auffassung zeigt aber erst Castagno. Sein Niccolo da Tolentino ist der direkte Vorläufer des berühmten Reiterstandbildes von Verocchio. Die energische' Haltung, welche besonders durch das feste Aufstehen der Beine im Bügel ausgedrückt wird, ist beiden Condottieris gemeinsam. Auch in Bezug auf das Pferd scheint Verocchio in gewissem Sinne von Castagnos Vorbild abhängig zu sein. Beide Rosse haben den gleichen strammen Schritt, nur ist bei Verocchio der Kopf des Tieres mehr zurückgezogen, sodass es bei ihm vielmehr den Anschein hat, dass der Feldherr auf einem edlen, feurigen Pferde sitze, und dass dieses nur durch die kurz gefassten Zügel des Reiters im Zaum gehalten werden könne. Sogar im Detail liessen sich gewisse Ähnlichkeiten aufweisen, so zum Beispiel in dem Zaumzeug und in der Art, wie die Haare auf den Köpfen der Tiere in ein Büschel zusammengeflochten sind.

Neben all dem kraftvoll Persönlichen, das wir in Castagnos Werken bewundern, tritt doch auch ein starkes Wandlungsvermögen hervor, ein Sichanpassen an den Stil anderer. Der Maler suchte rastlos nach neuen Ausdrucksmitteln und nahm sie auf, wo er sie fand, ohne dem individuellen Charakter seiner Kunst Abbruch zu thun. Wir stellten fest, dass er in seinen Jugendwerken Donatello ähnelte, dass dann die Antike Einfluss auf ihn gewann; und wie er in S. Maria Nuova sich Domenico Veneziano anzupassen wusste, wie er im Dome dem Stile Paolo Uccellos gerecht zu werden suchte, so sehen wir ihn in einem anderen Werke seiner Spätzeit auf den Spuren Masaccios. Wir meinen das neuentdeckte Fresko in der SS. Annunziata.

Vasari berichtet uns Folgendes: „In der Kirche der servi di Maria malte er in der dem heiligen Hieronymus geweihten Kapelle diesen Heiligen in guter Zeichnung und mit grosser Sorgfalt. Und darüber malte er eine Dreieinigkeit mit einem Kruzifix in Verkürzung. Dies war so gut gemalt, dass Andrea deswegen gelobt zu werden verdient, weil er die Verkürzungen viel besser und moderner als alle anderen vor ihm dargestellt hat. Aber dieses Gemälde kann man nicht mehr sehen, da davor von der Familie der Montaguti eine Altartafel gestellt wurde." Es war dies ein Bild des Angelo Bronzino, welches das jüngste Gericht darstellte. Nach Entfernung desselben wurde durch Prof. Brockhaus in Florenz das Fresko des Castagno ans Licht gezogen. Im oberen Teile des Bildes hält Gottvater, der mit einem mächtigen roten Gewande bekleidet ist, mit ausgebreiteten Armen das Kreuz, an welchem der Erlöser hängt, über dessen Haupte die Taube schwebt. Um den Körper des Heilandes, von welchem man infolge der starken Verkürzung nur den Oberkörper und das Haupt sieht, schweben rothe Seraphim. Unter dieser Gruppe stehen neben einander aufrecht drei Gestalten, welche jener himmlischen Erscheinung sehnsüchtig nachblicken. Die mittlere ist der heilige Hieronymus, ein verwelkter Greis von abschreckender Hässlichkeit, die linke Hand ist erhoben, wohl in einer Bewegung der Verwunderung, während die rechte mit dem Stein schlaff herabhängt. Links und rechts stehen zwei weibliche Gestalten, scharf von der Seite gesehen, und in derselben Haltung, welche Staunen und Sehnsucht ausdrückt. Die eine öffnet ihre Hände zum

Himmel, während die andere sie auf der Brust zusammenfaltet.
Welche Heiligen in ihnen dargestellt sind, ist nicht zu ermitteln,
da sie nicht weiter charakterisiert sind. Die Gestalt rechts hat
ältliche Züge, während die linke ein jugendliches Gesicht mit
vollen Formen zeigt. Ganz bescheiden tritt im Hintergrund
ein landschaftliches Motiv auf. In der Farbenscala dominieren Rot
und Violett, daneben finden sich auch gelbliche und weisse
Töne. Der Hintergrund war wohl ehemals blau; er sieht jetzt
grau, fast schwarz aus. Die Erhaltung des Bildes ist im allgemeinen, besonders was den unteren Teil anlangt, recht gut.
Hinsichtlich der Komposition stört wieder das etwas steife,
schematische Nebeneinanderstehen der Figuren, die noch nicht
zu einer rechten Einheit im höheren Sinne verbunden sind, was
übrigens Castagno nie, selbst in seinem Abendmahl, so recht gelungen ist. Bemerkenswerth ist, dass bei den beiden weiblichen
Figuren gar keine Rücksicht auf den Standpunkt des Beschauers
genommen ist, sondern dass man sie fast vom Rücken aus sieht.
Castagno sucht hier das Schema des traditionellen Andachts-
bildes zu durchbrechen. Früher wurden die Heiligen gleichsam
wie auf eine Bühne hingestellt, und sie wandten sich ganz dem
Andächtigen zu, der vor dem Bilde steht. Auch später lebt
dieser Typus noch fort in den sogenannten sante conversazioni.
Der Realist Castagno aber stellt die Figuren so dar, dass man
deutlich sieht, wie sie nur mit der sich ihnen offenbarenden
Erscheinung beschäftigt sind.

Die Verzerrung im Gesichte des Hieronymus erinnert, wenn
auch in etwas gemilderter Weise, an die frühen künstlerischen
Versuche des Meisters. Der Maler greift in seinen späteren
Werken wieder auf die naturalistischen Bestrebungen seiner
Jugendzeit zurück. Die fleissige Ausarbeitung aller Detailformen
des Körpers, der Runzeln im Gesicht u. dergl. verrät ein noch
ernsthafteres Naturstudium, als wir es in jenen Frühwerken be-
merkten. Sodann lässt sich ein bedeutender Fortschritt im
Colorit wahrnehmen. Die satten, warmen Töne, das kecke Rot
im Mantel Gottvaters, das tiefe Violett im Gewande der einen
Frauengestalt rücken das Werk in die späte, reife Zeit des
Meisters, ebenso wie die Gewandbehandlung, die breit und frei
ist, bei der Figur rechts sogar einen gewissen grossartigen
Schwung hat.

Was nun die Darstellung der Dreieinigkeit im gesamten Aufbau der Komposition anlangt, so ist sie entschieden von dem Fresco Masaccios in Santa Maria Novella beinflusst. Hier sehen wir die Trinität in einer prachtvollen, perspektivisch richtig gezeichneten Renaissancehalle. Gottvater steht auf einem sehr hohen Postament und hält mit ausgebreiteten Händen den Kruzifixus, zu dessen Seiten links Maria, rechts Johannes stehen. Ganz vorne knieen die beiden Stifter. Die Haltung Gottvaters ist noch ziemlich steif, die Gesichtszüge sind streng, fast byzantinisch, der Körper Christi ist wenig gelungen, denn der Oberkörper ist viel zu lang im Verhältnis zu den Oberschenkeln, die Beine sind überhaupt verzeichnet, lauter Züge, die noch in das Trecento zurückweisen. Auch der Typus der Madonna ist noch schematisch; erinnert sei nur an die starren Augen und die scharfgeschnittene lange Nase. Vorzüglich sind dagegen die lebensvollen Portraits der Stifter. Im Ganzen ist es ein bedeutendes Bild, das den Namen Masaccios mit Recht trägt. Indessen ist die Anordnung in vielen Einzelheiten die hergebrachte der Überlieferung. Wie ungeschickt ist z. B. die Anordnung der Figuren bei Masaccio dadurch bewirkt, dass Gottvater auf ein hohes Postament gestellt wird. Der Künstler wusste sich offenbar nicht anders zu helfen und suchte durch dieses etwas primitive Mittel eine einigermassen wirksame, geschlossene Komposition zu erzielen.

Castagno bricht mit der Tradition. Schon dadurch, dass er die Handlung aus einer engen, geschlossenen Halle in eine freie, weite Landschaft verlegt, unterscheidet er sich von seinem Vorgänger Masaccio. Bei letzterem sind die einzelnen Personen in Anbetung um die Dreieinigkeit versammelt, bei Castagno scheinen sie die Gottheit in einer Vision zu erblicken. Das bedeutendste an dem Werke ist, wie schon Vasari hervorhebt, die meisterhafte Verkürzung der oberen Gruppe. Hier steht Andrea ohne Vorgänger da. Ein so kühnes perspektivisches Problem war bis dahin noch nicht gelöst worden. Nur Uccello hatte sich besonders mit den Gesetzen der Verkürzung beschäftigt, indessen wandte er die Perspektive hauptsächlich auf Baulichkeiten, landschaftliche Hintergründe und dergleichen, auch auf Tiere an, oder es machte ihm ein besonderes Vergnügen, etwa auf dem Bilde der Reiterschlacht in den Uffizien alle Lanzen

recht hübsch in perspektivischen Linien zu ordnen. Nie aber
ist es ihm eingefallen, menschliche Figuren, etwa Christus am
Kreuz, in einer derartigen Verkürzung vorzuführen. Castagno
lässt sich zu keinen Spielereien verleiten; seine Gruppe ist
würdig und gross gedacht, und man hat durchaus nicht den
Eindruck eines perspektivischen Experimentes. Das gleichsam
langsame Heranschweben wirkt besonders imposant; überhaupt
ist der Eindruck des ganzen Werkes monumental trotz des für
ein Bild dieser Art und für ein Fresko ungewöhnlich kleinen
Massstabes.

In dem Leben des Andrea Mantegna vergleicht Vasari bei
Erwähnung der Fresken in der Eremitanikapelle diese Kunst-
werke mit einem Abendmahl des Castagno in S. Maria Nuova.
Er behauptet, dass Mantegna hier dieselben Gesetze der Perspek-
tive befolgt habe, wie schon früher Castagno. Das genannte
Bild ist uns leider nicht erhalten, wohl aber ein anderes
cenacolo, welches sich in dem Refektorium des ehemaligen
Klosters Santa Apollonia befindet.

In einer reich mit buntem Marmor gezierten Halle sitzen
Christus und die Jünger um eine lange Tafel. Nur Judas befindet sich auf der dem Beschauer zugewandten Seite allein,
die übrigen hinter dem Tisch auf einer Bank, die an den
Wänden des Zimmers entlang läuft. Der Moment ist gewählt,
in welchem Christus nicht nur die bedeutungsvollen Worte:
„Einer von euch wird mich verraten“ gesprochen, sondern
auch schon das Brot in die Schüssel des Judas getaucht hat.
Dieser scheint seine stechenden Augen ins Leere zu bohren,
mit der rechten Hand hält er das Brot vor sich hin, als wenn
er plötzlich in seiner Bewegung erstarrt wäre. Am weitesten
links an der Tafel sitzen Philippus und Matthäus. Beide sind
in eifrigem Gespräch begriffen. Der erstere, mit tiefem Gram
im Blick, legt die linke Hand auf den Tisch, mit der rechten
macht er eine sprechende Handbewegung, als wollte er sagen:
„Ja, das Furchtbare ist wirklich geschehen“. Matthäus, dessen
Gesichtszüge milde Wehmuth ausdrücken, hebt halb voller
Staunen, halb wie abwehrend gegen das Entsetzliche beide
Hände empor. Der folgende ist St. Thomas, der mit dem
linken Arm den sinnend nach oben gewandten Kopf stützt.
Jakobus, ganz in Gedanken versunken, sieht in das Weinglas,

das er soeben zum Munde führt. Petrus ist mit Christus, Johannes und dem gegenübersitzenden Judas zu einer geschlossenen, lebensvollen Gruppe verbunden. Petrus blickt fragend auf den Erlöser, welcher mit wunderbar mildem Ausdruck auf den an seiner Brust ruhenden Johannes niederschauend, die Rechte bedeutsam erhebt. Andreas und Bartholomäus sehen sich nur vielsagend an, als ob der Schreck ihre Zunge lähmte. Der erstere ist ein würdiger Greis mit langwallendem Bart- und Haupthaar. Die linke Hand hält das Brot, die rechte das Messer. Tief ergriffen schaut er seinen Genossen an, der halb erstaunt, halb wehmütig die Hände faltet. Im Gegensatz zu dieser ruhigen Gruppe steht die wie vom Schauer durchschüttelte Figur des Thaddäus. Mit leidenschaftlicher Miene hält der Apostel beide Hände erschreckt vor sich hin, als wenn er vor etwas Schrecklichem zurückpralle. Simon stützt schmerzlich bewegt den Kopf in die rechte Hand, während Jakobus beide Arme ausbreitet, als wollte er sagen: „Herr, bin ichs?"

Castagnos Abendmahl ist die erste Darstellung dieser Art in der Renaissance. Seine Auffassung wurde bestimmend für das ganze Quattrocento. Ghirlandajo sowohl wie Roselli sind von ihm abhängig, und erst Leonardo brach mit dieser Florentiner Tradition. Wir wollen zunächst untersuchen, wie sich Castagno wiederum zu seinen Vorgängern verhält. Sehen wir uns etwa das Fresko Giottos in der Arenakapelle zu Padua an. Die Jünger sitzen hier rings um den Tisch herum; nicht heftige Erregung, sondern stille Wehmut haben die Worte des Heilandes in ihnen hervorgebracht. Es ist, als ob Giotto sich an die Worte des Evangeliums gehalten habe: „Da wurden sie sehr betrübt". Christus und Judas sind dargestellt, wie sie beide gleichzeitig das Brot in die Schüssel tauchen. Castagno verändert das Schema der Komposition, indem er den Judas abgesondert von den übrigen Jüngern allein auf die eine Seite setzt. Ausserdem ist nicht das Eintauchen des Brotes in die Schüssel, sondern der unmittelbar darauf folgende Moment zur Darstellung gebracht. Die allzuwortgetreue Auffassung des Jüngers, der an des Herrn Brust lag, findet sich auch bei Andrea; erst durch Leonardo wird in dieser Beziehung eine Neuerung eingeführt. Im Übrigen ist Castagnos

Auffassung dieselbe wie bei Giotto. Es ist ihm nicht gelungen, den Moment in dramatischer Weise, wie Leonardo, zu erfassen. Auch bei ihm ist es mehr ein dumpfer Schmerz, der auf der Versammlung lastet und gleichsam jede Bewegung lähmt. Während aber bei Giotto diese äussere Ruhe der Ausdruck einer inneren wehmütigen Stimmung ist, scheint bei den Gestalten in Santa Apollonia das Empfindungsleben gewaltsam zurückgedämmt. Es ist, als ob diese starren, knorrigen Männer sich mühsam bezwängen, gelassen zu bleiben, statt laut aufzuschreien, als ob sie es nicht ihrer Würde entsprechend hielten, ihrem Schmerz in leidenschaftlichen Worten und Bewegungen Luft zu machen. Nur die Figur des Judas ist in gewissem Sinne dramatisch aufgefasst. Schon hier aber ist der Versuch einer Einteilung in eine leidenschaftlichere und eine ruhigere Gruppe der Apostel gemacht, wie dies später Leonardo in so genialer Weise gethan hat, und auch hierin geht Castagno einen Schritt über Giotto hinaus. Bei unserem Künstler sowohl wie bei Leonardo ist die Gruppe zur Rechten die belebtere. Der Apostel, der beide Hände ausbreitet, erinnert an jenen mit demselben Gestus in S. Maria delle Grazie. Neben ihm sitzt der heilige Simon, der in schmerzlicher Erregung das Haupt in die Hand stützt. Äusserlich erscheint er ziemlich ruhig, aber die fast verzerrten Gesichtszüge bekunden den heftigsten leidenschaftlichen Schmerz im Innern dieses Mannes. Lebhafte Erregung, das Gefühl tiefsten Abscheus, zeigt sich in Haltung und Ausdruck des heiligen Thaddäus. Auch Bartholomäus, der die Hände zusammenschlägt, scheint sehr bewegt. Auf der linken Seite dagegen sehen wir nachdenkliche Mienen, höchstens eine leise Bewegung des Mitleids, der Wehmut, aber nicht solche leidenschaftliche Accente. So sind die beiden Apostel links in ein Gespräch vertieft. Unendliche Trauer spricht aus ihren Mienen. Thomas schaut nachdenklich in die Höhe, Jakobus blickt sinnend vor sich hin, Petri Augen sind auf den Erlöser gerichtet. Keiner von ihnen scheint sich im Augenblick um seinen Nachbar zu kümmern; alle sind nur von dem einen schmerzlichen Gedanken erfüllt, während sich rechts die Erregung in Unruhe und in Gespräch ausdrückt.

Daneben ist es dem Künstler gelungen, die Figuren wenigstens zum Teil so mit einander zu verbinden, dass Gruppen entstehen, meist zwei zu zwei; schon Giotto hatte dies versucht, indem er darstellte, wie immer je zwei Apostel sich bedeutungsvoll ansehen. Freilich, bis zu der monumentalen Komposition eines Leonardo, jener berühmten Vereinigung von je drei Personen zu einer Gruppe, ist noch ein weiter Weg. Von den auf Castagno folgenden Künstlern hat sich nur Fra Angelico seinem Einfluss entzogen. Sein Bild in San Marco, welches stilistisch wie alle Werke des Beato in den ausklingenden gotischen Formen befangen ist, weicht doch in der Komposition gänzlich vom hergebrachten Typus ab. Ein Teil der Jünger steht hinter dem im rechten Winkel aufgestellten Tisch, ein anderer Teil kniet im Vordergrund. Schon dies ist auffallend, noch mehr aber, dass sich auch Maria unter den Knieenden befindet. Die wichtigste Änderung ist jedoch die, dass Christus umhergeht und jedem Jünger das Brot reicht. Er ist also völlig als Priester aufgefasst, der der Gemeinde das Abendmahl spendet. Diese an sich so originelle Auffassung hat nicht auf die Folgezeit nachgewirkt. Dem frommen Frate war eben das Übersinnliche die Hauptsache, ihm war an einer Verkörperung des geheimnisvollsten Wunders der katholischen Kirche gelegen. Anders die echten Renaissancekünstler, welche nur die rein menschlichen Motive interessierten. So wurde Castagno vorbildlich, nicht Fra Angelico. Der Gegensatz zwischen Gut und Böse wird greifbar ausgedrückt durch den scharfen Kontrast zwischen Christus und seiner Schaar einerseits und dem ganz vereinsamt dasitzenden Judas andererseits. Weder Ghirlandajo noch Roselli, anderer Geringerer ganz zu geschweigen, vermochten sich von diesem Schema loszureissen. Erst Leonardo war es vorbehalten, die Gestalt des Judas den erregten Gruppen der Apostel harmonisch einzufügen und sie trotzdem von ihrer Umgebung wirkungsvoll abzuheben.

Von Ghirlandajo besitzen wir in Florenz zwei Darstellungen des Abendmahls, von denen diejenige in San Marco freilich auf Schülerhand zurückgeführt werden muss, da sie eine schwache Copie des Werkes in Ognissanti ist. Ghirlandajo steht stark unter dem Einflusse Castagnos; auch bei ihm kann man eine erregtere und eine ruhigere Gruppe der Apostel unterscheiden. Die einzelnen Gestalten sind wie in Santa Apollonia zu je zweien verbunden. In einzelnen Typen und Gesten ist die

Anlehnung an das Vorbild Castagnos evident. Die Bewegung Christi ist dieselbe, der Apostel rechts von ihm, der die Hände zusammenschlägt, erinnert an den heiligen Bartholomäus des Andrea, jener, welcher den Kopf schmerzlich bewegt auf den rechten Arm stützt, gleicht hierin dem heiligen Simon. Der Andreas unseres Meisters kehrt auf dem Fresko Ghirlandajos wieder in dem langbärtigen, würdigen Greis zur Linken des Petrus, und dieser hat in der Bildung seines Kopfes und der Wendung desselben etwas, das an das genannte Vorbild erinnert. Bei Ghirlandajo öffnet sich zum ersten Male der Hintergrund des Bildes und gewährt einen Blick in einen Garten mit üppig grünender südlicher Vegetation, während Castagno noch den rein architektonischen Hintergrund Giottos beibehalten hatte. Alle späteren Maler haben auf einen Ausblick in einen Garten oder auf Baulichkeiten nicht verzichten wollen.

Es dürfte wohl nicht zu weit gegangen sein, wenn man einzelne Züge der Gebärdensprache Castagnos bis auf Leonardo hin verfolgt. So macht der Apostel zur äussersten Rechten einen ganz ähnlichen Gestus wie der an derselben Stelle sitzende Jünger bei Leonardo, indem beide die Hände ausbreiten. Auch der heilige Thaddäus, der halb schaudernd, halb erstaunt die Hände erhebt, kehrt in dem Andreas des Mailänder cenacolo wieder. Schon mehrfach ist auf das reiche Spiel der Hände aufmerksam gemacht worden. Hierin wird Castagno nur von Leonardo übertroffen; er nähert sich ihm in dieser Beziehung ebensosehr, wie er sich in der Bildung der Gesichtstypen, den Judas ausgenommen, von ihm entfernt. Denn schön im antiken Sinne ist keiner dieser Apostel Castagnos zu nennen. Diese bäuerisch derben Gestalten sind, wie auf den früheren Werken des Künstlers, aus den niedrigsten Volksschichten geholt. Man betrachte zunächst links den Philippus. Eine plumpe Nase, dicke, aufgeworfene Lippen zeichnen sein Profil. Die Backenknochen sind scharf, der Hals fleischig. Oder man sehe rechts den Simon mit struppigem Kopf- und Barthaar. Auch Christus ist nichts weniger als ideal gehalten. Nur die glatt gescheitelten Haare und der in zwei Spitzen auslaufende Bart erinnern an das hergebrachte Ideal; im übrigen weicht die Gesichtsbildung durchaus vom Typus ab. Auch hier finden wir jene eigentümlich knochige Härte, dazu die etwas derbe Nase und die hochgeschwungenen Augenbrauen, wie sie manche Gestalten Castagnos charakterisieren, freilich alles etwas gemildert. Wahrhaft genial ist der Judas dargestellt. Umrahmt von einer mächtigen kohlschwarzen Haarfülle, zeigt das scharfe Profil tiefliegende blitzende Augen und eine kräftige Adlernase. Die Ohren sind spitz, fast wie bei einem Satyr, der Hals ist lang und mager. Wir haben hier den direkten Vorgänger von Leonardos Judas. Die erste grossartige Verkörperung des Verräters finden wir bei Giotto in der Arenakapelle zu Padua auf dem Bilde, wie Judas den Heiland an die Pharisäer verkauft. Schon hier ist der dämonische Charakter völlig zum Ausdruck gebracht, wobei jedoch mehr das Schleichende, Heimtückische, Verschlagene und Verlogene betont wird, wie es sich in dem Blick und dem Liebenswürdigkeit heuchelnden, dabei so ungemein boshaften Lächeln kundgiebt. Die Gesichtszüge sind noch etwas allgemein gehalten. Das Profil zeigt eine hohe Stirn und eine lange, gerade Nase. Dies ändert sich nun bei Castagno zum ersten Male. Sein Judas hat durchaus individuelle Züge von einer ins Grossartige gesteigerten Abscheulichkeit. Er unterscheidet sich von Giotto vor allem dadurch, dass jener, wie gesagt, den schleichenden Lügner darstellt, während uns hier der kraftvolle Frevler entgegentritt, der nicht etwa bei der gegen ihn erhobenen Anklage sich scheu davon stiehlt, sondern noch auf seine Bosheit trotzt. Und dieser Typus ist es, der zum bleibenden in der Darstellung des Abendmahls geworden ist. Wir begegnen ihm zunächst bei Ghirlandajo wieder. Hier hat Petrus den wahren Schuldigen entdeckt. Er weist mit dem Daumen auf Christus hin und blickt dabei den Judas grimmig an. Dieser stemmt herausfordernd die Arme auf die Kniee, der Oberkörper ist vorgeneigt, und frech überschüttet der Verräter seinen Ankläger mit einer Flut von Schmähreden. An die trotzige Haltung des Judas bei Leonardo da Vinci braucht wohl nicht erst erinnert zu werden. Jedem wird auch sofort die grosse Ähnlichkeit zwischen dem Typus bei ihm und bei Castagno auffallen. Besonders die Nase mit dem mächtigen Höcker, die unten spitz zuläuft und in den Nüstern wieder stark nach oben zurückgeht, ist geradezu dieselbe. Bemerkt sei auch noch, wie beide Meister den Verräter ziemlich dunkel von den heller gehaltenen übrigen Apostelfiguren wirkungsvoll abheben.

Leonardo bewirkte dies durch den Gegensatz von Licht und Schatten; Castagno suchte denselben Effekt durch die kohlschwarze Färbung der Haare, die möglichst wenig von der bleichen Hautfarbe des Gesichts übrig lassen, sowie durch eine in dunkleren Farben gehaltene Gewandung zu erzielen. Was im übrigen den Stil dieses Werkes anlangt, so gemahnt gerade hier die metallene Schärfe der Modellierung an jene Richtung, die in den Pollajuoli ihre Fortsetzung fand. Auffallend ist in dieser Beziehung auch die reiche Verwendung von buntem Marmor an den Wänden, der Decke und dem Fussboden. Auch an Mantegna fühlt man sich erinnert bei dem reichen, durchaus antikisierenden Beiwerk in der Architektur. Die Gewandbehandlung gemahnt ebenfalls an den Paduaner Meister. Die Kleider sind jedoch nicht so fein gefältelt, wie bei diesem, sie scheinen aus gröberem, schwererem Stoff gearbeitet, wie wir dies auch auf früheren Werken unseres Künstlers bemerkten, nur sind sie hier noch brüchiger und unruhiger im Faltenwurf, mit dicken Wulsten und Röhren. Wir bemerken eine Abwendung von der klaren Ruhe, wie sie sich in den Fresken von Legnaja ausspricht. Die Haarbehandlung ist freier, naturalistischer geworden und hat jene drahtartigen, an Bronzewerke erinnernden Strähnen aufgegeben. Die Perspektive ist meisterhaft. Sämmtliche Linien des Raums treffen in dem Augenpunkt zusammen, welcher genau in der Höhe des Refektoriums genommen ist. Er fällt gerade auf die Mitte des vom Tische herabfallenden Tuches, unter die Hände des Johannes. In Legnaja war, wie wir sahen, der Augenpunkt unterhclb des Bildes gewählt. Der Grund ist der, dass diese Fresken sich eben höher an der Wand befanden, als hier das Abendmahl im Refektorium. Im Betrachter soll die täuschende Illusion erweckt werden, dass sich die dargestellten Personen wirklich in der oder der Höhe über seinem eigenen Standpunkt befinden. Schliesslich sei noch auf die vorzüglich gelungene Verkürzung des Kopfes des heiligen Thomas hingewiesen.

Auch in Bezug auf das Colorit bezeichnet dieses Fresko den Höhepunkt von Castagnos Kunstschaffen. Der Einfluss des Domenico Veneziano war nur eine kurze Episode in seiner Entwickelung gewesen. Statt des hellen Glanzes haben die Farben hier wieder eine gewisse Erdigkeit; der Künstler bevorzugt dunkle, rotbraune, schwarze und gelbe Töne, die aber hier von einer eigentümlichen Tiefe und Leuchtkraft sind. Die prachtvollen, verschieden gezeichneten Marmorsorten, mit denen das Gemach von unten bis oben inkrustiert ist, die kräftig gefärbten Gewandstoffe, die gelblichen Fleischpartien, alle diese Lokalfarben klingen in einem braunen Ton zusammen und erzeugen doch innerhalb desselben eine wunderbare Polyphonie, welche dank der vorzüglichen Erhaltung des Bildes noch jetzt in ihrer alten Pracht erstrahlt. Auch eine einheitliche Lichtwirkung ist gewonnen. Das von rechts einfallende Tageslicht beleuchtet die Gestalten und löst sie vom Hintergrund ab, wodurch die plastische Wirkung, der Eindruck körperhafter Rundung ungemein erhöht wird.

Fassen wir noch einmal alles zusammen, was zur Charakteristik von Castagnos künstlerischer Individualität dienen kann. Aus dem Drange nach völliger Naturwahrheit ergeben sich seine hervorstechendsten Eigenschaften: Ein rücksichtsloser Realismus, verbunden mit plastischer Modellierung. Donatello war es, der zunächst seine künstlerische Richtung im Wesentlichen bestimmt hatte. Ein Jugendwerk, das den Stempel Donatelloschen Geistes noch nicht an sich trüge, hat sich bis jetzt nicht nachweisen lassen. Dabei geht Castagno konsequent in der einmal eingeschlagenen Richtung weiter. Nur vorübergehend hat in den Fresken der Villa Pandolfini die Antike mildernd und verschönernd eingewirkt. Im Abendmahl von S. Apollonia jedoch findet sich ausgesprochen, was der Künstler schon in jenen Jugendwerken angestrebt hatte. Energische Betonung des Wirklichen und Charakteristischen bleibt für ihn die Hauptsache. Während nun aber seine ersten Werke von leidenschaftlichster Bewegung erfüllt sind, ja nicht selten in ihrem affektierten Pathos beinahe lächerlich wirken, gelangt der Künstler in seiner Reifezeit zu einer immer ruhigeren Haltung. Vielleicht dürfen wir die Fresken in der Villa Pandolfini als den Wendepunkt bezeichnen. Dem Meister war hier die Aufgabe gestellt, Charakterfiguren ohne lebhafte Aktion wiederzugeben. Es ist möglich, dass gerade dieser Anlass ihn zu der Erkenntnis führte, dass nicht äussere Handlung, das Momentane der Bewegung, sondern bei ruhiger Haltung der Ausdruck eines gesteigerten seelischen Lebens das eigentlichste Gebiet seines Könnens ausmachte. Schon in jenen Fresken für Pandolfini sehen wir das Charakteristische ausserordentlich vertieft, in dem Abendmahl dagegen gelangt der Maler zu einer verfeinerten Darstellung psychischen Lebens, wie sie in der Kunst der Frührenaissance vielleicht einzig dasteht. Die zweite hervortretende Eigenschaft Castagnos ist sein eminentes Streben nach plastischer Wirkung. Wie er dieselbe zu erzielen sucht, darauf ist im vorhergehenden hingewiesen worden. Während er nun aber in jenem naturalistischen Prinzip nur eine von Donatello bereits eingeschlagene Richtung consequent bis zur äussersten Einseitigkeit durchführte, ohne dabei wesentlich die weitere Kunstentwickelung zu beeinflussen — diese knüpft immer wieder an Donatello oder Masaccio an —, so ist er in seiner scharfen, plastischen Modellierung und Zeichnung der Vorläufer verschiedener späterer Künstler geworden. Schon bei einem neben ihm sich entwickelnden Künstler, bei Paolo Uccello, ist sein Einfluss bemerkbar. Vasari nennt sodann den Piero del Pollajuolo einen Schüler Castagnos. Ob diese Angabe den Thatsachen entspricht, steht dahin; jedenfalls aber ist ein bedeutender Einfluss Castagnos auf beide Pollajuoli nicht wegzuläugnen. Die Flauheit der Typen bei Piero zeigt uns den talentloseren Nachahmer; die Faltengebung, überhaupt die ganze Zeichnung und Modellierung ist oft mit der Manier Castagnos geradezu identisch. Dazu kommen Eigentümlichkeiten des Colorits, jener schwere, braune Gesamtton, es kommt dazu die Sauberkeit im Detail, die Behandlung der Haare, gewisse perspektivische Experimente. Piero liebt ebenso wie sein angeblicher Lehrer ein prunkendes Material im Architektonischen, eine Marmorinkrustation in bunten Farben, eine reiche, spielende Ornamentik, wie dies zum Beispiel seine Verkündigung in der Berliner Gallerie zeigt. Diese Vorliebe für prächtiges, in der Gesamtwirkung etwas unruhiges Detail, welches Castagno wie gesagt auf die bauliche Scenerie, wie z. B. im Abendmahl beschränkt, wodurch die Gestalten selbst in ihrer grandiosen Ruhe und fast nüchternen Einfachheit nur noch effektvoller hervortreten, diese Vorliebe verleitet nun den Schüler, auch die Gewänder, Geräte und dergleichen mit einer an Goldschmiedearbeit gemahnenden Filigranornamentik zu überziehen, wodurch seine Bilder etwas Buntscheckiges, Unruhiges bekommen, indem ihnen die rechte Concentration fehlt. Es scheint, dass Pieros Bestrebungen hauptsächlich an das Abendmahl Castagnos angeknüpft haben, in welchem Werke die genannten Eigenschaften am stärksten hervortreten. Aber noch ein grösserer Künstler ist durch Castagno beeinflusst worden. Es ist der bedeutendste Maler Norditaliens im Quattrocento: Andrea Mantegna. Wenn wir Castagno mit Mantegna vergleichen, so fallen uns bei beiden Meistern verwandte Stileigentümlichkeiten ins Auge. Der ausgeprägte Individualismus findet sich auch bei anderen Künstlern der Frührenaissance, dagegen ist die Art der Modellierung, die Gewandbehandlung, die Anordnung der Figuren im Raume bei Castagno und Mantegna auffallend ähnlich. Die genannten Eigenschaften bei dem letzteren von Squarcione abzuleiten erscheint gewagt. Es giebt nur wenige festbeglaubigte Werke dieses Mannes; hierher gehört der heil. Hieronymus mit vier anderen Heiligen in der Paduaner Galerie. Sie weisen vielmehr auf die Gotik als auf die Antike zurück. Wahrscheinlich hat Mantegna nicht an die Werke Squarciones angeknüpft, sondern an seine wissenschaftliche Thätigkeit und vor allem an die zahreichen antiken Statuen, Reliefs und Ornamentstücke, die jener gesammelt und in seinem Atelier aufgestellt hatte. Aber alles dies erklärt noch nicht, warum Mantegna gerade in dieser ihm eigentümlichen Art und Weise die Antike nachahmte oder vielmehr in durchaus origineller Manier umformte. Der Reichtum des Details, das eigentümlich Knitterige und sauber Gefältelte in der Gewandung, die Raumdisposition, die Landschaft und so vieles andere sind bei ihm durchaus nicht antik. Hier ist ein unmittelbarer Einfluss der Florentiner Kunst festzustellen. Schon Uccello und Fra Filippo Lippi hatten jetzt untergegangene Fresken in Padua ausgeführt; vor allem aber musste Donatello während seines neunjährigen Aufenthaltes in derselben Stadt nachhaltig auf die dortige Kunstentwickelung einwirken. Sie alle förderten jedoch den realistischen Trieb nur im allgemeinen. Castagno aber sahen wir bereits in der Villa Pandolfini auf eine statuarische Wirkung seiner Figuren ausgehen, wir bemerkten, wie er zum Zwecke täuschender Illusion die Untenansicht wählte, und wie sich bei ihm die

Gewandbehandlung in freier Weise an die Antike anlehnte. Es wäre merkwürdig, wenn zwei Meister in ihrer Kunst zu denselben Resultaten gelangten, ohne je mit einander irgendwie in Berührung gekommen zu sein. Florenz besuchte Mantegna erst in späteren Jahren, als er bereits eine grosse Reihe seiner Werke geschaffen hatte. Wenn wir einen Einfluss Castagnos annehmen wollen, so musste Mantegna also schon früher irgend etwas von unserem Künstler gesehen haben. Aber wie wäre dies möglich gewesen? Vor kurzem hat nun H. Thode in seinem Aufsatze: Andrea Castagno in Venedig (Festschrift für Otto Benndorf. Wien 1898) es unternommen, den Untersuchungen über diese Frage eine neue Richtung zu geben.

In San Marco zu Venedig, in der Capella de' Mascoli, befinden sich Mosaiken, die laut Inschrift durch Michael Giambono, einen Nachzügler des Trecento, der zugleich von Gentile Bellini beeinflusst ist, ausgeführt worden sind. Zwei dieser Gemälde jedoch, die Heimsuchung und der Tod der Maria, unterscheiden sich durchaus im Stil von den anderen. Sie weisen entschieden auf Florenz hin, obwohl eine Bezeichnung fehlt, nur das „fecit" ist in der rechten Ecke unterhalb des Todes der Maria erhalten. Während nun die Heimsuchung noch am meisten Verwandtschaft mit Giambonos Werken, also mit der Richtung des Gentile Bellini aufweist, ist das andere Bild ganz entschieden auf einen Florentiner Künstler zurückzuführen, wie Thode vermutet, auf Castagno. Durch ihn wäre dann der Karton zu dem Mosaik entworfen worden. Man blickt hier durch eiaen antikisierenden Triumphbogen in eine perspektivisch sich eröffnende Strasse. Vor dieser architektonischen Dekoration ist die Jungfrau aufgebahrt. Zwei Apostel stehen zu ihren Häupten, die übrigen auf der anderen Seite zu einer Gruppe vereinigt. Über dem Triumphbogen erscheint Christus in der Mandorla, welcher die als kleine betende Gestalt gebildete Seele auf einem weissen Tuche hält.

Auf Castagno weist die Sorgfalt in der Perspektive, die Berücksichtigung des Augenpunktes und die stark plastische Modellierung. Thode hat auch auf Einzelheiten hingewiesen, welche den Gedanken an die Urheberschaft Castagnos in hohem Masse rechtfertigen. So erinnern verschiedene Typen direkt an andere Gestalten des Künstlers. Am auffallendsten ist dies bei dem Apostel zu äusserst rechts, der eine, man möchte fast sagen Wiederholung des Mönches rechts auf dem Fresko in San Matteo ist. Die Gebärdensprache der Hände ist durchaus castagnesk. Wie der alte Apostel hinter Petrus bedauernd die Hand erhebt, und wie der greise Apostel links die Hand an die Wange legt, das alles finden wir in ähnlicher Weise auf dem Abendmahl von S. Apollonia wieder. Es liegt also in der That die Vermutung sehr nahe, dass dieses Bild, wenigstens dem Entwurf nach, auf Castagno zurückgeht.

Da die capella dei Mascoli im Jahre 1430 gestiftet wurde, so muss die Ausschmückung unmittelbar darauf geschehen sein. Sie würde also zeitlich etwas vor die Entstehung der Fresken in Legnaja fallen. Auf diese Periode deuten nun auch in der That die stilistischen Eigentümlichkeiten dieses Werkes. Die Figuren, besonders aber ihre Gewandung, erinnert stark an S. Maria degli Angeli und an S. Matteo. Es ist derselbe grobe, breite Faltenwurf, der den Einfluss von Donatellos Campanilefiguren verrät. Die statuarische Haltung der Personen hinwiederum weist schon auf Legnaja hin. Ebenso lässt die meisterhafte Perspektive an diese Zeit denken, sowie die stark antikisierende Dekoration. Besonders der Triumphbogen erscheint wie eine Vorahnung ähnlicher Baulichkeiten auf den Fresken Mantegnas in der Eremitanikapelle; auch die perspektivisch sich verkürzende Strasse erinnert lebhaft an ähnliches bei dem Paduaner Meister, während der hagere, etwas mürrische Christus schon den Blick auf die Weiterentwickelung von Mantegnas Richtung in Ferrara hinlenkt. Diese Gestalt könnte geradezu von Cosimo Tura geschaffen sein.

1453 heiratete Mantegna Jacopo Bellinis Tochter Nicolosia und trat in lebhaften Verkehr mit seinen Schwägern Gentile und Giovanni, deren frühere Arbeiten den Einfluss Mantegnas verraten. Etwa 1454—59 war Mantegna mit der Ausführung der Fresken in der Kirche der Eremitani beschäftigt. An diesen Werken kann man die allmählig zu immer grösserer Freiheit und Selbständigkeit sich entwickelnde Kunst des Meisters verfolgen. Vorher aber hatte er in Venedig Castagnos Bild in San Marco gesehen, sicherlich auch noch anderes von der Hand desselben. Ob er je persönlich mit ihm zusammengetroffen ist, das kann man unmöglich irgendwie beweisen. 1434 war Filippo

Lippi nach Padua berufen worden, 1444 Donatello und Uccello. Die beiden letzteren und Castagno bestimmten am meisten Mantegnas Richtung. Besonders aber ist eins zu beachten: die Behandlung des Nimbus. Während Mantegna in seinen ersten Werken den Heiligenschein noch als einen unbeweglichen Kreis darstellt, der den Kopf der betreffenden Gestalt umgiebt, behandelt er ihn in der Eremitanikapelle zum ersten Male realistisch als eine gleichsam metallene Scheibe, die wagerecht über dem Kopfe schwebt und die Bewegungen der Figur mitmacht. Diese Neuerung war von dem grossen Realisten Masaccio in die Kunst eingeführt worden, und Castagno nahm sie auf. Sowohl das Mosaik in San Marco als auch das Abendmahl in Santa Apollonia zeigen dieselbe Behandlung des Nimbus. Masaccio hatte etwa 1422—1427 in der Brancaccikapelle gearbeitet, und Castagno sah dieses epochemachende Werk. Er studierte es wahrscheinlich eifrig, wie alle Florentiner Künstler und machte sich die neuen Errungenschaften, vor allem die monumentale Auffassung, zu eigen. Diese Neuerungen nun brachte er Anfang der dreissiger Jahre nach Venedig. Und von dort geht der Weg der künstlerischen Beinflussung nach Padua, während die paduanische Schule wiederum auf Ferrara weiter wirkte. Hier ist besonders Francesco Cossa zu erwähnen. Seine Gemälde verraten nicht paduanische Schulung allein. Einmal steht er sogar unter dem direkten Einfluss Castagnos. Wir meinen das Bild des Herbstes, welches sich in der Berliner Galerie befindet. Diese Frauengestalt ist eine etwas ins Derbe gewandelte Copie der Cumäischen Sibylle aus Legnaja. Das antikisierende Gewand ist dasselbe, mit der gleichen Schürzung, nur ist es etwas kürzer und lässt die Beine bis an die Mitte der Wade frei. Der Faltenwurf ist von frappanter Ähnlichkeit, besonders die Art, wie sich die Falten etwas unnatürlich über dem vorgesetzten Bein brechen und wie sie über dem Standbein parallel herablaufen. Auch die Wendung des Kopfes, der Gesichtstypus, besonders die starren Augen erinnern an Castagno. Dabei ist gerade wie in den Fresken der Villa Pandolfini der Augenpunkt sehr tief gewählt: Der eine Fuss wird durch die steinerne Basis, auf welcher die Figur steht, überschnitten, der andere ragt über die Basis hervor. Der einzige Unterschied ist der, dass bei Cossa hinter der Gestalt die bunte Marmor-

nische Castagnos verschwunden ist und statt dessen sich eine
mantegneske Landschaft vor unseren Augen ausbreitet.
Wir haben nun noch einige Gemälde nachzutragen, die
wohl meist Schulbilder sind. In S. Apollonia befindet sich ein
Bild: Der Gekreuzigte, die hl. Jungfrau und Hieronymus. Die
Faltengebung erinnert an Castagno, doch ist die Modellierung
zu flau für ihn, auch macht sich eine gewisse Leere im Aus-
druck und in den Bewegungen bemerkbar. Hinter dem Kruzifix
stehen vier Bäume parallel neben einander. Die Landschaft ist
reich behandelt. An derselben Stelle befindet sich auch eine
Kreuzabnahme mit mehreren Heiligen. Dieses Bild zeigt die
Schwächen Castagnos noch übertrieben. Es ist hart in der
Modellierung und bunt in den Farben. Dabei sind die Figuren
sehr steif. Die Gewandung hat den schweren Faltenwurf
Castagnos, das Haar ist ganz conventionell behandelt.
￼ Im alten Refektorium von S. Croce befindet sich ein
aus einer niedergerissenen Kirche hertransportiertes Fresko:
St. Eustachius. Man sieht in eine Halle, deren Pilaster und der
Bogen darüber mit Renaissanceornamenten geziert sind. Der
Heilige steht in dieser Halle, seine Haltung ist stolz, mit der
Rechten hält er die Märtyrerpalme und rafft zugleich den
Mantel auf. Die Haltung ist sehr energisch, die Faltengebung
von grossem Wurf. Das Haar ist in der Weise Castagnos be-
handelt, nur die Gesichtsbildung ist eine bei unserem Meister
ungewöhnliche, während die Bildung der Hände wieder sehr an
ihn erinnert. An den Seiten des Hauptbildes befinden sich vier
Darstellungen aus dem Leben des Heiligen. Sie sind sehr
schwächlich, das Landschaftliche tritt stark hervor. Die reiche
Felsbildung gemahnt noch an die Manier Giottos. Vielleicht
sind die Seitenbilder von schwächerer Hand als die Hauptfigur.
— Eine Darstellung der Pietà in Berlin: Maria mit dem toten
Christus auf den Knieen, im Hintergrunde die Heiligen Hieronymus und Augustin, galt früher als ein Werk Castagnos, ist aber
jetzt als Arbeit des Jacopo del Sellajo nachgewiesen worden.
Es bleibt noch übrig, einiges über die Lebensverhältnisse
unseres Künstlers nachzuholen. Glänzend scheinen dieselben
nicht gewesen zu sein. In der schon oben erwähnten Steuer-
rolle von 1430 (Quartiere di S. Spirito) nennt er sich einen
armen Mann. Er besass ein kleines Haus und ein Stückchen

Land im Bezirk von S. Andrea a Linari; wir erfahren auch, dass er mehr als vier Monate krank lag und in dem Hospital von S. Spirito und dem der Pinzocheri gepflegt wurde. Erst an seinem Lebensabend war ihm ein leidliches Dasein vergönnt. Er nannte damals ein Haus in der via dei Fibbiaji sein eigen. Auffällig erscheint, dass Castagno erst am 30. Mai 1544 in die Matrikel der arte de' medici e speciali aufgenommen wurde. Hier lesen wir, dass Andrea, der Sohn des Bartolomeo Simone, um in die Zunft aufgenommen zu werden, sechs Goldgulden zu zahlen versprochen habe, Castagno könnte dann vor diesem Termin gar nicht gemalt haben, da die Zünfte streng darüber wachten, dass keiner, der nicht in ihren Verband gehörte, irgend ein Gewerbe ausübte. Castagno hätte dann nur in den letzten dreizehn Jahren seines Lebens in Florenz gemalt. Das ist aber nach allem unmöglich. Von der Unwahrscheinlichkeit dieser Annahme überhaupt abgesehen, besitzen wir einen Gegenbeweis in der Denunzia de' beni vom Jahre 1430, wo der Künstler ausdrücklich pictor genannt wird. Vielleicht ist er 1444 nur von neuem immatrikuliert worden, nachdem er längere Zeit von Florenz abwesend war. Ausserdem wissen wir, dass er am palazzo del podestà die Albizzi und Peruzzi malte, welche im Jahre 1435 nach der Rückkehr des Cosimo pater patriae für Rebellen erklärt wurden. Vasari behauptet in der zweiten Ausgabe seiner Werke, der Beiname Andrea degli impiccati stamme daher, dass der Maler die Häupter der Pazziverschwörung am palazzo del podestà abgebildet habe. Indessen fand diese Verschwörung erst 1478 statt, und der genannte Auftrag wurde von Botticelli ausgeführt. Der Name Andrea degli impiccati stammt vielmehr von dem erstgenannten Ereignis.

Andrea del Castagno starb am 19. August 1457, wie aus dem libro de' morti tenuto dall'arte de'medici e speciali hervorgeht. Seine Frau starb vor ihm am 8. August desselben Jahres. Ob der Maler Kinder hinterliess, ist nicht bekannt. Vielleicht starben beide Gatten an der damals in Florenz grassierenden Pest. Begraben wurde der Künstler in S. Maria de'Servi.

Thesen.

I.

Der hl. Georg mit der Lanze von Raffael ist nicht abhängig von Donatellos Relief an Or San Michele.

II.

Niccolò Pisano steht nicht unter dem Einfluss der süditalienischen Kunst.

III.

Der sogenannte Idolino in Florenz gehört in die Myronische Richtung und ist mit Polyklet ausser Zusammenhang.

IV.

Skulpturen können durch Bemalung eine Steigerung ihres künstlerischen Werthes erfahren.

V.

Goethes Elpenor musste einen glücklichen Ausgang haben.

Lebenslauf.

Geboren wurde ich, Wolfram Waldschmidt, evangelischer Confession, am 28. Dezember 1874 zu Metz. Mein Vater, Eduard Waldschmidt, Major a. D., starb am 6. Februar 1900, meine Mutter Henriette Waldschmidt, geborene Garthe, lebt in Wiesbaden. Ich besuchte das Lyceum zu Metz, das Gymnasium zu Allenstein in Ostpreussen, das Realprogymnasium zu Hofgeismar in Hessen und schliesslich das Gymnasium zu Wiesbaden. Ich studierte in München und dann in Berlin Jura, gab jedoch dieses Studium auf, da es meinen Neigungen nicht entsprach. Ich trieb dann in Berlin philosophische sowie kunst- und litterar-historische Studien. Ich besuchte die Vorlesungen der Herren Dessoir, Dilthey, Geiger, Goldschmidt, Grimm, Frey, Friedländer, Kekule von Stradonitz, Pariselle, Paulsen, E. Schmidt. Allen diesen Herren, besonders aber Herrn Geheimrat Grimm, Herrn Professor Frey und Herrn Dr. Goldschmidt, spreche ich an diesem Orte meinen warmen Dank aus.

Das Leben und die Werke des seneser Malers Domenico Beccafumi genannt Mecarino.

INAUGURAL-DISSERTATION

ZUR

ERLANGUNG DER DOKTORWÜRDE

DER

HOHEN PHILOSOPHISCHEN FAKULTÄT

DER

KÖNIGLICHEN ALBERTUS-UNIVERSITÄT
ZU KÖNIGSBERG

VORGELEGT VON

Hans v. Trotta genannt Treyden
aus Berlin.

Berlin 1913.

Dem deutschen Maler in Rom
Herrn Dr. Hans Joachim Wagner
in Freundschaft gewidmet.

Abseits von allen grossen Verkehrswegen im Süden der Toscana liegt auf felsigem bergigem Terrain die Stadt Siena. Schroff und steil fällt der Felsen nach Osten gegen das blühende, grünende Arbiatal ab, in dem am 3. IX. 1260 die ghibellinischen Seneser die guelfischen Florentiner und ihre Verbündeten in der blutigen Schlacht bei Montaperto aufs Haupt schlugen. Siena ist für den Kunsthistoriker eine der schönsten und interessantesten Städte Italiens. Doch offenbart sie nicht dem oberflächlichen Besucher ihren ganzen Reichtum; denn ihre Kunstschätze wollen nicht nur gesehen und bewundert, sondern studiert sein. Was das Studium der Kunst anbetrifft, so ist Siena fast unerschöpflich. Allein die Malerei Siena's bildet ein ganz eigenes Gebiet für sich. In jeder Kunstepoche, vom Mittelalter bis zur Renaissance hat sie bedeutende Werke hervorgebracht. Das Eigentümliche und Anziehende an allen Werken dieser konservativen, stolzen Bergstadt ist der Schönheitssinn ihrer Künstler.

Als man in Florenz und in Rom schon weiter fortgeschritten war, als dort die Gestalten auf den Bildern schon eine gewisse Bewegungsfreiheit erlangt hatten, malte man in Siena noch sauber und steif; und der heute durch Siena reisende Laie steht zum grossen Teile dieser Kunst fremd gegenüber. Während das demokratische Florenz kühn mit den alten Ueberlieferungen brach und einem Höhepunkt der Kunst zuschritt, entwickelte sich die Malerei Siena's nach einem vollständig anderen Ziele hin, blieb gemessener und im Typus befangener als die Florentiner, brachte aber trotzdem Werke von hoher formaler Schönheit hervor. Ihre Schule geriet gerade deshalb in der Blütezeit der Renaissance in die Gefahr, keinen Fortschritt mehr zu erleben. Einfluss von aussen, der sich günstig mit ihren Traditionen mischte, gab ihr aber in der Person Soddomas einen Ansporn zu neuer, frischer Tätigkeit. In der ersten Hälfte des 16. Jahrhundert hatte Siena mehrere bedeutende Künstler: P a c c h i a r o t t i, P e r u z z i und B e c c a - f u m i.

1. Beccafumis Leben von der Geburt bis 1512.

D o m e n i c o B e c c a f u m i, genannt M e c a - r i n o (Mecherino), war im Jahre 1486 als Sohn des Landmannes J a c o m o P a c i e in V a l d i b i e n a geboren, dem Landgute des Senesers Lorenzo Beccafumi, nahe dem Schlosse M o n t a p e r t o, bei dem jene grosse Schlacht zwischen Florentinern und Senesern 1260 stattfand. Die Daten über seine Geburt und seinen Tod, ebenso wie über den Ort seiner Geburt, variieren in den verschiedenen späteren Berichten, obgleich sie aus sicheren Seneser Angaben festgestellt worden sind. Er soll schon gezeichnet haben, als er das Vieh auf die Weide trieb. Obgleich Vasari ein Freund des Seneser Goldschmieds Giuliano di Nicolo Morelli war, der mit Domenico sehr befreundet war, so ist doch seinen Berichten nicht zu viel Glauben zu schenken, da authentische Urkunden in Siena viele Tatsachen genauer und richtiger angeben. Was Vasari von der Kindheit Domenicos erzählt, ist — wie bei vielen anderen Jugendberichten von ihm — nur ein Märchen. Als Domenico erwachsen war, liess ihn Lorenzo Beccafumi, der ein angesehener städtischer Beamter war, (einer der 8 Direktoren der offiziellen Feste und Gesandter Sienas in Florenz und beim Herzog Valentino) nach Siena kommen und gab ihn bei einem unbedeutenden

Maler, dem Giov. Batt. Tozzo genannt Capanna, in
die Lehre. Von seinem Wohltäter nahm er darauf
den Namen Beccafumi an. Doch bald schon wohnte
er, der immer Herr seiner selbst und nie abhängig
war, in der Via Stalloreggi mit einem anderen aus-
ländischen Maler, genannt Giovanni, zusammen, der
Pinturicchio bei der Ausschmückung der Libreria del
Duomo half und vielleicht ein Deutscher war. Woermann und Berenson halten ihn für einen Schüler Pac-
chiarottos, während Chledowski seinen ersten Lehrer
irrtümlicherweise Mecherino nennt. In seine Jugendzeit fällt die segensreiche Herrschaft des P a n d o l -
f o P e t r u c c i, genannt i l M a g n i f i c o, die der
Kunst in Siena eine hohe Blütezeit verschaffte. P e -
r u g i n o kam 1508 nach Siena und seine wunderbaren Werke machten auf Beccafumi tiefen Eindruck.
Doch darf Peruginos Einfluss bei weitem nicht so
hoch angeschlagen werden, wie J a c o b B u r c k -
h a r d t es tut. Beccafumi zeigt in zeitlich ganz auseinander liegenden Werken oft eine gewisse Nachahmung dieses oder jenes Meisters, ohne dass er seine
individuelle Malweise darum aufgibt. Damit fand er
zunächst in seiner Zeit grosse Anerkennung. Erst
später hörte man auf, ihn als Maler hoch einzuschät-
zen. Man bewunderte Raffael zu sehr, als dass man
ihn hätte beachten können. Raffael, der wie die grossen Meister der Antike seine Werke nach dem Prinzip der reinsten Formenschönheit schuf, hat, einer
idealen Stimme seines Inneren folgend, Madonnen gemalt, die über alles Irdische erhaben sind. Hier liegt
ein grosser Gegensatz zu Beccafumi. Dieser hat auch
Gestalten von wunderbarer Schönheit geschaffen; dieses war aber eine heisse, irdische Schönheit. Der
ganze Paganismus der Renaissance, der doch stets
etwas Persönliches zu geben bestrebt war, bricht bei
ihm durch.

Das ist es, was die Gestalten Beccafumis so anziehend macht. Gerade unsere heutige Zeitanschauung aber sucht ja wieder das Individuelle, Persönliche, wie es Beccafumi seinen Werken gab. Hat dieses rein Persönliche auch manchem seiner Werke geschadet, so hat es ihn doch wiederum zu Kunstschöpfungen veranlasst, wie den „heiligen Michael" in Santa Maria del Carmine, „Christi Geburt" in San Martino, „die heilige Catharina" und „Christus in der Vorhölle" in der Academia delle Belle Arti, den Fresken in der Sala di Concistoro und im Palazzo Bindi-Sergadi, und endlich zu seinem Meisterwerke, wodurch er seinen Namen unsterblich gemacht hat, den herrlichen Marmor-Mosaiken auf dem Fussboden des Domes in Siena.

Es hat dem Rufe Beccafumis äusserst geschadet, dass er in vielen Werken, die die Seneser Kunst behandelten, nur nebenbei und oberflächlich berührt wurde. So entstanden viele Irrtümer. Schon V a - s a r i (Vite) und der P a d r e d e l l a V a l l e (Lettere sanesi sopra le belle arti) sind nicht frei von Irrtümern, ebenso das Werk H e c t o r R o m a g - n o l i s. Die unrichtigsten Angaben aber sammelten sich in deutschen und französischen Künstlerlexikas an, wie z. B. in Dr. N a g l e r s Künstlerlexikon und in der nouvelle biographie universelle von F i r m i n D i d o t frères, die unter der Leitung des Dr. H o c - f e r 1853 in Paris erschien und z. B. angab, B e c - c a f u m i sei in Genua gestorben. Ebenso ist es mit S t r u t t's Biographical Dictionary. J u l e s L a - b a r t e (Histoire des arts industriels) steht allein da mit seiner Behauptung, B e c c a f u m i sei 1488 geboren.

Ebenso kurz und unvollständig gingen H i p p o - l y t e T a i n e und J a c o b B u r c k h a r d t über ihn hinweg. Deshalb soll diese Arbeit bemüht sein, auf persönlichem Studium der ihn betreffenden Urkunden und seiner Werke beruhend, zum erstenmal ein vollständiges und genaues Bild seines Lebens und seiner Werke zu geben.

Der P a d r e d e l l a V a l l e, der alte Schriftsteller der Seneser (1740—1794), hat B e c c a f u m i zum Vorwurfe gemacht, dass er offen-sichtbare Fehler in seinen Werken, sowohl in der Zeichnung als in der Farbe, stehen gelassen habe. Diesen Vorwurf machte er dem grossen Zeichner, dessen Kartons zu dem Domfussboden in der Academie heute noch jedes kundige Auge entzücken; ihm, dem Meister der Farbengebung, und vor allem der Verkürzungen, die er so hervorragend geschickt anwandte, wie T i n t o - r e t t o sie kaum besser hätte treffen können. Und doch liegt in den Vorwurfe etwas Gerechtes. Es war ihm nicht gegeben, schöne Hände und Füsse zeichnen zu können; andererseits war er sich auch sehr ungleich und hat der Nachwelt neben seinen Meisterwerken auch ziemlich mässige Bilder überliefert.

Hinwiederum ist V a s a r i s Urteil lobend, der ihn noch über P o r d e n o n e stellt. Der Marquis d ' A r g e n s, der 25 Jahre Academie-Direktor am Hofe Friedrich des Grossen war, schrieb wieder schlecht, F r a n c o i s L a c o m b e (1733—1795) wieder gut über ihn. So wechseln sich im Laufe der Jahrhunderte die allerwidersprechendsten Urteile über B e c c a f u m i ab. Aber mit Recht erwähnt R o - m a g n o l i den Ausspruch: Il colorito di Mecherino è bello come la luce del sole, che sempre abbaglia, e cuopre le altre macchie del pittore. (Das Kolorit Mecarinos (der Beiname Beccafumis wegen seiner kleinen, unansehnlichen Gestalt) ist schön wie das Sonnenlicht, das immer blendet, und verdeckt die Fehler des Malers.) Das wunderbare Kolorit und der innere Gehalt seiner Bilder lassen uns über manche Schwäche gerne hinwegsehen. Wegen dieser zahlreichen sich grundsätzlich widersprechenden Urteile

über die Bedeutung unsers Meisters wollen wir nun
seinen Lebensgang an der Hand der Dokumente der
verschiedenen Archive in Siena verfolgen. (Ein grosser Teil dieser Dokumente ist von G a y e , C a r -
t e g g i o II, von G a e t a n o M i l a n e s i und von
B o r g h e s i e B a n c h i herausgegeben worden.)
Die erste sichere Tatsache aus dem Leben B e c -
c a f u m i s ist seine Romreise im Jahre 1510. Die
Behauptung von J a n s e n (il Soddoma), P a c -
c h i a und B e c c a f u m i hätten ihre künstlerische
Ausbildung (vor 1512) in F l o r e n z und R o m erhalten, entbehrt, soweit ein Aufenthalt B e c c a f u -
m i s in F l o r e n z in Frage kommt, eines Beweises. In R o m malte damals R a f f a e l in den Stan-
zen. 1511 hatte er die Schule von A t h e n beendigt.
So hatte der junge Seneser Künstler reiche Gelegenheit, seinen Sinn für Schönheit ebenso wie seine Technik an den hervorragendsten Meisterwerken zu bilden. Den gewaltigsten und nachhaltigeten Einfluss
aber übte M i c h e l a n g e l o auf ihn aus, der in
eben diesen Jahren an der Decke der S i s t i n a
malte. Zwar merkt man M i c h e l a n g e l o s Einfluss in den Werken B e c c a f u m i s nach seiner
Romreise bis zum Jahre 1529 nur sehr selten, z. B.
auf dem Bilde der Vermählung M a r i a e im Oratorio
S a n B e r n a r d i n o. Dann aber spürt man ihn so
mächtig, dass B e c c a f u m i in seinen späteren Jahren als ein Nachahmer michelangelesken Stiles angesehen werden kann. Da aber weder ein Dokument
noch ein Schriftsteller eine zweite Romreise B e c -
c a f u m i s erwähnt, da es sogar ganz ausgeschlossen erscheint, dass er ausser jener Reise 1510—1512
nach R o m und jener späteren 1541 nach G e n u a -
P i s a je seine Vaterstadt verlassen hat, so ist nur
anzunehmen, dass er in seiner Jugend in R o m M i -
c h e l a n g e l o s Werke sehr gründlich studiert hat
und nur durch Kopien und Zeichnungen später seine

Kenntnis wieder aufgefrischt hat. Aber auch der Antike hat er ein lebhaftes Interesse entgegengebracht. Er wird sie nicht nur eingehend studiert haben, sondern wird auch Zeichnungen römischer Ruinen und Triumphbögen mit nach Hause gebracht haben, da die Hintergründe mancher Gemälde und Fresken (wie die Vermählung M a r i a e im Oratorium, die Geburt C h r i s t i in S a n M a r t i n o und seine berühmten Deckenfresken) römische Reminiszenzen zeigen. Auf jenem Buchdeckel in dem Stadtarchiv von Siena, der 1548 gezeichnet ist, sieht man sogar naturgetreu P a l a e s t r i n a , F r a s c a t i und das K o - l o s s e u m , also 36 Jahre nach seinem römischen Aufenthalt. Diese Arbeit geht sicherlich auf Skizzen aus jener Zeit zurück. Das einzig beglaubigte Werk, das ihm in R o m zugeschrieben wird, ist eine Fassadenmalerei mit dem Wappen J u l i u s II. im Borgo des Vatikans (Vasari V. p. 634). Die Annahme C r o w e und C a v a l c a s e l l e ' s (Band IV b), dass B e c c a f u m i mit S o d d o m a zusammen Säle im Obergeschoss der Villa F a r n e s i n a ausgemalt habe, beruht unbedingt auf einem Irrtum. Weder spricht irgend ein Dokument von einem späteren Aufenthalte B e c c a f u m i s mit S o d d o m a zusammen in R o m , und von einer Berufung durch A g o s t i n o C h i g i , noch erwähnen die Werke von E. M a a s (Aus der Farnesina, Hellenismus und Renaissance, Marburg 1902) und von A. V e n t u r i (La Farnesina, Collezione Edelweiss III, Roma 1890) etwas von Beccafumis angeblicher Tätigkeit in der Farnesina. Er kehrte 1512 aus Rom nach Siena zurück.

2. Seine Blütezeit von 1512 bis 1525.

Als B e c c a f u m i in seine Vaterstadt zurückkehrte, waren grosse Veränderungen dort geschehen. Der Tyrann P a n d o l f o P e t r u c c i starb

1512, worauf Feindseligkeiten jeder Art in der Stadt das Leben unsicher machten und die Ausübung der Kunst schädigten. S i g n o r e l l i und P e r u - g i n o hatten Siena verlassen, P i n t u r i c c h i o starb 1513 im Elend. Doch erhielt der jünge Kunstler gleich in dem Jahre seiner Rückkehr den Auftrag, die Fresken in dem Treppenhause des Hospitals von S a n t a M a r i a d e l l a S c a l a zu malen. Nur noch die letzten Reste sind sichtbar, da man alles andere rücksichtslos weiss übertüncht hat. Wirklich erkennbar ist noch ein grosses Fresko „die Heimsuchung", der heilige Joachim und Sant' Anna und rechts daneben zwei sehr gut erhaltene Heilige, der Anfang eines zweiten Freskos, das durch Einsetzen einer Mauer ganz zerstört worden ist. Diese Wandmalereien sind noch in einem naiven freundlichen Stil gehalten. In demselben Jahre begann er die Fresken der Fassade der C a s a d e i B o r g h e s i mit mythologischen Figuren zu schmücken. Er wollte sich mit S o d d o m a , der damals in R o m lebte, messen; denn S o d d o m a hatte kurz vor seiner Romreise die Fassade des Palastes B a r d i gemalt, wofür er ein Rennpferd erhalten hatte. Die Zeitgenossen lobten beide Malereien sehr. Heute ist jedoch keine Spur mehr von ihnen erhalten.

Im folgenden Jahre 1513 malte B e c c a f u m i die Heilige Dreieinigkeit, die sich jetzt in der Academie befindet. In einem alten, schönen Rahmen sieht man ein dreiteiliges Gemälde, in der Mitte die Heilige Dreieinigkeit, Gott Vater mit einem überaus strengen Antlitz, wie es auf dem St. Michael-Bilde in d e l C a r m i n e ähnlich streng wiederkehrt, und mit langem grauen Barte; der Heilige Geist als Taube und der gekreuzigte Christus mit Engeln. Jede Figur ist stufenweise vor und unter den anderen gruppiert. Die Farbentönung dieses Bildes ist gut und lässt erkennen, dass die beiden Seitenbilder, die je zwei Heilige (rechts Johannes den Evangelisten und St. Damiano, links Johannes den Täufer und San Cosmo) darstellen, wohl weit später gemalt worden sind, ja vielleicht nicht einmal von B e c c a f u m i selbst. Denn wir treffen kein Bild B e c c a f u m i s aus jener Zeit, wo eine solche Farbentechnik angewandt ist, wie bei diesen beiden Seitenbildern, die übrigens mit dem Hauptbilde nicht zusammenhängen. Auch fehlt in den Dokumenten bei der Angabe des Bildes der sonst übliche Zusatz: con santi. Sondern wir erfahren nur, dass G i a c o m o P a c c h i a r o t t i das Bild, das für die Capella d e l l a M a d o n a d e l M a n - t o im Hospital bestimmt war, auf 200 Lire einschäzte, die B e c c a f u m i 1514 erhielt (Archivio dello Spedale di S. Maria della Scala — Conti correnti H H carte 187). Seine Vermögenslage muss verhältnismässig gut gewesen sein, denn wir erfahren (Archivio dei Contratti), dass er sich 1515 ein eigenes Haus in der V i a d e i M a e s t r i kaufte. Auch sein Ruf als Maler muss in jener Zeit gestiegen sein, da er 1515 mit P a c c h i a zusammen berufen wird, die Wandbilder des G i r o l a m ó d i B e n v e n u t o in der Kirche d i F o n t e g i u s t a abzuschätzen (Archivio dei Contratti. Rogiti di Ser Francesco Malizi. Lodi dal 1504 al 1515, No. 253). In diesem Jahre kehrte S o d d o m a gefeiert und berühmt aus Rom nach Siena zurück.

Seine Werke hatten schon lange die Bewunderung B e c c a f u m i s hervorgerufen, der emsig sie zu studieren begann. S o d d o m a übte tatsächlich den nachhaltigsten Einfluss auf ihn aus, und seine folgenden Werke zeigen in manchem Zuge, was er von S o d d o m a gelernt hatte. Im Charakter waren sie grundverschieden. Denn während G i o v a n n ' A n t o n i o einen heftigen und leichtlebigen Charakter besass, ausschweifend lebte und die Jeunesse dorée der Stadt stets in seinem Gefolge hatte, was ihm den wenig ehrenvollen Beinamen S o d d o m a eintrug, lebte B e c c a f u m i, der von mildem, gütigem Wesen war, still und zurückgezogen einen gesitteten, christlichen Lebenswandel und widmete sich ganz seiner Kunst. Vielleicht liebte er die Einsamkeit zu sehr, teils aus Neigung zu ungestörter Arbeit, teils aus Abneigung gegen das damalige politische Getriebe. Den Einfluss S o d d o m a s zeigen die vier vortrefflichen Bilder, die im Zimmer des Waisenhausvorstehers hängen. Es sind vorzüglich erhaltene kreisrunde Bilder in wertlosen Rahmen. Das eine stellt den toten Christus dar, gestützt von zwei Engeln. Das zweite zeigt die Madonna mit dem Kinde und dem kleinen Johannes. Ist die Madonna hier auch wenig ansprechend gemalt, so sind die beiden Knaben doch wieder reizend getroffen, zwei fröhliche naive und doch ausdrucksvolle Kinderköpfe. Vorzüglich sind die beiden letzten Bilder: St. Andreas, der sich auf sein Kreuz stützt, und St. Hieronymus mit dem Löwenkopf an der Seite. Beides sind ernste, schöne Greisenköpfe. Man sieht, dass B e c c a f u m i keine naturalistische Neigung hatte, dass er alles Hässliche, wenn es auch noch so der Natur entspräche, mit feinem ästhetischen Sinne vermied und seinen Heiligen gern einen schönen wenngleich manchmal etwas süsslichen Charakterkopf gab, den er in unzähligen Variationen beherrschte.

B e c c a f u m i s Hauptstärke liegt in den Köpfen und Gestalten der Kinder und Putten einerseits, der Greise andererseits. Weil seine Kindergestalten an der Decke der Sala d i C o n c i s t o r o, auf dem Madonnenbilde im Waisenhause und in S a n M a r t i n o durch ihre liebliche Munterkeit das allgemeine Entzücken erregten, ist ihm schon früh der Titel des C o r r e g g i o d e l l' I t a l i a i n f e r i o r e beigelegt worden (Lanzi). Auch in seinen Greisenköpfen entfaltet er all seine Kunst. Er hat nie den Natura-

lismus gesucht und abgehärmte, magere, hässliche
Männer geschaffen. Er suchte vielmehr danach, wirklich schöne, stattliche Gestalten mit leuchtenden Augen
zu malen, die ihr weisses Haar mit Stolz und Würde
tragen, Greise, wie sie heute noch in Siena oft genug zu sehen sind. Erst in seinen späteren Bildern
tritt der maskenhafte Gesichtsausdruck sehr störend
auf und die Neigung, sich selbst zu kopieren, wo
zumal Engelfiguren einen manierierten Zug erhalten.
Aber Kinder und Greise gelangen B e c c a f u m i so
vorzüglich, dass man annehmen muss, er habe ihnen
eine ganz besondere Liebe und Sorgfalt entgegengebracht. Doch treffen wir auch auf schöne Jünglingsgestalten, wie auf dem St. Michael - Bilde in
S a n t a M a r i a d e l C a r m i n e, und auf schöne
Jungfrauen, wie auf den Bildern „Christi Geburt" in
S a n M a r t i n o und „Christus in der Vorhölle" in
der Academie, wo ein vortrefflicher, lieblicher Mädchenkopf rechts am unteren Rande des grossen Bildes
die Aufmerksamkeit fesselt. So vollendet die Schönheit dieser Köpfe ist, so ist es doch eine heissblütige,
charaktervolle Schönheit, die ganz in den Leidenschaften dieser Erde wurzelt, im Gegensatz zu den geistigen makellosen Gestalten P e r u g i n o s oder
R a f f a e l s.

Um 1515 schuf B e c c a f u m i eins seiner gelun-
gensten Werke: „D i e h e i l i g e C a t h a r i n a von
S i e n a erhält die Wundenmale Christi", das für die
Sakristei des Klosters M o n t ' O l i v e t o bestimmt
war und heute in der Academie hängt. C a t e r i n a
B e n i n c a s a, die Tochter des Färbers J a c o p,
war eine geistreiche und wohltätige, durch ihren
Lebenswandel und ihre schöne, beredte Sprache berühmt gewordene Jungfrau S i e n a s, die infolge
einer mystischen Eingebung nach A v i g n o n reiste
und den Papst G r e g o r XI. im Jahre 1377 durch
ihre Beredsamkeit veranlasste, seinen Sitz wieder nach

Rom zu verlegen. Sie starb 1380 in hohen Ehren und
wurde 1461 von P i u s II. (dem berühmten Enea
Silvio Piccolomini aus Siena) heilig gesprochen. Schon
50 Jahre darauf war ihre Verehrung in der Toscana
allgemein, und B e c c a f u m i nahm sie gerne zum
Vorwurfe, da sein Bild für die Nonnen von M o n t
O l i v e t o bestimmt war. Dies Bild ist von einer
grossen Schönheit und Ruhe. Die heilige C a t h a -
r i n a kniet entzückt vor dem Kruzifix, von wo eine
Lanze ihr Hände, Füsse und Busen fast unsichtbar
durchbohrt. Aber die Entzückung auf ihrem Antlitz
ist gleichzeitig von einer ruhigen Würde. Mit grosser Kunst ist ihr Auge gemalt. Obgleich der Aug-
apfel nur wenig sichtbar ist, so scheint es doch,
als ob man tief in ein schwärmerisches Auge hinein-
schaue. Eine mächtige Renaissancehalle bildet den
architektonischen Schmuck und umrahmt die kniende
Figur. Vorne an den Pfeilern der Halle stehen rechts
und links die grossen Gestalten des heiligen H i e -
r o n y m u s in langem roten Kardinalsmantel und des
heiligen B e n e d i k t u s in weissem Ordenskleid. In
der Höhe des Gewölbes schwebt auf Wolken die
Madonna mit dem Jesuskinde und Engeln. Im Hintergrunde, von dem sich der Kopf der Heiligen scharf
abhebt, breitet sich hell und klar unter blauem Himmel eine anmutige Landschaft aus dem A r b i a t a l e
aus. Hatte L e o n a r d o ja doch den Malern Italiens
schon Liebe zur Landschaft beigebracht und B e c -
c a f u m i folgte ihm mit feinem Verständnis. Ein
anderer Maler und zwar der Florentiner A l b e r -
t i n e l l i scheint aber B e c c a f u m i zu der Kom-
p o s i t i o n dieses Bildes besonders angeregt zu haben. A l b e r t i n e l l i s Gemälde: V i s i t a t i o n ,
das 1503 gemalt war, zeigt zum ersten Male in solcher Bestimmtheit zwei Personen, die beiden Frauen, vor
einer dunklen Renaissancepilasterhalle, mit scharf vom
hellen Hintergrunde abgehobenen Köpfen. Diese ganz

eigene Verwendung des Motivs dürfte B e c c a f u m i gekannt haben. Zwar stellt er die heilige C a t h a - r i n a in die Halle selbst hinein, flankiert aber die beiden einrahmenden Eckpilaster mit den grossen Figuren der beiden Heiligen. In der Farbengebung aber bilden die beiden Werke einen merklichen Unterschied. Denn während A l b e r t i n e l l i s beide Frauen in farbigen Gewandungen vor dem dunklen Bogen stehen, herrscht auf B e c c a f u m i s Altarbild die diskrete Farbe des weissen Benediktinerordenskleides, die nicht von dem blauen Mantel der Madonna und dem roten Mantel des hlg. H i e r o - n y m u s übertönt wird. Die vierte Heiligenfigur, die im Hintergrunde rechts in Schlaf versunken erscheint, wirkt als Gegenstück gegen die mehr links kniende Heilige. Hände und Füsse sind auf diesem Bilde mässig geraten; doch sagt selbst der P a d r e d e l l a V a l l e , der sonst B e c c a f u m i nicht wohl will, von diesem technisch und perspektivisch hervorragenden Bilde, hier sähe man einen grossen D i c h t e r , reich an Phantasie und Ausdruck. So hatte B e c c a - f u m i mit kaum 28 Jahren schon den Höhepunkt seiner Kunst erlangt. Zur Predella dieses Altarbildes gehören die 3 kleinen Temperabildchen, die Szenen aus dem Leben der Heiligen darstellen; V a s a r i lobt sie sehr, sie sind jedoch heute so verdorben, dass sie keinen Anspruch mehr auf Schönheit machen können. Im Jahre 1515 malte er für das Handelsgericht (die Mercanzia) von Siena die Apostel P e - t r u s und P a u l u s , die heute in der Taufkapelle S a n G i o v a n n i B a t t i s t a zu sehen sind. Dies sind die Jugendwerke B e c c a f u m i s . Die vollzählige Angabe dieser Werke ist in keiner Abhandlung über B e c c a f u m i enthalten, auch nicht in Bernh. Berensons Buch, das noch die meisten Werke Beccafumis anführt, aber wahllos und ohne chronologische Ordnung eigene Werke und Werke in seinem Stile zusammenstellt. Jacob Burckardt spricht davon, dass Peruginos übermässiger Einfluss den Jugendwerken Beccafumis eine so starke perugineske Prägung verliehen habe, dass man oft ihre Bilder verwechselt habe. Für den aber, der Beccafumis Jugendwerke betrachtet, ist diese Annahme vollkommen haltlos und unbegründet. Im Gegenteil wurde er ein immer grösserer Nachahmer Soddomas, den er an Schönheit und Form zu erreichen ständig mehr anstrebte. Am deutlichsten sieht man dies an den Fresken im Oratorio di San Bernardino.

Im Jahre 1517 bekam er den Auftrag für drei Fresken im Oratorium di San Bernardino, das er in Konkurrenz mit Soddoma und Girolamo del Pacchia ausmalen sollte. Er erledigte sich dieses Auftrages nur insoweit, als er bis 1518 das Fresko „Vermählung Mariae" und „den Tod Mariae" fertigstellte, das Altarbild in Tempera dagegen erst 1537 malte. 1518 erhielt er 30 Dukaten für jedes Bild (Archivio del Patrimonio Ecclesiastico, Compagnia die San Bernardino, Registro C III. Entrata e Uscita dal 1515 al 1531 a carte 38). Diese Fresken können sich neben den Werken Soddomas gut sehen lassen, wie Chledowski sagt; denn sie zeigen eine gute Komposition, eine glückliche Anordnung der Figuren. Zunächst sehen wir links vom Altare „die Vermählung Mariae", die noch das beste ist. Wie manche Werke Beccafumis zeigt auch dieses die Eigentümlichkeit, von nahe gesehen bedeutend schöner zu wirken, als von weitem. Der verschämt dreinblickenden Jungfrau steckt der greise Joseph den Ring an den Finger. Dahinter erhebt sich eine wunderschöne Renaissancepforte und eine halbrunde römische Säulenhalle, die sich dunkel gegen den hellen Hintergrund abhebt. Rechts im Winkel springt, wie auf vielen Bildern der damaligen

Zeit, ein kleiner weisser Hund, der einem niedlichen Knaben das Bein leckt. Die Figur des Mannes mit dem langen Barte neben Joseph erinnert in der Haltung des Kopfes und des muskulösen rechten Armes lebhaft an M i c h e l a n g e l o s   M o s e s und zeigt B e c c a f u m i s Abhängigkeit von dem grossen Florentiner schon in diesen Jahren, wenngleich vereinzelt nur, da die wahre Nachahmung erst ungefähr 1529 begann. Das zweite Fresko „M a r i a e Tod" ist an Wert das geringste der beiden Bilder. Da Jesus aus geöffnetem goldenen Himmel herabschwebt, so ist über das ganze Bild ein Goldton gebreitet. Einzelne Porträte dieses wenig ansprechenden Bildes hat B e c c a f u m i aber wieder vorzüglich getroffen, wie z. B. den alten Bettler links in der Ecke oder das Antlitz der sterbenden M a r i a selbst. B e c c a - f u m i sah an den Fresken S o d d o m a s an seiner Seite, wie vorzüglich bei S o d d o m a isoliert dastehende Figuren wirken können. Da er eifrig bestrebt war, ein würdiger Rivale S o d d o m a s zu werden, so ahmte er hier und auch später oft diese Art nach. Es gelang ihm bei der linken Eckfigur auf dem ersten Fresko weniger als bei diesem alten Bettler an der Bahre M a r i a e.

In den Jahren 1518 oder 1519 malte B e c c a - f u m i eine letthera (Bettstatt) für F r a n c e s c o P e t r u c c i. Sie wurde von S o d d o m a und G i o v a n n i   d i   L o r e n z o auf 175 Dukaten eingeschätzt. Man darf dabei nicht an eine gewöhnliche Bettstatt denken. Es war ein reich mit Figuren und Säulen verziertes Prunkbett, das ein bemaltes Kopfende hatte, von wo ein ebenfalls bemaltes Gesims rings um die Stube lief. Die Hauptfarben waren blau und gold. F r a n c e s c o   P e t r u c c i wurde als Rebell aus der Stadt vertrieben und seine Güter konfisziert. Er hatte B e c c a f u m i aber nur 107 Dukaten gezahlt. Deshalb richtete B e c c a f u m i an

den Rat der Stadt am 6. VIII. 1526 ein Bittgesuch
(Archivio di Stato. Biccherna. Suppliche 1526) um
Auszahlung des Restbetrages, da ja die Stadt P e -
t r u c c i s Güter konfisziert habe. Aus diesem Schrei-
ben und dem des die Sache vertretenden Advokaten
(Archivio dei Contratti, Rogiti di ser Girolamo
Ottaviani, filza degli atti della Mercanzia) wissen wir
um die blaugoldene Bettstatt. G a e t a n o M i l a -
n e s i, der mit so bewundernswürdiger Sorgfalt die
Dokumente der Seneser Archive herausgegeben hat,
kannte das erstgenannte Schreiben nicht und nahm
deshalb fälschlich an, dass B e c c a f u m i für dieses
Geld dem P e t r u c c i vielleicht den Palast mit
Fresken geschmückt habe und denkt dabei an die
Deckenfresken im Palazzo B i n d i - S e r g a r d i.
Diese wurden aber 5 Jahre später in Auftrag gegeben
und von keinem P e t r u c c i, sondern von M a r -
c e l l o A g o s t i n i. Aus einem Dokument des
Staatsarchivs zu Florenz (Carteggio universale mediceo, filza 1361, s. n.) erfahren wir, dass der Graf
von Villa M e d i a n a 1615 von A g o s t i n o B a r -
d i zwei Kopfenden einer Bettstelle kaufte, auf denen
je ein liegender weiblicher Akt mit spielenden Putten
gemalt war. Das Urteil, das E u g e n i o C a s a n o -
v a darüber an den Sekretär des Grossherzogs schrieb,
lautet sehr abfällig, da die Malereien nicht nur schlecht
erhalten, sondern auch wieder übermalt seien. Dies
wird vielleicht im Zusammenhang mit jenem für P e -
t r u c c i gemalten Prunkbett stehen.

Das Jahr 1518 war aber noch in anderer Hinsicht für B e c c a f u m i ein fruchtbares. Denn in
diesem Jahre begann er sein grosses Lebenswerk,
d i e M o s a i k e d e s M a r m o r f u s s b o d e n s
i m D o m. An diesem Wunderwerke, das der italienische Kunsthistoriker Graf L e o p o l d d i C i -
c o g n a r a (1767—1834) den wertvollsten Mosaiken
A t h e n s und R o m s gleichstellt, hat B e c c a f u m i

mit Unterbrechungen bis 1547 gearbeitet. Unbestreit-
bar bleiben diese Mosaike, die in riesenhaften Dimensionen eine stolze mannigfache Sammlung von unzähligen Bildern in weissem, grauem, grünem, gelbem und rötlichem Marmor darstellen, eines der grössten Kunstwerke der Renaissance. An dem gesamten
Fussboden des Domes haben 200 Jahre lang (von
1369—1550) viele Künstler gearbeitet; aber B e c c a -
f u mi gebührt der Ruhm, die hervorragensten Mosaikbilder geschaffen zu haben. Es ist nicht immer
in derselben Art und Weise an den Marmormosaiken
gearbeitet worden. Ursprünglich in Niello- oder
Sgraffitomanier erhielten die Bilder als Hintergrund
einen Himmel aus schwarzem Marmor, während Figuren und Erdboden aus weissem Marmor bestan-
den. Die Zeichnung auf diesem wurde durch kleine
Punkte dargestellt. In der Opera d e l D u o m o sind
die ältesten Mosaike in dieser Art, auch die von
A n t o n i o F r e d e r i g h i (1475), dem Schüler
J a c o p o d e l l a Q u e r c i a ' s , noch zu sehen.
Doch bald machte man Fortschritte in der Kunst der
Tarsia und stellte Schatten durch eingelegten farbigen
Marmor dar, so dass wahre Inkrustationen entstanden, deren Uebergänge so fein sind, dass man lange
Zeit glaubte, es sei weisser, aber farbig-geätzter Marmor. In dieser Art sind die Moses- und Abraham-
mosaike von B e c c a f u m i hergestellt. Da man sich
zunächst noch davor scheute, kleinere, feinere Einzelheiten darzustellen, so erhielten sie alle das Aussehen, als ob eine geniale Hand mit sicheren Pinsel-
strichen von dunkler Tusche diese Gestalten gezeichnet hatte. Dann zeigte sich öfter verschiedenfarbiger
Marmor. Endlich wandte B e c c a f u m i die voll-
endetste Art an, nämlich die Linien auf den Mosaiken durch eingelegte schwarze Marmorstreifen darzustellen und die Bilder aus Marmorstücken zusam-
menzusetzen (commettere), was man opus sectile nennt.

So erhielten die Mosaike die höchste Mannigfaltigkeit und Ausführlichkeit wie wahre Gemälde. Darum erreichen sie ihre beabsichtigte Wirkung auch nur, wenn man sie von oben betrachtet, während sie doch eigentlich für das Auge des neben ihnen Stehenden berechnet sein sollen (Chledowski). Ein Dokument vom 11. März 1519 erzählt uns, dass B e c c a f u m i als erste Arbeit den Karton gezeichnet habe, „d e l l a s t o r i a c h e v a i n D u - o m o s o t t o l a p u p o l a". Diese Angabe ist sehr unbestimmt. Unter der Kuppel befindet sich nur das grosse Sechseck mit der Geschichte von E l i a s · und A h a b , das aus 7 sechsseitigen Mosaikbildern und 6 kleineren Rautenvierecken besteht und einem reichen Ornamentrahmen. Da er aber 1521 für 3 dieser Mosaiksechsecke 224 Lire und 1524 für ein viertes und 2 Rautenvierecke und den Ornamentrahmen 84 Lire erhielt (Archivio dell' Opera del Duomo. Libro di 3 Agnoli a carté 94 e a 147), so kann mit der ersten Zeichnung eventuell nur eines der 3 übrigbleibenden Sechsecke und ein Rautenviereck gemeint sein, wofür ihm 6 Golddukaten (43 Lire 10 Soldi) gezahlt wurden. 1520 erhielt B e c c a f u m i wiederum 70 Lire für „d e l l e s t o r i e d i p e g n i e". (Im selben Archiv, Libro verde di 2 Angeli dal 1511 al 1520 carte 477). J u l e s L a b a r t e in seiner Histoire des arts industriels au moyeu âge (Paris 1866) vol. 4, nimmt ebenfalls an, dass B e c c a f u m i mit den Geschichten von A h a b und E l i a s angefangen habe, welcher Ansicht auch S e i d l i t z folgt. Es ist — einerseits nach den Preisen zu urteilen, andererseits nach dem Zusatz, dass er 1524 das l e t z t e Tondo gezeichnet habe — wohl anzunehmen, B e c - c a f u m i s erste Zeichnung habe eine Geschichte von A h a b und E l i a s zum Vorwurfe gehabt. Die Reihenfolge lässt sich nicht mehr feststellen, ausser, dass das letzte Tondi die Begegnung A h a b s mit

E l i a s darstellte. Die Unsicherheit beruht nur in der Feststellung, w e l c h e Zeichnung B e c c a f u m i s in dem Dokument vom 11. III. 1519 gemeint ist. Ein Artikel (Ls. gezeichnet) im V. Bande der Miscellanea Storica Senese spricht ohne weiteres dem B e c c a - f u m i jede Tätigkeit an den Marmormosaiken E l i - a s und A h a b ab und schreibt diese dem G i o v. B a t t i s t a d i G i r o l a m o S o z z i ŋ i, einem Schüler B e c c a f u m i s zu, der sie 1562 ausgeführt hätte. Aber der Verfasser dieses Artikels irrt sich sowohl darin, wenn er sich auf eine Angabe des S c i p i o n e B a r g a g l i (Le Imprese, Venezia 1594) beruft, als auch wenn er jenes Dokument (Archivio dell' Opera del Duomo, Libro d'entrata e uscita 1562 u. 131. c. 33 A) — nach welchem besagter S o z z i n i 75 Soldi für Karton und Zeichnung von 4 Geschichten von E l i a s in 4 Mandorlen erhält — so auslegt, als ob damit gesagt wäre, dass S o z z i n i also 7 Sechsecke und 6 Rautenvierecke (es gibt gar keine Mandorlen in dem grossen Hexagon) ausgeführt hätte. Die ganze Behauptung, so weit sie auch zu halten versucht ist, wäre nicht aufgestellt, wenn der Verfasser Ls. die Dokumente (Archivio del Opera del Duomo. Libro di tre Agnoli a carte 94 e a 147) gelesen hätte, nach denen bewiesen ist, dass die Zeichnung der Sechsecke und Rautenvierecke, folglich zeichnerisch auch die ganze Anlage des Hexagons, von B e c c a f u m i herrührt und zwar vor das Jahr 1524 fällt.

Unstreitig gehört dieses grosse Mosaiksechseck zu den schönsten seiner Art. Man betrachte einmal den Kopf des Propheten auf jenem Bilde „A h a b s O p - f e r". Mit ganz wenigen Strichen ist er gezeichnet und doch wie ausdrucksvoll und schön. Die Handlung stellt ungefähr den Augenblick dar, wo E l i a s (Kapitel 18 des ersten Buches der Könige) die Baalpriester verspottet. Die anderen Bilder stellen die

Begegnung zwischen dem König und E l i a s dar,
E l i a s Opfer, wo das Feuer des Herrn vom Himmel fällt (das in weinrotem seneser Marmor inkrustiert ist) und die Tötung der falschen Propheten;
auf dem vierten Bild prophezeit E l i a s dem A h a b
sein Ende, auf dem fünften Bilde fährt E l i a s im
feurigen Wagen gen Himmel. Eines der stimmungs-
vollsten ist das 1878 nach den Originalzeichnungen in
der Academie von Alexander F r a n c h i und Leopold M a c c a r i renovierte und hierbei erst vollendete letzte Mosaik „A h a b s T o d". Auf einem
Streitwagen, der mit kräftigen, schönen Rossen be-
spannt ist, sitzt der König, den ein Pfeil in der Seite
tötlich verwundet hat, während die Hunde kommen,
wie es E l i a s prophezeit hatte, und sein Blut lecken.
In der Ferne sieht man die Berge Judäas, davor das
Schlachtfeld, gefallene Krieger und Pferde. Auch das
renovierte Bild von E l i a s Himmelfahrt zeigt grosse
Poesie und bewahrheitet jenes Wort vom P a d r e
d e l l a V a l l e, dass B e c c a f u m i ein grosser
Dichter sei. Die Rautenvierecke ringsum zeigen Szenen aus der Tätigkeit des Propheten. Bemerkenswert
ist hierbei der Kopf des greisen Propheten bei der
„Erweckung des Sohnes der Witwe". Welch ein Aus-
druck des Schmerzes liegt auf dem Antlitz des im
Gebet ringenden Mannes!

Aber nicht allein an diesen Mosaiken hat
B e c c a f u m i in den Jahren 1518 bis 1525 gearbeitet. Ein Dokument des Archivio del Patrimonio Ecclesiastico (Entrata e Uscita della compagnia di Santa Lucia, Registro D III, carte 2) bekundet, dass er 1521 für die Brüderschaft von S a n -
t a L u c i a einen kunstvollen Katafalk hergestellt
habe. Aus einer späteren Vermögenserklärung erfahren
wir, dass sich B e c c a f u m i in diesem Jahre zum
ersten Male verheiratet hatte. Seine Frau A n d r e -
o c c i a schenkte ihm 1522 eine Tochter und einen

Sohn A d r i a n o. Interessant ist aus dieser Zeit noch, dass B e c c a f u m i 1524 berufen wurde, die „Taufe C h r i s t i" im Baptisterium S a n G i o v a n - n i von R a f a e l l o P u c c i n e l l i zu schätzen. (Archivio dell' Opera del Duomo. Libro de' tre Agnoli a c. 146). Denn dieses Bild zeigt nicht nur stark B e c c a f u m i s Einfluss, sondern ist in Form- gebung und Bewegung der Figuren natürlicher und ruhiger als die Seneser Schule es liebte, und spricht deutlich von einem Studium. A l b e r t i n e l l i s. Da nun auch B e c c a f u m i bei seinem Altarbild der hlg. K a t h a r i n a A l b e r t i n e l l i s Einfluss ver- rät, so sieht man, wie nicht nur B e c c a f u m i, sondern auch der hier von ihm abhängige R a f a - e l l o P u c c i n e l l i dem Florentiner gefolgt ist. Die Jahre 1523-25 waren für B e c c a f u m i äusserst fruchtbar. Denn 1523 malte er für die in diesem Jahre gestorbene A n a s t a s i a d i N a n n i M a r s i g l i das Altarbild „C h r i s t i G e b u r t" in der Kirche S a n M a r t i n o. Die Jungfrau M a r i a hat das längliche schmale Gesicht, das B e c c a f u m i ihr gerne gibt und das erst in Nahsicht zur vollen Wir- kung gelangt. Das Bild ist stark nachgedunkelt und hat unter der Zeit sehr gelitten. Trotzdem bleibt als eine unvergleichlich schöne Erscheinung der hinter dem Kinde kniende Engel bestehen, der mit lieb- lichem entzückten Gesichtsausdruck zu dem alten Josef aufschaut. Sehr auffallend ist dabei, dass ent- gegen dem Brauche der alte Joseph 'links im Vorder- grunde eine der Hauptfiguren bildet, während doch fast durchgängig die Maler der Renaissance die Ge- stalt des Joseph nachdenklich brütend in den Hinter- grund verlegten. Den Hintergrund bildet hier ein düsterer römischer Triumphbogen, über dem vier En- gel in der graziösesten Weise in leichtem Reigen schweben und sich an den Händen halten. In dem Kreise, der sich durch ihre Arme bildet, erscheint der heilige Geist in Gestalt einer lichtausstrahlenden Taube. Man kann nicht umhin, hier an den Engelreigen auf B o t t i c e l l i s letztem gleichnamigen Gemälde vom Jahre 1510 zu denken. Ueber dem Ganzen liegt eine selige Heiterkeit und Anmut. Umgeben ist dieses Bild von einem prächtigen Renaissancerahmen aus Marmor von L o r e n z o M a r r i n a (1522), der seiner würdig ist. Noch niemals ist wohl dieses liebliche Gemälde photographiert worden, da die Kirche ganz finster ist und es stark nachgedunkelt ist. Einen ganz bestimmten Frauentypus wendet B e c c a - f u m i auf seinen Werken an, wodurch man sie stets leicht unterscheiden kann. Es ist ein langgestrecktes spitznäsiges Frauenantlitz, das in den mannigfaltigsten Stellungen und Ausdrücken wiederkehrt. Ja sogar die 8 Engel der Bronceleuchter an den Altarsäulen des Doms tragen diese Züge. Hiermit ist aber nicht der Typus der Gräfin P i c c o l o m i n i gemeint, die ihm auf dem Spurius-Meliusbilde in der Sala d i C o n c i s t o r o und dem S c i p i o - A f r i - c a n u s b i l d e im Palazzo B i n d i - S e r g a r d i und zur E v a auf dem Bilde „C h r i s t u s in der Vorhölle" Modell gestanden haben soll und woraus gefolgert wurde, sie sei seine Geliebte gewesen.

Gleich nach Beendigung dieses grossen Altarbildes begann B e c c a f u m i ein ähnlich grosses Werk „d e n S t u r z d e r E n g e l". Wofür dieses Werk zunächst bestimmt war, lässt sich heute schwer entscheiden. Die Annahme, dass es für die Kirche S t a M a r i a d e l C a r m i n e gemalt sei, entbehrt eines Beweises. Diese Annahme ist wohl entstanden, weil er den S t. M i c h a e l, der denselben Vorwurf behandelt, für diese Kirche geschaffen hat. Aus einem Dokument im Archivio dello Spedale (Libro delle Spese fatte per la fabbrica della chiesa della Madonna delle Fornaci dall' anno 1522 al 1524 carte 40) würde man schliessen können, dass das grosse Altarbild vom Hospital S t a M a r i a d e l l a S c a l a , für das B e c c a f u m i schon seit 1512 öfters gemalt hatte, in Auftrag gegeben war und zwar für die damals im Bau befindliche Kirche d e l l a M a d o n - n a d e l l e F o r n a c i in der Nähe ˙von S i e n a . Er erhielt im Juni 1524 für das Werk 329 Lire. Wir wissen nur, dass das Bild schon früh in der Kirche des Hospitals S t a M a r i a d e l l a S c a l a gehangen hat, von wo es dann in die Academie gebracht wurde. Es stellt ein wirres Durcheinander von Figuren dar. Mitten im oberen Teile des Bildes schwebt auf einer Wolke der Erzengel Michael mit erhobenem Schwerte, aber mit weichlichen Gesichtszügen. Zu seinen Seiten treiben schwertbewaffnete Engel die Scharen der bösen Engel in die Tiefe. Zu den Füssen des Erzengels sieht man ein gräuliches Ungeheuer, das einem riesigen Tintenfisch ähnelt. Unten ist die wahre Hölle in Flammen, wo sich mehrere ausdrucksvolle Jünglingsgestalten mit verzweifel'en Gebärden bewegen. Trotz einzelner schöner Züge wirkt das ganze Bild wenig einnehmend.

Im Jahre 1524 begann B e c c a f u m i im Palast des M a r c e l l o A g o s t i n i , der heute im Besitz der B i n d i - S e r g a r d i ist, die Fresken, die zu seinen vortrefflichsten Malereien gehören. Sie sind klein und deshalb vorzüglich in der Zeichnung und Kolorit; denn „essendo veramente lo stile di Mecherino come un liquore che chiuso in piccol vetro mantiene la sua virtu, trasportato in maggior vaso svapora e perde" (der Stil B e c c a f u m i s ist wie ein Likör, der, in kleinem Gläschen eingeschlossen, seinen Wert behält, in grossem Glase aber verdampfend ihn verliert, ist eine von den treffenden Kritiken H e c t o r R o m a g n o l i s). Zweimal, im Jahre 1759 und 1812, wurden diese Fresken restauriert. ˌSie stellen Szenen aus der Geschichte und den Sagen des Altertums dar; auf dem Bilde „S c i p i o A f r i -

c a n u s" soll die erbeutete Frau (Sophonisbe) zur
Rechten, die ihrem Gatten zurückgegeben wird, die
Gräfin P i c c o l o m i n i, seine Gönnerin, zum Modell gehabt haben. Ein anderes Fresko dort ist sehr
interessant: Im Tempel der Juno links im Vordergrunde sitzt der „M a l e r" als Meister der Kunst
und zeichnet seine berühmte „H e l e n a". Acht nackte
Mädchen umgeben ihn im Kreise, während die neunte
zu seinen Füssen liegt. Von jeder dieser neun Gestalten, der Zahl der Musen, wählt der Maler immer
das Schönste und Fehlerloseste und zeichnet so „seine Helena". Schön wirkt dazu der Säulentempel im
Hintergrunde. Dieses Bild spielt auf die Erzählung
an, dass der Maler Z e u x i s von H e r a c l e i a sich
fünf der schönsten Mädchen (nicht 9 wie B e c c a -
f u m i malte) als Modelle habe vorführen lassen, als
er für Agrigent eine Venus und als er für Kroton
seine H e l e n a malte, von der eine Kopie noch später im Porticus des P h i l i p p u s in R o m existiert
haben soll. Auf einem anderen Fresko sieht man
P o s e i d o n , der mit dem Dreizack die Erde schlägt,
worauf ihr ein Ross entspringt, während A t h e n e
einen Oelbaum hervorwachsen lässt. Die symbolischen
Figuren und Putten dieses Bildes sind vielleicht zum
Teil von der Hand von Schülern gemalt. Auch ein
anderes Fresko zeigt P a l l a s - A t h e n e , nämlich
ihre Geburt aus dem Haupte des Zeus. Es liegt
nicht unbedingt ausserhalb aller Möglichkeit, anzunehmen, dass M a r c e l l o A g o s t i n i dem Künstler diese zu malen auftrug, da er an die beiden Gie-
belfelder des Parthenon hierbei dachte, die den Ita-
lienern der Renaissance wenigstens durch Schriften
wohl bekannt waren. Ueberhaupt lässt sich annehmen, dass A g o s t i n i dem Maler die Figuren vor-
geschlagen hat, die ihm aus seinem Studium des klassischen Altertums besonders gefielen. In dem Saale
sieht man noch auf den vielen anderen kleinen Fres-

ken Hercules, Regulus, Cato Uticen-
sis, die drei Grazien, Zaleucus, der südita-
lienische Lokrerfürst, der sich und seinen Sohn be-
straft, das Urteil des Paris, Mucius Scaevola, 'en
Brand Trojas, den Sturz der Giganten, die Sintflut
Deucalions und den Schwur Hannibals. Die letzte
dieser Lünetten ist perspektivisch von schöner Wirkung: ein bewundernswürdiger Hintergrund, der hell
gegen den dunklen Vordergrund wirkt, wo Hamilkar
in würdiger Haltung steht; zu den Stufen des Al-
tares sieht man den Knaben Hannibal, der ewige
Feindschaft gegen Rom schwört. Dieses sind die
1525 vollendeten Fresken des Palazzo Bindi-Sergardi in der Via de' Pellegrini in Siena, der
sich jetzt in Privatbesitz befindet.

Das letzte Werk aus diesem Jahre war der Karton zu dem Mosaik „Moses schlägt Wasser
aus dem Felsen". Wir erfahren dies aus einem
Dokument im Archivio dell' Opera del Duomo (libro
di tre Angeli, debitori e creditori a 341). Dies Mosaik stellt Moses dar, wie er Wasser aus dem Felsen schlägt und das Volk in verschiedenen malerischen
Gruppen sich nach rechts und links erstreckt. (17.
Kapitel der Exodos.) Interessant ist es, die Stellung
der Trinkenden zu studieren. Eine grössere Mannigfaltigkeit hätte überhaupt nicht erreicht werden können. Neben den kniend oder lang hingestreckt oder
aus Schalen Trinkenden ist rechts eine jener kleinen
echt beccafumischen Gruppen, nämlich es hockt da
ein kleiner Knabe, der den Kopf eines Hündchens,
das nicht mehr trinken will, ins Wasser taucht. Dies
Mosaik in der Form eines länglichen Rechtecks befindet sich im Dom vor den Stufen des Altarraumes
zwischen den beiden grossen Säulen, die die Kuppel
stützen. Vasaris Beschreibung ist so trefflich, dass
man ihr nichts hinzufügen braucht.

Eine so reiche Tätigkeit hatte B e c c a f u m i in
diesen 13 Jahren seit seiner Rückkehr aus Rom entfaltet. Er hatte Altarbilder und Fresken gemalt, er
hatte die Kartons zu den Mosaiken gezeichnet, und
auch an Katafalken und Bettstellen gearbeitet. Auch
fällt manche der später ohne Jahreszahl erwähnten
„h e i l i g e n F a m i l i e n" wohl in diese Zeit.

3. Die Zeit von 1526 bis 1540.

Am 27. Juli 1526 schlugen die Seneser in der
blutigen Schlacht an der P o r t a C a m o l l i a die
vom Papst C l e m e n s VII, ihrem grimmigen Fein-
de, unterstützten verbannten Noveschi und die Florentiner. Und 1527 nahmen die Truppen C a r l s V.
R o m ein und plünderten es. So kommt es, dass wir
von B e c c a f u m i s Tätigkeit in diesen Jahren innerer und äusserer Wirren nichts wissen. Erst aus dem
Jahre 1528 erfahren wir wieder von ihm, dass B e c -
c a f u m i mit S a l v a d o r e d i F i l i p p o B a n -
d i n i zusammen eine Madonna P a c c h i a r o t -
t i ' s in S t a M a r i a a T r e s s a (bei Siena) ab-
schätzen musste. Beide gaben ein sehr tadelndes Urteil ab und schätzten sie nur auf 30 Lire ein. Das
Bild P a c c h i a r o t t i s existiert heute nicht mehr.
Die Urkunde hierüber ist von B e c c a f u m i eigenhändig geschrieben und liegt im Archivio dei contratti, lodi di ser Francesco Figliucci, filza 4a No.
996. Bemerken möchte ich hierbei, dass fast alle die
zahlreichen Lodi (Abschätzungen) der Werke anderer
Meister, zu denen B e c c a f u m i zugezogen wurde,
von B e c c a f u m i eigenhändig geschrieben sind und
zwar in sauberer, guter Handschrift, wie sie damals
unter Künstlern selten war.

In diesem Jahre 1528 malte er auch ein Altarbild für die Capelle der G a m b a s s i in S a n t o
S p i r i t o. Da das Bild sowohl wie die Predella
reichen Goldschmuck trug, wurde es auf 100 Duka-

ten eingeschätzt (Archivio del Patrimonio Ecclesiastico. Convento di Santo Spirito, Registro H VII. Quinterno di Ricordi della Sagrestia). Dieses von Vasari erwähnte Gemälde hängt heute in der dem Publikum unzugänglichen Privatgallerie des Grafen Chigi Sarracini im Palazzo Sarracini (Via di Città Siena). Es zeigt die Madonna mit dem Christuskinde auf dem Arm, das sich mit der heiligen Katharina von Siena verlobt. Zu den Seiten stehen die Heiligen San Bernardino, San Francesco, San Girolamo und Sta Caterina vergine e martire, im Vordergrunde aber stehen Petrus und Paulus auf einigen Treppenstufen. Die beiden anderen Gemälde derselben Gallerie, die unter dem Namen Beccafumi gehen,, schreibt der dott. Giacomo de Nicola in No. 56 der Zeitschrift „La vita d'arte" in Bezug auf Zeichnung und Farbengebung dem Beccafumi nicht zu, da sie weniger die manierierte Nachahmung Michelangelos zeigten als seine anderen Werke. Das eine Bild stellt den heiligen Antonius dar, das andere die Madonna mit dem Kinde. Von der Predella des Altarbildes der Sarracini ist noch ein quadratisches Temperabild in der Academie in S i e n a zu sehen „d i e T a u f e C h r i s t i i m J o r d a n". An und für sich ist das Bild unbedeutend, aber die Haltung Johannes des Täufers ist bemerkenswert. Es liegt nahe, ihn mit einem römischen Imperator zu vergleichen, so stolz und imponierend ist seine Pose. Im folgenden Jahre wurde B e c c a f u m i wiederum zu einer Schätzung berufen zusammen mit B a r t o l o m e o d i D a v i d. Und zwar galt es S o d d o m a s, wunderbares Fresko S a n V i t t o r i o im Palazzo publico, das sie auf 27 Goldscudi bewerteten.

Zur Ausschmückung desselben Palastes wurde auch B e c c a f u m i jetzt verlangt. Am 5. April 1529 erhielt er — gemäss einem Dokument in dem Archivio delle Riformagioni (filza No. 1a No. 221 de'rogiti di ser Sigismondo Trecerchi) — von der Signoria, unter denen auch ein A n t o n i u s B e c c h a f u m u s genannt wird .(vielleicht ein Sohn seines Gönners Lorenzo), den ehrenvollen Auftrag, binnen ein bis anderthalb Jahren die Decke der Sala d i C o n c i - s t o r o „honorato, riccha et bella, conveniente a la qualità del Palazo" mit Fresken zu schmücken. Als Mindestlohn wurden ihm 500 Dukaten zugesagt, die er in 3 Raten 1530 und 1532 erhielt. Mit diesen D e c k e n f r e s k e n in der Sala d i C o n c i s t o - r o des Palazzo publico, des Rathauses in S i e n a , begann er ein Werk, das ihm endlich die gebührende Achtung seiner Mitbürger eintrug. Es sind würdige Rivalen der Fresken des Palazzo B i n d i - S e r - g a r d i und heute noch tadellos erhalten.

Durch eine prachtvolle Marmorpforte, die vielleicht von B e r n a r d o R o s s e l i n o ist, treten wir in diesen mit Teppichen von Florentiner Arbeit geschmückten Saal. In der Mitte der Decke thront die Gerechtigkeit, in der einen Hand ein Schwert, in der anderen die Wage haltend. Es ist eine äusserst glücklich gelungene perspektivische Verkürzung, wie sie B e c c a f u m i nicht weniger trefflich versteht als T i n t o r e t t o. Zur Rechten dieser stolzen Gestalt befindet sich die „mutua benivolentia", ein freundlicher junger Mann, und zur Linken der „amor patriae" eine Frauengestalt, die beide von einer heiteren anmutigen Kinderschar umgeben sind. Die Lieblichkeit und Schönheit dieser Kinder erinnert lebhaft an C o r - r e g g i o s Kindergestalten. Ringsherum läuft ein breiter Fries mit Fresken an der gewölbten Decke. Diese stellen Szenen aus der römisch-griechischen Geschichte dar, oder — die acht Eckfresken — je zwei Heroen. In der Mitte der beiden Langseiten befindet sich je ein sechsseitiges Bild. Beide Bilder haben den gleichen architektonischen Kuppelraum mit einer Oeffnung, die an jene des Pantheon erinnert. Das eine

Fresko zeigt die verkürzte Gestalt eines Henkers, der soeben dem S p u r i u s C a s s i u s das Haupt abgeschlagen hat und sein Schwert in die Scheide steckt. Das andere Fresko bot ein noch wunderbareres Problem für Verkürzung, die B e c c a f u m i glänzend gelang. Aus dieser eben erwähnten Oeffnung des Kuppelraumes stürzt M a r c u s M a n l i u s rücklings herab. Unter dem Bilde steht allerdings M a r c u s M a n i l i u s geschrieben. Aber es ist wohl unzweifelhaft M a r c u s M a n l i u s' C a p i t o l i n u s gemeint. Nach den Angaben aus P a u l y ' s Real-Encyklopädie der klassischen Altertumswissenschaft kann die gens Manlia oder Manilia (Mallia und Manilia) aus den alten Handschriften nicht mit Sicherheit unterschieden werden. So liegt hier bei der Unterschrift des Bildes eine andere Schreibweise für M. M a n l i u s vor, da von dem Tode eines M. M a n i l i u s in der Weise, wie ihn das Fresko darstellt, in der römischen Geschichte nichts erwähnt wird.

An dem Rande des Bildes stehen entsetzte Römergestalten. Es soll also die architektonische Umgebung den Tarpeischen Fels darstellen, von dem M. M a n l i u s herabgestürzt wurde. Aber Fantasie gehört dazu, wenngleich dies den malerischen Eindruck nicht stört. Ueberhaupt ist B e c c a f u m i in der Komposition seiner Bilder in der Wiedergabe historischer Handlungen aus der Römerzeit sehr frei; infolgedessen ist es oft schwer, eine literarisch beglaubigte Handlung so scharf herauszufinden, dass man dem Bilde einen Namen geben kann. Vielmehr kommt man beim Anblick einzelner kleiner Fresken zu dem Glauben, B e c c a f u m i habe diese kleinen Fresken, wie es ihm gerade hübsch schien, komponiert und mit kleinen persönlichen Erinnerungsbildern verknüpft. Der Name, den er dem Bilde gab, tat nicht viel zur Sache. Bemerkenswert ist bei die-

sen beiden sechsseitigen Bildern auf der Langseite des
Saales, dass gemäss der Wölbung des Ueberganges
zwischen Decke und Wand der Kuppelraum jedes
Bildes so aufgebaut ist, dass der Boden des Raumes
am unteren Rand des Bildes ganz in den Vordergrund gerückt, während die runde Oeffnung in der
Mitte der Kuppel tiefer in das Bild hineingeschoben
ist. So kommt es, dass der Beschauer senkrecht in
den Kuppelraum von unten hineinsieht, während doch
das Fresko in einem gewissen Winkel sich gegen ihn
neigt. Es gehörte eine grosse Kunst dazu, die Figuren alle entsprechend der schrägen Tiefenwirkung
so in den Raum zu ordnen, was B e c c a f u m i meisterhaft gelungen ist. Von den übrigen sechs Recht-
ecken ist jenes das beste, gegenüber der Eingangs-
pforte, das die Versöhnung der beiden Censoren M.
A e m i l i u s L e p i d u s und F u l v i u s F l a c -
c u s darstellt. Im Hintergrunde sieht man eine Strasse
Roms mit Tempelgebäuden. Links stehen zwei vortrefflich gezeichnete Gassenjungen, die zuschauen.
In der Mitte knien die beiden ausgesöhnten Gegner,
zwei schöne Greise. In diesem Freskenzyklus zeigt
sich deutlich B e c c a f u m i s neuer Stil. Von dem
Studium S o d d o m a s geht er zur schrankenlosen
Nachahmung M i c h e l a n g e l o s über. Er bemüht
sich aufs eifrigste diesem grossen Meister nachzu-
eifern. Ueber eine unfähige, oft missglückte Nachahmung kam er aber nicht hinaus. Wo er M i c h e l -
a n g e l o am treuesten zu kopieren glaubt, wirkt er
am unangenehmsten und gesuchtesten. Eine manierierte
süssliche Malweise macht sich in seinen Werken breit.
Man bemerkt immer dieselben Gesichter und denselben
Ton; nur in Einzelheiten, bald in einem Kopf oder
in einer Stellung, zeigt er noch die alte Kraft und
Anschauungsfrische. In diesen Fresken bemüht er sich,
nackte Figuren michelangelesk darzustellen, die Muskeln herauszuarbeiten und einen Kontrapost zu er-

reichen, der bis zur Verzerrung geht. Die sitzenden kleinen Eckfiguren zu beiden Seiten jedes Freskos wirken so, als seien sie nach einem eingehenden Studium der Atlantenfiguren der Decke der Sistina gezeichnet. Sogar der Moses vom Grabmal J u l i u s II. kehrt in übertriebenem Kontrapost rechts auf dem Bilde der beiden Censoren wieder. Die Muskeln sind unnatürlich stark auf dem Bilde „Postumius Tiburtius dictator" wiedergegeben bei dem nackten jungen Manne, der links ruhig auf einen Stab gestützt dasteht, während von seiner linken Schulter ein tiefblauer Mantel in schmalem Streifen bis zur Erde herabhängt. Auf dem grossen Mosesmosaik („Aaron schmilzt das Gold des Volkes ein") kehrt dieselbe Gestalt wenig verändert wieder. Im übrigen herrscht in diesen Fresken ein ruhiger heiterer Paganismus, den wir, wenngleich leidenschaftlicher, bei einzelnen späteren Werken wiederfinden. Uebrigens führt B e c - c a f u m i die Fresken nicht 1529 bis 1532 zu Ende, sondern, wie später erwähnt wird, begann er 1535 noch einmal daran zu arbeiten und stellte sie in diesem Jahre fertig.

Am 30. August 1531 erhielt B e c c a f u m i für den Karton des grossen Mosesmosaiks 120 Scudi. Auf diese Summe hat es B a l d a s a r e P e r u z z i eingeschätzt (Archivio dell' Opera del Duomo. Libro giallo dell' Assunta dal 1529 al 1543 carte 116). Dies Mosaik „M o s e s a u f d e m S i n a i" befindet sich vor den Stufen des Chorraumes zwischen dem Mosaik „Moses schlägt Wasser aus dem Felsen" und dem Abrahammosaik am Altare.

Es ist ein erzählendes Bild, wie es damals nur noch selten angewandt wurde, auf dem vier Nebenhandlungen die beiden Haupthandlungen ohne trennende Grenze umgeben. Links oben sieht man das Lager der Hebräer, die auf M o s e s warten, der auf den S i n a i gestiegen ist. Diesem gegenüber sieht

3*

man die Niedermetzelung der Hebräer durch die Leviten (Kapitel 32 der Exodus). Auf diesem Mosaikbilde bemerkt man wieder, wie er in der muskulösen Durchbildung nackter Gliedmassen sich von M i - c h e l a n g e l o hat stark beeinflussen lassen. Trotzdem ihm M i c h e l a n g e l o s Genie fehlte, wirkt gerade dieses Graffit von dem Massaker der 3 Tausend Hebräer grosszügig und schön. Seneser Führer und auch Hippolyte Taine, vielleicht durch diese irregeführt, geben als Inhalt dieses Seitenstückes an: „Niedermetzelung der Hebräer wegen ihrer Heirat mit medianitischen Frauen". Da aber das ganze Mosaik den Zorn M o s e s ' über das goldene Kalb darstellt, also an der Beschreibung des 32. Kapitels der Exodos bleibt, so kann nur die Niedermetzelung der 3 Tausend Hebräer durch die Leviten, „die Leibgarde Moses„ gemeint sein. Die beiden Bilder rechts und links unten zeigen Aaron, der den Schmuck und das Gold des Volkes einschmilzt, und die Anbetung des goldenen Kalbes. Die gruppenreiche Anordnung dieser Seitenbilder wirkt äusserst plastisch, da B e c c a - f u m i , ein Meister der Perspektive, es verstanden hat, durch die Gruppierung und durch charakteristische Landschaft eine grosse Tiefe des Bildes zu erzielen (z. B. durch die Lagerzelte im Hintergrunde). In der Mitte sieht man hoch oben M o s e s auf dem Gipfel des S i n a i , wo er kniend die Gesetzestafeln von Gott erhält, während der vordere Mittelraum von der stolzen Gestalt dieses gewaltigen Gesetzgebers eingenommen ist, der beim Anblick des goldenen Kalbes die beiden Tafeln zornig zur Erde schmettert. Auf den Kartons in der Academie kann man noch heute die feine sorgfältige Linienführung dieser Zeichnungen bewundern. (Zwei Fragmente dieser Kartons befinden sich in der Ecole des Beaux Arts zu Paris.)

Während der Zeichnung dieser Kartons malte B e c c a f u m i noch 1532 an den Fresken in der

Sala di C o n c i s t o r o, ohne sie fertig zu stellen. In den nächsten Jahren haben wir nur die Nachricht von seiner Wiederverheiratung. Er heiratete 1534 C a t h a r i n a C a t a n e i, die Tochter eines wohlhabenden Buchhändlers, die ihm zwei Töchter schenkte, die er E r s i l i a und P o l i f i l e nannte. Schon 1525 besass B e c c a f u m i ein kleines Landhaus mit einem Weinberge ausserhalb der Porta Tufi bei S a n t' A p o l l i n a r i s, das piccolominischer Besitz war. So lebte er in S i e n a in einiger Wohlhabenheit, stets etwas zurückgezogen, seiner Familie und seiner Kunst. Eine schöne Federzeichnung, die uns B e c c a f u m i als den würdevollen, ruhigen Mann in langem vollen Barte vorstellt, befindet sich in R o m a g n o l i s Werk in der Bibliothek zu S i - e n a. Ein anderes Porträt von ihm, diesem vollkommen unähnlich, wird V a s a r i s Abschnitt über B e c - c a f u m i oft vorangestellt. Sein Selbstporträt, das ihn in jüngeren Jahren als jene schöne Zeichnung in S i e n a darstellt, hängt in den Uffizien.

Wir erfahren dann, dass 1535 die Signoria den Meister aufforderte, die Fresken der Sala d i C o n - c i s t o r o zu beendigen und zahlte ihm 100 Dukaten dafür (Archivio di Stato. Concistoro Deliberazioni. vol. 904 c. 25 e 906 c. 9, 18, 19.).

Als 1536 C a r l 'V. durch die Stadt zog, beauftragte ihn die Signoria, die Strassen von der Porta Romana bis zum Dom nach seinen Plänen auszuschmücken. Auch errichtete er mit Hilfe des Architekten A n t o n i o M a r i a L a r i einen Triumphbogen an der Porta Nuova (genannt Porta Romana). Nachricht über die Ausschmückung der Strassen findet man im Archivio dei contratti (Libro de' Quattro dell' Ornato per la Venuta di Carlo V. imperatore. Rogiti di ser Alessandro Arrighetti).

Dazu schuf er ein riesiges Ross aus Papiermaché, das durch ein Eisengerüst gestützt wurde. Der Reiter stellte den Kaiser in antiker Rüstung dar, während vor dem Rosse allegorisch drei besiegte Provinzen lagen. Das Ross sollte beim Einzuge C a r l s auf einem Wagen im Festzuge gezogen werden. J a - c o b B u r c k h a r d t erwähnt, dass dies Pferd dahinsprengend dargestellt war und so nächst dem Reiterstandbild L e o n a r d o s für F r a n c e s c o S f o r - z a eins der ersten springenden Pferde der modernen Kunst war. Die Consigli della Campana No. 249 erzählen ausführlich von diesem damals Aufsehen erregenden Pferde und geben an, dass unter dem Pferde neben den drei unterworfenen P̦rovinzen (oder Fürsten) drei wassersprudelnde Kannen angebracht waren. Am Sockel stand folgende Inschrift:

„Bragada iam cessit, cedent Euphratis et Istri

„Flumina, iam externus serviet oceanus

„Qualibet auratas inflectat Cesar habenas:

„Omnis cesareo nam patet orbis equo."

Dieses Ross existiert heute nicht mehr.

Bei diesem Kaiserbesuch war auch der Fürst D o r i a in S i e n a, wo er alle Werke B e c c a - f u m i s mit Begeisterung betrachtete und ihn aufforderte, nach G e n u a zu kommen, um seinen Palast zu schmücken. Diesem ehrenden Rufe folgte B e c c a f u m i aber zunächst nicht, da er sich nur schwer von S i e n a und seiner Familie trennen konnte. J a c o b B u r c k h a r d t erwähnt nun in seiner Geschichte der Renaissance in Italien (S. 374), dass B e c c a f u m i v o r 1535 in G e n u a mit P e r i n o zusammen gearbeitet hätte und beruft sich dabei auf V a s a r i. Da aber der Fürst D o r i a erst 1536 beim Einzuge C a r l s V. S i e n a besuchte und B e c c a f u m i nach G e n u a berief, so müsste B e c c a f u m i mindestens später als 1536 die Reise angetreten haben. Aber erst 1541 folgte er dem Rufe des Fürsten.

Zunächst malte er das Altarbild im Oratorio

San Bernardino, wo er 1518 die oben erwähnten beiden Fresken neben den Werken S o d d o -
m a s geschaffen hatte. Im Jahre 1537 wurde dies
Gemälde dort angebracht (Archivio del Patrimonio
Ecclesiastico. Compagnia di San Bernardino. Registro B XLVII carte 47 tergo). Es ist in Tempera
gemalt, da B e c c a f u m i behauptete, dass Tempera-
farben sich besser als Oelfarben hielten. Es stellt
die von Heiligen umgebene, thronende Jungfrau Maria mit dem Christuskinde dar. Schön und frei ist
die Stellung und die Figur des Kindes. Aber nicht
weniger stattlich ist die Figur des Apostel Petrus
im Vordergrunde, die zu den besten gehört, die
B e c c a f u m i je schuf. Bemerkenswert ist auch hier
die Farbentechnik; wenn man die Schattierung eines
gelben oder roten Mantels betrachtet, so wird man
gewahr, wie dieselbe Art und Weise in seinen späteren Fresken zumal wiederkehrt. Denn als Schattierung verwendet er nur eine dunklere Tönung derselben Farbe.

Im Jahre 1538 schätzte B e c c a f u m i mit
F r a n c e s c o T o l o m e i, dem Bildhauer, zusammen das Grabmal in der Capella d i M a r s i g l i o
(in San Francesco), das von P e l l e g r i n o d i
P i e t r o gemeisselt war, auf 32 Dukaten.

Angeregt von S e b a s t i a n o d e l l a S e t a
malte er nun 1538 für den Dom von P i s a zwei
Gemälde (für je 350 Lire): Moses, der die Gesetzestafeln beim Anblick des goldenen Kalbes zerbricht,
und Moses mit der Rotte Korah, die von der sich
öffnenden Erde verschlungen wird (Kap. 16 des Buches Numeri). Beide Gemälde zeigen vortreffliche
nackte Gestalten, auch eine Frauengestalt, deren Modell die Gräfin P i c c o l o m i n i gewesen sein soll.
Im Jahre darauf malte er noch für P i s a die 4 Evangelisten. Im Jahre 1540 stellte er wiederum einen
kunstvollen Katafalk reich mit Gold versehen für die

Brüderschaft von S a n t ' A n t o n i o A b a t e her,
die ihm 210 Lire zahlle (Archivio del Patr. Eccl.
Bilancio dal 1524 Registro C 1 carte 132).

4. Die Zeit von 1541 bis zu seinem Tode 1551.

Die letzte Periode seines Lebens wird eingeleitet
durch die ihn auf vielen Gebieten anregende Reise
nach G e n u a. Er folgte 1541 dem Rufe des Fürsten D o r i a und reiste nach G e n u a, wo er im
Palaste des A n d r e a D o r i a an der Seite· P e r i n
d e l V a g a ' s, der gleichzeitig mit ihm bei der
Ausschmückung des Palastes beschäftigt war, eine
Geschichte (neben den Werken Pordenones) malte.
Sie ist von mässigem Werte, da ihn das in S i e n a
gezeigte Genie, wie er sagte, stets verliess, so w·e
er einmal die Grenzen seiner Heimat überschritt.
Ausserdem fühlte er sich höchst unglücklich ausserhalb S i e n a s. Er sehnte sich zu seiner Familie
zurück und gab deshalb bald den Aufenthalt in G e -
n u a auf. Unterwegs blieb er noch in P i s a und
malte hier eine Madonna mit dem Christusknaben,
der sie umarmt, mit Engeln und Heiligen. Um diese
Zeit muss auch „der Traum des Scipio" in L u c c a
entstanden sein. A n d r e a d e l S a r t o ' s Heiligenfigur hatte er damals in P i s a nicht sehen können, da sie erst 1618 dort hin kamen. Trotzdem
macht sich in seinen Werken nach dieser Reise A n -
d r e a d e l S a r t o ' s Einfluss ebenso wie überhaupt ein neuer frischer Zug geltend, der darauf
schliessen lässt, dass B e c c a f u m i auf seiner Reise
alle Kunstwerke in G e n u a und P i s a eingehend
studiert hat und wieder in Berührung mit anderen
Kunstschulen seiner Zeit gekommen war.

In seine Vaterstadt zurückgekehrt, malte er 1543
für das Kloster S a n P a o l o (bei San Marco) die
G e b u r t M a r i a e, die jetzt in der Academie
hängt. Die Farbentechnik und das Gesicht jener Frau

rechts am Bette der Wöchnerin sind so rein beccafumisch, dass die Kunstgeschichte Italiens früh den Ausdruck mecarinesco dafür prägte. Die am meisten die Aufmerksamkeit fesselnde Figur ist das in ein leichtes Rot gekleidete junge Mädchen am Fussende des Bettes, das mit einem schwärmerischen Ausdruck den Kopf leicht über die rechte Schulter neigt. Er hatte noch den lebendigen Eindruck von Fra Bartolomeos Madonna della Misericordia, die er auf seiner Reise in L u c c a gesehen hatte. Die Stellung der Madonna in der Gruppe rechts auf dem Altarbilde ahmte er für diese junge Mädchengestalt glücklich nach. 1544 malte er auch in der Tribuna des Domes die dortigen Fresken. Die obere Wölbung der Nische zeigt den offenen Himmel mit vielen Engeln, zum Teil in bizarren Formen, darunter schwebt rechts und links je ein palmentragender Engel; die beiden Seitenbilder zeigen zwei Apostelgestalten und das Volk. Diese Fresken und das Hauptbild: „Christi Himmelfahrt" wurden vom Erdbeben 1798 dermassen verdorben, dass das Hauptbild durch das Gemälde „Mariae Himmelfahrt" von B a r t o l o m e o C e s i verdeckt wurde, während F r a n c e s c o M a z z o u l i 1812 die anderen Fresken restaurierte, allerdings so schlecht, dass von speziell mecarinesken Zügen nichts übrig blieb.

Jetzt nahm B e c c a f u m i das grosse Marmormosaik „I s a a k s O p f e r" 1544 in Angriff, das erst 1546 fertig wurde. Es befindet sich direkt vor dem Altare und ist aus weissem, schwarzem und grauem Marmor in clairobscur ausgeführt. Die Nebenhandlungen in stimmungsvoller Landschaft rücken mehr in die Ferne. Dafür tritt die leidenschaftlich bewegte Gestalt Abrahams mit dem Schwerte in der Hand grösser und imposanter heraus. Umgeben ist dieses Mosaik von 14 kleinen Mosaiken und zwei grösseren Längsmosaiken wie von einem wertvollen

Rahmen. Die kleinen Bilder, die meist nur eine Person zeigen und in der Ausführung nicht gleichmässig gelangen, sind Szenen des Alten Testamentes entnommen, zum Teil aber kann man nicht mehr erraten, wen die verschiedenartigen Frauengestalten und die Propheten darstellen sollen: Man sieht Adam und Eva, man sieht, wie Abel die Erstgeburten seiner Herde opfert, wie Melchisedek Brot und Wein opfert, und den alten Tobias. Die beiden äusseren Längsmosaike zeigen das hebräische Volk beim Auszuge aus Aegypten. Man kann aber auch annehmen, dass es zu einer heiligen Opferhandlung zieht; denn mehrere Figuren tragen Gefässe und Opfergeräte (Labarte, hist. d'arts ind. vol. 4). Dicht am Altare sieht man Spielleute entlang ziehen. Mit diesem Abrahammosaik beendigte B e c c a f u m i seine grossartigen Mosaikbilder, die zu allen Zeiten von allen Kennern sehr bewundert worden sind. Ob nun auch die Zusammensetzung der Mosaike aus den einzelnen Marmorsteinchen von B e c c a f u m i s eigner Hand herrührt, ist eine unentschiedene Frage. Aus den Zahlungsdokumenten im Archivio dell' Opera del Duomo lässt sich nur ein Schluss auf die Zeichnung und Ausmalung der Kartons ziehen. Deshalb sprechen ihm viele auch nur diese zu. L a b a r t e geht allerdings wenigstens so weit, dass er annimmt, B e c - c a f u m i habe die Ausführung der Mosaike im Dom selbst mit der ihm eigenen Sorgfalt überwacht. H e c - t o r R o m a g n o l i aber, der sich nicht nur auf Dokumente stützte, sondern auch der noch umlaufenden Erzählungen über diesen beliebten Maler nachging, berichtet uns, B e c c a f u m i habe all den verschiedenfarbigen Marmor selbst aus der Umgebung S i e n a s zusammengesucht; denn es ist a l l e s Seneser Marmor. Auch dass B e c c a f u m i der Erfinder des clair-obscur der Marmormosaikbilder sei, wurde bestritten. L u i g i L a n z i spricht die Er-

findung dem M a t t e o d i G i o v a n n i zu und erzählt dies sehr anschaulich. So hätte M a t t e o , der
1481 das Mosaik des bethlehemitischen Kindermordes
herstellte, dem B e c c a f u m i den Weg gewiesen, den
dieser in allerdings hervorragender Weise beschritt.
Dass B e c c a f u m i aber die Mosaike selbst auch
zusammengestellt habe, kann man sowohl aus der Gewohnheit der damaligen Künstler, sich auf den verschiedensten Gebieten zu betätigen, schliessen, als
auch daraus, dass die anderen Mosaikbilder des
Domes von den Künstlern stets selbst gezeichnet und
zusammengesetzt wurden. Es ist unwahrscheinlich,
dass B e c c a f u m i , der nie reich war, der erste
gewesen wäre, der die Ausführung seiner Zeichnungen fremden Händen überlassen hätte. Durch die 35
verschieden grossen Mosaikbilder hat er den herrlich
schönen Dom seiner Vaterstadt um das Wertvollste
bereichert. Nur zu der Zeit der Palliofestspiele im
August ist der ganze Marmor in seiner Pracht zu
bewundern, da er sonst gewöhnlich zur Schonung
mit Holz bedeckt ist. Dass Beccafumi auch die 8
marmornen Apostelstatuen geschaffen habe, die einst
die Säulen des Mittelschiffes zierten und jetzt daraus
verschwunden sind, ist dokumentarisch in keiner Weise beglaubigt. Hat er überhaupt nie Marmorstatuen
geschaffen, so weisen die Apostel stilistisch schon in
eine viel spätere Zeit. Ebenso ist die Behauptung
Chledowskis, er habe Kruzifixe in Bronze gegossen
und Marmorgrabmäler gemeisselt, zurückzuweisen und
beruht wohl, wie viele solcher Irrtümer, auf falscher
Auslegung der Dokumente.

In den letzten Jahren des Meisters werden die
Nachrichten sehr spärlich. Im Jahre 1545 hatte er
sich sein Haus durch Ankauf des danebenliegenden
Grundstückes vergrössert. Eine Vermögens- und
Schuldenerklärung von 1546 ist aber in sehr demüti-
gen Formen gehalten, als ob es ihm pekuniär schlecht

gegangen sei (Archivio delle Riformagioni, Denunzie
No. 116). Im selben Jahre wurde er wieder zu einer Schätzung berufen mit seinem Schüler G i o r -
g i o d i G i o v a n n i zusammen.

In dem hochinteressanten, äusserst wertvollen
und geordneten Stadtarchiv S i e n a s im Palazzo
P i c c o l o m i n i befindet sich eine Malerei B e c -
c a f u m i s vom Jahre 1548. Es sind dort ungefähr
35 von jenen berühmten Einbanddeckeln für die Rech-
nungsbücher der Stadtverwaltung. Jedes Jahr liessen
die jeweiligen Beamten sich für ihre Rechnungsbü-
cher einen hölzernen Einband mit einem Bilde und
ihren Wappen malen. Eine grosse Anzahl von diesen interessanten Buchdeckeln ist in das Ausland gekommen, so auch nach Dresden, Köln und München.
In Siena hängen sie sehr schön geordnet in den
Räumen des Archives, so dass man ihre Entwickelung
und Entartung sehr gut verfolgen kann. Jeder Buchdeckel ist aus Holz; auf dieses Holz ist Leinewand
gespannt, die eine dünne, feste Gipsschicht trägt, so
dass die Malerei ein wahres Fresko wird. Den oberen Teil nimmt das Bild ein, den unteren die Wap- ·
pen und Namen der Beamten. B e c c a f u m i s
Werk stellt eine Madonna dar, die unter einem Baume sitzt und den äusserst wohlgestalteten Christusknaben hält, der vor ihr steht. Rechts kniet die heilige C a t h a r i n a von S i e n a , links die heilige
C a t h a r i n a mit dem Rade, auf dem sie den Mär-
tyrertod starb. Eigentümlich an dem Bilde ist der
Hintergrund. Er stellt nämlich links das Colosseum
und einen Teil des alten Forum romanum dar, hinter
dem sich steil der grüne Kegel Palästrinas erhebt;
rechts sieht man das alte festungsartige Frascati:
Drei Stätten Roms und seiner Umgebung. Unter
dieser Malerei befinden sich acht Wappen der damaligen Beamten, in der Mitte das grosse Wappen
des Camarlengo, des Bürgermeisters. Auf dem archi-

tektonischen Bogen, der dies umgibt, steht die Jahreszahl 1548. Es ist schwerlich anzunehmen, dass Wappen und Verzierung von B e c c a f u m i selbst gemalt worden sind. Sie sind ganz schablonenmässig
und wohl von einem seiner Schüler oder Atelier-
gehilfen ausgeführt. Ich erwähne hier noch vier kleine Köpfe von ihm, da sie in derselben Weise auf
Holz gemalt sind, das mit gipsgetünchter Leinewand
beklebt ist. Sie befinden sich in einem Saal der Misericordiabrüderschaft und sind von Zeit und Alter
äusserst mitgenommen. Drei von diesen Köpfen stellen Heilige dar (einen Bischof, der sein Gewand mit
einem Armen teilt. Sant' Eremita und Sant' Antonius), das vierte den schlafenden Christus, der von
zwei lieblichen Engeln gestützt wird. Es ist je ein
Bild auf der Vorder- und auf der Rückseite desselben
Holzes und jetzt drehbar an der Wand angebracht.
Corrado Ricci bezeichnet zwei von den Heiligen als
den heiligen Antonio Abate und schreibt Beccafumi
dort auch die schlechterhaltene Madonna mit Kind
zu, die wenig seinen Stil verrät und wohl von einem
älteren Maler ist.

Die Vielseitigkeit der grossen Meister der Renaissance war auch B e c c a f u m i eigen. Hatte er
schöne Werke in Oel, in Tempera, in Fresko und in
Marmormosaik geschaffen, so hat er auch zum Bronze-
zeguss gegriffen. In den letzten Jahren seines Lebens
stelite er zunächst sechs und dann noch zwei von
jenen leuchtertragenden Bronzeengeln her, die man
heute im Dom an den acht Säulen vor dem Haupt-
altare sehen kann, zarte mecarineske Gestalten (Archivio dell' Opera del Duomo. Bilancio A. Debitori
e Creditori c. 252 e 453). Diese Arbeit hatte den
greisen Künstler überanstrengt. Am 18. Mai des
Jahres 1551 starb er und wurde im Dom beigesetzt,
den er durch sein Meisterwerk, den Marmorfussboden,
geschmückt hat. Aber niemand weiss mehr, an wel-

cher Stelle seine Gebeine ruhen. Der Italiener nahm sich, wie so oft, auch hier nicht die Mühe, die Grabstätte dieses grossen Meisters des Pinsels und des Grafiitti der Nachwelt ehrenvoll geschmückt zu überliefern. Von seiner Familie wissen wir nur wenig. Seine Tochter E r s i l i a war verheiratet und wurde mit den V a n n i ' s und S a l i m b e n i s verwandt (Vasari, vite, Firenze 1854). Aus einer Besitzstanderklärung des Malers F r a n c e s c o V a n n i aus dem Jahre 1609 (Archivio S. S. Balca, nobilita, vol. 640 f. 454) erfahren wir ohne weitere Angabe, dass F r a n c e s c o neben anderen bedeutenden Bildern grosser Meister sieben Gemälde von B e c c a f u m i besessen habe. Die jüngste Tochter B e c c a f u m i s, P o l i f i l e, wurde Nonne, sein Sohn A d r i a n o aber starb 1588 in grosser Armut und ohne Erben.

5. Werke ohne Jahresangabe.

Es gibt eine Anzahl Werke B e c c a f u m i s zu erwähnen, deren genaue Jahreszahl unbekannt ist und die man nur nach dem Stile, in dem sie gehalten sind, in die einzelnen Perioden seiner Künstlerlaufbahn einreihen kann. So befindet sich in der Academie ein Rundbild von ihm, das die Madonna mit dem Jesuskinde, Paulus und Galganus darstellt; und weitere vier unbedeutende Engelbilder. Für einen Grabstein in S a n F r a n c e s c o hatte er ein von zwei Putten gehaltenes Wappen gezeichnet, das nun an der Seite der grossen Kartons zu den Mosaiken hängt.

Unter den vielen Skizzen, die die Bibliothek von ihm aufbewahrt, befindet sich der Entwurf zu einem grossen Gemälde: Zwei Engel verkünden am leeren Sarge Christi, umgeben von schlafenden Kriegern, den Frauen die Auferstehung des Herrn. Unter anderem ist eine Bleistiftskizze eines schönen knienden Engels dort, eine Rotstiftzeichnung eines Apostels und

eine sehr charakteristische Skizze eines jungen Bauernweibes mit einem Bündel auf dem Kopfe, das sein
Autogramm Dom^{co} B e c c a f u m i d^o Mecarino
trägt. Ausserdem befinden sich dort eine Venus mit
Amor, ein Wappen der P i c c o l o m i n i , zwei singende Engel (kleine sehr wohl gelungene Bildchen),
wertvolle Zeichnungen für das Dompaviment (Moses),
und ein Entwurf zu einer Uhr am Palazzo publico,
wo er neben dem Stadtwappen von S i e n a (der
Wölfin, die Romulus und Renus nährt) die „Z e i t"
und die „G e r e c h t i g k e i t" allegorisch darstellte.

B e c c a f u m i hat den Sturz der Engel, den
er 1524 für die Kirche d e l l a M a d o n a d e l l e
F o r n a c i malte, noch einmal und zwar als sein
schönstes Altarbild behandelt, als er den S t. M i
c h a e l für die Kirche S a n t a M a r i a d e l C a r
m i n e schuf. Dieses Werk, das zu den vortrefflichsten der Hochrenaissance gehört, zeigt nicht nur eine
grosse Schönheit, sondern auch als Altarbild eine
meisterhafte technische Komposition. In dem oberen
Teile des Bildes sieht man Gott Vater in rotem Mantel sitzen mit der Erdkugel in der linken Hand, während er majestätisch die Rechte erhebt. Er ist umgeben von einer Engelschar zu beiden Seiten, lebhaften, jungen Menschenkindern, die nichts von der resignierten Trauer früherer Schulen an sich haben.
Den Mittelraum des Bildes nimmt S t. M i c h a e l
ein, schlank und kräftig gebaut, in gelbem und violettem Gewande; hoch schwingt er das blitzende
Schwert und fährt so auf ein entsetzliches Ungeheuer
der Hölle herab, das sich im unteren Teile des Bildes breit macht. Rechts und links von dieser Hölle
sieht man zwei sich nach hinten erhellende Gewölbegänge, aus denen ebenfalls Feuer sprüht. Die nackten, braunen Jünglinge, ungefähr sechs an der Zahl,
rings um das Ungeheuer herum, sind von einer superben Schönheit, einer Schönheit, die nichts perugi-

neskes mehr hat. Eigentümlich ist, dass sie nicht die geringste Verzweiflung und Trauer auf ihren von Leidenschaft glühenden Gesichtern tragen. Auch die Gestalten im Mittelraum, rechts und links von dem Erzengel, haben schöne charakteristische Köpfe. Während die Gott Vater umgebenden Engel die bekannten mecarinesken Züge tragen, zeigen diese Gestalten hier im Halbdunkel die Hand eines genialen, im Einfluss L e o n a r d o s stehenden Meisters. Die Gestalt des Erzengels M i c h a e l ist sicherlich nicht ohne Einfluss auf Guido Reni gewesen, als er seinen diesem so ähnlichen Erzengel M i c h a e l für das Kapuziner Kloster S t a. C o n c e z i o n e in R o m schuf. Ein anderes Bild „d i e G e b u r t M a r i a e" in derselben Kirche wird sowohl S o d d o m a, wie B e c c a f u m i zugeschrieben, doch ersterem mit mehr Recht.

In der Sakristei von S a n t o S p i r i t o hängt heute noch das einst für die Nonnen des Klosters O g n i s s a n t i gemalte Bild: „d i e K r ö n u n g M a r i a e", von mässiger Ausführung. Im oberen Teile des Bildes krönt Christus die Jungfrau M a r i a, während darunter S a n G r e g o r i o, S a n t' A n t o n i o, S a n t a M a r i a M a g d a l e n a und S a n t a C a t h a r i n a stehen.

Ausser den oben erwähnten Werken in G e n u a und L u c c a und P i s a befindet sich das Rundbild einer „h e i l i g e n F a m i l i e" im Palazzo P i t t i in F l o r e n z; ein ähnliches Rundbild, die für die C a s a M a s i g l i gemalte „h e i l i g e F a m i l i e", war einst im Besitze König L u d w i g s I. von Bayern und hängt jetzt (seit 1850) in der alten Pinakothek in München. Ein schönes Rundbild der heiligen Familie, das den Einfluss Fra Bartolomeos verrät, ist im Besitze des cav. Lattanzio M. Mignanelli, ein anderes im Besitze Giulio Tortolinis von Livorno. Eine heilige Familie in rechteckigem Rahmen besitzt sig. Girolamo Bargagli. Ein Tondo der hlg. Familie besitzt das Museum in Altenburg. Eine andere „h e i l i g e Familie" gehört dem Kaiser-Friedrich-Museum zu Berlin und ist in Emden, wo man M a r i a auf einer Brüstung sitzen sieht, während sie auf dem gleichnamigen Bilde in der Eremitage zu S t. P e t e r s b u r g das Christuskind auf dem Arme hält und ausser von Joseph und dem kleinen Johannes noch von 2 Engeln umgeben ist. Eine „h e i l i g e F a m i l i e", vielleicht die schönste von allen, besitzt die Sammlung Weber in Hamburg. Die Angaben, die man an mehreren Stellen finden kann, dass ein weiblicher Akt und ein heiliger Sebastian sich in der Galleria B o r g h e s e in Rom befindet, entspricht nicht den Tatsachen. (Der Abt R a g u e n e t rühmte, wie H u b e r und R o s t angibt, einen hlg. S e b a s t i a n in der Villa B o r g - h e s e.) Diese Gallerie soll allerdings ein Bild von B e c c a f u m i (zur Zeit auf dem Speicher) besitzen, das aber wieder eine heilige Familie in einer schönen Landschaft darstellt, aber Venturi erwähnt in seiner ausführlichen Katalogisierung der Gallerie nichts davon. Sämtliche hier angeführten heiligen Familien sind unbedeutende Werke. In dem oben bei Gelegenheit des Prunkbettes für Franc. P e t r u c c i erwähnten Dokumentes im Florentiner Staatsarchiv (Carteggio universale mediceo, filza 1361) finden wir eine heilige Familie und eine Madonna mit Kind angegeben. Die erste, aus dem Besitz des A n n i b a - l e S i m o n i, wird als Rundbild bezeichnet mit der Madonna, dem Christuskind und dem kleinen Johannes und den Köpfen von Joseph und dem hlg. Johannes Colombinus. Es soll ein gut erhaltenes, schönes Werk gewesen sein, besonders wegen dem kl. J o h a n n e s und J o s e p h. Das zweite Bild war ein Gemälde mit reich vergoldetem Ornament, aus dem Besitze des A g o s t i n o B a r d i. Es stellte

4

die Madonna mit dem Kinde auf dem Arme dar und einigen Heiligen. E u g e n i o   C a s a n o v a, der diese beiden Bilder in einem Briefe an den Sekretär des Grossherzogs (20. IV. 1615) erwähnt, erzählt, dass dies Bild unvollendet geblieben sei und wenig ansprechend. Die Frage, ob dies erstere das Bild des cav. Lattanzio sei oder ein anderes, ist nicht mehr zu lösen. Die Entstehungszeit aller dieser „h e i l i g e n   F a m i l i e n" ist unbekannt. Die eigentümliche Kopfbildung, die tiefliegende Augenpartie, über der die Stirn übermässig hoch und gewölbt ansteigt, zeigt sich scharf ausgeprägt bei seinem kleinen Johannes auf den meisten Bildern. Sie zeigt sich aber ebensowohl bei dem Putto auf dem linken Pfeiler des Altarbildes S t a   C a t h a r i n a von 1515, bei dem Baalspriester, der vor dem Altar kniet, des Mosaikes „das Opfer Ahabs" und sogar bei dem Putto auf dem Gemälde „Geburt der Jungfrau M a r i a" aus dem Jahre 1543. Nur über dem Bilde der „heiligen Familie" in Hamburg liegt ein gewisser weicher, peruginesker Zug, der auf seine früheste Zeit deutet.

In die Zeit seiner wirkungsvollsten Nacheiferung M i c h e l a n g e l o s lässt sich sein grosses Altarbild „C h r i s t u s   i n   d e r   V o r h ö l l e", gewöhnlich L i m b o genannt, verlegen, das für die Kirche S a n   F r a n c e s c o gemalt war. 1655 zerstörte eine furchtbare Feuersbrunst grosse Teile von Kirche und Kloster, wobei viele Kunstschätze zugrunde gingen. Dieses Bild und „Die Kreuzabnahme" S o d d o m a s wurden damals gerettet und befinden sich seit 1862 in der Academia d e l l e   B e l l e   A r t i. Das Bild zeigt Christus, der die alten Patriarchen und Könige des Judenvolkes aus der Hölle befreit. Der Eingang zur Hölle ist ziemlich fantastisch gewählt. Ein grosser Bogen überspannt den Hintergrund, auf dem Erde und Bäume die Erdoberfläche darstellen. Die Figur Christi, der die Fahne im Arme trägt, zeigt in

leichtem, durchsichtigen Umschlagetuch (dem Toten-
linnen vielleicht) etwas Geziertes., B e c c a f u m i
wollte als Christus keinen kräftigen schönen Jüngling darstellen und wählte darum einen vergeistigten,
aber wenig sympathischen Typus. Rechts von den Patriarchen steht Eva, jene viel bewunderte Frauengestalt, deren Modell wahrscheinlich die Gräfin P i c -
c o l o m i n i, deren Vorbild wohl die mediceische
Venus war. Geben wir auf einzelne besondere Züge
acht, so treffen wir auf bedeutende Schönheiten. Hervorragend schön ist rechts unten in der Ecke ein
Frauenkopf. Von tiefem Dunkel umgeben, wie hervor-
brechend aus den Tiefen der Hölle erhebt sich der
liebliche Kopf eines schönen jungen Mädchens, wie
ihn selbst R a f f a e l nicht schöner und ausdrucksvoller hätte schaffen können. Auch der Kopf des
das Kreuz tragenden Schächers hinter dem Heilande
ist äusserst ausdrucksvoll und interessant. Die Ansichten über die Schönheit dieses Bildes sind sehr
verschieden. Beobachtet man die Figuren einzeln, so
muss man unbedingt die plastische Herausmodellie-
rung der Körper bewundern, die Michelangelos Einfluss verrät. Betrachtet man aber das Original auf
seine farbige Gesamtwirkung hin, so bleibt man un-
befriedigt, da ihm die Einheitlichkeit mangelt. Obgleich
heute S e i d l i t z über die impotente Nachahmung
M i c h e l a n g e l o s auf diesem Bilde ein geringschät-
ziges Urteil aussprach, muss es doch seiner Zeit in
Ansehen gestanden haben. Denn selbst ein Florentiner, A n g e l o B r o n z i n o, wusste, als er 1552
sein Limbo schuf, kein besseres Vorbild, als dieses
Werk B e c c a f u m i s, das er in der Komposition
fast unverändert kopierte.

B e c c a f u m i wird auch ein Bild in der Lich-
tenstein-Gallerie in W i e n zugeschrieben: „Die Tochter der Herodias mit dem Haupte Johannes des Täufers". E a r l C o w p e r s Sammlung in P a n s -

h a n g e r besitzt eine „h e i l i g e F a m i l i e", die Madonna mit dem Kinde, Joseph und einem Heiligen in Seitenansicht und den kleinen Johannes, der. den Christusknaben küsst. Das Bild — von zartem Farbenton und sehr frei behandelt — wurde früher dem F r a B a r t h o l o m e o zugeschrieben, gilt aber jetzt für ein Werk B e c c a f u m i s , der F r a B a r t h o - l o m e o gut nachgeahmt habe.

Im englischen Besitze befinden sich noch zwei bemalte Truhendeckel von B e c c a f u m i s Hand. M r. R. B e n s o n brachte sie auf die Ausstellung Seneser Kunst, die der B u r l i n g t o n F i n e A r t s C l u b 1904 veranstaltete. Das eine stellt C l o e l i a s Flucht und das andere kleinere das Martyrium der heiligen L u c i a dar. Sie mahnen an S o d d o m a s langjährigem Einfluss auf unseren Meister. Die Truhen, von denen diese Malereien sind, waren einst für die Braut bestimmt, die am Hochzeitstage ihren Brautschatz hineinlegte. Die bemalten Seitenwände und Deckel dieser Truhen kamen oft einzeln in Kunstsammlungen und Museen.

Eine Penelope im Seminar in V e n e d i g , die auch P e r u z z i zugeschrieben wird, ebenso wie eine Sybille in der Galeria Doria in Rom sind höchstwahrscheinlich nicht von seiner Hand und nur irrtümlicherweise ihm zugeschrieben. Eine späte Arbeit von ihm, ein Grisaille auf Kupfer „Christus am Oelberge" befindet sich im Louvre. Zugeschrieben wird ihm auch der heilige Hieronymus im Palazzo Doria in Rom, eine heilige Familie im Palazzo Torrigiani in Florenz, eine Esther in London und eine Judith in Hertford House und endlich das Brustbild eines Mannes in der Strassburger Universitätsgallerie. Sicher von ihm gemalt ist der Quintus Curtius in der Sammlung Wesendonk (jetzt im Bonner Provinzialmuseum). Da die ausserhalb Italiens befindlichen Werke alle mit Ausnahme des Bildes der Gallerie

Weber unbedeutende Werke sind, von denen fast keines dem Meister mit Sicherheit zugeschrieben werden kann, so haben sie dem Ansehen Beccafumis bei denen, die seine Seneser Werke nicht kennnen, sehr geschadet, für eine Geschichte seines Lebens und seiner Kunst sind sie aber ohne jede Bedeutung.

6. Beccafumi als Graphiker.

Der Tätigkeit Beccafumis als Graphiker ist in den meisten nicht italienischen Werken viel Aufmerksamkeit gewidmet worden. Bücher und Artikel über Graphiker (wie Strutt, Huber und Rost, Renouvier, Mariette, Passavant, Kristeller) erwähnen fast ausnahmslos auch Beccafumi als Graphiker. Während durch Dokumente in den Seneser Archiven seine Tätigkeit als Maler und Erzgiesser vollauf beglaubigt ist, gibt es nicht einen sicheren Anhalt für seine Tätigkeit als Graphiker. Vasari ist der erste, der ihm zuspricht, er habe Holzschnitt und Kupferstich gepflegt. Aber Kristeller zweifelt diese Behauptung mit Recht an, vor ihm schon Passavant (Peintre-Graveurs I. 153), da es keinen Beweis dafür gibt. Die einzige Ausnahme könnte jener von Strutt (Biographical Dictionary of Engravers, London 1786) erwähnte Kupferstich machen, der einen alten Mann mit erhobenen Armen und einen jungen Mann in liegender Stellung zeigt, weil dieses Blatt „Micarino fec." gezechnet ist. Strutt sowohl wie Huber und Rost (Handbuch III. Zürich 1799) erwähnen noch eine „Geburt Christi" (from Tizian), die den Namenszug Beccafumi trägt. Wie es sich mit der Echtheit dieser Namensunterschriften verhält, ist eine zweite Frage. Unbedingt muss man aber die Autorschaft Beccafumis für alle jene Werke (zumal in Paris), die Huber und andere anführen, so lange zurückweisen, als sie nur auf Vermutungen beruht. Die zehn Blätter mit alchimistischen Gegen-

ständen sind nur „Mecarinus de Sinis Inventor" gezeichnet. Der Marquis M a l a s p i n a d e S a n n a -
z a r o schreibt B e c c a f u m i auch den „Alchimi-
sten" (il Stregozzo) zu. Professor C h r i s t schrieb
B e c c a f u m i alle jene Gravüren zu, die mit einem
B gezeichnet waren, das von einem horizontalen
Strich durchkreuzt ist. Dieses ist jedoch B o l d r i -
n i s Zeichen. H e i n e c k e n und auch H u b e r teilen ihm die mit *ℍ* und *ℍ* gezeichneten
Kupferstiche mit ebensowenig Recht z^u, was schon
Z a n i (Encyclopedia) abstritt. Bestehen bleibt nur das
eine, dass von B e c c a f u m i s graphischer Tätigkeit
nichts bekannt ist, was irgend wie dokumentarisch bewiesen werden kann. Nur jene zwei Blätter (die zwei
academischen Personen und die Geburt Christi) tragen
seinen Namen. Andererseits haben viele Graphiker
(z. B. Andreas Andreani) Werke B e c c a f u m i s ,
zumal die Mosaikbilder des Dompaviments im Holzschnitt und Clair-obscur verbreitet.

7. B e c c a f u m i s Einfluss.

Der Einfluss B e c c a f u m i s war in seiner Zeit
nicht gering. Als er die Fresken in der Sala d i
C o n c i s t o r o malte, begann sein Ruhm. Die Ma-
nieriertheit in seinen späteren Werken schadete ihm
aber sehr. Nicht nur in S i e n a galt er als ge-
schätzter Künstler. Die Maler anderer Städte suchten
von ihm zu lernen. So zeigen die mythologischen
Fresken im Palazzo A r o n i in S p o l e t o , dass der
Künstler B e c c a f u m i eifrig studiert hat. Noch
schärfer tritt dieses bei A n g e l o B r o n z i n o s
L i m b o in den Uffizien zutage, das ein Jahr nach
B e c c a f u m i s Tode dessen Limbo nur wenig verändert wiederholte. Auch die Bronzeengel im Dome
galten als Meisterwerk, wie ein Brief des Erzgiessers

A c c u r s i o B a l d i vom 6. IX. 1585 an den cav.
Scipione Cibo bezeugt. In der Folgezeit sank sein
Ruhm immer mehr, da kein einziges seiner besseren
Werke in das Ausland kam und S i e n a allein den
Meister in seinem wahren Lichte zeigte. Endlich hef-
tete sich sein Name fast ausschliesslich an den herrlichen Marmorfussboden des Domes; und selbst die
schärfsten Kritiker, die in seinen Gemäldeñ nur den
Manierismus sahen, mussten die genialen Marmor-
mosaike, sei es in der Zeichnung auf den Kartons,
in der Academie, sei es die Arbeit im Dom selbst,
bewundernd anerkennen.

Im Laufe dieser Abhandlung drängt sich unwillkürlich die Frage auf: woher kommt der grosse Unterschied zwischen B e c c a f u m i s Leben und seiner
Kunst. Gerade im Gegensatz zu S o d d o m a s aus-
schweifendem Leben wird berichtet, dass B e c c a -
f u m i einen sehr zurückgezogenen, christlichen Lebenswandel führte und ganz seiner Kunst und seiner
Familie lebte. Während S o d d o m a s Genossen ihre
Orgien feierten, wanderte der bescheidene stille B e c -
c a f u m i nach seinem Weinberge hinaus, um ihn
selbst zu bearbeiten. Ganz im Gegensatz zu diesem
stillen heimischen Leben steht die heisse leidenschaftliche Glut, die aus seinen Meisterwerken spricht,
stehen die üppigen prächtigen Gestalten mit dem ver-
zehrenden Ausdruck der Wollust im Gesicht. Hier
tritt uns ein Geist entgegen, der ein überreiches lei-
denschaftliches Innenleben der Leinwand anvertrauen
will. Er verkörperte auf ihr oder vielmehr vergeistig-
te auf ihr all sein Dichten und Trachten und blieb
im Leben der ruhige und stille Mann.

Nur so lässt sich der Zwiespalt von B e c c a -
f u m i s Leben und Kunst erklären. Dann versteht
man auch die grosse Anzahl unbedeutender Werke
neben einzelnen Meisterstücken. Er konnte nicht jedem Werke den individuellen Zauber verleihen. Es

ist bekannt, dass er stets äusserst viel Arbeit auf sich nahm. Er arbeitete zu gleicher Zeit an den verschiedensten Werken. Dabei sind die grösste Zahl · seiner Werke peinlich sauber ausgeführt. Er war ein vorzüglicher Zeichner, was in seinen Altarbildern die feine ausführliche Malweise, in seinen Marmormosaiken die treffliche sichere Linienführung verursachte. So sehen wir z. B. am St. Michaelbilde einen heissblütigen, genialen Meister den Pinsel führen, der sich aber so in der Gewalt hat, dass er jede Stelle dieses grossen Gemäldes bis ins feinste mit einer Sorgfalt ausführt, die grosse Geduld und Ruhe verlangt. So wurde dieser Mann der grösste eingeborene Künstler S i e n a s im Geiste der Renaissance. Ja, er stellt in der Art seines Lebens und der Art seiner Werke einen echt Seneser Typus dar. Zu seinen Schülern gehörte G i o r g i o d i G i o v a n n i, genannt i l G i a n e l l a, der durch feine Verzierungsarbeiten bekannt geworden ist. Er arbeitete später in Rom unter G i o v a n n i d ' U n d i n e und starb schon 1559. Ausserdem war der von ihm erzogene . M a r c o d i P i n o sein Schüler, der geistreichste Nachahmer M i c h e l a n g e l o s, dessen Werke man zumal in N e a p e l trifft. M a r c o hatte ausser im Atelier B e c c a f u m i s auch bei dem diesem geistesverwandten D a n i e l l o d a V o l t e r r a, genannt R i c c i a r e l l i gelernt. A n d r e a d e l B r e s - c i a n o arbeitete in B e c c a f u m i s Werkstatt, und auch auf O r a z i o A l f a n i (geb. in Urbino 1510, gest. in Perugia 1583), den weichen peruginesken Maler, übte der Meister einen nachhaltigen Einfluss aus. Von geistesverwandten Künstlern wäre ausser dem ebengenannten D a n i e l l o (gest. 1567), der in Siena unter denselben Einflüssen wie B e c c a f u m i studiert hatte, L a t t a n z i o B o n a s t r i zu erwähnen, der in Siena (geb. in Lucigeano bei Siena) viele

Werke schuf, die B e c c a f u m i s Stil verraten, und der erst nach seinem Tode geborene C r i s t o-f a n o R o n c a g l i, genannt i l P o m a r a n c i o, der auch die Werke unseres Meisters studiert hat. Aber eine zweite Sala d i C o n c i s t o r o, einen zweiten Marmorfussboden von solcher Schönheit und Kunst schuf keiner. B e c c a f u m i blieb der Meister, in dem die Seneser noch heute ihren grossen einheimischen Künstler sehen, trotz der Verschiedenheit und der Schwächen in seinen Werken und dem Manierismus seiner späteren Jahre. In einer Zeit, die so reich war an bedeutenden Männern, hat er neben S o d d o m a, P a c c h i a r o t t i und P e r u z z i die Kunst S i e n a s vertreten. Und lange noch konnte man seinen Einfluss wohltuend spüren. Denn als alle Städte ringsum sich dem Naturalismus ergeben hatten, da blieb S i e n a noch unter der Meisterschaft eines V a n n i und S a l i m b e n i das Bollwerk eines feinen, vornehmen, wahren und lebendigen Idealismus.

Beccafumis Werke.

I. Chronologisch geordnet.

1. Fassadenmalerei mit dem Wappen Julius' II.
   Borgo. Vatican.   Rom 1512.
2. Fresken im Hospital Sta Maria
   della Scala   Siena 1512.
3. Fassade der Casa dei Borghesi   Siena 1512
   (existiert nicht mehr).
4. Heilige Dreieinigkeit   Academie Siena 1513.
5. Heilige Catharina   Academie Siena 1515
   (mit Predella).
6. Apostel Petrus und
   Paulus   San Giovanni B. Siena 1515.
7. Sposalizio   Oratorio San Bernardino Siena 1517/18.
8. Tod Mariae   „   „   „   Siena 1517/18.
9. Bettstatt für Fr. Petrucci (nicht erhalten) 1518/19.
10. Elias und Ahab. Karton zu den
    Mosaiken   Siena 1518/19. 1520. 1524.
11. Katafalk für die Compagnia di
    Santa Lucia   1521
    (existiert nicht mehr).
12. Christi Geburt   San Martino Siena 1523.
13. Der Sturz der Engel   Academie Siena 1524.
14. Deckenfresken im Palazzo Bindi-Sergardi 1524/25.
15. Moses schlägt Wasser aus dem
    Felsen   Mosaik Dom in Siena 1525.

---

16. Madonna mit
    Heiligen   Palazzo Sarracini Siena 1528.
17. Taufe Christi   Academie 1528
    (Predella).

18. Deckenfresken in der Sala
  di Concistoro   Siena 1529/32. 1535.
19. Mosesmosaik   Dom Siena 1531.
20. Reiterstandbild für Carl V. (verloren) 1536.
21. Madonna mit Heiligen
  Oratorio di S. Bernardino Siena 1537.
22. 2 Mosesbilder   Dom Pisa 1538.
23. 4 Evangelisten   „ ·   „   1539.
24. Katafalk für Sant' Antonio Abate   1540
  (existiert nicht mehr).
25. Fresken im Palazzo Doria   Genua 1541.
26. Die Geburt Mariae   Academie Siena 1543.
27. Fresken in der Tribuna des Domes Siena 1544.
28. Isaaks Opfer   Mosaik. Dom Siena 1544/46.
29. Madonna auf einem
  Buchdeckel   Archiv Siena 1548.
30. Acht Bronzeengel   Dom Siena 1548/51.

II. Werke ohne genaue Jahresangabe.

1. 4 runde Oelbildchen im Waisenhaus   Siena.
2. Scipio's Traum.   Museum Lucca.
3. 4 Kopfbilder auf Holz al fresco.
  Misericordiabrüderschaft Siena.
4. Madonna mit Heiligen. Tondo   Academie Siena.
5. 4 Engelbilder   „   Siena.
6. 1 Wappen mit 2 Putten   „   Siena.
7. Skizzen in der Academie   Siena.
8. St. Michael, Altarbild Sta Maria del Carmine Siena.
9. Krönung Mariae, Altarbild   Sto Spirito Siena.
10. Heilige Familie   Palazzo Pitti Florenz.
11.   „   „   alte Pinakothek München.
12.   „   „   (Berliner Museum) Emden.
13.   „   „   Eremitage St. Petersburg.
14.   „   „   Sammlung Weber Hamburg.
15.   „   „   prop. cav. Lattanzio M. Mignanelli.
16.   „   „   prop. Giuliv Tortolini.
17.   „   „   prop. Girolamo Bargagli.

18. Heilige Familie   Museum Altenburg.
19. Christus in der Vorhölle   Academie Siena.
20. Die Tochter der Herodias

                Lichtenstein-Gallerie Wien.
21. Heilige Familie   Earl Cowpers Samml. Panshanger.
22. 2 Truhendeckel   Mr. Benson London.
23. Quintus Curtius   Sammlung Wesendonk Bonn.
24. Männl. Brustbild   Universitätsgallerie Strassburg.

Werke über Beccafumi.

Giorgio Vasari, Le vite, tom X. vita di Beccafumi, Firenze 1854.

Luigi Lanzi (1732—1810), Storia pittorica della Italia dal risorgimento delle belle arti fin presso al fine del XVIII^{mo} secolo (1789).

Padre della Valle, Lettere sanesi sopra le belle arti. III.

Ettore Romagnoli, Biografia Cronologica de' Bellartisti Senesi. 1835. Handschriftlich in der Bibliothek von Siena.

Jean Batt. de Boyer, Marquis d'Argens (1704–1771) Réflexions critiques sur les écoles de peinture (1752).

Cicognara, Storia della scultura (tom II).

Jules Labarte, Histoire des arts industriels au moyen âge. Paris 1866 vol. 4.

Jacob Burckhardt, Geschichte der Renaissance in Italien.

  „   .   „   Cicerone.

Hippolyte Taine, Voyage en Italie II.

Strutt, Biographical Dictionary of Engravers.

Naglers Künstlerlexikon.

W. von Seidlitz, Allgemeines Künstlerlexikon s. u. Beccafumi.

Gaye, Carteggio vol II.

G. Milanesi, Documenti Senesi vol. II und III.

Jansen, Leben und Werke des Malers G. A. Bazzi, Stuttgart 1870.

Borghesi e Banchi, Nuovi Documenti Senesi 1898.

Crowe und Cavalcaselle, Band IV b.

Miscellanea Storia Senese tom IV und V.

Bernh. Berenson, The Central Italian Painters of the Renaissance, New-York 1897.

Corrado Ricci, Il palazzo publico di Siena e la mostra d'antica arte senese. Bergamo 1904.

C. Chledowski, Siena, Bd. II, Berlin 1905.

Carl Woermann, Wissenschaftliches Verzeichnis der älteren Gemälde der Gallerie Weber in Hamburg, II. Aufl.

Huber und Rost, Handbuch III.

Renouvier, Des Types et des Manières des maîtres
    graveurs.

P. J. Mariette, Abecedario: publié par Mr. de Chennevières.

Passavant, Peintres Graveurs I.

Zani, Enciclopedia.

Kristeller, Kupferstich und Holzschnitt.

Lebenslauf.

Ich, H a n s v o n T r o t t a genannt Treyden bin am 28. März 1888 in Berlin geboren. Nachdem ich auf dem Gymnasium zu Eisenberg S.-A. das Zeugnis der Reife erlangt hatte, wurde ich Michaelis 1908 an der philosophischen Fakultät der Universität Berlin immatrikuliert. Hier hörte ich 2 Semester lang Musikwissenschaft, Philosophie, Kunstgeschichte und Literatur bei den Herren Fleischer, Riehl, Lasson, v. Wilamowitz, Frey, Hildebrandt, Weissbach und Erich Schmidt. Diese Studien setzte ich in Lausanne von Michaelis 1909—10 2 Semester lang fort und in Siena und Rom, wo ich nach mehreren Reisen durch Italien bis zum April 1911 blieb. Nachdem ich im Sommer 1911 wieder in Berlin studiert hatte, ging ich nach Königsberg, wo ich mich speziell der Kunstgeschichte bei Herrn Geh. Rat Prof. Dr. Haendcke widmete, und bestand hier am 7. Mai 1913 die mündliche Prüfung in Kunstgeschichte, Archaeologie und Philosophie bei den Herren Haendcke, Rossbach und Goedeckemeyer.